여수명리 생극제화, 천년의 비밀을 풀다

오행의 상생작용과 상극작용의 배리관계를 정반합의 관계로 통합하여
사람이 우주의 중심이라는 生剋制化의 원리를 밝힌다.
사주명식의 계량화와 도식화로 독해성을 높였다.
왜곡된 욕망으로 병든 세상을 치유하는
대안심리학의 비전을 제시한다.

마인드큐브(Mindcube) :
책은 지은이와 만든이와 읽는이가 함께 이루는 정신의 공간입니다.

여수명리

여수 남다른(을우) 지음

생극제화,
천년의
비밀을 풀다

Mindcube

—◇◇◇—

물은 땅을 따라 흐른다

범상(梵相)

대한불교조계종 용봉산 석불사 주지. 『지혜의 빛』, 『탁발』 저자

　여수 남을우 선생을 기차역에서 만나는 순간부터 잘 가라고 배웅할 때까지 한치의 양보 없는 토론으로 밤을 지새웠다. 진지하고 흥미로운 토론이었다. 승려인 나는 소위 말하는 四柱八字를 믿지 않는 입장이지만 여수명리의 관점과 방식은 다음과 같이 공감되는 부분이 있었기 때문이다.

　첫째, 오리엔탈리즘에 대한 자각이다. '콜럼버스의 신대륙 발견'처럼 원주민은 사람이 아니라는 서구중심의 세계관에 빠져있음을 말한다. 唯一神觀에 바탕을 둔 서구의 일방적 배타는 강자의 일방적 횡포로 전쟁이 끊이지 않고 있으며, 자연에까지 미쳐 지구는 황폐되고 있다.

　불교의 慈悲는 일체는 결코 나와 다르지 않다는 不二로 귀결되며, 命理는 우주와 인간은 元亨利貞의 순리와 관계성 속에서 살아가고 있음을 설파한다. 따라서 일체는 둘이 아니며 순리에 따라 生死가 반복되는 존재라는 自覺은 서구에 강탈당한 인간성 회복이며 미래의 대안이다.

　둘째, 현실에 대한 반성이다. 저자에 의하면 미신이라 치부되는 命理 등의 종사자는 50만 명에 이르고, 2018년 기준 약 4조 원 시장규모라 한다.

　불교의 往生信仰 등은 '사바와 극락은 다르지 않음'을 가르치는 방편으로서 가치를 지닌다. 命理 역시 變易하는 우주질서 속에서 어떻게 살아가야 하는가를 고민하는 학문이다. 저자는 진달래는 진달래로서, 개나리는 개나리

로서, 각각 온전하다고 말하다. 만약 진달래가 개나리처럼 되고자 하고, 개나리가 진달래처럼 되고자 한다면 그것은 타고난 분수를 벗어나는 것이다. 분수가 도를 넘으면 본래로 회복되려는 자연의 순리인 分奪을 맞이하게 되어 욕심으로 쌓은 모든 것이 허물어지는 고통을 겪는다고 한다. 이것은 불교에서 말하는 三毒의 결과와 유사하다.

마지막으로 一夫 金恒 선생의 正易을 바탕으로 약 1000년 전 신법사주 태동기부터 명리의 근본원리로 언급되어온 生剋制化를 命理學 최초로 풀어낸 여수 선생의 깊은 통찰이다. "여수명리"는 나 자신이 우주의 주인으로서 우주의 기운을 통제하여 스스로 인생을 개척해 나가는 생명철학에 근저를 둔 새로운 命理이다. 그긴의 命理가 오행의 작용인 相生과 相剋의 관계 속에서 운명을 재단하였다면, 여수명리는 오행의 상생과 상극의 배리관계를 통합한 生剋制化의 원리로 접근하여 1000년간 묻혀온 비밀을 시원하게 파헤치고 있다. 이것은 일주 중심의 자평명리학을 통한 생명사상의 선언인 것이다.

그래서 "여수명리"는 生剋制化 원리에 어긋나는 신살론, 숙명론적 길흉의 이론 등을 배제하고, 누구나 완벽한 개체로서(개나리 진달래) 모든 사주는 온전함 그 자체임을 일깨운다. 따라서 타고난 기세(개나리 진달래)를 판단하여 나가고 들어오는 우주기운을 어떻게 통제 할 것인가는 하는 用心의 원리를 밝힘으로써 숙명론적 사주팔자가 마음에 따라 변화 가능한 生剋制化의 心學으로서 완성되었다. 이것을 여수 선생은 대안심리학이라고 말한다.

인생 육십의 한 바퀴를 살아온 저자의 삶은 복희의 相生의 원리에서 문왕의 相剋의 원리로 이어지고 결국 조선의 一夫 金恒의 正易에 당도하는 길이었다.

인생! 부모로부터 조건 없는 사랑을 받는 相生의 시기를 지나면 스스로 살아가기 위해서 누군가와는 끊임 없이 맞서야 하는 相剋의 시절을 맞이한다. 인생이 相剋에 무게를 둠으로써 결국 늙음과 함께 相剋一貫의 기운이 쇠하면 人生無常의 허망을 맞이한다. 그래서 金恒은 복희와 문왕이 미치지 못했던 마지막 원리인 正易을 밝혀 하늘(神)과 사람(人間)과 만물(自然)이 평등한 후천개벽의 새로운 세상을 염원했다. 따라서 正易의 "여수명리"는 元亨利貞 원리와 일치하며, 자신에 맞게 우주기운을 통제하고 발현시키는 生剋制化의 用心으로 分奪의 괴로움에서 멀어지고 타고난 성품을 滿開시키는 지침서라 할 수 있다.

나는 승려로서 23.5°로 기울어진 地軸이 바로 설 때 후천개벽이 도래한다는 주장과 여수명리가 무엇이 다른지 질문을 던졌다. 이것은 밖으로부터 행복을 구하려 하는 탐욕에 대한 물음이었다. 여기에 여수 선생은 "후천개벽이 외부로부터 오는 것입니까, 아니면 共業으로서 우리들이 맞이하는 세계입니까" 하는 물음으로 되받았다.

그렇다! 正易은 스스로가 만들어가는 세상이다. 인간은 도구를 발명하여 자연과 생명의 순리 밖으로 뛰쳐나왔다. 도구는 엄청난 생산력을 가져왔고 좀더 많은 것을 차지하기 위해 공존의 相生보다는 경쟁이라는 相剋에 집중했다. 4차 산업을 말하는 지금 인류는 可恐의 핵과 무한경쟁으로 相剋의 균형을 유지하고 있다. 여기에 AI와 자동화기계 등으로 노동의 잉여가치에 바탕을 둔 자본주가 붕괴되고 있고, 인류는 새로운 질서를 선택해야 하는 상황에 처해 있다. 따라서 복희로부터 출발한 命理는 生剋制化의 用心으로 正易세계를 열어야 하고, 불교는 不二思想으로 일체가 동시적 상대적 존재로서 和合相生하는 세상을 만들어야 한다.

원효는 '心生即種種法生 心滅即種種法滅. 마음이 일어나면 갖가지 대상이 일어나고, 마음이 사라지면 갖가지 대상(역시) 사라진다'이는 문구로 마음의 속성을 나타냈고, 세속의 범부들은 '화장실 갈 때와 올 때가 다르다'는 일상의 언어로 표현했다.

일체는 실체적이고 불변의 원리에 의해서 유지되거나 절대권능을 지닌 神에게 있는 것이 아니라 마음에 相應하여 나타난다. 모쪼록 "여수명리"가 用心의 心學으로 자리 잡아 모든 사람들이 행복하기를 간절히 바라며 부족한 견해를 보태어 축하의 마음을 담는다.

─◈◈◈─

내 삶의 반성문을 쓰다

이따금 TV프로그램에서 부산의 감천 문화마을이 소개된다. 부산을 찾는 국내외 여행객들이 경유하는 관광지다. 상전벽해라는 말이 어울릴까? 어릴 적 내가 살던 부산의 끝자락 태극도 마을이 그곳이다. 새 세상을 열어보자고 방방곡곡에서 사람들이 모인 거대한 신앙촌이었다. 산비탈을 계단처럼 깎아 집터를 만들고 휘어져 돌아가는 기차처럼 판잣집을 줄줄이 지어서 새 세상을 염원하는 사람들이 모여 살았다. 밤이 되면 산 아래에서부터 꼭대기까지 집집마다 켜놓은 등불이 먼발치에서 보면 하나의 거대한 빌딩이 곡선미를 자랑하는 듯 보였다. 사람들은 부지런하여 호구책이라면 무엇이든 찾아 나섰고, 밤이면 판잣집으로 귀소(歸巢)하여 지친 몸을 달래기가 무섭게 신앙을 불태웠다. 새벽에 법수[1]를 떠 놓고 촛불 앞에 앉아 기도문을 암송하였다. 온 동네에서 울려퍼지는 기도소리는 새 하늘의 문을 두드리는 거대한 물결이었다.

"시천주 조화정 영세불망 만사지 지기금지 원위대강…."

말을 익히기도 전부터 들어온 이 기도소리는 새근새근 잠자던 나의 귓속으로 향기처럼 스며드는 자장가였다. 그리고 끝내는 나의 화두가 되었다.

오래 전 돌아가신 어머니는 믿음이 매우 깊으셨다. 대체 무슨 염원이 그토록 간절하셨을까?

---

1   法水, 기도나 치성을 드릴 때 떠놓은 정화수(井華水)를 이르는 말

어머니가 그리워졌다. 그 힘들고 어려운 시절을 어머니는 어떻게 버티셨을까? 가부좌를 틀고 눈을 감은 채 어머니를 찾아보았다. 천리길을 내달려 어머니가 기도하던 옛날의 태극도 마을을 헤매보기도 하였다. 어머니의 응답은 없고, 멀리서 노래를 부르며 무도를 추는 선인이 언뜻 보이다가 이내 사라져 버렸다. 깜짝 놀라 눈을 떠보면, 요즘 반복되고 있는 내 일상의 한 단면이다. 어머니를 찾아, 아니 어머니의 간절한 염원을 찾아 그 흔적을 뒤지는 일상이 반복되고 있다. 나 어릴 적 정든 고향을 등지고 새로운 삶을 찾아 나서야 했던 내 어머니는 도탄(塗炭)에 빠져 절규하던 조선의 모든 민초들의 다른 이름이었다. 질곡에 빠진 민초에게 손을 내민 것은 조정이 아니라 새로운 세상을 함께 열어가자고 하는 종교였고, 그 종교적 사상을 기초한 자가 선지자 일부 김항(一夫 金恒)이었다. 일부는 영가를 부르며 무도를 추는 선인이었다. 그가 완성한 조선의 정역(正易)은 복희의 상생역(相生易)과 문왕의 상극역(相剋易)을 통합하여 정반합의 통일원리로 완성한 위대한 易사상이다. 금화교역으로 후천개벽이 이루어지면 억음존양(抑陰尊陽)의 시대가 가고 하느님과 사람, 사람과 사람, 사람과 만물이 평등해지는 새로운 세상이 열린다고 했다. 공자가 완성하지 못한 위업을 조선의 일부가 완성했던 것이다.

실패와 고통으로 점철된 인생의 고비를 넘고 넘어 이제 시련이 없으면 오히려 허전한 지경에 이르러서야 비로소 내 어머니가 염원한 것이 바로 후천개벽이었다는 것을 알았다. 내 어릴 적부터 자장가처럼 들어온 기도소리는 어머니의 품처럼 포근한 기억에 살아 있으며, 일부의 정역사상을 마시는데

도 낯설지 않고 오히려 편안함마저 주고 있다. 어린 송아지 어미젖 찾듯 일부를 찾아나섰다. 일부가 상생역과 상극역을 정반합으로 통합하여 정역을 완성하였다면, 상생오행(相生五行)과 상극오행(相剋五行)은 무엇으로 통합되었을까? 일부의 흔적을 뒤지다가 그 행간에서 통합오행이 바로 생극제화(生剋制化)라는 것을 깨닫게 되었다. 참선하던 스님이 화두를 본 것처럼 온몸이 오르가즘으로 젖어들었다. 새삼 약 1000년 전 송나라 시대에 이미 일주(日主)를 사주의 중심에 놓고, 일주의 생명활동을 생극제화로 정리한 자평학의 위대성에 놀랄 뿐이다. 그러나 아쉽게도 생극제화의 원리를 명쾌하게 설명하는 후속적 연구결과를 어떠한 명리서적에서도 만나지 못했다.『자평진전평주』² 등에서 짧게 언급한 생극제화는 오행의 상모(相侮)관계 또는 오성(五星)의 해리(害利)관계를 논하는 것으로 의미가 변질되어 오히려 그 뜻을 더욱 알 수 없게 만들었다. 정역이라는 통합역을 통하여 생극제화의 원리를 발견하는 순간 답답했던 체증(滯症)이 확 뚫렸다. 생극제화란 상생오행과 상극오행의 배리(背理)관계를 정반합으로 통합하여 인간의 원리에 적용한 오행의 완성이다. 생극제화는 우주의 중심이 바로 "나"라는 것과, 나를 지향하는 모든 가치는 "생명"이라는 원리를 말한다. 나를 중심으로 하는 주체사상과 생명사상이 명리의 핵심이라는 것을 생극제화의 원리로 함축하고 있는 것이다. 기존의 명리이론에서 상생과 상극의 충돌에 대한 대안이 무엇인지, 합충형파해, 신살 등 생극제화의 작용과 무관하게 일어나는 각종 세부이론의 한계와 그리고 궁극적으로는 사주는 왜 보는 것인지 하는 본질적 물음을 일거에 정리해주었다. 수십 년 명리이론의 어설픔은 생극제화의 원리로 집약되는 그 제강(提綱)³을 잡지 못해 천렵이 서툴렀던 것과 같은 이치였다.

---

2   『자평진전평주』는 심효첨이 쓴 명리학의 기초이론과 격국이론을 체계적으로 설명한 책으로, 『자평진전』을 쉽게 풀이한 책이다.

3   천렵할 때 쓰는 그물의 손잡이에 해당하는 것으로 전체의 중심부를 말한다.

새로운 깨우침에 대한 이 기쁨을 어찌 혼자만 간직할 수 있겠는가? 생극제화의 원리로써 새로운 차원의 여수명리를 정리하였다. 매끄럽지 못한 문장일지라도 진정을 담으려 노력했다. 명리를 공부하는 많은 이들에게 새로운 대안이 되길 바란다. 수천 년의 역사에서 누적된 명리이론은 차고 넘친다. 공자도 술이부작(述而不作)이라 하셨거늘, 내 여기에 천착한 이론을 하나 더 보태려 하니 이 또한 세상을 미혹하는 죄업이 될까 두렵다. 그러나 법고창신 없는 학문 또한 후학의 올바른 자세가 아니기에 감히 드러내고 강호강단 제현의 질책을 기다린다.

이 책이 나오기까지 많은 분들의 격려와 도움이 있었다. 먼저 정역사상연구소의 박철원 소장님의 관심과 도움에 감사드린다. 죽마고우인 지태구, 한태영, 김진포, 조카 승호의 격려 또한 잊지 못한다. 긴 시간 나의 부족을 도닥이며 물심으로 지원을 아끼지 않으신 KCC의 이상현 부회장님께 감사를 드린다. 재미도 없는 원고를 일일이 체크해주신 백천의 영원한 어른 이종만 형과 맑은 영혼의 소유자 이정진 님, 송정섭, 차두화, 송병식 친구에게 사랑과 우정을 전한다.

그리고 이 시각에도 구름방석에 앉아 시천주를 암송하실 태극도인, 어머니의 영령 앞에 내 삶의 반성문인 이 책을 바친다.

경자년 봄 어느 날에
여수 남다른(을우) 쓰다

목차

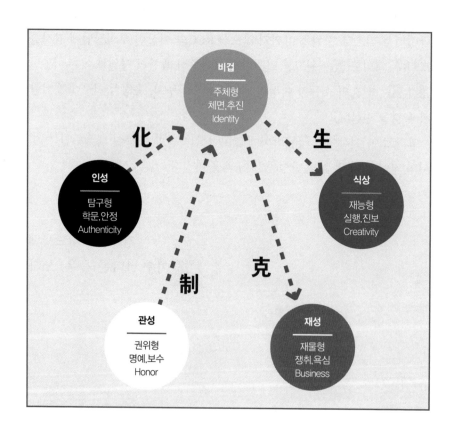

왜 하필 이 시대에 명리학인가?

대명천지 밝은 세상에 그런 걸 공부하다니⋯⋯.

학문을 함에 있어서도 남의 이목을 의식해야 한다면 이상하게 들릴 것이다. 명리학에 대한 주변의 편견은 아직도 강고하다. 내 오랜 동창 중에 한 친구는 대학을 졸업하고 잘 나가는 재벌그룹에 다니다 어느날 갑자기 재래시장 모퉁이에 명리철학원을 차렸다. 내면으로부터 올라오는 명리에 대한 열정을 이기지 못하고 내림굿까지 하여 새로운 길을 열었던 것이다. 그로 인해 그 친구는 처가로부터 외면을 당하고 많은 고초를 겪었음은 물론이다. 나 또한 그 친구를 만류했던 터였다. 오래 전의 일이지만 지금도 우리 주변의 인식은 크게 다르지 않다.

나는 정역(正易)[1]과 함께 사주명리(四柱命理)를 연구하는 사람이다. 오래 전부터 그간의 연구내용을 정리하려 했지만 생활이 날 속이고 내가 생활을 속이면서 세월의 바퀴만 헛되이 돌렸다. 150여년 전 일부(一夫) 김항(金恒)[2] 선생이 공자의 계시를 받고 60세가 되어서 정역을 완성하신 것을 생각하면 내가 게으름을 필 겨를이 없었다. 나 또한 정역의 계시로 오행의 상생과 상

---

1   김항이 금화교역과 선후천변화원리를 주창한 역학사상이다.

2   본관은 광산光山이며, 자는 도심道心, 호는 일부一夫이다. 복희역伏羲易과 문왕역文王易에 이어 제3괘도第三卦圖인 정역팔괘도正易八卦圖를 확정하고, 「대역서大易序」를 서술했다. 그는 다시 1884년 정역正易 상편上篇인 「십오일언十五一言」에서 「무위시無位詩」까지를 완성하였다. 그리고 다음해인 1885년에 「정역시正易時」와 「포도시布圖詩」를 비롯하여 그 하편下篇인 「십일일언十一一言」, 「십일음十一吟」까지 저술함으로써 정역正易을 완성하였다.

극을 넘어 생극제화로 수렴하는 이치를 깨치게 되었기 때문이다. 정역이 19세기의 혼란한 세상을 사는 민초들에게 후천개벽의 희망을 주는 메시지였듯이, 생극제화의 사주는 현대를 살아가는 세대들에게 자신의 삶은 물론 우주의 주인이 바로 자신이라는 메시지로 전달되길 바란다.

세상에는 사주를 모르는 사람이 없다. 그러나 사주를 제대로 아는 사람도 없다. 어지간한 사주용어는 습관처럼 쓰고 있으면서, 사주팔자는 정해진 운명이라는 흑백의 프레임으로 고정시키고 있다. 사주는 이론에 앞서 인식의 문제다. 사주에 대한 인식이 부정적이라면, 그것을 떠받치는 백 가지의 이론이 무슨 소용인가? 반향없는 메아리일 뿐이다. 사주를 대하는 태도 또한 문제이다. 사주는 언제 왜 보는가 하는 목적성과 절실함이 전제되어야 한다. 사주는 단순한 잠재역량을 암시하는 기운일 뿐이기 때문이다. 나의 잠재역량은 분명한 목표, 치밀한 계획과 실행이 함께 할 때 현실이 된다. 절실함이 없다면 잠재역량도 실천전략도 아무런 의미가 없다. 이루려는 목표는 정하지 않고 단순히 어떤 사주팔자로 태어났는지만을 따지는 것은 본질을 모르는 무지의 소치다. 가령 묘목과 같은 사주가 있다고 할 때, 그 쓰임을 먼저 정해야 그 묘목의 상태가 좋은지 나쁜지 판단할 수 있다. 어린 묘목에 불과한데 그걸 베어서 집 지을 생각을 한다면 시기상조이고, 수목원을 하겠다면 목적과 부합된다. 어찌 쓰임의 정함도 없이 묘목이 좋다 나쁘다를 논할 수 있겠는가?

나는 십대 후반 공부하러 들어간 무척산의 어느 암자에서 명리를 연구하던 주지스님과 인연이 되어 명리에 입문했다. 그간 많은 비결서에도 탐닉해 보았으나, 기술적인 세부이론만 무성할 뿐, 그 근본 원리와 지향하는 가치가 무엇인지는 가르쳐주지 않았다. 쓸모없는 공부라는 회의가 들어 책을 모두 내다버린 적도 여러 번이다. 내 다시는 사주명리 근처에 서성대지 않으리라 맹서했지만 시간이 지나면 또 다시 몰입하게 되니 이게 무슨 팔자인가.

세상에는 낡은 명리고서에서부터 유튜브까지 명리이론은 넘치고 넘친다. 그런데 신통방통한 고수들은 없다? 대학에서 일반 공부를 4년하면 학사가 되고, 몇 년 더해서 석사, 박사가 되면 전문가로 대접을 받는데, 명리계의 현실은 왜 이런 걸까? 이론의 문제인가, 깜냥의 문제인가? 풀리지 않는 물음이 가슴에 쳇증이 되어 답답했던 중에 정역을 연구하면서 불현듯 답을 보았다. 과학과 미신을 오가며 사주를 규정하려는 어설픈 술래놀이가 진원지였다. 즉, 사주명리에 대한 인식(認識)과 접근법(接近法)이 문제였던 것이다. 명리는 과학도 아니고 미신도 아닌데, 과학적 접근을 시도하다가 한계가 보이면 미신적 접근으로 그 실체를 찾으려 했다. 과학적 접근은 명리를 궁색하게 하고, 미신적 접근은 명리를 허황되게 만들었다. 허상(과학, 미신)을 통해 실체(명리)를 찾으려 했으니 허망한 건 당연한 결과였다.

서양의 학습방법에 익숙해진 사람들은 일반적으로 두 가지 측면에서 과학(科學)을 이해한다. 첫째, 원인과 결과는 일정한 연관이 있어야 한다는 합리주의적 인과론(因果論)이고, 둘째, 정립된 이론은 실험을 반복해도 같은 결과가 나와야 한다는 증명의 재현성(Reproducibility of Proof)이다. 이 두 가지 조건을 충족할 때 우리는 과학(적)이라 한다. 명리가 과학적 메커니즘에 부합되려면 사주팔자와 삶의 모습 간에 일정한 인과론적인 연관논리가 존재해야 하는 것이다. 즉, 같은 사주(원인)를 가진 사람은 같은 삶(결과)을 살아가야 하고, 역으로 같은 유형의 삶(결과)을 살고 있는 사람은 같은 사주(원인)를 가지고 있다는 연관성을 증명해야 한다. 과연 이러한 과학적 잣대에 맞출 수 있는 신통방통한 사주쟁이가 세상에 있을까? 있다면 그건 사람이 아니고 신이다. 사정이 이러하니 사주명리는 분명 과학이 아니다.

사주명리의 또다른 얼굴, 미신적인 접근을 흉내내는 것은, 필살기로 둔갑한 잡설들이다. 이들은 사주명리의 이론적 기반인 음양오행과 생극제화(生剋制化)[3]의 원리에 근거하지 않고, 무시무시한 언설로 사람들을 겁박한다. 경험의 한계를 가진 존재로서, 우모(牛毛)보다 많은 사주의 경우의 수를 추

---

3   오행의 기운이 흐르는 작용으로, 사주간명에 있어 명주의 4가지 의지적 행위를 말한다.

단하는 것은 불가능하다. 그러므로 임기응변과 견강부회가 강해야 한다. 명리이론을 주도하는 자평학(子平學)[4]은 1000년의 역사를 가지고 있으며, 주역과 음양오행이라는 심오한 논리가 배경으로 자리하고 있다. 그러함에도 신살이나 잡설들이 오래토록 생명력을 유지하는 것은 복잡한 이론을 공부하지 않고도 적용이 쉽고 임팩트가 강하기 때문이다. 저잣거리에는 명리이론에 짓눌린 안동답답이보다 눈치도사가 더 큰 행세를 하는 배경이기도 하다. 그러나 이것은 논리로 접근하는 명리의 본질과는 거리가 멀다. 결론적으로 사주명리는 잡설 등으로 해결할 수 있는 단순한 것이 아니므로 미신 또한 아닌 것이 분명하다.

아! 오리엔탈리즘

명리가 과학도 아니고 미신도 아니라면 과연 무엇이란 말인가?

이것에 대하여 답하기 전에 우리는 왜 이런 질문을 받아야 하는지 생각해봐야 한다. 문학이나 음악, 미술을 말하며 그것들이 과학(적)이냐고 묻지 않는다. 그것들이 과학적이어야 할 이유가 애초에 있지 않기 때문이다. 명리의 기반인 음양오행과 생극제화는 인간의 삶에 지혜를 전하는 담론이기에 과학이어야 할 이유도 없고, 설령 미신이라 폄하돼도 신통하다면 마다할 일이 아니다. 그래서 애당초 명리가 과학인지 미신인지를 따질 이유가 없었던 것이다. 명리는 과학도 미신도 아닌 명리 그 자체로서 논리와 지향점이 있을 뿐이다. 그런데 왜 우리는 과학 아니면 미신으로 인식하기를 강요받고 있는 것인가? 오리엔탈리즘이 심어놓은 트로이 목마가 그 주역이다. 오리엔탈리

---

4   신법사주학의 대명사이다. 사주의 일주를 중심으로 명(命)을 논하는 관점을 정립한 사람이 북송의 서자평(徐子平)이기에 그 사람의 자를 따서 '자평학'이라고 부른다.

즘이란 19세기 유럽에 의해 아시아가 지배되면서 동양을 열등하고 미개한 이미지로 규정한 식민지배사상의 핵심이다. 에드워드 사이드의 말에 의하면 오리엔탈리즘[5]은 "동양에 대한 서양의 인식"이라는 의미로 사용된다. 서양은 동양을 "타자(Others)"로 규정하고, 타자를 지배하기 위해 왜곡된 인식 체계를 만들었다. 그리고 교육을 통하여 열등의식을 내면화시킴으로써 "타자" 스스로 그 올가미에 갇혀들어가게 만드는 트로이 목마를 심었다. 트로이 목마(Trojan horse)는 악성 루틴이 숨어 있는 컴퓨터 프로그램이다. 그리스로마 신화의 트로이 전쟁에서 유래한 이것은 보통 때는 정상적으로 작동하지만 결정적인 순간에는 악성 루틴을 심어놓은 자들의 의도에 따라 활동하는 바이러스이다. 그들은 편견으로 바라본 동양을 얘기했고, 이러한 담론은 동양학이라는 학문의 틀로 고정시켰다. 동양학을 공부하더라도 동양에는 기반이 없다. 미국의 박사학위가 최고의 권위를 인정받는다. 동양의 타자인 서양이 오히려 동양에 대한 권위(Authority)의 진원지가 된 것이다. 서양에 의해 바이러스가 숨겨진 오리엔탈리즘을 배워서 이젠 타자가 타자에게 오리엔탈리즘을 교육하고 내면화시키는 악순환을 거듭한다. 이렇게 길러진 타자의 지식인(오리엔탈리스트)들은 동양의 열등한 요소들만을 찾아내어 스스로 왜곡되게 각색하고 오도함으로써 실제 동양이 열등한 것으로 비쳐지도록 만들어버렸다. 19세기 동서양의 힘의 판도가 뒤집히던 시기에 오리엔탈리즘은 제국주의적 욕망에 동원되었고, 이는 동양에 대한 서양의 침략과 식민지배에 대한 정당성을 마련해주었다. 일제하에 친일 지식인들에 의해 날조된 식민사학으로 스스로 그 질곡을 깊게하여왔던 사실에서도 확인할 수 있듯이, 오리엔탈리즘은 이것을 기정사실화 하는 교육을 통해서 끊임없이 확대, 재생되었다. 서양(미국)을 비난하는 세력은 모두 사악한 존재

---

5 1978년 에드워드 사이드가 저술한 《오리엔탈리즘》이란 책에서 유래한다. 오리엔탈리즘은 서양에서 본 동방 문화'라는 본래의 뜻에서 벗어나 동양에 대한 서양의 편견을 말한다. 즉, 서양은 우월하고 동양은 열등하기에 서양이 동양에게 가르침을 주어야 한다는 것이다.

로 내몰리고, 동양의 학문적 성취나 문화는 모두 신비주의나 야만으로 매도된다. 이제 우리의 음악은 국악이고, 우리의 건축은 한옥이며, 우리의 옷은 한복으로 언어가 굳어져버렸다. 사주명리학이라고 예외일 수 없다. 그래서 우리는 명리학이 과학적인가라는 질문 자체가 잘못된 것이라는 문제의식조차 없이 과학적인 척하기에 바쁘다. 명리학을 논함에 있어, 과학이 기준이 아닌, 명리학이 기준이 되는 관점은 애초에 없다. 명리학이 얼마나 과학적이냐를 따지기에 앞서 과학이나 미신이 얼만큼이나 명리에 부합하느냐고 묻는다면 어떤 답이 나올까? 감히 비곗거리가 되지 못한다. 인생함수인 명리학에 비해, 과학에는 마음작용이 없고, 미신에는 논리체계가 없기 때문이다. 명리학은 우주의 이치로서 모든 지혜를 얻지만, 과학은 인과론으로 편협된 지식을 얻을 뿐이다. 세상에는 원인 모를 현상이 얼마든지 있고, 지향점(결과)을 알 수 없는 현상 또한 얼마든지 있다. 현대물리학도 추정적(Stochastic)이거나 확률론적(Probabilistic)인 사실을 운위한다. 세상에는 확정적으로 설명해낼 수 있는 일이란 별로 많지 않다. 그런데도 과학의 허상에 사로잡혀 그것에 부합되지 않으면 미신이라고 세뇌되어 살고 있다. 그래서 서양의 점성술인 타로가 선풍을 일으키고 있는 다른 한편에서 사주명리학은 비과학으로 매도되는 데 조금의 저항의식조차 없다. 오리엔탈리즘! 타자에 의해 타자가 된 좀비(Zombie)들의 종교! 우리의 영혼을 지배하는 거대한 이데올로기가 되었다.

　여기서 한발짝 더 나아가면 우리는 왜 하필 이 시대에 사주명리인가? 라는 질문에 부딪힌다. 매우 어려운 질문이다. 사주명리가 과학적이냐는 질문은 최소한의 애정을 가지고 그 합리성을 따져보겠다는 것이라면, 왜 하필 이 시대에 사주명리인가? 라는 질문은 과학성 여부를 넘어 이미 가치평가까지 내린 상태에서 그 효용성의 문제에까지 의미를 이미 절하시키고 냉소적으로 내던지는 질문이기 때문이다. 심리학을 공무하는 사람이 융이나 아들러를 논할 때 왜 하필 이 시대에 융이나 아들러인가? 라는 질문을 하지 않는다. 심리학은 이미 서양의 과학적 학문체계를 가지고 있으며, 융과 아들러는 그

심리학의 한 줄기를 확장시킨 영역이라는 믿음이 있기 때문이다. 그런데 사주명리학이 고통받는 사람들에게 삶의 희망을 말하고, 자신의 본분을 알게 하여 넘치거나 부족하지 않는 마음가짐으로 살아가라는 철학을 말하며, 특히 무한경쟁의 환경에서 왜곡된 욕망으로 망가지는 영혼을 치유할 수 있는 심리학 이상의 치유학문이라는 사실을 알고 있다면, 왜 하필 이 시대에 사주명리인가? 라는 질문은 하지 않을 것이다. 감히 말하거니와 사주명리학은 21세기 물질문명의 짙은 그림자 속에 내몰린 인간소외의 시대에 자연의 섭리로 인간을 조명하는 솔루션이요 대안심리학이며 자기사랑학이다. 우리는 여기서 사주명리가 어떤 것인지에 대한 진지한 성찰없이 무가치하다는 평가를 전제로 왜 하필 이 시대에 명리인가 하고 던지는 질문에 굳이 답을 해야 하는지 의문이다. 아는 만큼 보이고, 이해하는 만큼 느낄 수 있기 때문이다.

숙명을 딛고 운명으로(Beyond fatalism)

사주는 원형이정(元亨利貞)[6]의 원리에 부합하는 삶의 이치를 함축하고 있는 경세철학이며 생활문화이다. 원형이정은 만물이 생장염장하는 봄, 여름, 가을, 겨울은 그 순서를 어기지 않으며, 봄에 씨뿌리지 않으면 가을에 수확할 수 없다는 진리를 말한다. 세간에서는 사주팔자는 곧 정해진 숙명(宿命)[7] 또는 정명(定命)을 의미하는 것으로 인식하고 있으나, 숙명만의 사주는 반쪽 사주다. 숙명과 운명(運命)이 결합할 때 완전한 사주가 된다. 숙명론만을 주

---

6 '원형이정'이란 용어는 "주역" 상경 첫 괘에 나오는 문장이다. 이 주역의 첫 괘가 중천건(重天乾)이고 건괘의 첫머리에 "건 원형이정(乾 元亨利貞)"이란 문장이 등장한다. 우주생명이 끝없는 창조와 진화(造化)를 하는 이치를 말한다.

7 숙명(宿命)은 정명이라고도 하며, 어떤 의지나 노력으로 바꿀 수 없는 삶을 말한다. 반면, 운명(運命)은 스스로의 의지나 선택에 의해서 결정되는 삶을 말한다.

장하는 것은 인간의 자유의지를 외면한 궤변(詭辯)일 뿐이다. 타고난 사주에 따라 삶이 이미 정해져 있다면 노력이 무슨 필요가 있나? 세상 사람들은 무엇 때문에 아옹다옹 다투며 아비규환을 연출하는가? 하늘이 써놓은 각본대로 연기하다가 정해진 시간에 정해진 세상으로 떠나면 그만인 것을. 사람의 자유의지가 배제된 숙명론은 더이상 사람의 담론이 될 수 없다. 사람은 자유의지로 자신의 삶을 개척해나가는 개운(開運) 또는 운명(運命)의 주체이기 때문이다. 운명(運命)이란 명(天命)을 운영(運營)한다는 말이다. 자동차를 운전하듯이 각자의 삶을 운전하여 목적지에 이르는 능동적인 행위를 말한다. 하늘이 정해놓은 삶의 종착지(終着地)가 아니라, 내 의지로 설정한 목적지(目的地)에 이르는 전략과 실행을 말한다. 전략과 실행은 과거를 위한 것이 아니고, 미래의 삶을 위한 것이다. 그래서 운명이란 준비된 자가 써가는 역사인 것이다. 이것이 운명론(運命論)이고, 원형이정(元亨利貞)이요, 생극제화(生剋制化)의 정신이다. 사주에서 운명론의 주역은 생극제화다. 생극제화는 철저한 계획(plan)과 실행(do)과 점검(see)을 하는 일련의 과정이다. Plan-Do-See는 사주팔자를 기반으로 하므로 그 특성을 면밀히 살펴서 조화를 이루어야 한다. 요행이란 없다. 설령 요행으로 대박났다 하더라도 반드시 분탈(分奪)[8]되어 다시 본분으로 되돌아온다. 그래서 생극제화는 정도로 가야 한다. 정도를 무시하고 욕심을 내거나 화를 내거나 순리를 거스르면 질곡으로 떨어진다. 이렇듯 사주는 여덟 글자로 나타내어지는 숙(정)명론적 영역과 명주(命主, 시주명식의 주인)의 의지적 행위(마음작용)를 의미하는 운명론적 영역으로 구성되는데, 지금까지 사주학에는 숙명론적 영역에 대한 논의가 주류를 이루고 있다. 언제부터 왜 그렇게 되었는지 알 수 없지만, 처음부터 그랬던 것은 아니다. 생극제화는 고법사주뿐만 아니라 신법사주의 효

---

8   사주로 나타나는 자신의 꼴과 분을 넘어서 성취하는 경우, 본래의 빈명으로 떨어지는 작용을 말한다. 욕망이 너무 과하고, 분수를 지키지 못해서 생기는 현상이다.

시인 연해자평에서도 사주를 간명(看命)하는 근본원리로 언급하고 있다. 그러나 아쉽게도 자세한 내용이 없다. 命을 개척(開拓)하는 의지적 작용인 생극제화에 대한 이론이 왜곡되고 깊어지지 못함으로써 지난 역사에서 사주는 숙명론으로 인식이 굳어지게 된 것이다. 사주를 본다는 것은 협의로는 숙명론적 영역인 사주팔자를 분석하는 것이고, 광의로는 운명론적 영역인 생극제화와 동선시(動善時)[9]의 지혜를 구하는 것을 의미한다. 숙명론적 영역인 사주팔자는 타고난 기질의 특성을 말하는 것으로, 그 사람의 의식이나 성격, 재능, 육친 등을 분석하는 인생질료이다. 씨앗이나 종자와 같은 것이다. 씨앗이나 종자는 심고 가꾸어야 수확할 수 있다. 저절로 발아해서 곡식이 되는 법이 없다. 반면, 사람의 행위인 생극제화는 타고난 씨앗과 종자를 언제 어떻게 심고 가꾸어서 수확할 것이가 하는 의지적 마음작용이다. 사주에 아무리 좋은 재능이 나타나 있다 할지라도 본인의 의지가 없으면 발현되지 않는다. 반대로 사주에 없는 재능을 있는 것으로 착각하여 왜곡된 욕망을 불사르는 것 또한 문제이다. 사람은 사주에 나타난 에너지(잠재역량)를 가용하여 무엇(인생목표)을 위해 사용할 것인지 정하고 그것에 집중함으로써 운명을 개척하는 주역이기 때문이다. 따라서 팔자를 어떻게 타고났는가도 중요하지만 어떻게 개척하여 어떤 인생으로 살아갈 것인가 하는 전략은 더욱 중요하다. 인간세계는 타고난 사주보다 자유의지가 훨씬 많은 가치를 창조한다. 이것이 여수명리의 관점이다.

---

9   노자의 도덕경 8장에 나오는 말로, 나설 때와 물러설 때를 판단하는 것이다. 내용은 다음과 같다. 상선약수(上善若水) 수선이만물이부쟁(水善利萬物而不爭)처중인지소오(處衆人之所惡) 고기어도(故幾於道) 거선지(居善地)심선연(心善淵) 여선인(與善仁) 언선신(言善信) 정선치(正善治)사선능(事善能) 동선시(動善時) 부유부쟁(夫唯不爭) 고무우(故無尤)

제1장

우주에너지와 인간
(Cosmic energy and humans)

1. 대우주와 소우주

태초에 일기(一氣)가 생하여 만물이 화생하니, 일물(一物)은 곧 만물(萬物)이다. 만물은 일물에 응결하고 일물은 만물을 포함하기에 한 떨기 꽃은 곧 전 우주이다. 한없이 넓은 저 우주도 하찮은 물질 속에 모두 들어 있다. 17세기 독일의 라이프니츠는 우주가 무수한 단자(monad)로 이루어져 있고, 개개의 단자 속에는 하나의 완전한 우주가 구현되어 있다는 모나드론(Monadology)[10]을 주창하였다. 이것은 우주를 프랙탈(fractal) 구조로 설명한 것과 맥을 같이 한다. 프랙탈은 수학에서 자기유사성을 갖는 기하학적 구조를 뜻하는 것으로, 어떤 도형의 작은 일부를 확대해봤을 때 그 도형의 전체 모습이 똑같이 반복되는 것이다. 이를 모나드론과 연계해보면, 하나의 입자가 그 속에 다른 또하나의 완전한 우주를 담고 있고, 이러한 과정이 끝없이 반복되는 것을 말한다. 이 거대한 우주가 프랙탈 구조를 형성하며 무한 반복하고 있다면 그 끝이 어딘지 알 수가 없을 것이다.

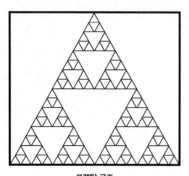

프랙탈 구조

일찍이 부처님께서도 "하나의 해와 달이 4천하(四天下)를 두루 돌면서 광명을 비추고 있는 것과 같은 그런 세계(世界)가 천 개나 있는데 이것을 소천세계(小千世界)라고 하고, 소천세계와 같은 세계가 천 개 있으면 이것을 중천세계(中千世界)라 하며, 중천세계와 같은 세계

---

10 모나드론(단자론), 17세기의 철학자이자 수학자, 물리학자인 라이프니쯔(Gottfried Wilhelm Leibniz: 1646-1716)는 모든 존재의 단순 실체인 단자 개념을 기초로 존재론과 인식론 및 신학과 우주론을 폈다.

가 천 개 있으면 이것을 삼천대천세계(三千大千世界)라고 한다"라고 하셨다. 소위 계산이나 표기가 불가능한 그레이엄 수(Graham's number)의 개념을 설하신 것이다. 사람 역시 우주의 한 구성원이므로 사람을 중심으로 외부의 거대한 존재인 〈거시세계〉와 우리 몸 속의 작은 세계인 '미시세계'를 연결하여 프랙탈 구조를 이해해볼 수도 있다. 우리가 속해 있는 저 우주는 삼천대천세계처럼 그 끝을 알 수 없고, 사람의 내부에는 세포와, 세포를 이루는 고분자, 분자, 원자, 소립자들로 무량무궁한 세계가 구현되어 있다. 이러한 이치에서 일찍이 동양에서는 사람을 소우주로 인식하고, 대우주의 변화원리를 소우주인 인간에 적용하여 이상적인 삶과 사회적 질서를 구현하려 하였다. 따라서 소우주로서의 인간은 대우주로서의 자연에 대해 친밀감과 동질감을 가질 수 있는 동체상즉(同體相卽)[11]의 틀을 공유한다. 자연은 인간이해의 모델이고, 인간은 자연실현의 탁월한 존재로 인식하기 때문이다. 따라서 인간사를 이해하기 위해 우주/자연을 탐구하였으며, 그 원리와 이치는 철저히 인간사에 피드백하는 관계였다.

　우주와 인간, 자기유사성의 프랙탈구조를 전제로 하는 우주/자연이란 무엇을 말하는가? 우주(宇宙)[12]는 시공간의 총체적 개념이다. 우(宇)는 공간(空間)을 뜻하고, 주(宙)는 시간(時間)의 개념이다. 시간과 공간은 두 개의 개념이면서 분리할 수 없는 하나이다. 시간은 공간의 흐름이고, 공간은 시간의 내용이기 때문이다. 즉 우주는 시간과 공간이 합일된 것이다. 우주 속의 인간은 시간과 공간 속에 존재하는 위상이고, 시간과 공간을 떠난 인간이란 존재할 수 없기에 천인합일의 사상이 성립한다. 天人合一 사상은 동아시아 자연관의 대표적 명제이다. 하늘이라는 우주 만물의 이치에 인간의 도리를 부

11　개인이나 집단의 운명은 대우주의 생멸·변화를 주관하는 법칙과 일치한다는 것이다.

12　宇와 宙는 원래 지붕의 처마와 들보를 가리키는 말이었는데 전한(前漢) 회남왕(淮南王) 유안(劉安)이 편찬한 〈회남자〉에서 상하사방의 공간(四方上下謂之宇)을 宇라하고 지나간 과거에서 현재, 다가올 미래까지의 시간(往古來今謂之宙)을 宙라고 주해한 이후에 천지를 비유하는 말로 쓰이게 되었다.

응시키려 했기 때문이다. 하늘(天)이란 인간의 능력을 초월하는 우주와 태양과 자연의 절대적인 힘을 통틀어 일컫는 개념이다. 결국 우주/자연/하늘은 같은 위상으로서 인간사와 대비된다. 인간은 하늘과 땅 사이에서 자연의 일원으로 하늘이 주는 천기(天氣: 공기)와 땅이 주는 지기(地氣: 먹이)를 먹고 생명을 유지하고 있다. 결국 우리는 우주와 배꼽줄로 연결되어 하늘과 땅을 떠나서는 한 순간도 살 수 없는 관계에 있다. 이것이 인간이 小宇宙라는 동양사상의 기조이며, 대우주와 소우주의 상호관계를 체계적으로 이해하려는 주역, 명리학의 이론적 배경이기도 하다.

易이란 무엇인가?

역(易)은 이 세상 돌아가는 이치를 담고 있는 엄청난 지혜의 창고이다. 易은 『설문해자』(說文解字)[13]에서 도마뱀을 그린 상형문자로 설명한다. 도마뱀이 환경에 따라 색깔을 쉽게 바꾸기 때문에 '쉽다'와 '바꾸다'라는 의미가 나왔다. 갑골문에는 그릇에 담긴 물을 다른 그릇에 부어넣는 형상이다. 易은 『소전(小篆)』[14]에 이르면 이미 모양과 의미가 변화하여 '교환하다', '바꾸다', '변화하다'의 의미로 사용되었다. 형성문자로 보는 설도 있으나 가장 일반적인 회의문자로 볼 때는 해와 달의 움직임을 상징한 글자로 본다. 해와 달은 천지만물의 존재를 발생하고 성장하게 하는 생명의 근원이다. 해는 낮과 밤의 변화를 주도하고, 한 해(年)의 커다란 주기를 담당한다. 달 또한 주야의 변

---

13   중국의 가장 오랜 자전(字典)으로, 중국 후한의 경학자(經學者)로 알려진 허신이 필생의 노력을 기울여 저술한 책으로, 무려 1만여 자에 달하는 한자 하나하나에 대해, 본래의 글자 모양과 뜻, 발음을 종합적으로 해설하고 있다.

14   전서의 하나로, 진시황 재위 기간 때 만들어졌다. 나라마다 다른 모양이던 글자를 통일하고 간략화한 것이다.

화와 한 해의 열 두마디에 해당하는 달(月)의 주기를 주관한다. 이러한 해와 달의 변화는 음양의 교차순환처럼 매우 쉽고 단순하다. 그리고 이러한 변화는 무질서한 혼돈의 변화가 아니라 일정한 주기를 가지고 있다. 그러면서 순환하는 계절과 낮밤의 기후는 단 한 순간도 같음이 없다. 『역위(易緯)』[15]에 의하면 역에는 세 가지의 뜻이 내포되어 있다고 한다. 간이지덕(簡易之德)·불역지리(不易之理)·변역지리(變易之理)의 삼의(三義)가 그것이다. 簡易(easy and simple)는 자연은 음양이라는 법칙에 의거해서 변화한다는 단순성을 말한다. 不易(non change)은 만물은 시공간의 범위에서 운동하는데 운동의 주체로서 자신은 변하지 않으면서(불역) 만물로 하여금 변하도록 동기를 부여하는 궁극의 원리를 말한다. 그리고 變易(changing)은 만물은 태어나는 순간부터 거듭 변화하면서 스스로를 드러내는 이치를 벗어날 수 없다는 것이다.

하도와 낙서, 동양철학의 원천

동양사상의 근간인 음양오행의 진리는 고대 복희씨와 우왕으로부터 유래된 간단한 그림 두 장에서 비롯되었다. 하도와 낙서가 그것이다. 하도와 낙서는 오랫동안 동양 선각자들에게 영감의 원천이었다. 『황극경세서(皇極經世書)』를 쓴 소강절(邵康節)[16]이 하도낙서를 보고 복희팔괘도와 문왕팔괘도

---

15 주역의 緯書로서 역학의 別傳으로 구분된다. 별전의 별은 역학의 본류로부터 분리되는 別科를 말하고, 傳은 경서의 해설을 의미하는 傳, 疏, 義, 解 중 하나를 말하는 것으로 역위는 곧 주역에 관한 일반적인 해설서이다.

16 1011 1077, 중국 북송의 성리학자(性理學者), 상수학자(象數學者)이며 시인(詩人)이다. 이름은 雍, 자는 요부(堯夫), 자호(自號)는 안락(安樂)이며, 강절(康節)은 사후에 내려신 시호(諡號)이다. 기체와 생각이 뛰어나기로 유명한 중국 송대(宋代)의 유학자이고 시인이다. 소옹은《역경(易經)》이 지금의 형태로 만들어지기 전에 복희씨가 만든 원초적인 역(易)을 뒷날의 후천역(後天易)과 구별하기 위해 선천역(先天易)이라 하고 몇 가지 그림으로 복원했는데, 주역 설괘전을 바탕으로 건남곤북(乾南坤北)과 리동감서(離東坎西)의 괘상을 복원한 것이 복희팔괘도(伏羲八卦圖)다.

를 복원하였다. 하도와 낙서에서 책을 의미하는 도서(圖書)라는 말이 유래되었는데, 圖는 하도의 圖이고, 書는 낙서의 書에서 따온 말이다. 하도와 낙서는 우주의 변화이치를 상징한 것이기에 하도와 낙서를 이해하는 것은 우주의 비밀을 풀어내는 의미와 같다. 하도는 지금부터 약 5500년 전에 송화강에서 머리는 용이요 몸은 말의 형상을 한 용마(龍馬)의 등에 나타난 점을 보고 태호 복희씨가 정리한 그림이다. 낙서는 지금부터 약 4200년 전에 낙수에서 거북이(神龜) 등에 나타난 점을 보고 하나라를 건국한 우임금이 도표로 그린 것이다. 하도와 낙서는 역의 가장 중요한 사상적 기초가 되었다.

복희역, 하도(河圖)와 상생의 원리

먼저 하도는 복희역이라고 한다. 하도에는 음과 양을 나타내는 희고 검은 점 55개가 배열되어 있다. 이것을 보고 복희씨가 음양, 오행, 방위 등의 의미

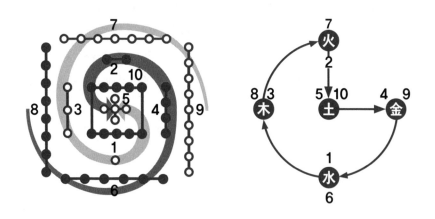

소옹 당시에는 복희팔괘를 선천팔괘, 문왕팔괘를 후천팔괘라 하였으나, 김일부가 정역팔괘를 창시한 후에는 복희팔괘와 문왕팔괘를 선천팔괘, 정역팔괘를 후천팔괘라 한다.

를 이끌어냈다.

복희역의 특징은 첫째, 우주의 본질이 음양짝으로 된 태극임을 보여준다. 이것은 1부터 10까지 배열된 숫자를 양수와 음수로 구분하여, 양수는 1, 3, 7, 9로 연결하고, 음수는 2, 4, 6, 8로 연결하면 태극의 모양이 드러남으로써, 음양이 변화하고 소장(消長)하는 천도의 근본원리를 나타내고 있다. 태극으로부터 음양, 사상, 팔괘로 문물이 창조되고 생성되는 원리이다. 둘째, 수(數)에 대한 사상이 있다. 복희역의 수리배열에 따른 오행의 구조를 보면 상생적인 자연의 변화이치를 표현하고 있다. 즉, 水(1, 6)生木(3, 8), 木生火(2, 7), 火生土(5, 10), 土生金(4, 9), 金生水(1, 6)로 우선(右旋)하는 오행의 상생구조를 표현하고 있다. 하늘의 계시로 자연 속에 숨겨진 질서를 읽고, 이를 천지의 기본수인 1에서 10까지의 수로 체계화하였다. 셋째, 水 木 火 土 金이라는 오행의 원리와 동서남북 사방의 方位에 대한 사상이 들어 있다. 모든 오행의 변화마다 중앙에서 土가 매개함을 암시한다.

문왕역, 낙서(洛書)와 상극의 원리

낙서는 하도와 더불어 선천역의 근원을 이룬다. 4200년 전에 하(夏)나라의 우왕이 황하의 지류인 낙서(洛書)에 나타난 신귀(神龜)의 등에서 발견하고 하늘이 내린 이치를 깨달아 후세에 전했다고 한다. 낙서를 발견하고 거기서 깊은 이치를 깨달은 사람은 우왕이지만, 낙서를 본받아서 복희팔괘와 다른 새로운 팔괘를 창안한 사람은 주나라 때의 문왕(文王)이기 때문에 이것을 문왕역(文王易)이라 한다. 낙서에는 음양으로 나타내는 점이 45개 배열되어 있는데 여기에서 수, 음양, 오행, 방위 등의 의미를 찾았다. 문왕역의 수리배열에 따른 오행의 구조를 보면, 상극의 자연변화 이치를 표현하고 있다. 즉, 水剋火(2, 7), 火剋金(4, 9), 金剋木(3, 8), 木剋土(5), 土剋水(1, 6)로 좌선(左旋)하는 오행의 상극구조(相剋構造)를 표현하고 있다.

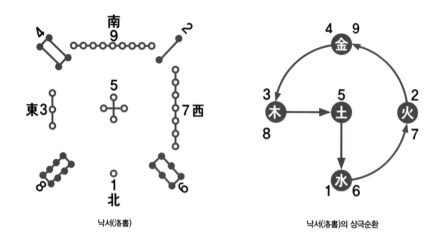

낙서(洛書)   낙서(洛書)의 상극순환

　이것은 만물이 일어나는 가운데 음양이 서로 작용하고 오행이 相剋하여 우주의 여름철에 5황극을 중심으로 만물이 분열하고 성장해가는 원리이다. 문왕역은 땅에서 일어나는 생존경쟁의 이치나 질서를 상징한 것이라 할 수 있다. 오행의 음양짝이 모두 제 위치에 있지 못하여 홀수인 양수는 4정위(四正位, 동서남북)에, 짝수인 음수는 4유위(四維位, 동북, 북서, 남서, 남동)에 위치하고, 중앙에는 5토가 자리하고 있다. 그리고 낙서는 하도와 달리, 西方(금, 4, 9)과 南方(화, 2, 7)이 서로 바뀌어 있다. 이를 금화교역(金火交易)[17]이라고 말한다.

　금화교역은 여름에서 가을로 바뀔 때(선천에서 후천으로 넘어갈 때), 화극금의 상극원리에 따라 항상 대 변국이 발생할 것임을 암시한다.

　낙서의 모든 수를 합하면 45가 된다. 숫자는 1에서 9까지로 하도의 1~10수

17　화기의 여름에서 금기의 가을로 가는 과정을 '금화교역'이라 한다. 선천에서 후천으로 넘어가는 선천/후천 교체시기에 남방인 화와 서방인 금이 서로 바뀌는 우주의 대혁명이다.

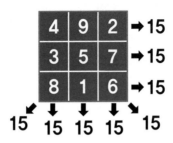

와 다르다. 중앙에 5가 있고 팔방의 수를 주재하는 모습이다. 낙서의 수 배열은 중앙의 5를 중심으로 종횡, 사선 어느 것을 합하여도 모두 마방진(魔方陣, Magic Square)[18]의 15진수(眞數)가 된다. 생명을 잉태하는 5土와 10土가 합치면 15이고, 生數 1, 2, 3, 4, 5의 합수도 15이고, 四象의 太陽9과 太陰6을 합한 수도 15이며, 少陽7과 少陰8을 합해도 15가 된다. 15수는 완전한 인간(Perfect man)을 상징하는 수이며 인간의 마음과 생명의 중심축이다.

數의 근원

피타고라스[19]는 만물은 수(數)라고 했다. 그는 수학적 방법으로 세계를 이해할 수 있다고 여겼다. 세상의 모든 것들은 수학적으로 '어떤 부동의 규칙'이 있기 때문이다. 수에 대한 관념은 동양에서도 자연과 인간을 이해하는

---

18 마방진은 약 3000년 우(禹)나라의 우왕이 강의 치수공사를 하던 중에 물 속에서 나온 거북이 등에 있는 무늬를 보고 생각해 내었다고 한다. 수를 특정한 모양으로 배열하여 정해진 단위의 합이 일정한 것이다. 그러나 '魔(magic)'이란 글자가 붙어, 과거에는 마방진을 신비한 힘이 깃들어 있는 부적처럼 여겼다. 현제도 오컬트적인 탈리스만 만들때 마방진을 사용한다.

19 기원전 582~497년 경 이오니아의 그리스 철학자이자, 피타고라스 학파라 불린 종교 단체의 교주이다.

중요한 의미로서 기능해왔다. 최초의 단서로서 하도에는 1에서부터 10까지 열 개의 숫자가 있다. 이 숫자는 기수(基數)이면서 서수(序數)로서 수의 근원이 된다. 역에서는 1에서 5까지의 수를 생수(生數) 또는 선천수(先天數)라 하고, 생수에 주재자인 황극수(皇極數) 5를 더하여 나오는 6에서 10까지의 수를 성수(成數) 또는 후천수(後天數)라 한다. 1, 2, 3, 4, 5를 생수라 한 것은 이 다섯 개의 수가 보다 근본적인 수이고, 각각의 생수에 황극수 5를 보태어 6에서 10까지의 후천수가 생기기 때문이다. 따라서 6에서 10까지의 수는 성수라 한다. 그리고, 1에서 10까지의 수를 하도수라 하고, 그 합수는 55이다. 여기에 후천수의 합수인 45를 합하면 100(=55+45)이 된다. 100수는 자연의 두 주역(主役)인 음양운동의 겉모습인 상극과 속모습인 상생의 천지질서를 나타내는 수라는 뜻으로 일원수(一元數)라 한다. 일원수 100을 둘로 나눈 수 50을 역에서는 대연수(大衍數)라 하여 매우 중요시한다. 대연수는 하도의 수 55보다 5가 적고, 낙서의 수 45보다 5가 많다. 주역으로 점을 칠 때(설시법渫蓍法) 서죽(筮竹)의 수가 50개이다. 그리고 낙서의 수 5개씩을 卍절만자 형태로 연결해서 합해보면 모두 25라는 숫자가 나온다. 2, 7, 5, 3, 8의 합수가 25가 되고, 4, 9, 5, 1, 6의 합수도 25가 된다. 또한 2, 9, 5, 1, 8의 합수도 25이고, 4, 3, 5, 7, 6의 합수도 25가 된다. 이 원리는 미학적인 밸런스를 지니는 것으로 현대의 여러 산업 분야에서 응용되고 있다. 수천년의 시원을 가진 수의 조합은 신비함을 넘어 현대에 이르러 생활에서의 활용까지 기능하고 있는 것이다.

2. 주역

우리가 흔히 말하는 주역(周易)[20]은 수 많은 역중에 주나라 때 만들어진 역을 말한다. 복희의 역은 자연의 이치를 팔괘로 나타낸 괘도역(卦圖易)이다. 복희역과 문왕역에서 비롯된 주역은 점서로 알려졌지만, 공자에 의해서 십익(十翼)이 추가됨으로써 위대한 사상체계를 이루었다.

주역은 동양의 고전의 꽃이다. 유교의 사서삼경에서 핵심은 단연 역경, 즉 주역이다. 주역이 갖는 사상체계는 태극과 천지인 삼재의 도를 근본으로 하여 우주, 자연, 인간에 관한 모든 현상을 하나의 기본원리인 음양과 오행에 의해서 파악하는 것이다. 심오한 진리로써 인간에게 삶의 방향과 지혜를 제시해 준다. 따라서 역서(易書)는 자연과 인간을 소통시키는 역서(譯書)이면서 정치, 문화 사회가 어울어진 歷書(역사서)이고, 세시풍속을 이끄는 역서(曆書)이며, 수학서이자 철학서의 역할을 하였다.

무극(无極)

무극은 일물(一物)도 없는 궁극자의 무형적 측면[21]을 일컫는다. 무극은 두 가지 뜻이 있다. 그 하나는 형상이 없는 것이고, 다른 하나는 궁진함이 없는 것이다. 형상이 없는 것은 성장과 소멸이 없는 것이고, 궁진함이 없는 것은

---

20 주역은 周나라의 易이라는 말로 이해하는 것이 일반적이다. 오경 중 으뜸으로 주나라 문왕이 괘사를 짓고, 그의 아들 주공이 완성하였다.

21 무극자 일물미유야 无極者 一物未有也, 무극이란 일물도 없는 것이다.

곧 다함이 없는 무(无)를 말한다.

이것은 성리학에서 말하는 이(理)의 개념과 통한다. 기(氣)는 오감을 통한 느낌으로 알 수 있고, 질(質)에 속하는 것은 형체가 있어 인식할 수 있으나 이(理)의 경우 느낌으로도 형체로도 확인할 수가 없다. 주희는『중용』의 첫 구절을 해석하면서 천지만물은 본래 나와 한 몸[22]이라고 하여 一氣에서 一理로 대체하였고, 통일성의 함의에 차별성의 논리를 보완하였다. 눈에 보이지는 않지만 氣와 質로 물체를 이루는 원리와 작동하는 원리는 반드시 존재한다는 것이다. 씨앗을 쪼개보면 그 속에 구분된 형상들이 보이지 않는다. 그러나 그 씨앗이 발아하여 성장했을 때는 뿌리와 줄기와 이파리가 형체를 갖추게 된다. 씨앗 속에서는 보이지 않았던 형상이 발현된 것이다. 이처럼 형상으로 보이지 않아 아무것도 없는 것 같지만 사실은 내면에 모든 형상의 근원을 모두 다 갖추고 있는 상태가 무극이다.

태극(太極)

O으로 표시되는 무극은 전체적 개념인 하나의 태극이 된다. 태극은 천지만물이 생기기 이전의 혼돈한 상태의 기운을 말한다. 하늘과 땅을 구분할 수 없으니 일체가 하나요, 어둡고 혼돈한 상태이다. 태극은 우주를 잉태하는 근원이고 씨앗이며 태초 혼돈된 상태의 처음과 끝의 한 주기이다. 이 세상의 모든 기운과 물질에 태극의 이치가 자리하고 있어,[23] 태극은 우주를 잉태하는 근원이요 씨알이다. 즉, 우주만물이 있기 이전의 공허하고 혼돈된 상태

---

22 개천지만물본오일체 蓋天地萬物本吾一體 오지심정 吾之心正 즉천지지심역정의 卽天地之心亦正矣 오지기순 吾之氣順 즉천지지기역순의 卽天地之氣亦順矣, 천지와 만물이 본래 나와 일체이다. 즉, 나의 마음이 바르면 천지의 마음 또한 바르며, 나의 기운이 순하면 천지의 기운 도한 순하다.

23 태극지리산재만사 太極之理散在萬事

가 태극이지만 또한 텅빈 태극에는 만물이 생하는 이치가 있어 천지와 만물은 무에서 유가 생겨난다.

도교에서는 원시천존(元始天尊)의 상태를 태극이라 말하기도 한다. 공간으로 말하면 글자 그대로 큰(太) 덩어리 극(極)이란 뜻이고, 시간으로 말하면 태초(太)부터 궁극(極)의 영원까지란 뜻이다. 이렇듯 공간적으로나 시간적으로 끝이 없기 때문에 태극을 곧 무극이라 한다.

음양(陰陽)

태극은 음양陰陽으로 나뉘어 두 개의 구분을 갖는다. 음양은 태극에서 비롯되어 우주 만물을 구성하고 운용하는 상반된 성질의 두 가지 기본 요소이다. 태극은 음양 이전의 세계로 음양이 발생된 곳이며 음양이 살아 움직이는 상태이다. 태극이 음양(陰陽)으로 나뉘어지면서 세상이 열린다.

0의 무극이 창조원리로 진화하며 일태극이 되듯이, 일태극은 창조원리를 중심으로 양의(兩儀)로 작용하는데 그 주역이 음양이다. 음(陰)·양(陽)이라는 두 글자는 각각 어둠과 밝음을 의미한다. 음이라는 글자는 언덕[丘]과 구름[雲]의 상형(象形)이고 어둠과 땅을 상징하며, 양이라는 글자는 언덕[丘]과 햇볕[昜]의 상형으로 모든 빛의 원천인 하늘을 상징하고 있다.

음양사상에는 상반(相反)과 응합(應合)이라는 핵심적 사상이 함축되어 있다. 상반은 음(Negative)과 양(Positive)의 대립을 말함이고, 응합이란 음양이 대립하면서도 상호의존의 관계를 유지하며 발전해감을 의미한다. 음양은 인간과 만물을 지어내는 자연 속의 두 기운이다. 초미세 원자세계로부터 광대한 우주에 이르기까지 모든 현상계가 음양의 짝으로 존재한다. 음과 양은 우주를 이루는 가장 중요한 원칙이자 우주적 요소를 설명하는 출발점인 것이다. 음양을 이해하는 본질은 음과 양, 양과 음이 서로 대립적인 모습과 성격으로 존재하지만 이분법적으로 고정화되지 않으며, 그 경계를 구획해내기가 어렵다는 것이다. 음양이 존재하는 원칙에도 절대적인 구분 또한 없다. 양속에 다시 음양이 있고 음속에 다시 음양이 구분되어 자리하게 된다. 터프하고 남성적 매력이 넘치는 사람도 여성성(Anima)을 내장하고 있으며, 연약하고 아름다운 여성도 남성성(Animus)을 내장하고 있다. 음과 양은 따로따로가 아니라 하나이다. 하나가 없으면 다른 하나도 없는 것이다. 양이 극에 달하는 순간 음이 발생하여 하강하기 시작하고, 음이 극에 달하는 순간 양이 발생하여 다시 상승하는 순환주기를 반복한다. 이것이 양의(兩儀)이다. 陰陽의 개념이 단순히 구분되어 대립하고 있는 정적 상태를 말한다면, 兩儀는 음과 양이 운동에너지를 발생하여 변화를 함으로써 생명을 잉태하는 동적 상태이다. 그래서 양의생사상(兩儀生四象, 계사상권 제10장)이라 하였다. 이러한 양의는 하나의 체(體)가 되고, 이 체는 하나의 주기를 갖게 되면서 음양의 기(氣)에 의하여 변화를 일으키는데 이것이 용(用)이다. 음양운동의 가장 큰 주체는 하늘과 땅이다. 하늘은 생명을 내려주고 땅은 생명을 길러낸다. 대자연 속에서 살아가는 인간은 하늘과 땅의 거대한 품을 떠나서 살 수가 없다. 하늘은 양기 변화를 주도하고, 땅은 음기의 변화를 주도한다. 이로써 낮과 밤이 순환하면서 생성되고 만물이 생멸한다. 인간도 음양의 정기로 여자와 남자로 태어나 결합, 조화됨으로써 인류의 역사가 이루어진다. 그러나 음양의 가치와 역할은 선악으로 획일화되지 않는다. 양이 음보다 강하거나 음은 양보다 열등한 것으로 평가할 수 없다. 음양과 오행의 원리로 분석하는 사주명리도 같은 이유로 좋거나 나쁘다고 단정하는 순간 진실에서 멀어진다.

음(陰)의 특징적 성질은 다음과 같이 정리할 수 있다.

첫째, 음은 차가운 기운이다.

차가운 기운은 무거워서 가라앉는 성질이 있다. 따라서 음기(陰氣)는 하강하고, 수축하는 성질이 있다. 계절로는 가을과 겨울이 음이다.

둘째, 정적(靜的) 기운이 음이다.

음은 質化된 땅의 형상으로서, 안정되어 움직이지 않으려는 성질이 있다.

셋째, 어두운 기운이 음이다.

어두운 것은 낮 대비 밤이고, 해 대비 달이니 춥고 어두운 성질이다.

넷째, 음은 부드럽고 약한 기운이다.

땅은 유순하여 일체만물을 싣고 순종하며 어머니와 같이 생명을 품어 풀과 나무를 키운다. 음기는 양기에 비해 소극적인 성질이 있다.

양(陽)의 특징적 성질은 다음과 같이 정리할 수 있다.

첫째, 양은 따뜻한 기운이다.

더운 기운은 가벼워서 위로 올라가는 성질이 있다. 따라서 양기(陽氣)는 상승하고, 발산하는 성질이다. 계절로는 봄과 여름이 양이다.

둘째, 動的인 기운이 양이다.

양은 氣化된 하늘의 형상으로서, 大氣(바람)와 같이 항상 움직이고 멈추지 않는다.

셋째, 밝은 기운이 양이다.

양기는 밤 대비 낮이고, 달 대비 해이니 따뜻하고 밝은 성질이다.

넷째, 양은 굳세고 강한 기운이다.

하늘은 굳세고 강건하여 만물을 지배한다. 아버지와 같고 적극적인 성질이다.

음양운동은 변화와 창조활동이다.

양지와 음지를 뜻하는 음양은 전국 시대에 들어서면 천지(天地)와 동의어로 사용하였다. 『계사하(繫辭下)』에서는 건(乾)은 양물(陽物)이고 곤(坤)은 음물(陰物)이라고 하여 음양을 만물 생성과 변화를 이끄는 실체이자 총체로 보았다.

『황제내경(黃帝內經)』[24]에 음양이라는 것은 천지의 도리요, 만물의 근본이며 변화의 근원이고, 나고 죽음의 시작[25]이라고 하여, 만물이 생장하고 소멸하는 이치임을 밝히고 있다. 즉, 음양의 이치는 변화와 생명현상의 근본원리라는 것이다.

음양은 역의 본분(생생지위역, 생명활동)을 수행하기 위한 나름의 원리를 지키며 작용한다.

이러한 음양은 자연에서 일어나는 모든 운동은 대립하는 기운이 상호작용하며 둘 중 하나를 배제한 상태의 물리현상은 실제로는 불가능하다는 함의를 가진다. 어떤 현상이든 항상 그 현상과 대립되는 현상이 있게 마련이며, 두 측면을 동시에 고려할 때 존재를 올바르게 이해할 수 있다. 대립(對立)이나 대대성(待對性)을 부정하는 것은 물질계의 본질을 부정하는 것이고, 결국에는 자신의 존재를 부정하는 결과가 된다.

따라서 역의 원리, 특히 음양오행의 원리에 기반하여 성립된 명리학은 생명철학[26]을 지향하고, 그 적용과 해석은 음양에서 출발해서 음양으로 귀결된다. 그래서 음양론은 역학이론의 출발점이요 본령이다.

중국 원나라 말기에서 명나라 초기의 유학자 유기 백온(劉基)[27]은 하늘

---

24 전국 시대에 발간된 것으로 추정되는 현존하는 가장 오래된 한의학 서적이다. 저자와 저작시기는 확실히 알 수 없으며, 저작 시기는 전국(戰國)에서 진한(秦漢)사이로 추정된다. 전설적 가상 인물인 황제(黃帝)가 6명의 명의들과 의학에 대해 토론한 내용을 싣고 있다. 총 18권으로 구성되어 있으며, 소문(素問) 9권과 영추(靈樞)9권이 각각 81편씩 162편으로 되어 있다. 내용은 음양오행(陰陽五行)을 바탕으로 하여 사람과 자연은 서로 영향을 주고 받으며, 끊임없이 운동·변화를 거치고, 오장육부(五臟六腑)와 경락(經絡)을 통한 기혈(氣血)의 순행으로 생명 활동을 유지해나간다는 기본 이론으로부터, 질병에 대한 설명, 진단 방법, 치료 원칙, 양생(養生), 해부·생리·경락·침구(針灸) 치료 등에 이르기까지 다양하다.

25 음양자陰陽者 천지지도야天地之道也 만물지강기萬物之綱紀 변화지부모變化之父母 생살지본시生殺之本始

26 계사상5, 천지이생물위심 天地以生物爲心 "천지는 만물을 창조하는 것으로써 마음을 삼는다."

27 자는 백온(伯溫), 1311년 7월 1일 ~ 1375년 5월 16일. 중국 명나라의 군사(참모), 정치가, 시인이다. 주원장의 부하가 되어 명나라를 건국하고, 안정시키는 공을 세웠다. 당대 제일의 문필가로서 저서는

의 본질을 담은 물방울을 노래했다. 적천수(滴天髓)가 그것이다. 백온 선생은 천문과 병법에도 정통했다고 하는데 무엇보다 적천수는 명리이론을 넘어 자연의 이치와 인간의 삶을 싯구로 담아내고 있다는 점에서 명리학의 백미로 꼽힌다. 말을 아껴 간결하면서도 주옥 같은 진리를 모두 함축했다. 적천수의 첫머리〈通神頌〉에서 "욕식삼원만법종(欲識三元萬法宗), 선관제재여신공(先觀帝載與神功)", 만법의 근본을 알려거든 음양의 이치를 먼저 살피라 읊었다. 음양은 서로 갈마들어 생명을 창조하고 세상을 둥글어가게 하는 근본이다. 오늘날의 우리들은 음양의 신공은 진부하다 하여 온갖 잡설의 비결서에만 매달린다. 각론이 자세하고 쉬워 보이나, 자세하면 어긋남과 부딪침이 많은 법이다. 하지만 알짬(여럿 중 가장 중요한 내용)을 깨치면 만 가지의 각설에도 응용이 가능하니 기본에 충실해야 한다. 적천수를 통해 백온 선생은 무위로써 만사를 행하는 우주의 이치를 한 떨기의 꽃에서도 알 수 있는 이치를 노래한 것이다. 음양의 신공을 살피는 것이 사주명리학의 출발점이자 최종 귀결점이다.

삼재(三才)

음양이 활동하는 양의(兩儀)에 중심을 두면 음양중(陰陽中)의 삼재(三才)가 된다. 우주의 변화는 하늘과 땅의 대립이 아니라 사람을 중심으로 조화를 추구하는 것이다. 사람만이 천지의 도리를 스스로 파악하고 이해할 수 있으며, 천지와의 감응을 조절하므로써 만유(萬有)를 낳고 만유에 응(應)하게 된다. 천지 음양의 조화로 창조된 모든 피조물 중 만물의 영장인 사람에게 그

욱리자(郁離子) 10권, 부부집(覆瓿集) 24권, 사청집(寫情集) 4권, 이미공집(犁眉公集) 5권을 남겼다.
중국에서는 제갈량과 같이 천재 군사로서 숭배를 받고 있다.

대표성을 부여하여 하늘과 땅에 이어 사람을 일컬어 삼재라고 하였다. 동아시아 문화권의 사유체계에서는 하늘과 땅, 그리고 인간이 상호감응하며 우주자연의 생태질서가 형성된다는 삼재사상(三才思想)이 그 기저를 이루고 있다. 주역에서 팔괘가 삼변(三變)의 과정으로 천지인(天地人)의 삼재를 이루고, 명리에서는 천간을 천원이라 하고, 지지를 지원이라 하며, 지장간을 인원이라 하여 일주(日主)를 사주의 삼원에 대비하여 길흉과 육친을 보는 것이므로 삼원이 중요하다. 고법사주(古法四柱)[28]는 인원(人元)을 귀곡자(鬼谷子)[29]가 지었다는 납음오행(納音五行)[30]으로 하고, 녹명신(祿命身)[31]의 간법(看法)과 신살(神殺)을 적용하였다. 그러던 것이 서자평의 신법사주(新法四柱)[32]에서는 지장간을 인원(人元. 人元用事라고도 한다)으로 쓰기 시작하면서 납음오행의 활용이 거의 사라져버렸다. 유기 백온이 지은 적천수를 주해한 임철초 선생의『적천수징의(滴天髓徵義)』[33]에서도 地支가 소장하는 천간, 즉 지장간(地藏干)을 인원이라 하였다.

　지장간이란 지지에 암장된 오행의 天干이다. 일주를 기준으로 태어난 계절과 조후(調喉)로써 사주를 파악하는 현대명리학에서는 생월의 지지(월지, 월령)를 매우 중요시한다. 하여 월지가 소장하는 장간의 오행을 인원으로 용사한다. 그러나 인원은 본래 하늘과 땅의 합덕으로 발생한 것이므로 지장간

28　李虛中,오성술을 변형하여 태어난 해(띠)를 기준으로 납음오행으로 신상을 취하여 녹명(祿命)을 추리하였다. 후에 신법사주가 나옴으로써 납음오행에 의한 녹명신 간법을 고법사주라 한다.

29　기원전 4세기에 전국 시대를 살았던 정치가로 제자백가 중 종횡가(縱橫家)의 사상가이다. 그는 역시 종횡가에 속한 소진과 장의의 스승으로, 鬼谷에서 은거했기 때문에 귀곡자라 불렸다. 전설에 따르면 그의 성(姓)은 왕(王)씨고 이름은 후(詡)로, 제(齊)나라 사람이라 전해진다.

30　납음오행은 육십갑자의 음을 궁상각치우 오행음에 대비하여 구분한 오행이다.

31　연간을 祿이라 하고, 연지를 命이라 하며, 간지를 합한 납음오행을 身이라 하고여 삼명이 된다.

32　자평 백거이가 녹명신 간법을 무시하고 일주중심로, 십신과 오행의 생극제화와 용신을 중심으로 간병하는 사주이론이다.

33　三元者, 天元, 地元, 人元也. 干爲天元, 支爲地元, 支中所藏爲人元. 陰陽本乎太極, 曰帝載. 五行播於四時, 曰神功. 孔子說卦於震出曰帝. 於妙萬物曰神. 蓋非此不足以狀其用而形其妙也.

을 인원용사로 보는 것은 다소 무리가 있어 보인다. 왜냐하면 천간이 무엇이든 관계없이 지지가 가지고 있는 지장간이 획일적으로 인원용사가 된다면, 천지합덕 음양조화를 부정하는 논리에 다름아니기 때문이다. "아버지 나를 낳으시고 어머니 나를 기르시니"는『시경』에 있는 말로『명심보감(明心寶鑑)』[34]에 나온다. 아버지를 하늘(천원)로 대비하고 어머니를 땅(지원)으로 대비하면, "천원이 나(인원)를 낳으시고, 지원이 날 기르시니"가 된다. 그렇다면 인원은 당연히 천원의 씨종을 따라야 할 것이다. 콩 종자는 어떤 밭에 심어도 콩일 뿐, 결코 팥으로 변종되어 나오는 법이 없다. 지장간을 인원용사로 본다는 것은 천원의 씨종과는 무관하게 지원이 소장한 씨종으로 인원을 규정하는 것이니 음양합덕의 이치에 맞지 않는다. 그런 면에서 납음오행은 지장간을 인원용사로 보는 견해보다 훨씬 설득력이 있어 보인다.

납음오행은 천간과 지지의 관계를 통하여 새롭게 탄생되는 오행(이것을 인원 오행으로 간주)을 정리하였고 나아가 그 상태(Conditions)까지 정의하고 있다. 예를 들어 "갑자, 을축 해중금"의 경우 甲木[35]이란 천간과 子水[36]라는 지지가 합덕조화를 이루거나, 乙木이라는 천간과 丑土라는 지지가 합덕조화를 이루면 金의 성질로 변한다는 것이다. 金도 단순한 금이 아닌 바닷속의 금(해중금)으로 그 기능이 제약된 금이라고 정리를 하고 있다. 납음오행의 생성원리가 불분명하다는 이유로 이를 배격하는 문파가 있지만 지장간의 구성논리에 대한 논란에 비하면 오히려 훨씬 명료한 면이 있다.

왜냐하면, 명리학의 기본원리는 음양오행론(陰陽五行論)과 천(天)·지(地)·

34　효행편 제1장, 부혜생아父兮生我 모혜국아母兮鞠我.

35　10천간을 오행으로 구별하면 甲과 乙은 木으로 배속된다. 이 때 같은 木에 속하는 甲과 乙을 구별하기 위하여 천간과 함께 오행의 속성까지 붙여 甲木, 乙木, 丙火, 丁火, 戊土, 己土, 庚金, 辛金, 壬水, 癸水와 같이 명명한다.

36　12지지의 경우에도 12지지와 오행을 함께 붙혀서 亥水, 子水, 丑土, 寅木, 卯木, 辰土, 巳火, 午火, 未土, 申金, 酉金, 戌土 등으로 명명한다.

인(人)의 삼재론(三才論)을 기초로 하여 인간의 문제를 이야기하는 담론체계이기 때문이다. 인간을 이야기하는 명리학에서 인원용사인 삼재에 대한 이론은 재고의 여지가 있어 보인다.

사상(四象)

사상이라는 용어가 처음 보이는 곳은 『주역』의 계사전(繫辭傳)[37]이다. "역에 태극이 있어 양의를 낳고 양의는 사상을 낳고 사상은 팔괘를 낳는다[38]고 하였다. 사상은 태양, 소음, 소양, 태음의 네 가지로 음양(양의)에서 분화되어 팔괘를 형성하는 일생이법(一生二法)의 원리로 발생하였음을 밝히고 있다. 또한 "역에 사상이 있음은, 드러내 보이고자 함(易有四象 所以示也)"이라 하여 사상이 사계절을 상징하는 것임을 암시하였다. 四象이란 드러내 보이는 것이 그 본령이므로 만물의 생긴 모양, 즉 象을 보면 그 상 속에 숨어 있는 이치를 파악할 수 있게 된다. 사람은 저마다의 타고난 象대로 산다. 꼴값한다는 의미는 그 사람이 생긴 象대로 행동한다는 말이다. 이러한 것은 관상학의 이론적 배경이 되고 있다. (한국민족문화대백과사전)

당나라의 공영달(孔穎達)[39]은 사상을 금(金)·목(木)·수(水)·화(火)의 오행적

---

37 공자의 십익(十翼) 중 하나인 繫辭傳은 卦辭와 爻辭에 대한 해설서이다. 계사상전과 계사하전으로 나뉜다.

38 繫辭上傳 제10장에 역유태극易有太極 시생양의是生兩儀 양의생사상兩儀生四象 사상생팔괘四象生八卦.

39 574~648, 당나라의 유학자이다. 자는 중달(仲達)이다. 수나라 양제 때 명경(明經)의 시험에 급제, 태학조교(太學助敎)가 되고, 당나라 초에 문학관 학사에서 국자박사(國子博士)·국자감제주(國子監祭酒)를 거쳐 643년 동궁(東宮)의 시강(侍講)이 되었으며 정관 연간에 태자우서사(太子右序師)가 되었다. 《오경정의》180권을 찬정(撰定)하고, 《수서》와 《효경의소》(孝經義疏)를 편찬하였다. 남북의 이설(異說)을 절충하여 경서의 해석을 통일시켰다.

개념으로 재구성하여 사상의 생극관계와 차서적(次序的) 계절관계, 방위 등 명리에서 주로 다루는 개념으로 구체화하였다. 이때 토(土)가 빠져 있는 것은 화토동근(火土同根)[40]의 원리를 적용한 것으로 이해된다. 화토동근은 오행이 사상의 개념으로 적용될 때 매개역할을 한 土를 火로 귀속한다는 이론이다. 음양이라는 두 개의 구분이 삼재라는 세 개의 구분으로 차원전이할 때 중간자가 개입하고, 사상의 구분이 오행의 구분으로 차원전이할 때 매개토가 별도로 자리매김을 하였으나, 역으로 오행이 네 개의 구분인 사상으로 차원복원될 때는 별도의 위상으로 존재하던 매개土를 火에 귀속시킨다는 것이 화토동근의 이론이다. 동양학에서 수토동근을 적용하는 응용분야도 있다.

태음(太陰)	소양(少陽)	소음(少陰)	태양(太陽)
水	金	木	火
음중음(陰中陰)	음중양(陰中陽)	양중음(陽中陰)	양중양(陽中陽)
겨울(冬)	가을(秋)	봄(春)	여름(夏)
음극(陰極)	음시(陰始)	양시(陽始)	양극(陽極)
음도(陰道)		양도(陽道)	

40　소길(蕭吉) 선생의 오행대의五行大義 논생사소論生死所 장에서 "무기戊己 토土는 해亥에서 수기하여(絶) 자子에서 태胎가 되고, 축丑에서 양養을 받고, 인寅에서 기행寄行하고, 묘卯에서 장생하고, 진辰에서 목욕沐浴이 되며, 사巳에서 관대冠帶가 되며, 오午에서 임관臨官하고, 미未에서 제왕帝王의 자리에 올르고, 신申에서 쇠병衰病으로 꺽이고, 유酉에서 사死지에 들며, 술戌에서 입묘(葬,墓)한다.(土, 受氣於亥, 胎於子, 養於丑, 寄行於寅, 生於卯, 沐浴於辰, 冠帶於巳, 臨官於午, 王於未, 衰病於申, 死於酉, 葬於戌)"고 했다. 戊己토의 수기受氣가 丙丁화의 수기受氣인 해亥에서 시작한다는 것이므로 화토동근의 입장을 취한 것이다. 이 화토동근은 수당 이후 현재까지 명리학의 주류를 이루고 있다.

사상은 태양(太陽), 소음(少陰), 소양(少陽), 태음(太陰)이다.

태양은 두 개의 양괘로 구성되며, 춘분(春分)부터 일음(一陰)이 시생(始生)하는 하지(夏至)까지의 하절기(夏節期)이다. 양이 극에 달한 양중양의 뜨거운 열기로 만물이 성장을 이루는 때이며 방위로는 남방이다.

소음은 음괘와 양괘가 위아래로 구성되며, 일양(一陽)이 시생하는 동지(冬至)부터 하절이 시작되는 춘분까지의 춘절기(春節期)이다. 일양이 시생하는 양중음의 기운이며 방위로는 동방이다.

소양은 양괘와 음괘가 위아래로 구성되며, 하지부터 추분까지의 추절기(秋節期)이다. 일음이 시생하는 음중양의 계절로서 하절기의 과실을 모두 숙성, 수렴하여 저장할 준비를 한다. 방위로는 서방이다.

태음은 두 개의 음괘로 구성되며, 추분부터 일양이 시생하는 동지까지의 동절기(冬節期)이다. 음이 극에 달한 음중음의 차가운 기운으로 소양이 수렴한 결과물을 저장하고 새봄을 기다리는 시기이며 방위로는 북방이다.

목, 화, 금, 수의 오행개념으로 펼쳐진 사상은 원형이정(元亨利貞)[41]의 이치를 실현한다. 즉, 사상인 木, 火(土), 金, 水는 춘하추동의 변화를 이루고, 춘하추동 사계절은 다시 생장염장(生長斂藏)의 원리로 순환한다. 생(生)은 木기운에 의해 생명을 낳는 봄의 원리이며, 장(長)은 생명이 火기운에 의해 분열 성장하는 여름의 원리이다. 염(斂)은 金기운에 의해 열매맺는 가을의 변화원리요, 장(藏)은 水기운에 의해 폐장하는 겨울의 원리이다. 이러한 사상의 우주변화원리는 인생에 있어서도 생로병사의 변화이치를 일깨워줌으로써 인류의 도리를 다하도록 가르친다.

---

41 『주역』「건괘」의 괘사(卦辭: 彖辭)에서 유래한다. 그 해석은 여러 가지가 있으나, 건괘(乾卦: 上乾☰下乾☰)에 전형적인 천지자연의 질서가 반영된 것에 착안하여 봄, 여름, 가을, 겨울의 의미와 연관시켜 설명한다 1년 12달을 3개월씩 나누어 춘하추동으로 구분하고, 봄은 싹이 움트는 계절의 으뜸으로 원(元)이고, 여름은 만물이 쑥쑥 자라서 형통하니 형(亨)이고, 가을은 수확의 계절이니 이로울 이(利)이고, 겨울은 저장하고 다시 봄을 준비하니 곧 정(貞)으로 의미를 부여하였다. 천도의 변화가 매년 반복하면서 지속하니 천지자연의 변화와 불변함을 함축한다.

3. 오행(五行)의 발생

사상이 또한 생명의 창조력을 갖기 위해서는 사상간의 교합을 촉진하는 매개토(媒介土)의 역할이 필요하다. 매개 土가 각각의 사상과 교합하여 목, 화, 금, 수가 발생한다.『자평진전』[42]에 따르면 土는 음양과 노소와 목화금수에 충기(衝氣)가 맺힌 것이라 한다. 오행중 土는 세상에 없는 곳이 없고, 각각의 사상에도 내재되어 있기에 土를 별도로 구분하지 않을 때는 사상으로 족하다. 그러나 역의 본질은 끊임 없는 생명의 창조이다(生生之謂易). 생명을 창조하는 오행의 역할이 필요할 때는 매개인자 土가 별도의 위상으로 존재하게 되어 오행이 된다. 그러므로 四象과 五行은 그 본질과 내용이 같다. 천기의 운행원리인 오행의 상생관계(相生關係)는 수생목(水生木), 목생화(木生火), 화생토(火生土), 토생금(土生金), 금생수(金生水)이다. 하지만 계절의 순환원리인 사상의 상생구조는 겨울(水)이 봄(木)을 잉태하니 水生木이 되고, 봄이 여름(火)을 열어 木生火가 된다. 여름은 과실을 열어 숙성의 가을(金)로 인도하니 火生金이요, 가을은 숙살지기로 씨앗을 추스려 겨울(水)에 맡겨 저장하니 金生水이다. 오행 土는 각 계절의 변화를 이끄는 역할을 할 뿐 자신의 계절을 별도로 갖지는 않는다. 火와 土는 근원이 같아서 火生土의 과정 없이 火生金으로 작용한다. 여기에서 화토동원(火土同源)의 이론이 적용된다. 이것은 오행이 사상의 순환구조로 바뀔 때 화가 토를 포함히기 때문이

---

42 천지지간天地之間 일기이이一氣而已 유유동정惟有動靜 수분음양遂分陰陽 유노소有老少 수분사상遂分四象 노자극동극정지시老者極動極靜之時 시위태음태양是爲太陰太陽 소자초동정지제少者初動靜之際 시위소음소양是爲少陰少陽 유시사상이오행구어기중의有是四象而五行具於其中矣 수자태음야水者太陰也 화자태양야火者太陽也 목자소양야木者少陽也 금자소음야金者少陰也 토자음양노소목화금수충기소결야土者陰陽老少木火金水衝氣所結也.

다. 요약하면, 오행은 음양에서 생명성을 받아 태어난 것이고, 그 생명성은 오행의 기질(氣質)로 조직되며, 조직이 구조를 이루어 체(體)라는 생명을 탄생시키는 것이다. 그러므로 태극에서 비롯된 음양과 양의는 같은 것이고, 사상과 오행 또한 같은 것이다. 다만, 매개인자 土의 작용으로 생명을 잉태하는 지향성(志向性)의 측면에서 보면 엄연히 구분이 있다. 이와 같이 태극, 음양, 오행은 항상 동거하는 상(象)으로 상대적 개념을 가지고 있다. 음양은 오행과 하나이고, 음양과 태극도 하나이며, 태극은 음양의 범위를 벗어나지 못하고, 오행은 음양의 범위를 벗어나지 못한다.

오행의 연원(淵源)

오행의 연원설은 구구하나 구체적 표현이 보이는 것은『홍범구주(洪範九疇)』[43]이다. 홍범은 대법(大法)을 말하고, 구주는 9개 조(條)를 말하는 것으로, 중국 상고(上古)시대에 하(夏)나라의 우(禹)왕이 요순(堯舜) 이래의 사상을 집대성(集大成)한 천지의 아홉 법칙을 말한다. 이는 우왕이 홍수를 다스릴 때 하늘로부터 받은 낙서(洛書)를 보고 만들었다고 한다. 주나라 무왕(武王)이 기자(箕子)에게 선정의 방안을 물었을 때 기자가 이 홍범구주로써 교시하였다고『서경』주서(周書) 홍범편에 수록되어 있다. 구주 중 첫 번째가 오행을 말하는데, 오행五行은 수水(물)요, 화火(불)요, 목木(나무)이요, 금金(쇠)이요, 토土(흙)이다. 水는 물체를 젖게 하고 아래로 스며들며, 火는 위로 타올라가는 것이며, 木은 휘어지기도 하고 곧게 나가기도 하며, 金은 주형(鑄型)에 따르는 성질이 있고, 土는 씨앗을 뿌려 추수를 할 수 있게 한

---

43 중국 상고(上古)시대에 하(夏)나라의 우(禹)왕이 요순(堯舜) 이래의 사상을 집대성(集大成)한 천지의 대법(大法)으로 알려진 정치 도덕의 기본적 아홉 법칙을 말한다.

다. 젖게 하고 방울져 떨어지는 것은 짠맛[鹹味]을 내며, 타거나 뜨거워지는 것은 쓴맛[苦味]을 낸다. 곡면(曲面)이나 곧은 막대기를 만드는 것은 신맛[酸味]을 내고, 주형에 따르며 단단해지는 것은 매운맛[辛味]을 내고, 키우고 거두어 들이는 것은 단맛[甘味]을 낸다.

이러한 오행의 개념은 전국 시대 이래 우주의 사물을 다섯 가지로 나누어 사계(四季)의 순서나 공간적인 방위(方位), 역철학 개념 등에 모두 적용했다.

오행은 그 배열에 따라 상생(相生)과 상극(相剋)의 이치를 구현한다. 오행의 상생은 자연계의 에너지 운동을 음양(陰陽)이 소장(消長)하는 다섯 단계의 과정으로 순환(循環)하는 이치를 말한다. 水는 木을 생하고, 木은 火를 생하며, 火는 土를 생하고, 土는 金을 생하며, 金은 다시 水를 생하는 순환구조를 형성한다. 오행의 상극은 물질세계를 이루는 각 요소간에 끊임없는 갈등을 나타내는 이치를 말한다. 木은 土를 극하고 土는 水를 극하며, 水는 火를 극하고, 火는 金을 극하며, 金은 다시 木을 극하는 상극구조를 형성한다.

이러한 이치에 따라 천지만물은 다섯 범주로 구분되었다. 공간적으로는 동서남북을 각각 목·금·화·수에 배정하고, 시간적으로는 춘하추동을 목·화·금·수에 배치한다. 土는 공간적으로는 중앙이고, 시간적으로는 계절과 계절의 중간인 환절기에 배치한다.

음양오행설이 우리 나라에 전래된 것은 삼국시대라고 한다. 이 시기에 음양오행설이 전래된 흔적은 고구려나 백제의 고분벽화에서 나타나는 사신도(四神圖))의 그림에서 찾아볼 수 있다.

고려시대에는 도참사상(圖讖思想)[44]이 크게 유행하였으며, 조선시대에도 조선의 건립을 정당화하고 천도(遷都)문제를 정착시키는 데 크게 영향을 미

---

44 도참은 도(圖)와 참(讖)을 합친 개념이다. '도'는 일정한 문자나 기호 또는 구체적 대상물이 앞으로 일어날 미래의 어떤 일과 깊이 연관되어 있다는 사고방식의 표현이다. '참'은 은어(隱語)와 밀어(密語)의 상징적 언어로 역시 장래에 일어날 일을 예언하는 것이다. 즉, 도참이란 미래의 길흉화복을 예측하는 예언서라 할 수 있다.

쳤다. 오늘날에도 한의학이나 풍수지리, 역철학 등에서 이론적 근간을 이루고 있다.

오행의 유행(流行)

五行은 하늘의 다섯가지 순수기운이 순환작용(循環作用)으로 시간의 흐름에 따라 순차적으로 변화하는 것이다. 그래서 〈5가지 기운의 流行〉을 줄여서 오행(五行)이라는 용어를 소길(蕭吉)이 『오행대의』에서 처음 사용하였다. 오행에서 다섯가지의 기운도 중요하지만 이 다섯가지 기운이 방향성을 가지고 유행(流行)을 하는 작용(作用)에 주목해야 한다. 오행의 유행에는 상생(相生)과 상극(相剋)이 있다. 오행은 목, 화, 토, 금, 수의 다섯 가지로, 각각의 고유한 성질이 있으며 상호유기적이다. 木은 언 땅속에서 생명의 기운이 솟아오르는 것이다. 봄의 기운인데 영어에서 봄을 Spring이라고 하듯이 온천이나 용수철처럼 위로 솟구치는 생명력이다. 담백함과 패기의 기상이다.

火는 木기운으로 일어난 불꽃의 기운이 퍼져서 성장을 이루는 것이다. 여름의 무성한 초목의 기상이다. 자신을 드러내고 성격이 활달하다.

土는 발산한 기운이 정점에 이르러 기운의 변화를 만드는 것이다. 해가 중

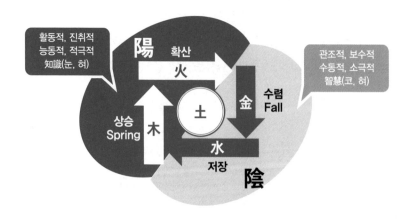

천에서 서녘으로 향하고 달도 차면 기울듯이, 변화를 통해 새로운 세상을 잉태하는 기운이다. 만물의 변화는 토의 조화로부터 시작된다. 그래서 토는 중화요 변화이며 만물을 포용하는 어머니이다.

金은 변화된 기운이 수축하여 아래로 내려오는 기운이다. 가을의 기운인데 영어에서 가을을 떨어진다는 의미로 Fall이라고 하는 것과 같다. 여름의 성장기운은 영원할 수 없다. 한 계절의 영광은 잘 마무리하여 다음 세대로 바톤을 넘겨야 하는 것이 자연의 섭리다.

水는 수축하여 내려온 金의 기운이 응집, 저장되고 휴식을 취하며 새봄을 기다리는 기운이다. 이로써 자연의 변화원리인 생장염장이 순환반복한다.

오행의 유상(類象)과 특성

음양에서 발생한 質단계의 오행은 각 그 특성이 있다. 표현은 木, 火, 土, 金, 水로 하고, 각각은 性의 요소와 氣의 요소, 質의 요소, 象의 요소를 포괄적으로 함축하고 있다. 즉 오행 水는 水性, 水氣, 水質, 水象의 의미를 모두 포괄하는 상징부호이고, 오행 木은 木性, 木氣, 木質, 木象의 의미를 모두 포괄하는 상징부호이며, 오행 火는 火性, 火氣, 火質, 火象의 의미를 모두 포괄

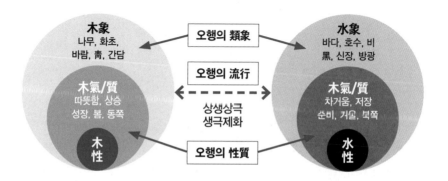

하는 상징부호이고, 오행 土는 土性, 土氣, 土質, 土象의 의미를 모두 포괄하는 상징부호이며, 오행 金은 金性, 金氣, 金質, 金象의 의미를 모두 포괄하는 상징부호이다.

따라서 오행의 의미를 이해함에 있어서 특정 요소에 국한하지 않고 전체를 바라보는 시각이 중요하다. 또한 質의 단계인 오행은 다시 각각 해당되는 象으로 나타나고, 그 象은 다시 음과 양으로 구분할 수 있다. 나무로 예를 들면, 아름드리 소나무나 담장넝쿨은 다 같이 오행으로는 木으로 분류되지만, 그 형상으로 볼 때 소나무는 陽木에 해당하고 담장넝쿨은 陰木에 해당한다. 우리가 단순히 木, 火, 土, 金, 水로 표시하는 오행은 유상(類象)을 의미하는 경우가 대부분이다. 그러나 오행의 성질/기질을 의미하는 경우도 있고 오행과 오행 사이에 작용하는 운동에너지의 흐름(流行)을 말하는 경우도 있다. 오행의 類象과 性質, 流行에 대한 명확한 전제없이 단순히 오행이란 용어를 사용하면 개념의 혼란을 초래하게 된다.

따라서 오행을 체용(體用)의 개념으로 보는 것은 오행의 개념을 명확하게 이해하는 데 도움이 된다. 오행에 있어서 體는 오행의 유상과 성질, 기질이 될 것이고, 用은 오행의 流行이 될 것이다. 오행의 상생상극은 오행의 상호작용 즉 오행의 유행(流行)을 말한다. 그런데 오행의 유행을 비유적으로 설명하면서 나무, 쇠, 흙과 같은 오행의 유상(類象)을 들어 비교하는 사례가 많다. 소위 범주의 오류(Category mistakes)를 범하는 것이다. 따라서 수생목은 가능하지만 목생수는 있을 수 없는 일이라고 설명하는 오류를 범하기도 한다.

오행의 특성을 요약하면 다음과 같다.

수(水)

水는 겨울, 밤, 북쪽, 차가움, 바다, 비, 구름, 검은색, 지혜, 욕망, 본능, 망상 등의 유상과 특성을 포괄하는 상징부호이다. 수는 차가운 기운으로 모든 물질이 움추려 들고, 저장하고 감추어진다. 생명체가 둥지로 귀소하는 밤과 겨울에 해당한다. 수성의 기운과 물질의 대표적 표상은 물이다. 물은 아래로 흘러 낮은 데로 모이고, 좁고 구석진 데로 찾아 흘러 어둡고 음흉하고 감추려는 특성을 가진다. 물은 어떠한 길을 지나온 계곡수라 할지라도 차별하지 않고 받아들여 종국에는 넓은 바다(海不讓水)를 형성한다. 물은 춥고 어두운 겨울을 참고 견딘다. 밑바닥부터 채우며, 넘치기를 참고 기다려 때가 되어야 둑을 넘는다. 물은 대지를 적셔 만물을 소생시킨다. 물은 깊이가 낮다고 아부하지 않고, 깊다고 위세 떨지 않는다. 그릇에 따라 형체를 유지하며 자기의 개성을 잘 드러내지 않는다. 항상 겸손하고 양보하나 한번 틀어지면 무섭다. 모든 걸 휩쓸어버리고 한번 휩쓸고 지나간 자리를 뒤돌아보지 않는다. 이러한 물의 특성으로 水는 지혜와 욕망, 본능, 겸손, 인내, 혁명 등의 인성적 특성을 지닌다. 水는 학문적 내공이 깊고 경거망동하지 않는다. 때를 기다릴 줄 아는 동선시의 지혜가 있다. 오상의 智와 검은 색과 숫자 1과 6이 수성에 배속된다. 인체 장기로는 신장, 콩팥, 방광, 그리고 비뇨계가 해당되며 맛은 짠맛이다. 사주팔자를 구성하는 천간의 壬과 癸, 그리고 지지의 亥와 子가 水이다.

목(木)

木은 봄, 아침, 동쪽, 따뜻함, 푸른색, 교목, 화초, 대들보, 간담, 뼈, 성장, 의지, 명예, 오만 등의 유상과 특성을 포괄하는 상징부호이다. 목은 따뜻한 봄에 해당한다. 겨울이 지나고 아지랑이가 피어 오르는 계절이 되어 만물이 소생하는 계절이다. 생명체는 겨울잠에서 깨어나 대지를 누비며 활동한다. 새싹이 싹트는 것처럼 모든 것이 시작되는 시작점이고, 줄기와 잎이 하늘을 향해 뻗는다. 목성의 기운과 물질의 대표적 표상은 나무이다. 나무는 위로 곧게 뻗는 성장욕이 강하다. 나무는 봄에 눈 녹은 물을 양껏 빨아들여 승력을 거스르고 하늘을 향해 위로 쑥쑥 자란다. 10대 청소년기의 순수하고 싱그러운 기상으로 눈이 부시다. 색깔은 푸르름의 상징인 청색, 방향은 해 뜨는 동쪽을 의미한다. 오장육부로는 간담, 그리고 신경계를 의미한다. 맛으로는 신맛과 숫자는 3, 8, 오상(五常)으로는 仁이다. 이러한 木의 특성으로 함축하는 의미는 시작, 소생, 사랑(仁), 굳센 기상, 부지런함, 올곧음, 정면승부, 자기과시, 자존심, 순수함, 호기심, 경솔함, 질투심, 인내심의 부족 등의 특성을 지닌다. 사주팔자를 구성하는 천간의 甲과 乙, 그리고 지지의 寅과 卯가 木이다.

화(火)

火는 여름, 낮, 빨강, 남쪽, 禮, 심장, 소장, 열정, 자신감, 다혈질 등의 유상과 특성을 포괄하는 상징부호이다. 화는 뜨거운 기운의 여름에 해당한다. 생명체를 성장시키는 에너지가 넘치는 계절이다. 열정으로 넓게 확산하고 개방적이다. 火는 앞뒤를 잘 가리지 않고 다혈질적이다. 자신감이 넘치고 명분을 중시한다. 지금 당장의 과제에 집중하고, 한번 꽂히면 불같이 승화해버린다. 청년의 기상이다. 예의를 중시하고 할말은 속에 담지 못하고 터뜨리나 뒤끝이 없다. 만나자 마자 형 아우의 관계를 형성하며 속을 다 내보인다. 이러한 火性에 가까운 대표적인 표상은 불, 태양이다. 명분을 좇는 불꽃은 편협하지 않고 만물을 비추어 성장시키나 본인 자신은 실속이 없다. 색깔로는 열정적인 붉은 색이고 남쪽을 의미한다. 숫자로는 2와 7이며 오상으로는 禮에 속한다. 인체 장기로는 심장과 소장, 그리고 순환계가 배속된다. 사주팔자를 구성하는 천간의 丙과 丁 그리고 지지의 巳와 午가 火이다.

금(金)

金은 가을, 저녁, 西쪽, 서늘함, 서리, 냉정, 절제, 비판 등의 유상과 특성을 포괄하는 상징부호이다. 금은 서늘한 기운의 가을에 해당한다. 펼쳐져 있던 여름의 기운이 차츰 닫혀지고 찬 기운이 감도는 때이다. 팽창하려는 잔열과 응축시키려는 찬 기운이 부딪혀 만물을 성숙하게 한다. 이러한 과정에서 약한 것은 퇴출되고 강한 것은 결실로 맺어 종자가 된다. 金性은 사사로운 감정을 배제하고 냉정하다. 옳고 그른 것에 대한 원칙이 분명하며 비판에 앞장 선다. 피아의 구분이 명확하고 의리를 중시하며 혁명적이다. 인생의 연륜과 책임감이 묻어나는 50대 장년의 모습이다. 색깔은 냉철한 얼음과 같은 흰색, 방향은 해지는 서쪽이다. 오장육부로는 폐와 대장을 의미하고, 맛으로는 매운맛이다. 숫자는 4, 9, 오상으로는 옳고 그름을 분별하는 義가 金이다. 사주 팔자를 구성하는 천간의 庚과 辛 그리고 지지의 申과 酉가 金이다.

토(土)

土는 환절기, 사이, 중앙, 黃, 중용, 중후, 후덕, 끈기, 고집 등의 유상과 특성을 포괄하는 상징부호이다. 土는 계절이 변하는 중간에서 매개적 역할을 하는 환절기이다. 땅이 없으면 모든 것은 존립할 수 없다. 토성은 도처 어디에도 존재하며 물질과 물질 사이에서 조화와 변화를 이끈다. 모든 사물의 중앙에 위치하여 포용하고 고정시켜 "창조"의 작용을 지원한다. 한쪽 기운이 극에 달하면 반대쪽 기운이 생성되는 끝자락에서 토성은 발생한다. 음양이 양의로 운동에너지를 가질 때와, 사상이 오행으로 창조성을 가질 때 토성이 그 역할을 한다. 토성은 양기이면서 음기이고, 음기이면서 양기의 양면성을 지닌다. 따라서 土性은 陽性과 陰性 외에 또 다른 매개요소인 中性의 기운을 모두 가지고 있다. 토는 중화를 이루면서 모든 것을 포용한다. 그래서 다른 오행과는 무게가 다르다. 나무 뿌리가 지각을 뚫고 들어와도 묵묵히 포용한다. 범람하는 물길도 잡아주고 자신의 몸 깊숙이 불덩어리를 간직하며 지구에 생명의 온기를 불어넣는다. 土는 자기의 공로를 내세우는 일 없이 개성을 뒤로하고 상황에 따라 변신을 한다. 그러나 끈기와 고집이 강하여 때를 놓치기 쉽다. 토성의 대표적인 표상은 흙이다. 오상으로는 믿음(信)이며 숫자는 5와 10이다. 색깔은 황토색이고 방향은 중앙이다. 인체 장기로는 소화기계통인 비장과 위장, 그리고 근육계를 의미한다. 사주팔자를 구성하는 천간의 戊와 己 그리고 지지의 辰, 戌, 丑 그리고 未가 만물의 어머니인 土에 해당한다.

구분		木		火		土		金		水	
음양		양		양		중		음		음	
성징		따뜻함, 소생, 시작		뜨거움, 분산, 성장		간절기, 중화, 완성		서늘함, 수렴, 결실		차가움, 응집, 저장	
적용	음양	음	양	음	양	음	양	음	양	음	양
	천간	乙	甲	丁	丙	己	戊	辛	庚	癸	壬
	지지	卯	寅	午	巳	丑未	辰戌	酉	申	子	亥
	계절	봄		여름		환절기		가을		겨울	
	방위	동		남		중앙		서		북	
	오상	仁		禮		信		義		智	
	오장	간		심장		비장		폐		방광	
	육부	담		소장		위장		대장		신장	
	신체	눈		혀		입		코		귀	
	오미	신맛		쓴맛		단맛		매운맛		짠맛	
	숫자	3,8		2,7		5,10		4,9		1,6	
	적성	학문, 의료		예술, 기예		생산, 관리		군경, 운수		법무, 식품	

오행의 상생작용(相生作用)

하도에다 오행을 배정하여 1, 6은 水, 3, 8은 木, 2, 7은 火, 4, 9는 金, 5, 10은 土로 하였다. 이러한 오행은 相生관계를 나타내고 있다. 오행의 순행적 에너지의 흐름을 오행의 상생작용이라 한다. 즉, 수는 목을 생(수생목)하고, 목은 화를 생(목생화)하고, 화는 토를 생(화생토)하고, 토는 금을 생(토생금)하며 금은 수를 생(금생수)하는 순환적인 에너지 흐름작용이다. 이것은 오행 각각의 순수 에너지가 유행하는 이치이며, 복희씨가 하도에서 발견했다는

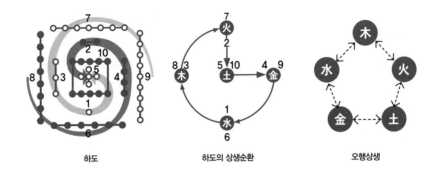

하도   하도의 상생순환   오행상생

거북의 등에 새겨진 문양에서 그 원리가 밝혀져 있다.

　오행의 상생(相生)은 목-화-토-금-수 오행에서 인접한 오행끼리 서로 이익을 주고받으며 함께 살아가는 상리공생(相利共生) 작용이다. 오행의 상생원리인 수생목, 목생화, 화생토, 토생금, 금생수는 일견 일방향적인 生으로 보인다. 그러나 生의 작용은 물질단계에서만 일어나는 것이 아니기에 오행의 性, 氣, 質, 象 각각의 측면을 복합적으로 살펴보면 쌍방향으로 相生의 원리가 작용한다는 것을 알 수 있다. 학자에 따라서는 목-화-토-금-수 오행이 상생상극의 쌍방향적인 관계가 아닌 편생편극의 일방향적인 관계로 분석하기도 한다. 목생화의 경우를 예시로 보면, 그 역방향인 화생목의 관계는 성립하지 않고, 금극목의 경우도 그 역방향인 목극금의 관계는 성립하지 않는다는 주장이다. 그러나 이렇게 오행의 상생작용이 일방향적인 작용이라고 보는 시각은 오행의 理/性 또는 氣 등의 이치적 영역에서 일어나는 상호작용을 배제하고 오행의 質/象/形 등의 물질적 영역에서 일어나는 상호작용만을 살핀 결과로 보인다. 목-화-토-금-수 오행은 나무, 불, 흙, 쇠, 물이라는 현상적인 물질뿐만 아니라 존재의 이치, 사물의 원리, 사람의 심리 등 모든 곳에 존재하는 다섯가지 요소를 대표하는 각각의 상징부호이기 때문이다. 오행의 木은 木으로 분류된 요소들을 대표하는 상징부호이지 단순히 형상을 가진 나무(Trees)에 국한하여 의미를 고정하는 것은 아니다. 즉 상징부호로서의 木은 木性, 木氣, 木質, 木像, 木形에 해당하는 삼라만상을 대표하는 것이다. 수생목의 경우, 물리적(質/象) 측면에서는 물이 나무에게 수분을 공급하여 나무를 성장하게 하므로 수생목이다. 반면 性/氣의 측면에서 보면, 봄(木氣)의 따뜻한 기운으로 언 땅속의 水氣를 녹이고 흘러가게 하며, 나무(木)는 그 물(水)을 빨아들이고 햇빛(火)을 받아 탄소동화작용(화생목)을 함으로써 나무가 생장(화생목)하게 되고, 水氣는 탄소동화작용으로 나무를 타고 하늘(火氣)로 올라가 수승화강의 대기순환을 이룸으로써 대자연의 생명활동에 기여하게 된다. 수생목이면서 목생수가 되고, 목생화이면서 화생목이 됨으로써 상생의 관계가 유지된다. 즉 水와 木과 火는 물질적 측면에서 보면 수생목, 목생화의 일방적인 생의 작용으로 보이지만 理/氣적 측면에서 들여다보면 화생목, 목생수의 작용도 함께 수행하고 있다. 또다른 비유로서 水를 어머니로, 木을 자식으로 대비하여 보면, 어머니는 아들을 낳아 기르기 때문에 현상적으로 나타나는 작용은 수생목의 관계이다. 반면 약하고 여린 여성이 자식을 낳아 기름으로써 세상에서 가장 강한 어머니로 다시 태어난다. 즉 정신적, 의지적인 측면에서는 자식이 어머니를 강하게 하는 동인을 제공하고 있는 것이다. 이것이 氣의 측면에서 본 목생수의 관계이다. 이러한 원리는 목/화/토/금/수 모든 오행에 적용된다. 따라서 선인들은 상생상극이라는 개념으로 정리를 했다고 볼 수 있다.

오행의 상극작용(相剋作用)

오행 相剋의 원리는 목화토금수의 상생적 배열에서 한칸 건너 만나면 서로 상극의 관계를 형성한다는 것이다. 즉, 목극토, 토극수, 수극화, 화극금, 금극목이 그것이다. 오행의 상극관계는 낙서(洛書)에서 신구(神龜)의 등에 새겨진 그림에서 유래하였는데, 하도에서 밝힌 오행의 상생원리가 낙서에서는 상극의 원리로 바뀌어져 있는 이유는 무엇일까? 참으로 흥미로운 의문이다. 하도에서는 오행이 자연의 순환이치에 따라 목→화→토→금→수로 순행함을 보여주고 있다. 봄이 가면 여름이 오고 이어서 가을과 겨울이 오는 이치이다. 그러나 오행의 이치가 에고와 계염(부러워하고 시새워서 탐내는 마음)으로 본성이 가려진 인간사회에 적용되면서 상극의 작용원리가 현실화된다. 식량의 부족을 침략과 노략질로 채우고, 내가 살기 위해 너를 죽임으로써 剋을 통한 生을 도모하는 모습인 것이다. 산다는 것은 자연이 주는 축복인 동시에 살기 위해 남의 생명을 앗아야만 하는 잔인함이 함께 한다. 더 배부르고, 더 편하게 살기 위해서는 더 많은 죄를 지어야 한다는 아이러니가 삶의 본질이다. 선천시대의 역사는 바로 이러한 상극의 원리가 지배하는 역사였기에 원망과 갈등과 질병과 전쟁으로 얼룩진 시대임을 문왕역은 진즉에 암시해주었던 것이다.

오행의 상극작용은 인간세상만이 아니라 자연현상에도 존재한다. 가을의 찬기운(金)은 여름 과일을 성숙하게 하고, 찬서리를 견뎌낸 씨앗이 봄에 싹을 더욱 건강하게 틔우는 이치가 그것이다. 오행의 상극원리인 목극토, 토극수, 수극화, 화극금, 금극목은 일견 일방적인 剋으로 보인다. 그러나 剋의 작용 또한 물질단계에서만 일어나는 것이 아니기에 오행의 性, 氣, 質, 象 각각의 측면을 복합적으로 살펴보면 쌍방향으로 相剋의 작용이 일어난다는 것을 알 수 있다. 水克火의 경우를 보자. 화재가 발생하면 소방차가 가서 물로 불을 끈다. 수극화의 작용이다. 그러나 가뭄으로 논바닥이 쩍쩍 갈라진 모

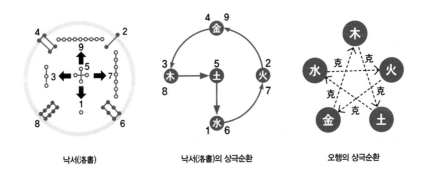

낙서(洛書)   낙서(洛書)의 상극순환   오행의 상극순환

습을 보면 우리의 가슴도 찢어진다. 물이 불 앞에 한없이 무력한 화극수의 작용이다. 氣로서의 火는 그 뜨거운 열기로 수분을 증발시켜 水의 위상을 변화시킨다. 금극목과 목극금의 관계는 어디에서 찾을 수 있을까? 바람에 흔들리지 않고 피는 꽃이 없듯이 시련은 성장의 필수덕목이다. 가을의 찬서리(금)는 나무에게 시련을 줌으로써 나무가 더욱 단단해지도록 하므로 금생목도 된다. 토극목의 경우는 어떠한가? 목이 토를 극하는 것이 순리로 보이나, 분수가 지나치면 오히려 나무(木)가 흙(土)에 매몰되어 극을 당한다. 토다목매(土多木埋) 상모(相侮)의 원리를 경계시키는 것이 상극작용의 한 모습이다. 권력과 재물을 가진자들의 슈퍼 甲질이 사회를 시끄럽게 하고 있다. 일방적인 극에 익숙해져 상모의 원리를 망각한 결과이다. 쥐도 코너에 몰리면 고양이를 무는 법이다. 물빠짐 장치 없이 물길을 막으면 아무리 강하고 높은 제방도 넘쳐 흘러 만물을 휩쓸어버리는 재앙으로 변한다. 오행의 상극은 오행끼리 서로 견제하고 규율하며 성숙해지는 상숙공극(相熟共剋)의 작용을 말한다.

오행의 여러 가지 이름

오행에 대한 이야기를 거슬러올라가면 오행은 하도와 낙서에 나타난 오행의 상생원리와 상극원리로부터 시작한다. 상생과 상극의 원리로 작용하는 오행은 자연계에 존재하는 기운(에너지)의 상호법칙이다. 그런데 오행이 개별 인간의 삶을 이야기하는 사주명리의 이론에 적용되어 일주를 중심으로 하는 목적적 질서를 형성하게 되면 오행의 이름과 역할이 바뀐다. 그 이름은 비겁, 식상, 재성, 관성, 인성이라는 십성을 말하는 것이고, 그 역할은 생극제화가 된다. 그리고 오행이 일주를 중심으로 자연의 생장염장의 원리로 작용할 때는 왕상휴수사(旺相休囚死)라는 이름을 갖는다. 왕은 당연히 사주의 주인인 일주를 말함이고, 상은 왕을 지원하는 요소이며, 휴는 왕이 생하는 요소이고, 수는 왕이 극하는 요소이며, 사는 왕을 극하는 요소를 말한다. 오행의 변신은 여기서 끝나지 않는다. 자평학 이론의 핵심을 이루는 격국과 용신이라는 논리체계로 오행이 들어오면 또다시 그 이름과 역할이 바뀐다. 격국과 용신의 이론체계에서 주역은 당연히 "용신"이다. 오행의 요소 중 하나가 용신이라는 이름과 역할을 부여받으면 나머지 네 개의 오행도 이름과 역할이 바뀌는 것이다. 용신을 지원하는 요소는 기쁨으로 반기니 희신(喜神)이라 하고, 용신을 극하는 요소는 피하게 되니 기신(忌神)이라 하며, 용신이 극하는 요소는 구신(仇神)이라 하는데 기신을 돕는 세력이니 원수같다는 의미이다. 나머지 하나 용신이 생하는 요소는 한신(閑神)이라 하는데 애타는 부모의 마음도 모르고 빈둥거리는 모습이라서 붙여진 이름이다.

음양과 오행의 결합

음양과 오행은 동양철학에서 핵심을 이루는 사상이다. 음양설은 우주나 인간의 모든 현상이 음(陰)과 양(陽)의 쌍으로 나타난다는 것이다. 이들은 대립적이지만 서로 상보적이다. 음(陰)과 양(陽)이 확장하고 수축함에 따라 우주의 운행이 결정된다는 것이며, 음과 양이 확장·수축함으로써 다섯 가지 오행이 나타난다는 것이 오행설이다.

음양과 오행 두 개념은 별도의 연원에서 발생하고 추후에 융합되었다. 음양은 태양의 움직임에 따라서 규정된 관념이고, 오행은 일상생활에서 접하는 물질적 관념이기 때문이다. 음양사상에는 상반(相反)과 응합(應合)의 논리가 함축되어 우주발생의 원리를 개념화한 것으로 그 성격이 추상적이다. 반면, 오행은 우수반물을 구성하는 다섯 가지 원소를 지칭하는 개념으로 현실적이며 구체적이다. 음양과 오행은 원리와 현상, 추상과 사실이 만나 자연과 인간을 입체적으로 해석하는 씨줄과 날줄이 되었다. 음양은 공간적 개념 속에서 사물의 특성을 은유적으로 나타낸다. 오행은 시간적 개념 속에서 변화의 원리를 다섯 단계로 구분하여 역동적으로 설명한다. 곧, 음양의 배경은 공간이요, 오행의 배경은 시간인 것이다. 따라서 음양과 오행의 결합은 공간과 시간의 만남이요, 원리와 현상의 만남이며, 체와 용의 결합이다. 또한 음양과 오행은 각자 독자적인 이론체계를 갖추고 있으면서 서로 의존적인 관계로 자연의 질서를 설명하는 동반자가 된다.

이러한 음양과 오행의 결합은 4세기초 전국 시대에 음양가들에 의하여 발전하였다. 그들은 음양에서 사시의 개념을 도출하고 다시 사시에서 음양의 구분을 취하는 도식을 만들었다. 즉, 천지가 음양으로 나뉘는 것은 하늘에 있는 태양의 움직임에 의한 것이고, 이 음양을 하루로 보면 밤과 낮이 되며, 1년으로 확대하면 춘하추동이 된다. 사시는 음양의 하늘의 기가 땅에 내려와 네 개의 현상으로 발현된 것이다. 이후 음양오행설은『회남자(淮南子)』,[45]『여씨춘추(呂氏春秋)』,[46]『황제내경(黃帝內經)』[47]을 지나 북송의 주돈이(周敦頤, 1017년 ~ 1073년)[48]에 이르러 무극→태극→음양→오행→만물로 이어지는 기일원적 우주도식[49]이 제시되었다. 천지의 氣는 합하면 一이 되고, 나누면 음양이 되고, 다시 나뉘어 사시(四時)가 되고, 나열하면 오행이 된다는 이론이다.

이러한 음양오행 이론은 서양의 물리학 법칙으로도 설명이 되는데, 위키백과사전의 설명에 의하면, 순수한 에너지로부터 우주에 나타나는 물질은 항상 음과 양의 쌍으로 나타나며 빛의 입자와 파동의 이중성과 같이 서로 상보적이라는 것이 닐스 보어의 상보성 원리이다. 순수에너지로부터 생성된

---

45 전한(前漢) 회남왕(淮南王) 유안(劉安)이 편찬한 백과사전으로, 전 21권이다.

46 제자백가 중 잡가(雜家)의 대표작이다.

47 고대 중국의 의학서이다. 전설적인 황제와 그의 신하들이 문답하는 형식의 두 부분으로 진단법의 이론적 기초를 다룬《소문》(素問)과 침술을 다룬《영추》(靈樞)의 두 부분으로 구성되어 있다.

48 주자(周子)라고도 하며, 중국 북송의 유교 사상가로, 성리학의 기초를 닦았다.

49 천지지기, 합이위일, 분위음양, 반위사시, 열위오행, 天地之氣, 合而爲一, 分爲陰陽, 半爲四時, 列爲五行.

음양의 쌍은 소멸되어 순수 에너지로 전환되고 다시 순수 에너지는 음양의 쌍으로 물질을 생성시킨다. 이와같이 생성된 현상계의 물질은 네 가지 힘(중력, 전자기력, 약한핵력, 강한핵력; 동양철학에서는 원형이정, 춘하추동, 성주괴공, 생노병사)에 따라 다섯가지 물질의 형태로 나타난다. 즉, 고체, 액체, 기체, 플라즈마, 그리고 암흑물질이다. 이들은 동양의 오행설에 의하면 각각, 금, 수, 목, 화, 토에 해당된다.

오행작용의 정리

첫째, 오행을 이해할 때 무엇보다 개념의 정리가 매우 중요하다.

음양오행의 원리를 기반으로 명리이론이 만들어졌기 때문이다. 우리는 음양오행이라는 말을 할 때 내포하는 의미를 특별히 구분 않고 사용하는 경향이 많다. 그리고 음양오행이 무엇이냐고 물어보면 음양의 상대성과 오행의 상생상극 원리를 서슴없이 말한다. 그러면서 그 간단한 것을 왜 묻냐는 표정을 한다. 이것이 사주명리를 공부하는 최대의 허들이다. 아무리 강조해도 지나치지 않을 음양과 오행을 수박 겉핥기식으로 넘어가기 때문에 명리 공부 10년 해도 도로아미타불이다. 음양오행 이론이 사주명리학의 처음이고 마지막이다. 왜 이 간단한 원리를 이처럼 강조하는지 생각해보길 바란다.

둘째, 음양오행은 조화를 중시한다.

음양오행의 작용원리가 상생상극이든 생극제화이든 量과 質적인 측면에서 균형을 이루지 못하면 그 원리는 정상적으로 작동하지 않는다. 화극금이라고 하지만 촛불도 칠광석을 제련할 수 없고, 물에서 사는 물고기도 수질이 맞지 않으면 살 수 없으며, 수생목이라고 하지만 물이 지나치게 많으면 나무는 뿌리가 썩어서 죽어버리는 이치(相侮原理)이다. 음양오행이 그 존재 이유인 삶(생명활동)을 지향한다 할지라도 상호간의 역할은 지나치지 않고 적당해야 한다. 그래서 土의 중용, 조화의 역할과 가치를 다시금 이해할 필요가 있다.

셋째, 음양도 오행도 궁극적 목적은 삶(생명활동)의 창조에 있다.

우주 대자연의 섭리가 생명체를 살리는 것처럼 오행의 유행작용은 처음부터 마지막까지 "삶(생명)"에 그 목적이 있다. 易의 본질에 대한 문제이기에 너무나 당연한 이치다. 결국 생극제화이거나 상생상극은 궁극적 목적인 "삶(생명)"의 하위개념이고 수단적 가치일 뿐이다. 오행의 상생상극의 관계에서 生하면 좋고 剋하면 나쁜 이분법적 논리가 아니다. 生과 剋이 에너지를 북돋거나 설기(泄氣, 기운이 새서 흩어짐)할지라도 그것은 주관자의 "삶(생명)"을 위한 목적성을 가진 작용이라는 것을 전제로 접근해야 한다. 그리고 오행의 단순 형식논리에 매몰되지 말아야 한다.

지금까지 형식적 논리로 살펴본 바와 같이 오행에서 인접한 오행간에는 상생의 관계이고, 한 칸 건너 있는 오행간에는 상극의 관계가 형성된다는 상생상극의 관계는 지극히 단편적이고 편협된 인식일 수 있다. 인접한 오행간에도 상극이 될 수 있고, 한 칸 건너 있는 오행간에도 상생의 작용이 있을 수 있기 때문이다. 木을 기준으로 보면 목생목, 목생화, 목생토, 목생금, 목생수의 생조(生助)관계뿐만 아니라 목극목, 목극화, 목극토, 목극금, 목극수의 극제(克制)관계도 성립할 수 있는 것이다. 동식물의 생태계를 보라. 공생과 기생의 관계가 수억 년을 이어오고 있다. 木과 木의 관계인 등라계갑(藤蘿繫甲)[50]은 덩치가 큰 교목과 담쟁이과의 작은 식물간의 생존현상을 표현한 것인데 여기에서도 목생목의 현상과 목극목의 관계를 확인할 수 있다. 금극목과 금생목의 관계를 살펴보자. 가을은 결실의 계절이고 오행으로 金의 속성

---

50 적천수 乙木編에 나오는 말이다. 칡과 같은 을목이 소나무와 같은 갑목을 만나 타고 올라가면(등라계갑하면) 봄이든 가을이든 잘 자란다는 뜻이다. 을목중심의 생존전략을 표현한 것이다.

으로 구분한다. 봄은 시작을 의미하는 木의 속성이다. 농부가 식솔들이 충분히 먹고 살 곡식을 수확(金)하기로 목표를 세운 경우, 봄에 씨를 뿌리고 농사(木)를 시작해야 가을에 수확(金)을 할 수 있다. 이것은 결실의 목표(金)가 시작의 동기(木)를 생하는 금생목의 작용이다. 반대로 봄에 씨앗을 뿌리고 농사(木)를 시작했으므로 가을에 결실(金)을 걷을 수 있게 되었다는 인과론적 시각으로 보면 木生金의 관계도 된다.

　천간의 합충원리에서도 상극의 오행간에 "삶"의 지향성을 확인할 수 있다. 천간에서 木에 해당하는 甲목과 土에 해당하는 戊토 또는 己토의 관계로 대입해 보자. 木剋土의 이론대로 하면 甲극戊는 숙살을 수단으로 생을 도모하는 관계이고, 甲克己는 剋의 차원을 넘어 서로 화합(甲己合)하여 새로운 세상을 창조(化土)하는 관계로 발전한다. 결국 오행의 유행은 우주 에너지의 유행(流行)을 표현한 것이다. 우주의 순행이치를 진(眞)이라 하면, 그 목적의 올바름은 선(善)이고, 과정(작용)의 올바름은 미(美)이다. 인간사에도 형제간이나 이웃간, 나아가 사회 이익단체간, 정당간에 아웅다웅 다투며 살아간다. 아웅다웅하는 것은 우리가 살고 있는 공동체의 올바른 규범틀을 형성하는 과정이며, 결국 불가측의 대혼란을 대비하는 역할이 된다.

　이러한 관계는 목-화-토-금-수 모든 자연오행에 적용된다. 또한 다섯 종류로 분류된 오행은 단일 기운으로만 존재하는 것도 아니다. 순수한 木의 기운만을 가진 오행도 있겠지만 목과 화의 기운을 동시에 가진 것도 있으며, 상극관계인 목과 금, 목과토의 기운을 동시에 가진 것도 있다. 소위 복합오행이다. 사람의 심리상태도 이와 같아서 매우 복잡하고 다양하게 나타난다. 따라서 사주의 이론도 추가와 변화를 거듭하여 얽힌 실타래처럼 풀기 어려운 상태에 이르렀다. 명리공부 10년 해도 말벙어리라고 한다. 무슨무슨 신살(神殺)[51]을 들먹이며 귀신들이나 알아들을 수 있는 용어로 진단하고 예측하니,

---

51　신은 좋은 역할을 하는 기운을 말하고, 살은 나쁜 역할을 하는 기운을 말한다. 고법사주에서 주된 간

말하는 사람이나 듣는 사람이나 이해하기 어려운 것은 마찬가지이다. 그렇다고 해서 편협한 물상론(物象論)[52] 등으로 오행의 의미를 단순하게 고정하여 하석상대(下石上臺)하는 임기응변도 정도는 아니라고 본다. 문제해결의 출발점은 음양오행의 이치를 명확하게 그리고 깊이 이해하는 것이다. 주관자의 삶을 지향하는 음양과 오행의 생극제화 원리를 제대로 이해하지 않고서는 사주명리의 올바른 이해가 불가능하다. 사주명리학은 철저하게 음양과 오행의 생극제화 원리를 기반으로 세워진 이론이기 때문이다.

넷째, 우리 모두는 사주 앞에 평등하다.

아무리 훌륭한 사람도, 아무리 미천한 사람도 우리 모두는 팔자 이상도 이하도 갖지 못한다. 즉 하늘로부터 받은 생명에너지의 총합은 누구나 4주8자로 똑같다. 8자의 에너지 비중이 각자 다를 뿐이다. 木이나 火의 에너지가 많은 사람은 金이나 水, 土의 에너지가 적은 것이고, 어느 한쪽으로 에너지가 편중된 사람은 나머지 에너지가 부족한 것이다. 만석꾼은 걱정도 만근이고, 청빈한 자는 여유로움이 만근이다. 모두가 제로섬게임의 당사자임을 사주팔자는 알려준다.

다섯째, 사주는 빈손 철학을 일깨워준다.

주관자 일주를 중심으로 볼 때 관성과 인성으로부터 에너지를 받아, 식상과 재성으로 에너지를 방출한다. 썰물과 밀물은 반복되는 것이다. 인간이 아무리 버텨봐야 썰물을 막지 못한다. 세상에 왔으면 다시 돌아가는 것이 자연의 섭리다. 받은 만큼 베풀어야 한다. 두 손으로 아무리 움켜쥐어도 잠시 내

명의 방편으로 삼았다. 생극제화의 원리에 벗어나 있는 이론으로서 현대명리학(자평학)에서는 신살을 배제하는 추세이다.

52 사주팔자 여덟 글자를 자연의 사물에 비유하여 명조를 해석하는 이론이다. 오행의 관계성을 이해하는데 도움이 될 수 있지만, 지나친 비약으로 혼란을 가중시키는 역작용도 있다.

가 쥐고 있는 것일 뿐이다. 우리는 먹고, 자고, 입기 위해 수많은 희생물을 만든다. 그래서 산다는 것은 천지만물에 죄업을 짓는 것에 다름 아니다. 배부르고 편하게 살수록 그 죄업은 더 크다.

　사주에서도 일주가 인성과 관성으로부터 받은 에너지를 식상과 재성을 위해 쓰지 않고 혼자만 향유하는 것은 곧 죽음의 현상이다. 생극제화의 이치가 아니다. 인생은 어차피 빈손으로 왔다가 빈 손으로 가는 법이다. 자신의 노력으로 생산한 재화라 할지라도 먹고 살 만큼만 소비하고 나머지는 필요한 사람과 나누어야 한다. 필요 이상의 자원은 부족함의 해악과 다르지 않다. 쾌락과 타락의 늪으로 빠뜨려 육체와 영혼을 망가뜨리기 때문이다. 그렇다고 능력 이상으로 에너지를 방출하면 패가망신하기 십상이니 상생과 공동체 삶의 지혜를 배워야 한다. 그리고 사주를 분석함에 있어서 주관자 일주에 유입된 에너지와 방출되는 에너지는 용신(用神)[53]을 구하는 기준이 된다. 유입되는 에너지란 인성(化)과 관성(制)의 에너지를 합한 것이며, 방출되는 에너지는 식상(生)과 재성(剋)의 에너지를 합한 것이다. 유입 에너지가 방출 에너지보다 많을 경우 에너지의 방출활동이 필요하고, 유입 에너지보다 방출 에너지가 많을 경우 내적 에너지의 축적이 필요하다. 이것이 격국용신(格局用神)[54]을 정하는 기본원리이다. 격국용신은 대운, 세운의 운세에 대처하는 이정표가 될 수 있으므로 한 사람의 사주를 분석하는 데 지대한 영향을 미친다.

53　자평명리학에서 매우 중요한 개념이다. 하지만 개념의 정의로부터 취용법 등이 다양하다. 일반적으로는 사주가 전체적인 중화를 이루도록 하는 글자나, 신약사주에서 일주를 도와주는 글자를 용신이라고 한다.

54　격국은 사주에서 가장 강한 기운을 중심으로 사주의 특성을 유형화한 것이고, 용신은 사주에서 기운이 태과(太過)하거나 불급(不及)할 때 강한 기운은 억제하고 부족한 기운은 보충하여 중화(中和)하도록 하는데 쓰이는 핵심기운을 말한다.

여섯째, 사주를 어떻게 읽어야 하는지 그 지침을 준다.

마지막으로 생극제화론은 인과론(숙명론)적 사주관점을 목적론(운명론)적 사주관점으로 전환하는 메시지를 담고 있다. 신살론 등이 생극제화의 이론에서 벗어나 있다고 하여 무시할 수는 없다. 신살론은 적용이 쉽고, 전달하는 메시지가 명확하여 술가들이 필살기처럼 사용한다. 신살론 등은 수천 년을 이어온 경험치적인 임상의 결과과 응축된 것이기 때문이다. 그러나 음양오행의 원리에 대한 이해가 부족한 상태에서 신살론만으로 현란하게 호도하는 것은 삼가해야 한다. 음양오행의 이론틀 위에 쌓아올린 것이 명리학인데 음양오행의 이치를 올바로 이해하지 못하여 기초가 틀어지면 명리학의 체계가 무너지기 때문이다. 현대 사주가 지향해야 할 담론체계가 인과론에서 목적론으로 바뀌어야 하는 이유이기도 하다. 그러기 위해서는 오행의 생·극·제·화에 대한 해석도 깊은 통찰이 있어야 한다. 일주가 생·극·제·화의 작용을 하는 근본 목적을 이해해야 한다. 우주 대자연의 섭리가 생명체를 생조하는 것처럼 생극제화의 근본 목적이란 사주체의 주인인 "나"를 생조하는 목적으로 귀결한다. 내가 받은 생명에너지는 어디에서 얼만큼 왔으며, 어떻게 활용하여 내 삶을 유지·발전시킬 것인가 하는 문제이기 때문이다.

기(氣), 질(質), 상(象)의 이해

명리학에서 이(理)와 기(氣), 질(質), 상(象)의 개념을 이해하는 것은 매우 중요하다. 태극사상과 음양오행 이론을 기본으로 하고 있기 때문이다. 음양오행이론을 기와 질과 상의 개념으로 이해하는 것은 기계적으로 단순화하기 쉬운 음양 오행이론의 맛과 깊이를 더욱 깊게 해 준다.

오행은 음양에서 진화한 물질단계이다. 그래서 주희는 음양은 氣인데 이것이 오행의 質을 낳았다고 하였다. 음양과 오행을 생성관계로 본 것이다. 음양에서 오행이 나온다는 도식은 『관자』, 『여씨춘추』, 『회남자』, 『춘추번로』

등의 고서에서 이론으로 정리하고 있다. 음양의 두 氣가 나뉘어 오행이 되므로 음양 밖에 따로 오행이 있는 것이 아니다. 오행은 음양에서 진화한 물질 단계이며, 음양과 함께 만물의 탄생을 가능하게 하는 質로서의 의미를 가진다. 즉 오행은 만물을 낳는 최종 단계의 質(象)의 형태라는 말이다.

오행의 유상을 논함에 있어서는 오행이 함축하는 의미와 함께 음적인 요소와 양적인 요소를 구분해서 이해할 필요가 있다. 즉, 성질(性質)과 성량(性量)이 氣를 만들고, 기질(氣質)과 기량(氣量)이 質/象을 만든다. 세상의 모든 象을 가진 것에는 태극의 이치가 내재하고 있다. 또 어떤 형상이든 존재하여 있는 형체는 음양이 그 체(體)에 존재하게 된다. 지구도 남극과 북극이 있어 음양으로 구분이 되는 것과 같이, 인간도 남자와 여자가 있어 크게는 음양으로 존재하게 된다. 남자는 양이지만 남자 자체도 또한 세부적으로는 음양이 존재하고, 몸체의 어느 한 부분도 그에 따른 음양이 존재하게 된다. 왼쪽이 있으면 오른쪽이 있고, 음양이 항상 대칭적인 형태를 유지하여 양단을 유행하게 된다. 만물은 음양의 합체가 아니고서는 생화(生化)가 불가능하다. 태극은 理/性에 대비되고, 음양은 氣에 해당하며 오행은 質에 해당한다. 따라서 눈에 보이는 형상은 質을 파악하는 단서가 되고, 오행은 음양의 氣를 파악하기 위한 도구이며, 음양은 본질에 해당하는 理/性을 파악하기 위한 수단이 된다.

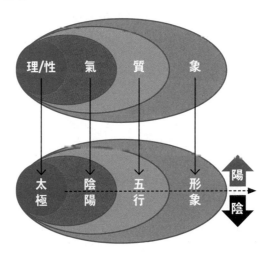

체(體)와 용(用)

물질의 현상을 규명하는 태도는 동서양이 사뭇 다르다. 이 세상의 모든 것에는 오감으로 느낄 수 있는 현상의 세계와 그 현상이 존재하고 작용하게 하는 원리의 세계가 있다. 이것이 체와 용의 관계이다. 체용(體用)은 위진 초기에 왕필(王弼, 226년~249년)[55]이 현상 배후의 본질 존재로서 무형의 체와 본질이 작용하는 용의 개념으로 정의했다. 동양학에서는 본체 또는 원리를 體라 하고, 그 기본의 활용이 이루어지는 것을 用이라 한다. 체용은 자연계의 현상에 의해서 파악한 것이지만, 이들은 마치 동전의 양면처럼 같으면서 다른 관계에 있다. 이 체와 용에 대하여 북송의 정이천(程伊川)[56]은 하나의 원천에서 나왔으나 그 나타남이 미미하여 틈새가 없다(體用一源, 顯微無間)고 하였다. 이러한 사상은 성리학에서는 이기론(理氣論)으로, 중용에서는 비이은(費而隱)으로, 불교에서는 공(空)과 색(色)으로 파악하고 있다. 體는 눈에 안 보이는 형이상의 세계, 즉 원리(原理)이고 空의 세계이다. 用은 눈에 보이는 형이하의 세계, 즉 현상(現象)이고 色의 세계이다. 서양은 실재하는 현상의 모습보다 用이 있게 하는 원리나 법칙 중심의 體사상을 중시한다. 體 중심의 학문은 명제를 세분화하고 분석적으로 접근한다. 원인과 결과가 같으면 과학적이라 하고, 학문의 영역으로 체계화한다. 결과값의 표현에 있어서도 참 아니면 거짓, 디지털적 절댓값을 지향한다. 따라서 원리나 법칙을 체계화하는 하드수학이 발달하여 오늘날의 과학 문명을 발전시켜 왔다.

반면, 用 중심의 사유체계를 가진 동양의 경우 원리나 법칙을 이론화하기

---

55 중국 삼국 시대 위나라의 사상가이다. 당시 유명한 천재로 알려졌으며, 16~20세 사이에 노자의 《도덕경》과 《주역》의 주와 약례를 썼다.

56 본명은 정이(程頤)이고 자(字)는 정숙(正叔)이며 이천은 그의 호(號)이다. 도학(道學)의 비조(鼻祖)라고 알려진 주렴계로부터 많은 영향을 받았다. 소강절과는 친구였던 이천은 횡거가 우주의 본체(本體)를 태허(太虛)인 기(氣)로 말하는 것과 다르게 리(理)를 강조한다. 이러한 리와 기에 대한 견해 차이는 송대 유학사의 중요한 분기로서 후대 성리학에 영향을 미치게 된다.

보다 현상적, 경험적 과학이 발달했다. 도예(陶藝)나 범종 제작과 같은 대단한 문화유산을 남겼지만, 그 작용원리나 설계의 이론 등은 체계화하지 않았다. 명제도 세분화하지 않고 통합적이고 직관적이며 딱 떨어지는 값이 아니어도 아날로그적 상대가치를 존중한다.

체용의 개념은 두 이질적 요소를 구분하기 위한 것이 아니다. 오히려 주체와 객체, 수단과 목적, 원인과 결과, 삶과 죽음 등과 같이 이분법적인 분별의 사고방식을 불식하기 위해 채용된 개념이다. 결국 자연과 인간의 조화를 중시한 것이다.

그런데 현대물리이론은 우주나 양자와 같은 초극대 혹은 초미세 영역에 대한 과학이론은 빅뱅이론이나 상대성이론으로 설명하고 있다. 근대물리이론으로는 설명이 불가능하다. 오히려 이것은 동양에서 수천 년 전부터 역학에 적용해온 음양오행설의 심오한 이치가 부합한다. 體 중심적 서양의 분석적 접근방식과 用 중심의 동양적 통합적 접근방식은 출발점과 진행방향이 정반대로 나타나지만 결국 대해에서 같이 만나는 것과 같다.

제 2 장

명리개론(Introduction)

1. 명리란 무엇인가

명리는 나에 대한 이야기(My story) 보따리다. 나의 이야기를 하려면 내가 누구인지부터 규정해야 한다. 나는 누구인가? 모년 모월 모일 모시에 태어난 사람이 나인가? 아무개라는 이름을 가진 존재가 나인가? 누구누구의 아빠이고 누구의 엄마라는 관계성이 진정 나인가? 도대체 어떻게 정의를 해야 참나를 말함인가? 나를 이해하는 과정은 생각처럼 쉽지 않다. 우리는 내가 누구인지 모르면서 나를 내세우며, 욕심을 부리고, 아귀다툼하며 세상을 살아간다. 불가에서 말하는 아공(我空)[57]에 다름 아니다.

내 속에는 허상인 내가 너무 많아 어떤 이야기가 진정한 나의 이야기인지 구별하기 어렵다. 따라서 나의 이야기에 앞서 나의 정체성에 대한 성찰이 먼저이어야 한다. 나에 대하여 내가 세상에서 제일 잘 알고 있을 것 같지만 그것은 착각일 수 있다. 무의식적인 언행으로 남에게 인식된 나의 모습을 정작 나는 모르고 산다. 세상살이에서 집착과 에고(ego, 自我)의 안경을 통해 자신을 보기 때문이다.

대인관계 등에서 자아를 인식하고 이해하기 위한 용도로 개발한 "조해리의 창"[58]에서는 나를 이해하는 영역을 다음과 같이 4개의 창으로 구분하고 있다.

① 개방영역(Open Area) : 나이, 이름, 성별 등

---

57 나를 구성하는 것은 생멸·변화하는 요소인 色, 受, 想, 行, 識이라는 오온이 화합해 이루어진 것일 뿐, 참으로 "나"라고 할 만한 실체는 없음을 나타낸 말이다.

58 Joseph Luft와 Harry Inghamdl 1955년 제작한 심리검사 도구로서, 나와 타인의 관계 속에서 내가 어떤 상태에 처해 있는지를 보여주고 어떤 면을 개선하면 좋을지를 보여주는 분석 툴이다.

② 맹인영역(Blind Area) : 매너, 성격, 무의식적 행동 등

③ 비밀영역(Hidden Area) : 욕망, 감정, 희망, 꿈 등

④ 미지영역(Unknown Area) : 나도 모르고 남의 눈에도 띄지 않는 정보 영역

　　개방영역은 나도 알고 남도 아는 것이고, 미지영역은 나도 모르고 남도 모르는 영역이기에 별다른 고민을 수반하지 않는다. 문제는 사회적 관계 속에서 살아가는 존재로서 볼 때 맹인영역과 같이 남은 아는데 나는 모르는 영역과, 나는 아는데 남은 모르는 비밀영역이다. 맹인영역은 자신에 대하여 남들이 하는 평가와 자기가 하는 평가가 다르기 때문이고, 비밀영역은 자아실현을 위한 잠재능력을 알아야 하기 때문이다. 명리는 개방영역에 기초하여 맹인영역과 비밀영역, 미지영역을 찾아 나서는 작업이다. 나의 본성을 구성하는 우주적 에너지의 분포도를 드러내어 나의 정체성과 나아가 사회적 대인관계에서 나타나는 자아를 인식하려는 학문이다. 한 걸음 더 나아가 운세의 흐름까지를 추적하여 분석한다.

　　그럼 사주팔자만으로 사람의 모든 것을 알 수 있다는 것인가? 여덟 글자의 간지로 표기되는 사주팔자는 인생 DNA의 본질을 나타내는 상징적 기호이며, 은유적 표현으로 그 내용이 해석되는 것이다. 하늘은 사주팔자만으로 사람에 대한 심오한 뜻을 모두 드러내지 않는다. 다만 암시만을 할 뿐이며, 그것조차도 구체화하지 않고 상징적으로 드러낸다. 상징이란 하늘이 감추어놓은 의미를 나타내게 만드는 신비의 재현이다. 즉, 사람의 특성(시니피에, 기의記意)이 사주팔자라는 기표(시니피앙, 기표記表)로 표현되고 상징(Sinnbild)적 의미를 내포하는 것이다. 사람이 태어난 연월일시를 힌트로 그들이 내포하고 있는 상징적 의미를 해독하여 인생여정의 나침반으로 사용고사 하는 상징의 분석학이다. 사주팔자의 은유와 상징은 위대한 표현방식이다. 종교의 경전이나 성현의 말씀은 모두 은유와 상징으로 씌어져 있다. 쉽게 풀어쓰면 좋으련만 그러기엔 인간의 언어가 부족하고, 또한 구체적 표

현은 통합적 의미에서 부정합을 드러내기 때문이다. 『도덕경』 제1장에서도 도가도 비상도(道可道 非常道)라 하여 어느 개념을 인간의 언어로써 특정화하는 순간 실체적 진실에서 멀어짐을 갈파했다.

명리학은 대우주인 자연의 운행원리를 인격화하여 소우주인 인간에 적용한 이론 틀이다. 내면 속에 감춰진 "나"를 찾는 담론인 것이다. 대우주와 소우주의 연결고리는 사람이 태어난 생년월일시이다. 나의 존재는 태어남으로부터 시작이니 태어난 날의 생년월일시가 소우주 인간 정체성의 뿌리이며 대우주와 소통하는 메신저라는 것을 전제로 명리이론은 성립한다. 생년월일시는 지구가 태양 주위를 공전하며 스스로는 자전하면서 사람이 태어나는 시점에 정해지는 시공간적인 좌푯값이고 생명(우주)에너지값이다. 이 좌푯값을 60갑자 간지(干支) 8글자의 상징부호로 나타내어 대자연의 운행원리로써 인간의 삶을 이해하는 것이다. 여기서 말하는 대자연의 운행원리란 음양과 오행의 유기적 관계성이다. 개인의 생명에너지값(사주팔자)에서 하늘의 기운과 땅의 기운이 사람에게 주는 관계를 살피고, 잠재의식에 감추어진 본성과 의식적으로 표출되는 행동심리를 이해하는 것이다.

나는 누구인가? 사주명리는 내가 어떤 인자를 가지고 태어나서 무엇으로 결실을 맺도록 암시되어 있는지를 이해하려는 방법론이다. 자연이 생명을 낼 때는 그 자체가 완성이다. 생명은 지고지선의 가치이기 때문이다. 따라서 사람이 타고난 모든 사주는 그 자체가 평등하며, 지극히 존엄하다는 전제로부터 출발한다. 각자가 타고난 사주는 선악과 미추의 평가대상도 아니며, 특히 남과 비교는 더욱 의미없는 일이다. 저마다 타고난 개성을 살리고 자기 본래의 모습으로 살아가는 것이 천명이기 때문이다. 개나리로 생명을 받았다면 개나리의 본성과 개성으로 자연의 순리에 따라 살면 된다. 봄이 오면 노랑꽃을 피우고, 여름에 성장하여 가을에 결실을 맺고, 겨울에 땅속에서 다음 생을 준비하는 생장수장(生長收藏)의 순리를 따르면 된다. 붉은 진달래가 좋아 보인다고 개나리가 진달래를 흉내낼 수도 없거니와 그럴 필요도 없다. 개나리는 노랑 꽃을 피울 때 더욱 개나리답고 값진 것이다. 사주팔자는 페르

조나[59]에 끄달려 "나" 아닌 "남"의 가치에 현혹되지 말라는 가르침이다. 그런데 나의 본성이 개나리인지 진달래인지 모르고 있다면 어떤 상황이 벌어질까? 겨울의 혹한에도 꽃을 피우겠다고 억지를 부리거나, 봄이 왔는데도 제철이 아니라고 게으름을 피워 때를 놓칠 수도 있을 것이다. 그리고 때가 지나면 후회를 한다. 이것이 우리 인간사의 한 단편이다.

사주명리는 타고난 자기의 정체성과 본분을 이해하려는 사유의 틀이며, 나아가 우주 운행질서의 이치에 순응하여 지혜로운 삶을 추구하는 삶의 방식이다. 따라서 명리는 철저하게 현생의 삶에 중점을 둘 뿐, 전생이나 내생에 대한 개념이 없다. 종교적인 신념과도 거리가 멀다. 지식적 밝음이 너무 많아 오히려 어두운 시대에 우주 자연의 섭리에 부합하는 주체적 삶을 인도하는 지혜의 샘이다.

인생이 무엇이기에

지구의 나이는 약 44억 6,800만 년이라고 한다. 침팬지에서 분화된 초기 인류 호미닌 이후 오늘날의 인류 역사는 약 600만 년이다. 인류는 지구 생태에서 보면 비교적 최근에 탄생하여 지구환경의 주인공이 되었다. 수백 미터 높이의 거대한 빌딩을 세우고, 바다를 막아 뭍을 만들기도 하고, 가만히 앉아서 지구 반대편의 일들을 손금 보듯이 보고 있으며, 죽어가는 생명을 살려 수명을 연장시키기도 한다.

그러나 생존과 번식이라는 본능적 명제를 수행하는 측면에서 보면 수 억 년의 시원을 가진 이끼류나 곤충 등과 비교할 때 인간이 우월적 존재라고 단

---

59 페르조나는 사회 역할이나 배우에 의해 연기되는 등장인물이다. 가면을 뜻하는 희랍어로 개인이 사회적 요구들에 대한 반응으로서 밖으로 내놓는 공적 얼굴을 말한다.

정하기 어렵다. 인간이 하등하다고 얕잡아보는 동식물의 생태계는 치열한 약육강식 속에서도 자신과 생태환경을 건강하게 유지해 나간다. 반면 문명의 탈을 쓴 인간은 바벨탑을 쌓은 듯 하지만, 영원히 채울 수 없는 '욕심항아리'를 차고 있어 오히려 인류의 파멸을 가속시키고 있는 모습이다. 과학문명이 눈부시게 발달했다고는 하나, 인간소외의 문제와 미래에 대한 불확실성은 더 커지고 있다.

욕망의 수위를 낮추면, 행복의 수위는 올라간다. 약간의 음식만으로도 행복했던 과거는 개념에 없다. 오로지 다 채우지 못하는 현실이 불행하다고 느낀다. 인생은 결국 제로섬게임인 것을 이해할 겨를이 없다. 게염에 끄달려서 남과 비교되는 "나"만 보일 뿐 진정한 "나"는 실종된 시대이다.

최희준의 〈하숙생〉이라는 노랫말이 인상 깊다.

인생은 나그네 길 어디서 왔다가 어디로 가는가
구름이 흘러가 듯 떠돌다 가는 길에 정일랑 두지 말자 미련일랑 두지 말자
인생은 벌거숭이 빈 손으로 왔다가 빈 손으로 가는가
강물이 흘러가 듯 여울져 가는 길에 정일랑 두지 말자 미련일랑 두지 말자

나는 누구이고 내가 걸어가는 길은 어디인가? 구름이 떠돌고, 강물이 흘러가는 것 같은 나그네일 뿐이고 벌거숭이일 뿐이다. 어차피 자연의 한 부분으로 살다가 벌거숭이로 가는 것이 정해진 이치이니 사사로운 집착을 벗으라 한다.

우리 사회를 들여다보면 삶의 현장 전체가 바로 전쟁터다. 정치적 이념대립은 마주보고 달리는 열차와 흡사하고, 가진 자와 못 가진 자의 갈등은 사회적 기반을 흔들고 있으며, 남녀의 대립 또한 양보와 타협이 없다. 욕망이라는 짙은 색깔의 안경을 끼고 보고픈 것만 보려 하기 때문이다.

삶이란 아무리 생각해봐도 불가사의다. 그 목적이 무엇인지, 어떻게 살아야 하는지 답을 찾기가 쉽지 않다. 그것은 인생의 주체인 나를 내가 잘 알지

못하기 때문이 아닐까? 내가 무엇인지, 무엇을 찾고자 하는지 잘 모르면서 정처 없이 떠돌다 시행착오의 나이테만 늘려가고 있다. 길을 찾아 여기저기 헤매다 도착해보면 답이 아니다. 그렇다고 주저앉아 있을 수도 없다. 삶과 죽음이 오가는 냉혹한 현실에서 우리는 삶의 방향과 지침이 필요하다. 인류가 시작된 이래 계속되어온 미로찾기다. 수천 갈래의 갈림길에서 내가 누구인지, 어디로 가려 함인지 모르고 헤매고 있다. 길이 문제가 아니라 정체성의 문제인데 고장난 네비게이션만 탓한다.

이제 잠시 각자의 색안경을 벗고 내면의 자기 자신을 돌아보자. 다행히 태어난 시점의 시간과 공간의 우주적 좌표로 우리들의 위치를 확인해볼 수 있는 명리학에 대한 이야기를 풀어보고자 한다.

易의 일반론으로 보는 명리학

태초의 우주도 작금의 자연도 말이 없다. 말이 없음은 그 자체로 모든 걸 말하고 있기 때문이다. 그러나 인간은 말로써 우주를 얘기하려 하나, 인간의 언어는 턱없이 부족하다. 두꺼운 말사전을 가득 채운 그것으로는 티끌 하나도 제대로 표현할 수가 없다. 우주를 함축하는 상징의 체계가 필요한 이유이다. 그것이 바로 易이다. 무극의 텅빈 동그라미가 그것이고, 음양이 노니는 태극이 그것이며, 음양이 형상화된 오행이 그것이다. 역은 천지역수(曆數)의 원리로 우주가 동정(動靜)하는 변화원리로서, 상징(象徵)을 통하여 천지만물의 이치를 담는다. 이러한 역의 흐름을 타고 인간이 주인공으로 등장하면 역은 명리로 차원전이(次元轉移)한다. 즉, 명리는 역의 일반론으로부터 시작되어 인간의 이야기로 꽃을 피운다. 따라서 명리는 인간에 대한 이야기가 중심이며 인간이 빠지면 의미없는 삽설일 뿐이다. 인간에 대한 8글자의 상징어, 사주팔자는 우주의 본질과 의미를 이어주는 인터페이스다. 상징은 단순함에 많은 것을 함의한다. 구태여 찾지 않으면 말을 하지 않는다. 찾아 들어가 보아도 8글자의 상징으로 있을 뿐 나의 본 모습은 잘 드러내지 않는다. 그래서 상징어를 더듬어 참나를 발견하려는 인식의 틀이 필요하다.

저잣거리에는 사람으로 막혀 걷기조차 어렵다. 저토록 많은 사람들이 촌음의 여유도 없이 내딛는 발걸음의 끝은 어디인가? 사람이 넘쳐나면 오히려 사람이 없는 법. 고독과 소외는 사람이 많고 번잡할수록 더 깊어진다. 내 속의 나는 외면한 채 경황없는 세상 사람들에게 손짓을 하니 바람 없는 깃발일 뿐이다. 내 속에 있는 나의 이야기는 폭포수처럼 쏟아지고 깃발처럼 나부끼고자 한다. 그러나 그 말을 알아차리지 못하고 밖에서 바람이 불기만을 기다린다. 내면의 나와 소통하는 방식과 언어를 모르기 때문이다. 나의 속 이야기를 밖으로 드러내는 언어가 사주팔자이다. 사주팔자는 8글자로 된 인생 스토리이다. 8만대장경의 글자가 함의하는 세상보다 더 많은 이야기를 하고 있다. 세상에서 가장 짧은 언어로 가장 길게 쓴 자서전이다. 태어나는 순간부터 지금까지 내 얘기를 하고 있건만 정작 들어야 하는 나는 세상의 부질없는 것에만 관심을 둔다.

아는 만큼 보이고, 이해하는 만큼 사랑한다. 나를 알고 이해하려면 8글자의 언어에 대한 독해가 필수적이다. 지피지기의 과정인 것이다. 독해가 안되는 글은 8글자도 어렵고, 독해가 되는 글은 8만 글자도 즐겁다.

명리학은 도인들만의 신비로운 학문도, 무속인의 저급한 술수도 아니다. 명리학은 뿌리는 주역에 두고 있지만 논리적 체계는 이미 주역을 벗어나 독자적인 체계를 갖추고 있기에 주역과 다른 것이고, 주역의 아류는 더더욱 아니다. 특히 명리의 이론은 음양오행의 생극제화에 의한 것으로 자연의 현상을 예측하고 나아가 인간과 세계에 대한 운명을 설명하는 사유의 체계를 가지고 있다. 5,000년의 역사 속에서 역사의 주체인 민중과 호흡을 같이하며 뿌리내리고 발전해온 경세철학이며 생활문화이다. 그러나 아직도 명리학은 신비와 미신의 영역으로 폄하되기 일쑤다. 그것은 철저히 자연과 인간을 하나로 보는 동양의 오랜 사유체계를 서구적 인식론과 합리주의로 재단을 하기 때문이다. 동양의 경우 인간이란 천지인 삼재(三才)의 한 축으로 삼라만상, 피조물 전체를 대표하는 상징으로서의 인간상을 의미한다. 자연과 인간 이 둘이 아닌 하나로 연결되는 개념이다. 그러나 서양에서의 인간이란 전지 전능한 신적 존재는 아니지만 동식물과는 확연히 구별되는 우월적 존재이 다. 따라서 자연과 인간은 교감의 접점이 없이 근원적 단절이 자리하고 있 다. 이것이 인간에 대한 동서양의 인식차이다.

현대의 문명은 서구의 합리적 이성주의와 자본주의에 기반을 두고 있다. 합리적 이성주의는 인류에게 부와 편리함을 주고, 비합리적인 사회제도와 체제를 개혁하여 자유와 평등과 인권을 보장하는 사회를 만들었다. 그러나 브레이크 없이 달려가는 과학문명과 자본주의는 인간과 인간, 인간과 자연 의 관계를 파괴하며 환경오염과 자원고갈, 전쟁의 위협 등의 복합적인 문제 를 야기하고 있다. 물극필반(物極必反)[60]이다. 지구촌의 인류는 과학문명의 은혜를 만끽하며 살아가면서 한편으로는 과학문명으로 인한 파멸을 두려 워 해야 하는 모순적인 상황에 놓여 있다. 현대문명의 야누스적 아이러니 가 아닐 수 없다.

원형이정(元亨利貞)의 이치

초목이 소생하고 자라서 결실을 맺고 씨앗으로 돌아가 다시 생명을 소생 시키는 것이 자연이다. 자연의 이치는 생장수장(生長收藏)을 반복하는 순환 이다. 씨앗이 언 땅을 뚫고 나와 어려움을 극복하고 나서야 결실을 맺을 수 있는 것처럼, 인간도 이러한 자연의 이치에 따라 각자의 소명을 다한 후 결과 를 기다려야 한다(진인사대천명盡人事待天命). 제 아무리 좋은 대운이 온다

---

60 물극필반物極必反 기만즉경器滿即傾, 사물의 전개가 극에 달하면 반드시 반전하고, 그릇이 가득차 면 곧 기운다는 뜻으로, 흥망성쇠는 반복하는 것이므로 매사에 지나치게 욕심을 부리지도, 절망지 도 말라는 교훈이다.

고 한들, 씨 뿌리지 않은 자에게 가을의 결실은 없는 것이다. 진리가 이러할진대 인간은 자신의 의지와 노력은 돌아보지 않고 언제 부귀영달할지만 궁금해 한다. 생장수장의 교훈을 거스른 무례를 성찰하기에 앞서 운칠기삼을 신봉한다. 천지자연은 인간의 얄팍한 속임수에 넘어갈 바보가 아니다. 사주명리는 정해진 운명을 알려주는 요술이 아니라 철저히 운칠기삼의 처세를 경계하고, 인간의 도리를 깨우쳐주는 계율이다. 봄에 씨 뿌려야 가을에 수확을 약속하는 이치가 음양오행의 가르침이기 때문이다. 기회는 준비된 자들의 것이어야 한다. 그래서 요행을 바라지 않고 도리를 다하는 인간의 삶에 희망의 향기를 풍기는 것이어야 한다. 5,000년을 이어오는 이 간단한 가르침은 휘황찬란한 물질문명의 불빛에 바래어 보이질 않는다. 천태만변의 다양한 인간사에는 욕망과 욕심이라는 에고(ego)[61]가 있어 동작서렴(東作西斂)의 이치를 망각하게 한다. 명리의 소명은 이러한 왜곡을 바로잡고 삶의 지혜를 주어야 할 것인데, 오히려 욕심을 조장하고 나만의 안위를 위한 방편만을 도술로 위장하여 세속에 뿌리를 내린다. 새벽기도나 백일기도의 정성은 온통 나만 잘 되게 해달라는 아우성이요, 명리는 나만 잘 살겠다는 세속적 이기주의에 영합하여 궁합을 보고 제왕절개 시간을 잡는 잡술로 타락하고 있다. 더불어 잘 사는 것이 결국 내가 잘 사는 길임을 잊고 사는 것이다. 과거의 문제는 지금의 문제이고, 나의 문제는 너의 문제이며 입장이 다른 것같지만 사실은 뫼비우스의 띠[62]로 묶인 공동체 속에서 살아가는 존재이다.

---

61 에고는 나 또는 자아라는 의미의 라틴어이다. 우리의 심신(心身)은 늘 변화한다. 그러나 자신은 '변함이 없는 나'라고 생각하고 타인과 구별한다. 이 변함이 없는 자기를 자아라고 추정(착각)하는 생각의 집합체가 에고이다.

62 긴 테이프를 한번 꼬아서 끝을 이은 띠로서, 독일의 수학자 A.F. 뫼비우스가 처음으로 제시하였다. 사물의 현상과 본질, 참과 거짓, 흑과 백이 서로 다른 면에 놓일 수만 있는 것이 아니며, 서로 동일한 면에서 지배되는 법칙에 적용을 받는 것일 수 있다는 인식을 드러낸다.

사주명리는 인생전략

사주로 파악하는 것은 크게 원국의 파악과 운세의 파악, 그리고 용심(用心, 마음작용)의 파악이다.

원국은 사주팔자를 60갑자의 간지형태에서 음양오행과 십성, 십이운성 등으로 파악하는 것이고, 운세는 대운과 세운, 월운 등 시절의 변화에 따른 운세의 변화작용을 파악하는 것이다. 용심은 세상을 살아가는 데 필요한 인생전략을 말한다.

사주명리는 인간과 시간이 만나는 시절인연을 이야기하는 것이다. 시절인연을 파악하고, 자신의 의지로써 목표를 설정하고, 나설 때와 물러설 때를 예지하는 동선시(動善時)를 살피는 것이다. 인생은 태어나서 죽을 때까지 의사결정의 과정이다. 나는 누구인가? 무엇을 할 것인가? 언제 할 것인가? 이러한 질문은 생명이 있는 한 누구도 예외일 수 없다. 물질문명이 눈부시게 발전한 이 시대에도 이러한 본질적 질문에 답을 얻기는 쉽지 않다. 오히려 과학문명이 발달할수록 더욱 혼란스럽고 미궁으로 빠진다. 빛이 밝으면 어둠도 깊어지는 것처럼. 인생의 문제란 합리적 인과론만으로 설명할 수 있는 문제가 아니다.

내 인생의 문제는 나 혼자만으로 해결할 수 있는 게 아니라 실타래처럼 얽히고 설켜 있기에 그 해결은 더욱 어렵다. 신분제 질서하에 국가적 노예처럼 살던 왕조시대에도 인생이 문제는 있었고, 외세의 침탈로 온 민중이 피를 토하던 시대에도 인생의 문제는 있었다. 산업화로 배고픔을 달래던 때에도, 디지털 문명으로로 세상이 밝아진 이 시대에도, 인간의 문제는 논의의 중심에서 벗어날 수 없다. 예전의 이슈는 개선의 지향성이 명료하였지만, 지금은 문제가 하나의 원인으로 인한 것이 아니라 복합적으로 얽혀 그 실마리를 잡기 어렵다. 무엇이 문제인지, 문제와 문제의 경계는 어디인지 온통 카오스다. 그 배경에는 인간을 배제하고 실현가능성만을 따져 내달리는 과학문명과, 거대 야수적 자본주의가 존재한다. 이제 옳고 그름의 문제도, 가해자와 피해자의 문제도 이들이 지배하는 세상에는 그 구분이 잘 되지 않는다. 최저임금의 문제로 아웅다웅 하는 싸움판에서 도대체 누가 적군이고 누가 아군인가? 양자는 거대금융의 지배그늘에서 신음하는 피장파장의 신세일 뿐이다. 현장에는 문제만 있고, 원인과 해결책은 은밀한 곳에 숨어 있다.

　미신이라고 터부시하는 점집과 명리 사이트가 더욱 번성하는 시대적 아이러니가 아닐 수 없다.

2. 점복(占卜)에 대하여

　삶이란 생명의 신비만큼이나 오묘하고 변화가 무쌍하다. 고대의 조상으로부터 내려온 경험을 바탕으로 미래를 예측하고 변화에 대비하며 인류는 살아가고 있다. 과학문명이 더이상 발전할 필요가 있을까 할 정도로 고도화된 현대문명은 이러한 인간의 예지능력과 대응 덕분이라 할 수 있다.

　그러나 그것만으로 설명할 수 없는 그 무엇이 있는 것이 우리의 인생이다. 의식적 자아의 힘만으로는 해결할 수 없는 한계에 봉착했을 때 잠재되어 있는 무의식에 그 해답을 구하게 된다. 즉, 의식이 한계에 도달했을 때 무의식이 의식적 자아의 간절한 물음에 대응하는 능력을 불러오는 행위가 점복행위이다. 이것은 인과론적으로 그 원인을 설명할 수 없거나, 인간 인식의 한계를 넘어서는 경우에 비인과론적 의미연관의 일치성으로 답을 구하는 행위이다. 인간의 인지능력의 한계는 이드(Id)[63]와 에고(Ego)가 영성을 에워싸 진실을 볼 수 없게 방해하기 때문에 나타나는 현상이다. 그래서 에고에 싸인 자신의 왜곡된 판단을 배제하고 순순한 하늘의 뜻을 알아보려는 시도가 점술행위이다. 게염이라는 에고는 사람의 영성을 흐리게 한다. 영성이 흐려지면 하늘의 암시를 알아차릴 수가 없다. 그래서 하늘의 암시를 전달해주는 대리인(무격巫覡, 무당과 박수)이나 특정 징표를 통해 그 뜻을 전달 받고자 하는 것이 점술이다. 따라서 점술로 얻은 결과값은 하늘이 내려준 계시이므로 인간의 논리적 사유로 왜 그런지에 대한 원인을 설명할 수 없다. 다만, 하늘이 내린 점괘를 믿고 기다릴 뿐이다. 주역 등과 같이 순수한 목적에서의 점복행위는 욕심에 가린 세속의 논리로 추단하는 것에 비해 훨씬 숭고할 수 있다. 그러나 요즘 일부에서 판타지에 휩싸여 사회적인 물의를 빚고 있는 삐뚤어진 오컬트(Occult) 문화는 경계해야 한다.

명리학과 점술은 같은 개념인가? 미래의 일을 예측하고 의사결정을 하려는 목적은 같다. 그러나 명리학은 한 개인에게 주어진 우주적 에너지인 생태적 바코드를 해독하여 그 사람의 본성을 탐구해가는 반면, 점술은 특정사안에 대한 yes or no의 결과값을 알고자 할 때 자연물 등의 도구를 통하여 하늘의 암시가 무엇인지 파악한다는 측면에서, 양자는 수단을 달리한다.

명리학은 논명(論命)을 위한 사전 장치를 마련하는 과정에서 이미 논명자의 주관이 개입되고, 동일한 사안에 대해 몇 번의 재검토(증명의 재현성, Controlled experiment)도 가능하며, 결과를 얻고 해석하는 과정이 학술적인 논리로 이루어지는 데 반하여, 점술은 시도할 때마다 다른 값을 도출하기에

---

63 본능적인 생체 에너지로 리비도(libido)의 원천이자 쾌락을 극도로 추구하는 본능이다. 정신분석학의 용어 중 하나로 자아(自我), 초자아(超自我)와 함께 인간의 정신의 근간이 되는 요소이자 영역이다. 이드라는 요소는 도덕, 선악, 논리적 사고가 존재하지 않는 인간의 최초의 본능과 본성을 지닌 영역이다. 시간관념이 없고 무의식적이며 정신의 최아래 영역이다. 특히 인간이 태어날 때 모두 이드로 이루어져 있다가, 성장하면서 이드의 일부가 다른 세계(다른 사회)와 접촉, 교류, 진화하면서 자아(Ego), 초자아(super ego)가 새로이 만들어진다(위키백과).

단 1회성 유효값만을 인정한다. 물론 예측하는 부분이 점과 유사하다고 생각할 수 있지만, 명리는 그 예측조차 논리적 접근을 전제로 이루어지기 때문에 시점에 관계없이 일정한 절차와 그에 따른 결과적 판단을 이끌어낼 수 있다는 점에서 점과 확연히 구분된다.

따라서 명리는 방식의 논리성이 중요하고, 점은 시도자의 마음이 하늘에 닿을 수 있는 정성이 중요하다.

3. 역법, 태양력, 태음력, 절기력

사주명리는 사람의 태어난 연월일시를 기준으로 보는 것이므로 그 정확성이 요구된다. 역법은 사주명리를 논하는 기술적 부분은 아니지만, 사주명리의 기반이기에 개념을 명확히 이해하고 넘어가는 것이 좋다. 인류는 고대로부터 천문역에 깊은 관심을 갖고 자연환경의 변화를 관찰해왔다. 인간의 생활은 자연환경과 대단히 밀접한 관계가 있기 때문이다. 그 결과 인간과 밀접한 자연의 주기를 이용한 태양력, 태음력, 절기력 등을 세분하여 시간의 계산틀을 만들기에 이르렀다.

태양력(太陽曆)은 지구가 태양을 한 바퀴 도는 지구의 공전주기가 기준이며, 태음력(太陰曆)은 달이 지구를 한바퀴 도는 달의 공전주기가 기준이다. 그리고 음력에 양력의 날짜를 계산하여 만든 절기력(節氣曆)은 천구상에서 태양의 위치를 나타내는 황도를 기준으로 한다. 양력은 태양의 운행에 맞춘 역법으로 계절의 변화와 밀접한 관계가 있다. 태양년과는 약간의 시간 차이가 발생하므로 윤일(閏日)을 넣어 이를 조정하고 있다.

BC 46년 1월 1일부터 널리 사용해왔던 율리우스력의 경우 태양년과의 오차를 없애기 위해 3년마다 윤일을 넣었다. 그러나 BC 8년 아우구스투스 황제시대에 이르러 1년을 365일로 정하고 윤일을 4년마다 1일씩 넣어 평균 365.25일이 되었다. 실제 태양년으로 1년인 365.2422일과의 차이는 0.0078일(11분 14초)이다. 따라서 128년마다 1일의 차이가 난다. 이러한 단점을 해결하기 위해 개정한 것이 그레고리력인데, 년도가 4로 나누어지는 해를 윤년으로 정하였다. 단, 4로 나누어지면서 100으로도 나누어지는 해는 평년, 100으로 나누어지면서 400으로 나누어 지는 해는 윤년으로 정했다. 이로써 400년 동안 97회의 윤일이 있게 되며, 1년의 평균 길이는 365.2425일로 실제 태양년과 0.0003일(약26초)의 차이가 난다. 다시 말해 3,323년에 1일의 차이가 난다.

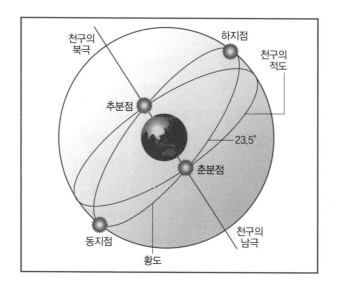

이것은 태양년과 가장 오차가 적은 역으로 오늘날 거의 모든 나라가 사용하고 있으며, 우리나라는 1896년 1월 1일부터 사용하고 있다.

음력은 계절의 변화와 관계없이 달의 삭망(朔望)을 기준으로 한다. 삭망이란 태양, 달, 지구의 순서로 일직선이 된 때(合朔)를 말하고, 이를 매월 초하루로 정한다. 태음력에서 한 달이란 달이 합삭되었다가 지구 한 바퀴를 돌아서 다시 합삭이 되기까지의 기간으로 약 29.53059일이다. 따라서 1년을 계산해보면 29.53059×12월=354.36708일이 되는데 실제 태양년 365.2422일 보다 약 10.9일이 적다. 그래서 중간에 윤달을 넣어 1년을 13개월로 만드는 방법으로 달력의 날짜와 계절을 맞추게 되었다. 이 때의 윤달은 24절기의 12중기에 의해서 결정되며, 큰 달과 작은 달은 달의 정확한 합삭기간을 계산하여 나온다. 합삭기간이 30일이면 큰달이고, 29일이면 작은 달이 된다.

우리나라의 음력은 달의 변화로 날짜를 계산하고, 태양의 움직임을 나타낸 절기로 계절의 변화를 알 수 있는 구조이다. 그래서 빼놓을 수 없는 것이 절기와 윤달이다. 절기는 천구상에서 태양이 움직이는 황도를 기준으로 360도를 15도씩 나누어 24절기로 나누었으며 입춘을 지나는 황도를 0도로 한다. 12절기는 달(음력)의 결정에 중요한 역할을 하는데, 가령 입춘이 들어 있으면 1월, 경칩은 2월, 청명은 3월, 입하는 4월, 망종은 5월, 소서는 6월, 입추는 7월, 백로는 8월, 한로는 9월, 입동은 10월, 대설은 11월, 소한은 12월 등이다. 절기는 양력으로 구성되어 있다.

따라서 사주 간지를 정립할 때는 양력으로 정립하는 것이 정확하다. 사주는 양력으로 산출된 것이며 절기를 기준으로 계절을 정한다. 절기는 월주 환경에 해당하며 인생사 전반에 걸쳐 관여하게 되는데 절기의 절입시각 이전과 이후로 월주와 대운수가 달라지므로 정확해야 한다. 절기가 드는 날의 시간을 절입시라 한다. 절입시는 만세력 등으로도 확인할 수 있지만, 한국천문연구원(www.kasi.re.kr)이 발표하는 것이 가장 정확하다고 할 수 있다.

절기	의미	음력(12지지)	황도	시기(태양력)
冬至	태양이 남회귀선 23도 27분에 위치		315도	12월21일~23일경
小寒	추위가 시작됨	12월(丑月)	330도	1월5일~7일경
大寒	지독하게 추움		345도	1월20일~21일경
立春	봄이 시작됨	1월(寅月)	0도	2월3일~5일경
雨水	생물을 소생시키는 봄비가 내림		15도	2월18일~20일경
驚蟄	동면한 동물들이 깨어나 꿈틀거림	2월(卯月)	30도	3월5일~7일경
春分	밤낮의 길이가 같음		45도	3월20일~22일경
淸明	맑고 밝은 봄날씨가 시작됨	3월(辰月)	60도	4월4일~6일경
穀雨	봄비가 내려 곡식을 기름지게 함		75도	4월19일~21일경
立夏	여름이 시작됨	4월(巳月)	90도	5월5일~7일경
小滿	여름기운이 나기 시작함		105도	5월20일~22일경
芒種	모를 심기에 적당함	5월(午月)	120도	6월5일~7일경
夏至	태양이 북회귀선 23도27분에 위치		135도	6월21일~24일경
小暑	더워지기 시작함	6월(未月)	150도	7월6일~8일경
大暑	몹시 더움		165도	7월22일~24일
立秋	가을이 시작됨	7월(申月)	180도	8월7일~9일경
處暑	더위가 식기 시작함		195도	8월23일~24일경
白露	가을기운이 스며들기 시작함	8월(酉月)	210도	9월7일~9일경
秋分	태양이 춘분점 반대쪽에 위치함		225도	9월22일~24일경
寒露	찬이슬이 내림	9월(戌月)	240도	10월8일~9일
霜降	서리가 내림		255도	10월23일~25일경
立冬	겨울이 시작됨	10월(亥月)	270도	11월7일~8일경
小雪	눈이 오기 시작함		285도	11월22일~23일경
大雪	눈이 많이 내림	11월(子月)	300도	12월6일~8일경

※ 24절기는 12절입일과 12중기로 구성되어 있다. 명리이론은 12절입일을 기준으로 각 地支에 해당하는 월(음력)을 정한다. 상기 표에서는 바탕색 처리된 것이 12절입일이다.

4. 사주명식(四柱命式)의 작성

원명(元命)을 파악하기 위해 태어난 연월일시를 60갑자 형식으로 나타내는 것을 사주정립(四柱定立)이라 한다. 사주정립시에 부가적으로 표시하는 항목이 십성(十星)과 12운성(運星), 지장간(地藏干), 신살(神煞) 등이다. 십성은 일주와 천간(일주 vs 천간)의 관계를 나타내는 것이고, 12운성은 천간과 지지(천간 vs 지지)의 관계로써 천간의 상태를 구체화하는 것이며, 지장간은 지지가 암장하고 있는 천간을 말한다. 사주정립시의 부기사항을 보면 사주를 해석하는 방식의 일단을 이해할 수 있다. 사주를 해석하는 방식은 고법사주에서부터 근원을 이어오고 있는 신살 중심의 방식과, 서자평 이후 일간과 십성 중심으로 생극제화의 원리로 해석하는 신법사주(자평법)의 방식이 있고, 기타 물상론 등의 자연해석법 등이 있다. 이러한 방식은 서로 배척하기도 하고, 뒤섞이기도 하면서 다양하게 전개되고 있다.

사주(四柱)의 정립

사주팔자란 인간의 운명을 결정하는 4개의 기둥 즉, 생년월일시를 뜻한다. 생년월일시 4주(四柱)의 각 간지(干支)가 두 글자씩, 8자로 이루어지기 때문에 이것을 사주팔자(四柱八字)라 한다. 사주명리는 사주를 정립하는 것으로부터 시작이다. 태어난 생년월일시를 만세력에서 찾으면 60갑자로 표시된 간지(干支)를 알 수 있다.

예시로서 어떤 사람이 1946년 9월 1일(음력 8월 6일) 8시에 태어난 경우 丙戌년, 丙申월, 戊寅일, 丙辰시의 간지로 표시된 사주가 된다. 이때, 태어난 해의 丙戌년의 간지를 연주 (年柱)라 하고, 연주에서 위에 표시 된 丙을 연간(年干), 아래에 표시된 戌을 연지(年支)라 한다. 태어난 丙 申월의 간지를 월주(月柱)라 하고, 월주에서 위에 표시된 丙을 월간 (月干), 아래에 표시된 申을 월지(月 支)라 한다. 태어난 戊寅일의 간지

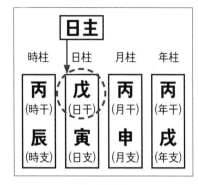

Sample 명식

를 일주(日柱)라 하고, 일주(日柱)에서 위에 표시된 戊를 일주(日主) 또는 일 간(日干)이라 하고, 아래에 표시된 寅을 일지(日支)라 한다. 태어난 시간인 丙 辰시의 간지를 시주(時柱)라 하고, 시주의 위에 표시된 丙을 시간(時干)이라 하고, 아래에 표시된 辰을 시지(時支)라 한다. 명리학을 함에 있어 소통을 원 활하게 하기 위해서는 사주의 정립과 함께 간지의 각 위치에 따른 명칭을 명 확하게 이해해야 한다. 이렇게 태어난 연월일시를 만세력에서 찾아 사주를 정립하게 되는데, 요즘에는 만세력 대신에 인터넷사이트나 모바일 앱이 그 역할을 대신하고 있다. 간편성과 효율성을 추구하는 것은 권장할 만한 일이 지만, 명리를 공부하는 입장에서는 사주를 정립하는 기준이나 원칙은 반드 시 숙지해야 한다.

연주(年柱) 정립

출생한 해의 60갑자 간지를 연주(年柱)라 한다. 연주는 60갑자를 반복하며 순차적으로 정해지므로 어려울 것은 없다. 다만, 한 해의 시작과 끝을 가르 는 기준점은 명확하게 구분해야 한다. 일반적으로 명리에서 한 해의 시작은 입춘(立春)을 기준으로 한다. 입춘은 24절기의 첫 번째로, 음력 정월(正月)의 절기이며 봄의 시작으로 본다. 태양의 황경이 0°에 드는 때이며 양력으로 대

개 2월 4일 또는 5일이 된다. 따라서 태양력으로는 1월 1일부터 2월4~5일 사이에 태어난 사람(입춘 이전에 태어난 사람)의 경우 새 해의 연주가 적용되지 않기 때문에 혼동을 일으킬 수 있으니 주의해야 한다. 상기 예시의 Sample명식에서는 丙戌년이 연주이다.

월주(月柱) 정립

월주를 정하는 것을 월건법(月建法)이라고 한다. 월주는 출생한 달의 간지를 가리킨다. 월주는 계절을 상징하고 있으며 사주의 중심인 일주(日主)의 氣를 좌우하는 중요한 자리이다. 12지지에 해당하는 생월은, 음력1월(정월)이 寅月이고, 2월은 卯月, 3월은 辰月, 4월은 巳月, 5월은 午月, 6월은 未月, 7월은 申月, 8월은 酉月, 9월은 戌月, 10월은 亥月, 11월은 子月, 12월은 丑月이다.

문제는 월간(月干)을 정하는 것인데, 월간은 태어난 해의 천간(연간)을 기준으로 정한다. 즉, 연간합화(年干合化) 오행(본서 10천간의 천간합편 참조)을 生하는 오행의 양천간(陽天干)이 인월(寅月)의 월간(月干)이 된다. 卯月부터 丑月까지는 寅月의 다음 천간부터 10천간을 순행하면서 적용하면 된다. 상기 예시의 Sample 명식의 경우 연간이 丙이므로 丙辛合化水가 되고 水를 生하는 오행의 陽干은 庚금이므로 1월은 庚寅월, 2월은 辛卯월, 3월은 壬辰월, 4월은 癸巳월, 5월은 甲午월, 6월은 乙未월, 7월은 丙申월, 8월은 丁酉월, 9월은 戊戌월, 10월은 己亥월, 11월은 庚子월, 12월은 辛丑월로 이어진다. 따라서 음력 8월은 申월이므로 丙申월이 된다. 연간합화 오행을 生하는 양간에 따른 월건법은 다음과 같다.

천간이 甲 또는 己인 경우 갑기합화 土이므로 土를 生하는 火의 양천간 丙부터 시작하고, 지지는 1월이 寅월이므로 간지조합을 하면 1월은 丙寅월이 되고, 2월은 丁卯월, 3월은 戊辰월, 4월은 己巳월, 5월은 庚午월, 6월은 辛

未월, 7월은 壬申월, 8월은 癸酉월, 9월은 甲戌월, 10월은 乙亥월, 11월은 丙子월, 12월은 丁丑월의 순서로 진행한다.

천간이 乙 또는 庚인 경우 을경합화 金이므로 金을 生하는 土의 양천간 戊부터 寅月(1월)이 시작되어, 1월은 戊寅월, 2월은 己卯월, 3월은 庚辰월, 4월은 辛巳월, 5월은 壬午월, 6월은 癸未월, 7월은 甲申월, 8월은 乙酉월, 9월은 丙戌월, 10월은 丁亥월, 11월은 戊子월, 12월은 己丑월의 순서로 진행한다.

천간이 丙 또는 辛인 경우 병신합화 水이므로 水를 生하는 金의 陽천간인 庚부터 寅月이 시작되어, 1월은 庚寅월, 2월은 辛卯월, 3월은 壬辰월, 4월은 癸巳월, 5월은 甲午월, 6월은 乙未월, 7월은 丙申월, 8월은 丁酉월, 9월은 戊戌월, 10월은 己亥월, 11월은 庚子월, 12월은 辛丑월의 순으로 진행한다.

천간이 丁 또는 壬인 경우 정임합화 木이므로 木을 生하는 水의 陽천간 壬부터 寅月이 시작되어 1월은 壬寅월, 2월은 癸卯월, 3월은 甲辰월, 4월은 乙巳월, 5월은 丙午월, 6월은 丁未월, 7월은 戊申월, 8월은 己酉월, 9월은 庚戌월, 10월은 辛亥월, 11월은 壬子월, 12월은 癸丑월의 순으로 진행한다.

천간이 戊 또는 癸인 경우 무계합화 火이므로 火를 生하는 木의 陽천간 甲부터 寅月이 적용되어 1월은 甲寅월, 2월은 乙卯월, 3월은 丙辰월, 4월은 丁巳월, 5월은 戊午월, 6월은 己未월, 7월은 庚申월, 8월은 辛酉월, 9월은 壬戌월, 10월은 癸亥월, 11월은 甲子월, 12월은 乙丑월의 순으로 진행한다.

월건법을 요약하면 아래의 표와 같다.

생년 天干 (연간)	합화오행	합화오행 生오행	生오행 陽天干	정월	2월	3월	……	12월
甲 또는 己	갑기합土	火生土	丙	丙寅	丁卯	戊辰	……	丁丑
乙 또는 庚	을경합金	土生金	戊	戊寅	己卯	庚辰	……	己丑
丙 또는 辛	병신합水	金生水	庚	庚寅	辛卯	壬辰	……	辛丑
丁 또는 壬	정임합木	水生木	壬	壬寅	癸卯	甲辰	……	癸丑
戊 또는 癸	무계합火	木生火	甲	甲寅	乙卯	丙辰	……	乙丑

일주(日柱) 정립

일주(日柱)는 태어난 날의 간지(干支)를 말한다. 일주를 정하는 공식인 일건법(日建法)은 별도로 있지 않다. 일주(日柱)는 절기와 관계 없이 매일 매일 진행하는 그날의 일진을 그대로 쓰기 때문이다. 그렇기 때문에 일진은 만세력을 보아 찾아야 한다. 디지털 시대인 현대는 사주를 정립하는 모바일앱 등이 많이 나와 있으므로 그런 것들을 손쉽게 활용하면 된다. 예전에는 일주(日柱) 때문에 만세력에 의존하여 사주를 뽑아야 했으므로 매우 번거로운 과정이었다.

일주(日柱)에서 일간(日干)을 사주의 주인이라는 의미를 부각하여 특별히 일주(日主)로 명명한다. 따라서 일주(日柱)를 특별히 지칭하는 경우가 아니면, 일반적으로 일주라 함은 일주(日主)를 의미한다. 한글 표기와 발음이 같기에 혼동하기 쉽다.

시주(時柱) 정립

시주를 정하는 것을 시두법(時頭法)이라 한다. 시주는 태어난 생시(生時)의 간지를 가리키며, 명리에서는 하루를 12개의 구간으로 나누어 구간당 2시간씩 12地支에 배속한다. 즉, 한국표준시 기준으로, 0시(23시~01시)를 子時라 하고, 2시(01시~03시)를 丑時, 4시(03시~05시)를 寅時, 6시(05시~07시)를 卯時, 8시(07시~09시)를 辰時, 10시(09시~11시)를 巳時, 12시(11시~13시)를 午時, 14시(13시~15시)를 未時, 16시(15시~17시)를 申時, 18시(17시~19시)를 酉時, 20시(19시~21시)를 戌時, 22시(21시~23시)를 亥時라 한다.

문제는 시간(時干)을 정하는 순서인데 시간을 정하는 시두법(時頭法)은 日干합화 오행을 剋하는 陽天干으로부터 子時에 적용한다.

일간이 甲 또는 己인 경우 갑기합화 土이므로 土를 克하는 木의 陽천간

甲부터 子時에 적용하여, 0시는 甲子시, 2시는 乙丑시, 4시는 丙寅시, 6시는 丁卯시, 8시는 戊辰시, 10시는 己巳시, 12시는 庚午시, 14시는 辛未시, 16시는 壬申시, 18시는 癸酉시, 20시는 甲戌시, 22시는 乙亥시의 순으로 진행한다.

일간이 乙 또는 庚인 경우 을경합화 金이므로 金을 극하는 火의 陽천간 丙부터 子時에 적용하여, 0시는 丙子시, 2시는 丁丑시, 4시는 戊寅시, 6시는 己卯시, 8시는 庚辰시, 10시는 辛巳시, 12시는 壬午시, 14시는 癸未시, 16시는 甲申시, 18시는 乙酉시, 20시는 丙戌시, 22시는 丁亥시의 순으로 진행한다.

일간이 丙 또는 辛인 경우 병신합화 水이므로 水를 克하는 土의 陽천간 戊로부터 子時에 적용하여, 0시는 戊子시, 2시는 己丑시, 4시는 庚寅시, 6시는 辛卯시, 8시는 壬辰시, 10시는 癸巳시, 12시는 甲午시, 14시는 乙未시, 16시는 丙申시, 18시는 丁酉시, 20시는 戊戌시, 22시는 己亥시의 순으로 진행한다.

일간이 丁 또는 壬인 경우 정임합화 木이므로 木을 克하는 金의 陽천간 庚부터 子時에 적용하여, 0시는 庚子시, 2시는 辛丑시, 4시는 壬寅시, 6시는 癸卯시, 8시는 甲辰시, 10시는 乙巳시, 12시는 丙午시, 14시는 丁未시, 16시는 戊申시, 18시는 己酉시, 20시는 庚戌시, 22시는 辛亥시의 순으로 진행한다.

일간이 戊 또는 癸인 경우 무계합화 火이므로 火를 克하는 水의 陽천간 壬부터 子時에 적용하여, 0시는 壬子시, 2시는 癸丑시, 4시는 甲寅시, 6시는 乙卯시, 8시는 丙辰시, 10시는 丁巳시, 12시는 戊午시, 14시는 己未시, 16시는 庚申시, 18시는 辛酉시, 20시는 壬戌시, 22시는 癸亥시의 순으로 진행한다.

상기 Sample 명식의 경우, 8시에 태어났으며, 일간이 戊이므로 무계합화 火가 되고, 火를 克하는 陽천간은 壬이므로 壬子시(0시)로부터 계산하여 2시는 癸丑시, 4시는 甲寅시, 6시는 乙卯시, 8시는 丙辰시, 10시는 丁巳시, 12

시는 戊午시, 14시는 己未시, 16시는 庚申시, 18시는 辛酉시, 20시는 壬戌시, 22시는 癸亥시의 순으로 진행되는데, 8시생이므로, 丙辰시가 되는 것이다.

시두법을 요약하면 아래의 표와 같다.

생일 天干 (일간)	합화오행	합화오행 克오행	克오행 陽天干	0시 (23~01)	2시 (01~03)	4시 (03~05)	……	22시 (21~23)
甲 또는 己	갑기합土	木克土	甲	甲子	乙丑	丙寅	……	癸亥
乙 또는 庚	을경합金	火克金	丙	丙子	丁丑	戊寅	……	丁亥
丙 또는 辛	병신합水	土克水	戊	戊子	己丑	庚寅	……	己亥
丁 또는 壬	정임합木	金克木	庚	庚子	辛丑	壬寅	……	辛亥
戊 또는 癸	무계합火	水克火	壬	壬子	癸丑	甲寅	……	癸亥

월건법과 시두법을 계산하는 또 다른 방식

월건법과 시두법을 계산하고 적용하는 것이 복잡해 보이는 것은 월건법의 시작이 寅月인 데 반하여 시두법의 시작은 子時로서 출발점이 다르기 때문이다. 월건법은 연간의 합화 오행을 生하는 오행의 양천간부터 시작하는 것이고, 시두법은 일주의 합화 오행을 克하는 오행의 양천간부터 시작한다. 그러나 월건법이나 시두법이 辰의 자리에서는 합화오행의 양천간이 같아지는 원리를 이해하는 방식도 있다. Sample명식을 사례로 설명하면, 연간 丙화의 합화오행(丙辛합화 水)의 양천간은 壬이므로 辰월의 간지는 壬辰월이 된다. Sample명식은 申월생이므로 임진월부터 계산하면 임진, 계사, 갑오, 을미, 병신으로 이어지므로 丙申월이 되는 것이다. 마찬가지로 시두법을 계산하면, 일주가 戊토의 합화오행(무계합화 火)의 양천간은 丙이므로 辰시의 간지는 丙辰시가 된다.

표준시 적용에 따른 생시(生時)의 보정(補正)

하루라는 개념은 태양이 지구상의 특정 지점의 자오선을 2회 통과하는 시간간격이다. 우리는 태양이 남중하는 시각을 정오로 정하는 진태양시를 쓰고 있다. 이런 경우 지구촌의 시간은 경도에 따라 모두 다르게 되므로 사회적 동물로서의 인간생활에 많은 어려움을 주게 된다. 따라서 1884년 국제회의에서 세계 표준시가 처음으로 정해졌다. 그리니치 천문대를 지나는 본초자오선을 기준으로 지구 전체를 15도씩 24개로 나눠 구분한 것이다. 경도 15도가 달라질 때마다 1시간 단위로 표준시가 바뀌도록 한 것이다. 대한민국은 협정세계표준시인 UTC(Coordinated Universal Time)에 9시간을 더한 시간대인 UTC+9 표준시(KST)를 쓰고 있다. 즉, 영국의 그리니치 천문대를 지나는 자오선 기준의 시간보다 9시간이 빠른 시간을 표준으로 사용하는 것이다. UTC+9표준시(KST)의 경우 동경 135도가 기준이 되기 때문에 실제 한국평균인 127도 30분(서울은 126도 58분)에 비해 약 30분의 시간을 앞당겨 적용하는 것이다.

문제는 사주에서 시진(時辰, 시주를 말함)을 정하는 것은 태양시를 적용하기 때문에 한국표준시에서 약 30분의 시간차이를 보정해야 하는 것이다. 따라서 한국표준시 기준으로, 밤11시 30분부터 새벽 1시30분까지는 子時, 새벽 1시 30분부터 새벽 3시30분까지는 丑時, 3시 30분부터 5시 30분까지는 寅時, 5시 30분부터 7시 30분까지는 卯時, 7시 30분부터 9시 30분까지는 辰時, 9시 30분부터 11시 30분까지는 巳時, 11시 30분부터 오후1시 30분까지는 午時, 오후 1시 30분부터 오후 3시 30분까지는 未時, 오후 3시 30분부터 오후 5시 30분까지는 申時, 오후 5시 30분부터 오후 7시 30분까지는 酉時, 밤 7시 30분부터 밤 9시 30분까지는 戌時, 밤 9시 30분부터 밤 11시 30분까지는 亥時로 적용해야 한다.

서머타임제에 따른 생시(生時)의 보정

　시진(時辰)을 정함에 있어 표준시간과 태양시의 차이에서 발생하는 오차만이 아니라 서머타임을 실시한 때의 실제시간도 조정해야 한다. 서머타임제라고 부르는 일광절약시간제(Daylight Saving Time : DST)는 하절기에 표준시를 원래 시간보다 1시간 앞당김으로써 실제 낮시간과 사람들이 활동하는 낮시간의 격차를 줄이기 위해서 사용한다. 즉, 0시에 서머타임제가 시작된다면 시계를 1시로 돌려놓아야 한다. 우리나라는 동경 135° 기준인 UTC+09:00를 표준시로 쓰기 때문에 동경 127° 30'의 실제 진태양시 기준으로 볼 때, 연중 30분 가량 일광절약시간제가 시행되고 있는 셈이다. 그런데

시작일	종료일	적용일수
1948년 6월 1일 0시부터	1948년 9월 13일 0시까지	104일
1949년 4월 3일 0시부터	1949년 9월 11일 0시까지	161일
1950년 4월 1일 0시부터	1950년 9월 10일 0시까지	162일
1951년 5월 6일 0시부터	1951년 9월 9일 0시까지	126일
1955년 5월 5일 0시부터	1955년 9월 9일 0시까지	127일
1956년 5월 20일 0시부터	1956년 9월 30일 0시까지	133일
1957년 5월 5일 0시부터	1957년 9월 22일 0시까지	140일
1958년 5월 4일 0시부터	1958년 9월 21일 0시까지	140일
1959년 5월 3일 0시부터	1959년 9월 20일 0시까지	140일
1960년 5월 1일 0시부터	1960년 9월 18일 0시까지	140일
1987년 5월 10일 2시부터	1987년 10월 11일 새벽 3시까지	154일
1988년 5월 8일 2시부터	1988년 10월 9일 새벽 3시까지	154일

서머타임제가 추가로 실시된 기간중에 태어난 사람은 태양시 기준으로 계산할 때 약 1시간 30분을 보정해주어야 한다.

　우리나라에서 서머타임을 실시한 시기는 옆의 표와 같다.

조자시(早子時)와 야자시(夜子時)

　마지막으로, 시진을 정함에 있어 논란이 되고 있는 조자시와 야자시의 문제이다. 조자시와 야자시는 밤11시부터 다음날 새벽 1시 사이에 태어난 子時생(동경135° 기준)에 대한 구분법이다. 동양에서는 하루를 12구간으로 시간을 구분하기에 그냥 子時생으로 하면 족하나, 서양의 24구간 시간법에서는 0시를 기준으로 하루가 시작되므로 밤11시에서 12시 사이에 태어난 子時생은 밤 12시에서 새벽1시 사이에 태어난 子時생과 생일이 하루 차이가 발생한다. 따라서 전자를 야자시, 후자를 조자시로 구분하자는 것이 야자시 조자시이다. 일리 있는 주장인 것 같지만, 어디까지나 사주명리의 시간구분은 12시간 구간법이고, 하루의 시작은 子時이므로 야자시나 조자시의 구분을 무시하고 단순히 자시(子時)의 단일 개념으로 적용하는 것이 합당하다고 본다.

5. 대운(大運)

　대운은 10년을 주기로 후천적(後天的)으로 운행되는 기운(氣運)의 흐름을 말한다. 여기서 기운이란 대운을 구성하는 간지의 작용력을 말한다. 사주가 아무리 좋아도 대운보다는 못하다고 한다. 그만큼 운(運)이 차지하는 비중이 크다. 사람의 부귀빈천은 사주팔자에 있으나 그 운이 발현되는 시기는 대운(大運)과 세운(年運)에 있다. 사주의 격(格)을 자동차라 한다면 대운은 자동차가 다니는 도로에 대비된다. 자동차가 아무리 훌륭해도 도로상태가 안 좋으면 운행하기 어려운 것처럼, 사주가 귀격(貴格)이라고 해도 대운이 상응하지 않으면 발복하기 어렵고, 길한 운이 들어오면 자기실현의 환경이 만들어지는 것이다. 반대로 도로가 잘 펼쳐져 있어도 자동차를 운행하지 않으면 성취가 없듯이 대운이 좋게 들어왔는데도 준비하고 도모하지 않는다면 기회를 잡을 수 없다. 대운은 자동차를 위한 도로이며 기후와 같은 환경이기 때문이다.

최근 생명공학이 밝혀낸 인간의 최대수명은 120년이라고 한다. 이는 태양계가 북극성을 중심으로 한 주기를 선회하는 기간과 일치한다. 북송시대의 도학자인 소강절은 상수학에 근거하여 우주의 큰 시간주기가 129,600년이라고 밝혔다. 인간이 하루를 살기 위해 천기를 받아들이는 호흡(분당 18회)과 맥박(분당 72회)의 수를 합하면 129,600회{=(18+72)회×60분×24시간}가 된다. 지구의 1년과 비교되는 우주의 1년인 129,600년을 1元이라 하고, 1元을 12로 나누어 10,800년을 1會라고 하고, 1회를 30으로 나누어 360년을 1運이라 하며, 1運을 12로 나누어 30년을 1世라 하였다. 인간이 120년을 산다면 4世를 사는 것이다. 지구 환경으로 대비하면 봄의 기운으로 30년, 여름기운으로 30년, 가을기운으로 30년, 겨울기운으로 30년을 살고 마무리를 하는 것이다. 또한 120년을 12지지로 나누면 子의 기운으로 10년, 丑의 기운으로 10년, 寅의 기운으로 10년 등과 같이 각 地支의 기운으로 10년씩 사는 것이 되므로 대운을 地支를 중심으로 볼 때 10년의 주기가 되는 것이다.

대운(大運) 세우기

대운은 월주로부터 시작하여 다음 대운이 바뀌는 교운시(交運時)까지 지속된다. 즉, 태어나서부터 최초로 도래하는 교운기까지는 월주가 대운으로 작용한다.

대운을 세우는 것에서는 크게 두 가지가 문제이다. 하나는 대운의 진행방향에 대한 것이고, 다른 하나는 첫 번째의 대운수를 산정하는 것이다. 대운수는 첫 번째의 대운이 끝나는 시기를 정확히 산정하는 것으로서, 두 번째 대운부터는 10년을 주기로 교운이 되므로 대운을 판단하는 데 중요한 기준이 되기 때문이다.

먼저, 대운의 진행방향은 남녀가 태어난 해의 연간에 따라서, 양남음녀, 음남양녀의 원칙이 적용된다. 즉, 양천간해에 태어난 남자(陽男)와 음천간해에 태어난 여자(陰女)는 월주의 간지로부터 60갑자를 순행하여 대운이 작용하고, 음천간해에 태어난 남자(陰男)와 양천간해에 태어난 여자(陽女)는 월주의 간지로부터 60갑자를 역행하여 대운이 작용한다는 이론이다.

양천간(陽天干)은 甲, 丙, 戊, 壬, 庚이고 음천간(陰天干)은 乙, 丁, 己, 辛, 癸이다.

구분	양남음녀	음남양녀
개념	양천간의 해에 태생한 남자와 음천간의 해에 태생한 여자	음천간의 해에 태생한 남자와 양천간의 해에 태생한 여자
대운의 진행	월주로부터 순행	월주로부터 역행
대운수의 산출	생일로부터 직후 절입기까지의 남을 일수를 3으로 나누어 산출	생일로부터 진전 절입기까지 역산한 일수를 3으로 나누어 산출

상기 사례의 Sample명식으로 대운을 살펴보면, 남자의 명식이고 태어난 해의 천간이 양천간 丙화이므로 양남순행의 원칙에 해당한다. 월주가 丙

申이므로 병신으로부터 60갑자를 순행하면, 정유→ 무술→ 기해→ 경자→ 신축→ 임인의 간지순으로 대운이 순행한다는 의미이다. 만약 사례명식의 명주가 여자라고 한다면, 양녀역행의 원칙에 해당하므로, 월주 병신으로부터 60갑자를 역행하면, 을미→ 갑오→ 계사→ 임진→ 신묘→ 경인의 간지순으로 대운이 작용한다는 것이다.

대운수(大運數)

월주에서 시작한 대운이 첫번째 교운(交運)이 되는 사람의 나이를 대운수라 한다. 태어나서부터 첫번째 교운이 될 때까지는 월주가 대운으로 작용한다. 예를 들어 대운수가 3이면 태어나서 2세까지는 태어난 월주의 간지가 대운으로 작용하고, 3세가 되면 대운이 바뀌어 12세까지 10년간 적용되고, 13세에 다시 대운이 바뀌어 22세까지 10년간 적용되고, 23세에 다시 대운이 바뀌어 10년간 작용하는 것처럼 대운의 주기가 10년을 주기로 바뀌어간다.

문제는 첫번째의 교운시기가 정확히 언제인지를 산출하는 것이다. 대운수는 인간이 월지의 어느 시점에서 태어난 생일을 기점으로 직전 혹은 직후 절입기(節入期)까지의 남은 일수를 3數로 나눈 몫이다. 3數로 나누면 몫이 0부터 9까지 10개의 대운수가 나온다. 그리고 딱 떨어지지 않고 나머지가 1 또는 2가 나올 수도 있는데, 이것은 대운이 바뀌는 월수로 계산하면 된다. 즉 나머지가 1인 경우는 1년의 3분의 1인 4월까지는 기존의 대운이 적용되고 5월부터 대운이 바뀌는 것이고, 나머지가 2인 경우 1년의 3분의 2인 8월까지 기존의 대운이 적용되고 9월부터 대운이 바뀌는 것이다. 나머지가 없는 경우는 대운수 해의 정월부터 대운이 바뀌어 적용된다.

그리고 태어난 날을 기준으로 절입기까지의 일수를 계산하는 방식이 남자와 여자가 다르다. 생년의 천간이 양간인 남자와 음간인 여자(陽男陰女)는 태어난 날을 기준으로 직후(直後) 절입기까지의 일수를 3으로 나누어 계산한다. 반대로 생년의 천간이 음간인 남자와 양간인 여자(陰男陽女)는 태어난 날을 기준으로 직전(直前) 절입기까지 역산한 일수를 3으로 나누어 계산하는 것이다.

생일로부터 절입기까지의 일수를 3으로 나누는 이유는 인간수명을 120세로 볼 때, 12지지 각각의 환경에서 10년씩 살아가는 셈인데, 이것을 30일씩 구분된 12절기(24절기는 12절기와 12중기를 합한 개념임)와 대응시킨 개념이다. 따라서 태어난 날을 기준으로 직전, 직후의 절입기를 합하면 30일이 되고(a+b=30일) 이것은 10년이라는 생애주기에 대응시킴으로써, 3으로 나누어, 최초 교운기까지 생의 주기를 산출하게 된다.

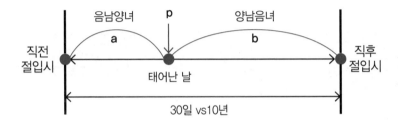

또다른 이해의 방식으로서 10의 보수(補數)를 이용하는 방법이 있다. 즉, 양남음녀의 대운수는 음남양녀의 대운수에 대한 10의 보수라는 것이고, 반대로 음남양녀의 대운수는 양남음녀 대운수에 대한 10의 보수이다. 가령 남명(男命)이 양천간의 해에 태어나고 대운수가 3이라면 같은 날 때어난 여명(女命)의 대운수는 3의 10에 대한 보수인 7이 되는 것이다. 같은 예로서 여명이 양천간에 태어나고 대운수가 4라면 같은 날 태어난 남명의 대운수는 4에 대한 10의 보수인 6이 되는 것이다.

대운수의 산출공식을 요약하면

① 양남음녀의 경우 b/3=몫과 나머지(b는 생일로부터 직후 절입기까지의 일수)가 되고

② 음남양녀의 경우 a/3=몫과 나머지(a는 생일로부터 직전 절입기까지 역산한 일수)가 된다.

절입기까지의 일수를 3으로 나누기 때문에 나머지는 1 또는 2가 되는데, 1은 1년의 3분의 1이라는 뜻이므로 4개월이 되고, 2는 8개월이 된다. 이것은 10년이라는 생애주기를 감안할 때 그 차이가 미미하므로 어림수로 처리하는 것이 일반적이다. 즉, 나머지 1은 절사(切捨)하고, 나머지 2는 절상(切上)하여 정수값으로 대운수를 산출한다.

〈陽男陽女의 대운수 사례〉

1966년 6월 12일 午時生 1966년 6월 6일 망종 1966년 7월 7일 소서				남명의 경우		여명의 경우	
				대운수	대운	대운수	대운
편재	일주	식신	편재	0	甲午	0	甲午
丙	壬	甲	丙	8	乙未	2	癸巳
午	寅	午	午	18	丙申	12	壬辰
				28	丁酉	22	辛卯
				38	戊戌	32	庚寅
정재	식신	식신	식신	48	己亥	42	己丑
丁10	甲14	丁30	丁10	58	庚子	52	戊子
	丙6			68	辛丑	62	丁亥
				78	壬寅	72	丙戌

양남양녀의 사례이다.

1966년 丙寅년 출생이므로 양천간(陽天干) 출생이다. 그러므로 남명이라면 양남(陽男)의 경우에 속하므로 태어난 날을 기준으로 다가올 직후 절입기인 7월7일 소서까지의 날자수(24일)를 3으로 나누면 8이되므로 대운수는 8이 된다. 따라서 생후 7세까지는 월지인 甲午대운이 적용되고, 8세부터 17세까지는 순행 간지인 乙未대운이 적용되고 18세부터 27세까지는 丙申대운

이 적용되는 원리다.

같은 날 태어난 사람이 여명이라면 양녀(陽女)의 경우에 속하므로 태어난 날을 기준으로 직전 절입기인 6월6일 망종까지의 날자수(6일)를 3으로 나누면 2가 되므로 대운수는 2가 된다. 따라서 생후 1세까지는 월지인 甲午대운이 적용되고, 2세부터 11세까지는 역행 간지인 癸巳대운이 적용되고 12세부터 21세까지는 壬辰대운이, 22세부터 31세까지는 辛卯대운이 적용되는 것이다.

〈陰男陰女의 대운수 사례〉

1993년 4월 20일 申時生 1993년 4월 5일 淸明 1993년 5월 5일 立夏				남명의 경우		여명의 경우	
				대운수	대운	대운수	대운
정관	일주	정관	식신	0	丙辰	0	丙辰
丙	辛	丙	癸	5	乙卯	5	丁巳
申	未	辰	酉	15	甲寅	15	戊午
				25	癸丑	25	己未
겁재	편인	정인	비견	35	壬子	35	庚申
庚7	丁6	乙9	丁10	45	辛亥	45	辛酉
壬3	乙4	癸6		55	庚戌	55	壬戌
	己10	戊15		65	己酉	65	癸亥
				75	戊申	75	甲子

음남음녀의 사례이다.

1993년 癸酉년 출생이므로 음천간(陰天干) 출생이다. 그러므로 남명이라면 음남(陰男)의 경우에 속하므로 태어난 날을 기준으로 지나간 직전 절입기인 4월5일 청명까지의 날자수(15일)를 3으로 나누면 5이되므로 대운수는 5이 된다. 따라서 생후 4세까지는 월지인 丙辰대운이 적용되고, 5세부터 14세까지는 역행 간지인 乙卯대운이 석봉되고 15세부터 24세까지는 甲寅대운이 적용되는 원리다.

같은 날 태어난 사람이 여명이라면 음녀(陽女)의 경우에 속하므로 태어난 날을 기준으로 직후 절입기인 5월5일 입하까지의 날자수(15일)를 3으로 나누면 5가 되므로 대운수는 5가 된다. 따라서 생후 4세까지는 월지인 丙辰대운이 적용되고, 5세부터 14세까지는 순행 간지인 丙辰대운이 적용되고 15세부터 24세까지는 丁巳대운이 적용되는 것이다.

6. 세운(歲運)

세운은 유년(流年)이라고도 하며 매년 바뀌는 운세를 말한다. 대운은 커다란 환경이고 세운은 구체적인 현실이다. 사주원국의 체상(體相)[64]이 대운의 氣에 해당하는 환경하에 놓여 있는 상태에서 세운이 몰고온 또 다른 환경이 겹쳐서 발생하는 현실을 말한다. 10개의 세운이 모여 하나의 대운을 형성하므로 세운은 10천간을 중심으로 변화작용을 살핀다. 따라서 대운은 큰 틀의 환경이요 기운인 데 반해, 세운은 인간사의 생활 속에서 구체적으로 발생하는 현실이고 사건, 사고에 해당한다. 군사작전에서 전략적인 큰 틀의 작전을 대운이라 한다면 전술적 차원에서 실제 전투가 벌어지는 치열한 전장은 세운이다. 대운과 함께 세운을 심도 있게 살펴야 하는 배경이 이것이다.

이러한 이치를 月運과 日運(일진)으로 연장해보면 월운이라는 큰 환경 속에서 30개의 일운이 매일매일의 길흉을 교차하며 인간의 일상속에서 희로애락의 광대로 나타나고 있는 것이다.

---

64 體相은 日主를 중심으로 이루어지는 에너지 흐름의 방향을 종합적으로 도식화한 것이다.

1960년 12월 18일 戌時生 남명 1960년 12월 7일 大雪				대운	대운수 (나이)	세운	연도
편관	일주	편인	비견	戊子	0	乙未	2015
				己丑	6	丙申	2016
丙	庚	戊	庚	庚寅	16	丁酉	2017
戌	辰	子	子	辛卯	26	戊戌	2018
				壬辰	36	己亥	2019
편인	편인	상관	상관	癸巳	46	**庚子**	**2020**
辛3	乙6	癸10	癸10	**甲午**	**56**	辛丑	2021
				乙未	66	壬寅	2022
丁2	癸4			丙申	76	癸卯	2023
				丁酉	86	甲辰	2024
戊5	戊10			戊戌	96	乙巳	2025

상기 세운 및 연도 사례의 경우 2020년기준으로 61세의 남명이므로 56세부터 65세까지 甲午대운이 적용되고 대운과 함께 매년 적용되는 세운은 2015년 을미, 2016년 병신, 2017년 정유 등과 같이 60갑자를 순행하여 적용되는 것이다.

7. 명식(命式)작성(종합)

사주원국을 해석하기 위한 사전작업으로서 명식작성에 대한 전반적인 내용을 종합하여 정리한다. 명식작성시 체크포인트는 다음과 같다.

① 명주가 남자인지 여자인지 구분한다.

② 생년월일시는 음력인지 양력인지 명확히 한다. 음력의 경우 윤달 여부

를 확인하고 양력으로 변환하여 적용한다.

③ 태어난 장소를 확인하여 표준시와 태양시의 오차를 보정한다.

④ 태어난 날이 일광절약제에 해당되는지 여부를 확인하여 시진(時辰)을 보정한다.

⑤ 시진이 산출되면 그에 따른 사주를 정립한다.

⑥ 일주를 중심으로 하는 십성과 지장간(인원용사)을 표시한다.

⑦ 필요시 일주를 기준으로 하는 12운성을 표시한다.

⑧ 양남음녀, 음남양녀의 원칙에 따라 대운의 진행방향을 확인한다.

⑨ 태어난 날을 기준으로 직전 또는 직후 절입기를 확인하여 대운수를 산출한다.

⑩ 명주의 현재 나이에 작용하는 대운과 그에 따른 세운(약10년)을 뽑는다.

8. 천간(天干)과 지지(地支)

인간은 우주에서 태어나 그 운행원리에 따라 살아가는 존재이다. 동양적 사유는 자연을 인격화하여 우주와 인간은 대소의 차이가 있을 뿐 본성은 같은 것으로 본다. 인간은 우주의 축소판이고, 소우주이다. 우주의 원리속에서 진리를 찾고, 그것을 현실세계에 적용하려는 인식틀이 연구되었는데 그것이 십천간(十天干)과 십이지지(十二地支)이다. 사주명리학을 축조하는 재료인 천간과 지지를 합쳐 간지(干支)라고 한다.

천지만물은 어디서 왔는가? 태극이 음양-사상-팔괘를 생하고 이것이 펼쳐져서 만사만물을 낳았다. 역으로 추적하면 태극 안에 만물(萬物)이 담겨 있다는 뜻이다. 따라서 인간을 소우주로 인식한 사유체계에서 소우주로서의 인간은 천리(天理)에 부합하는 것이 인사의 도리라고 보아 천문을 연구하고 그것을 인간에 적용하려 했다. 그러나 심오한 우주 전체를 인간의 언어로 다 표현하는 것은 불가능하다. 인간 언어의 한계성을 극복하는 지혜로서 상징 체계의 표현법이 고안되었다. 그것이 무극이요 태극이며 음양이고 오행이다. 이 또한 너무 큰 개념이라 쉽게 와닿지 않는다. 그래서 우주의 변화와 순환 원리를 여러 개의 마디로 구분하여 파악하고자 했던 것이 십천간(十天干) 과 십이지지(十二地支)이다. 干은 幹에서, 支는 枝에서 따왔다는 기록으로 보아 나무의 생장하는 이치로 이해하려 한 것이다. 10天干으로 된 하늘의 氣는 고정되어 있지 않아 정해진 방위나 계절이 없다. 그러나 땅은 質/象으로 이루어진 구체적인 현상세계로 12地支를 이루고 사계절과 시간의 변화를 고정하여 나타낸다. 따라서 하늘은 10일을 마디로 순환하므로 갑을병정무기 경신임계(甲乙丙丁戊己庚辛壬癸)의 10天干으로 상징화하였고, 땅은 자축인 묘진사오미신유술해(子丑寅卯辰巳午未申酉戌亥)의 12地支로 상징화하였다.

천간과 지지가 언제 생겨났는가에 대한 정확한 유래는 잘 알지 못한다. 다만 송대의 서승이 자평명리학을 편집한『연해자평』과 소길이 쓴『오행대의』에 그 기록이 있다.

연해자평에 중국의 삼황오제의 하나인 황제가 탁록(啄鹿)이라는 벌(판)에서 치우(蚩尤, 諸候)와 전쟁을 할 때 제단을 쌓아 천제님께 제례기원(祭禮祈願)하시니 10간(干)과 12지(支)가 강시(降示)되었다는 기록이 있다.

소길(蕭吉)의『오행대의(五行大義)』[65]에는 간지는 옛날에 대요씨가 5행에서 세워 만든 것으로, 甲乙로 시작해서 하늘(日)에 붙인 것을 간(幹)이라 하고, 子丑으로 시작해서 땅(月)에 이름 붙인 것을 지(支)라고 밝히고 있다.

---

65 지간자支干者 인오행이립지因五行而立之 석헌원지시昔軒轅之時 대요지소제야大撓之所制也, 시작 갑을始作甲乙 이명일위지간以名日謂之幹 작자축 作子丑 이명월위지지以名月謂之支.

그리고 상(商)나라 때도 十干이 사용되었고, 갑골문에도 10간과 12지지의 조합으로 만들어진 60갑자가 사용된 유물들이 발견되므로 10간, 12지의 연원은 매우 오래되었음을 알 수 있다.

60갑자(甲子)

오행의 원리에서 나온 10천간(天干)과 12지지(地支)를 조합하여 60갑자의 상징체계를 이룬다. 10간과 12지의 최소공배수 60을 하나의 마디[節]로 하므로 주역에서도 60번째 괘가 절괘(節卦)이다. 이것을 60甲子라 하는데 갑자(甲子)의 짝으로부터 시작하여 계해(癸亥)의 짝까지 60개이기 때문에 그렇게 부른다. 10개의 천간과 12개의 지지가 서로 돌아가면서 짝을 이룬다면 120 갑자가 되어야 하는데 60갑자가 된 것은 천간의 양은 지지의 양과 짝을 이루고, 천간의 음은 지지의 음과 짝을 이루기 때문이다. 10천간은 하루(日, 해)를 주관한다. 10일은 1순(一旬, 열흘)이므로 60일은 6순(六旬)이 된다. 소길은『오행대의』에서 천간과 지지가 만나 한짝의 간지가 형성되고, 이렇게 형성된 간지는 서로 분리하지 않고 그 배합을 그대로 쓴다고 하였다. 또 만물은 인(寅)월에서 다투어 형체를 나타낸다. 甲이 인월(寅月)에 속하므로 甲을 머리로 삼아 子와 배합시킨 것이다. 나타나는 것은 양이기에 천간을 따르고 나타나지 않은 것은 음이기에 지지를 따른다. 그래서 甲과 子를 서로 배합시켜서 6순의 시작으로 삼았다고 하여 甲子를 처음에 배치한 이유를 설명하고 있다.

또한 천간은 홀로 서지 못하고 지지는 천간 없이 헛되이 자리하지 않으므로, 반드시 배합을 해서 사용해야 한다는 것이다. 따라서 일부 이론서에서 대운이나 세운을 간명함에 있어 운간(대운의 천간)이 처음 3년동안 작용하고, 운지(대운의 지지)가 나중 7년 동안 작용한다는 소운(小運)의 이론은 간지를 반드시 배합해서 써야 한다는 이론에 어긋나는 것이다. 대운이든 세운이든 작용되는 기간 동안 천간과 지지가 분리되지 않고 동시에 작용하는 것이다. 다만, 천간과 지지의 작용력(역량)은 차이가 있을 수 있다.

천간과 지지를 배합하여 구성한 60갑자는 다음과 같다.

갑자순
甲子(갑자), 乙丑(을축), 丙寅(병인), 丁卯(정묘), 戊辰(무진), 己巳(기사), 庚午(경오), 辛未(신미), 壬申(임신), 癸酉(계유),

갑술순
甲戌(갑술), 乙亥(을해), 丙子(병자), 丁丑(정축), 戊寅(무인), 己卯(기묘), 庚辰(경진), 辛巳(신사), 壬午(임오), 癸未(계미),

갑신순
甲申(갑신), 乙酉(을유), 丙戌(병술), 丁亥(정해), 戊子(무자), 己丑(기축), 庚寅(경인), 辛卯(신묘), 壬辰(임진), 癸巳(계사),

갑오순
甲午(갑오), 乙未(을미), 丙申(병신), 丁酉(정유), 戊戌(무술), 己亥(기해), 庚子(경자), 辛丑(신축), 壬寅(임인), 癸卯(계묘),

갑진순
甲辰(갑진), 乙巳(을사), 丙午(병오), 丁未(정미), 戊申(무신), 己酉(기유), 庚戌(경술), 辛亥(신해), 壬子(임자), 癸丑(계축),

갑인순
甲寅(갑인), 乙卯(을묘), 丙辰(병진), 丁巳(정사), 戊午(무오), 己未(기미), 庚申(경신), 辛酉(신유), 壬戌(임술), 癸亥(계해)

9. 10천간

　오행이 음양의 氣에서 발생한 것인데, 다시 오행이 음양으로 분화되어 10개의 천간을 이룬다. 즉, 오행 木은 음양으로 나뉘어 甲과 乙로, 火는 丙과 丁으로, 土는 戊와 己로, 金은 庚과 辛으로, 水는 壬과 癸로 분화되어 10개의 천간이 된다. 천간(天干) 또는 십간(十干)은 지지와 함께 간지(干支)를 이룬다. 10천간을 조후적 음양으로 구분하면 甲, 乙, 丙, 丁은 陽이고 戊, 己는 중성이며, 庚, 辛, 壬, 癸는 陰이다. 차서(次序) 또는 체용(體用) 개념으로 구분하면, 甲, 丙, 戊, 庚, 壬은 陽이고, 乙, 丁, 己, 辛, 癸는 陰이다. 10천간을 생태환경적으로 비유하는 물상론(物象論)이 있는데, 甲은 대림목(大林木)이라 하고, 乙은 화초목(花草木), 丙은 태양화(太陽火), 丁은 등촉화(燈燭火), 戊는 성원토(城園土), 己는 정원토(庭園土), 庚은 강철금(鋼鐵金), 辛은 주옥금(珠玉金), 壬은 강호수(江湖水), 癸는 우로수(雨露水) 등으로 지칭하여 통변의 이해를 돕는다.

구분	갑(甲)	을(乙)	병(丙)	정(丁)	무(戊)	기(己)	경(庚)	신(辛)	임(壬)	계(癸)
조후	陽				中		陰			
체용	양	음	양	음	양	음	양	음	양	음
오행	木		火		土		金		水	
색상	청색		적색		황색		백식		흑색	
방위	동쪽		남쪽		중앙		서쪽		북쪽	

　천간은 하늘의 기운으로 사주의 주관자인 일주의 정신적이고 대외적인 일의 성패 등을 나타낸다. 사주는 결국 日主의 상태를 보는 것인데, 일주는 홀로 작용하지 않고 다른 천간 또는 지지와의 관계를 통하여 자신을 드러낸다.

이것이 사주명리의 핵심요체다. 천간과 천간의 관계는 십성과 합극의 작용으로 나타나고, 천간과 지지의 관계는 12운성이나 통투근의 관계성으로 나타난다. 따라서 천간은 계절적 조후와 통근 여부가 중요하게 작용한다. 통근이란 천간의 오행과 지장간의 오행이 감응하는 작용을 말한다. 지장간은 지지가 소장하고 있는 천간이다. 통근은 천간오행이 지지의 方局(방합과 삼합) 오행과 일치할 경우에 이루어진다. 갑목의 경우라면, 인묘진목방과 해묘미 목국을 구성하는 지지에 통근을 하는 것이다. 인신사해의 지장간에 있는 초기 戊土는 의견이 분분하나 일반적으로 통근하지 못하는 것으로 본다. 따라서 戊己土의 경우는 사생지(인신사해)와 사왕지(자오묘유)에는 통근하지 못하고 사고지(진술축미)에만 통근하는 것으로 본다. 또한 천간의 변화는 천간과 천간의 관계에 있으며, 합과 극의 형태로 나타난다. 이러한 사주이론의 각론은 본서의 해당 목차에서 자세히 다루기로 한다.

천간론은 오행이 음양으로 분화된 십천간 각각에 대한 속성과 천간의 관계성을 분석하는 것이다. 십성도 천간의 친소(親疏)에 따라 그 강약과 상태를 가늠할 수 있지만, 일주 중심의 획일적인 관계성이므로 그 구체성이 떨어진다. 즉, 하나의 십성이라도 십천간이 교차하며 맺는 관계에 따라 10개의 이질적인 십성이 도출될 수 있다. 예를 들어 비견은 갑목과 갑목이 만나는 경우부터 계수와 계수가 만나는 것 등 10가지가 있고, 그 각각은 비견이라는 이름만 같을 뿐 오행의 특성에 따라 그 상태나 강약이 모두 다르다. 십천간과 십이지지는 『사기(史記)』[66]의 『율시(律書)』[67]와 『한서(漢書)』[68]의 『율력지

---

66 중국 전한 무제 시대에 사마천이 저술한 중국의 역사서이다. 「본기(本紀)」12권, 「표(表)」10권, 「서(書)」8권, 「세가(世家)」30권, 「열전(列傳)」70권으로 구성된 기전체 형식의 역사서이다. 전설상의 오제(五帝)의 한 사람이었다는 요 (기원전 22세기)에서 기원전 2세기 날의 전한 무제까지를 다루고 있다. 유려한 필치와 문체로 문학으로서도 큰 가치를 가진 서적으로 평가받고 있다.

67 사기의 8서중 하나이며, 각 서는 2편씩 짝을 이루고 있다.

68 반고가 편찬한 전한의 역사서로, 《전한서》라고도 한다. 한 고조 유방이 전한을 창건한 기원전 206년부터 왕망의 신나라가 망한 24년까지 기술하고 있다. 《사기》와 함께 정사(正史)의 모범으로 평가받

(律曆志)』[69],『설문해자(說文解字)』[70] 등의 기록으로 정리할 수 있으나 그 해석이 약간씩 다르다. 다만, 십간과 십이지의 내포된 의미는 여러 기록을 참고할 때, 천지자연의 순환법칙을 초목의 성장쇠장의 이치로 나타낸 것으로 이해된다.

갑목(甲木)의 속성

甲은 甲木으로 읽는다. 갑목은 십간 중에서 첫번째에 등장하는 천간이며 순양(純陽)의 木이다. 甲목은 딱딱한 씨앗으로부터 새싹이 돋아나는 모습(출갑어갑 出甲于甲)을 나타내는 상형문자이다. 물상적으로는 새봄에 하늘 높이 솟아오를 기세를 가진 동량목(棟梁木)[71], 장남, 리더, 대들보 등이다.

일주가 갑목인 사람은 십성의 겁재와 비슷한 성정으로 주체의식과 아집이 강하다. 뭐든 시작을 잘하고 호기심이 많으며 미래지향적이다. 갑목은 남들로부터 간섭이나 구속받는 것을 싫어하며 쾌활하고 친화력이 있어 나서기를 좋아하나 과장되게 부풀리는 경향도 있다. 그리고 甲의 글자모양처럼 위는 크고 아래는 약하여 한번 넘어지면 다시 일어나기 어려운 특성이 있다. 그리고 측은지심(仁)이 있어 남을 잘 도와주기는 하나 공치사(功致辭)가 많고, 타산적(打算的)이며 금전에 대한 집착이 많다.

는다.

69 반고(班固)가 지은 한서(漢書)의 율력지(律曆志)로 반지(班志)라고도 한다. 「지(志)는 기록(記)한다는 뜻이니, 율력지(律曆志)라고 함은 역(曆)을 산출하는 율(律)을 기록한 것이다.

70 중국의 가장 오랜 자전(字典)으로, 중국 후한의 허신이 필생의 노력을 기울여 저술한 책이다. 무려 1만여 자에 달하는 한자 하나하나에 대해, 본래의 글자 모양과 뜻, 발음을 종합적으로 해설하고 있다.

71 적천수의 표현으로는 갑목참천甲木參天이다.

갑목과 타간(他干)의 관계성

木은 오행 중 유일하게 생명성을 가지고 있다. 문파에 따라서는 사주에서 木의 쓰임은 활목(活木)의 경우와 사목(死木)의 경우를 구분한다. 따라서 木(甲, 乙)이 일간인 경우에는 제일 먼저 活木인지 死木인지를 구분해야 한다고 한다. 일견 일리가 있는 주장이긴 하나, 四柱의 본령이 생명성이므로 이미 활목을 전제로 확립된 이론인데 굳이 사활(死活)을 구별해야 할 이유가 있을까? 조토로서 최악의 환경인 사막에도 생명이 있고, 그곳에선 그들 나름의 생존방식이 있기 때문이다.

천간의 관계성은 십성(十星)[72]이 대표적이나, 십성이라 해도 다 같은 십성이 아니다. 즉, 갑목과 갑목이 만나면 비견이라 하는데 경금과 경금이 만나거나 임수와 임수가 만나도 똑같은 비견일 뿐이다. 즉 십성에도 천간의 관계성에 따라 그 성격과 양태가 달라질 수 있기에 천간과 천간의 관계성을 물상론으로 이해하려는 것이다.

갑목이 갑목을 만나면 십성으로 비견(比肩)이 된다. 갑목병존(甲木竝存)으로 숲이 우거지나 경쟁심으로 설쳐대니 다른 생명들이 태양빛을 받지 못해 그늘이 져서 생명력이 부실해지고 결실이 약해진다.

갑목이 을목을 보면 겁재(劫財)이다. 갑목은 을목이 乙庚合을 통한 경금의 극을 피하기 위해 을목이 필요한 경우 외에는 을목을 필요로 하지 않는다. 을목은 갑목을 타고 올라가 갑목을 귀찮게 하며 겁재짓[73]을 하기 때문에 갑

---

72 십성은 음양오행의 원리를 인간의 삶에 대입하여 사주를 간명하는 독해틀이다. 음양과 오행, 십간, 십이지의 관계를 일주를 기준으로 10가지로 구분하여 타고난 성격과 사회적 환경 그리고 운기적 특성을 파악할 수 있도록 하였다. 곧, 비견(比肩), 겁재(劫財), 식신(食神), 상관(傷官), 편재(偏財), 정재(正財), 편관(偏官), 정관(正官), 편인(偏印), 정인(正印)을 말한다. 십성의 자세한 특성은 본서 해당 설명편을 참조하라.

73 등라계갑(藤蘿繫甲). 등나무 줄기와 칡덩굴이 큰 나무에 얽혀 있음을 말하는 것으로 을목이 갑목을 의지하거나 타고 올라 기생하는 경우를 비유한다.

목입장에서는 스트레스이다.

갑목이 병화를 보면 식신(食神)이다. 갑목은 광합성을 해야 하므로 사시사철 병화를 필요[74]로 한다. 또한 병화가 경금을 극제(火克金)하여 갑목을 보호하므로 갑목이 하늘 높은 줄 모르고 자라게 한다.

갑목이 정화를 보면 상관(傷官)이다. 정화는 없는 것보단 낫지만 임수를 유혹(丁壬合)하고, 갑목의 생조(生助)를 받을 뿐 갑목에게 별로 도움을 주지 않는다.

갑목이 戊土를 보면 편재(偏財)다. 무토는 뿌리를 내리기에 안정적이다. 수기(水氣)가 함께해주면 더욱 생명력이 좋아진다.

갑목이 己土를 보면 정재(正財)다. 갑목과 기토는 甲己合化土로 부부관계이다. 천간에서 합이 되면 묶이는 현상이 발생하는데 특히 양간이 음간과 합이되면 양간 입장에서 자기의 역량을 발휘하지 못하고 현실에 얽매여 타협하며 살게 된다.

갑목이 庚금을 보면 편관(偏官)이다. 경금은 벽갑(劈甲)의 역할로 갑목을 쓰임있게 하지만 성장하는 춘하지절에는 경계대상이기도 하다.[75] 갑목은 경금 혹은 신금이 전혀 없으면 경거망동하게 되므로 때에 따라 약이 되기도 한다.

갑목이 辛금을 보면 정관(正官)이다. 갑목에 신금은 목강금결(木剛金缺)이다. 면도칼로 목재를 다듬는 격이니 제대로 만들지도 못하고 나무에 생채기만 남긴다. 을목이 갑목을 휘감으며 괴롭힐 때 신금이 을목을 극제하는 역할 외에는 신금을 반기지 않는다. 특히 신금은 병화와 합거해서 병화를 가리는 역할을 하기에 경계대상이다.

갑목이 壬수를 보면 편인(偏印)이다. 임수는 갑목을 생해주는 역할을 한다. 호수 옆에 울울창창 건강한 숲을 이루는 것처럼 서로 상생이다. 그러나

---

74   적천수의 표현으로는 탈태요화脫胎要火이다.
75   적천수의 표현으로는 춘불용금春不容金이다.

임수과다의 경우 갑목은 부목(浮木)이 되므로 寅木으로 수기를 설기(泄氣)[76] 해야 한다.

갑목이 癸수를 보면 정인(正印)이다. 계수는 태양을 가리는 안개비 역할을 하므로 갑목은 계수를 꺼리게 된다. 하지만 춘하지절의 조열한 사주에는 계수가 단비가 되어 조후용신이 된다.

적천수(滴天髓) 천간편(天干編)

갑목참천甲木參天. 탈태요화脫胎要火. 춘물용금春不容金. 추불용토秋不容土.

화치승룡火熾乘龍. 수탕기호水蕩騎虎. 지윤천화地潤天和. 식립천고植立千古.

乙木의 속성

乙은 乙木으로 읽는다. 을목은 십간 중 두 번째에 등장하는 천간이며 순음(純陰)의 木이다. 乙은 어린 새싹이 땅을 딛고 하늘을 향하려는 생명력을 형상화(분알우을奮軋于乙)한 글자이다. 물상적으로는 끈질긴 생명력으로 싱징되며 화초, 담쟁이, 작물 등이다. 봄의 약동하는 기운은 갑목과 같으나 갑목과 달리 융통성이 있으며 곡선적이다. 성장하는 기운이 갑목이라면 부드러운 듯 내실을 다지는 기운이 을목이다. 명식에서 을목이 일주인 사람은 陰의 기운이라 유약해 보이고, 자신을 적극적으로 드러내지 않지만 인내력이 강하고 환경적응을 잘하여 항상 더불어 어울리기를 좋아한다. 생각이 깊고 온후하나 내성적이어서 질투심이 있다. 현실적인 고초(苦楚)를 감수하면서 끈질기게 노력하여 목적을 달성한다. 끈기와 승부욕이 강하나 극단의 상황에서는 현실적으로 타협하며 후일을 도모한다. 乙의 글자 모양처럼 땅속을 파

---

76   적천수의 표현으로는 수탕기호水蕩騎虎이다.

고드는 뿌리와 같이 참고 인내심이 많고 집요하게 노력하는 성격이다. 등라계갑은 을목이 갑목을 배경으로 높이 올라가는 형상으로, 십성의 비겁과 유사한 성정을 보인다. 乙木은 木오행이라는 큰 범주에서 갑목과 기운이 대동소이한 통성적 특성을 발현하나, 質/象의 단계에서 갑목에 비해 陰의 성질인 강인한 생명력, 환경적응력, 부드러움과 끈기, 현실타협의 특성이 상대적으로 강하게 나타난다.

을목과 타간의 관계성

을목이 갑목을 보면 겁재가 된다. 을목은 갑목을 타고 기생하기에 등라목이라 한다. 그렇다고 무조건 좋은 건 아니다. 갑목이 과다한 경우 나무 밑에 그늘이 짙어 제대로 자라지도 못하고 꽃도 피우지 못하는 형상이 된다. 을목은 갑목을 타고 높이 올라가지만 스스로 성취한 듯 착각한다. 여우가 호랑이를 배경으로 위세를 떠는 호가호위(狐假虎威)의 모습이다.

을목이 을목을 보면 비견이다. 을목과 을목이 모여 있는 것은 을목병존이며 무리지어 피는 꽃이다. 단점은 시기와 질투를 한다.

을목이 병화를 보면 상관이다. 을목이 제일 좋아하는 건 햇빛을 주는 병화이다. 을목에 상관 병화가 있으면 창의성과 표현력을 겸비한 다재다능한 사람이다. 특히 을목이 병화를 좋아하는 이유는 을목이 두려워하는 신금을 병화가 묶어주기 때문이다(병신합수丙辛合水).

을목이 정화를 보면 식신이다. 정화는 인공의 열기로 병화와 함께 을목의 생장을 돕는다.

을목이 무토를 보면 정재다. 무토는 척박한 땅으로 단단하다. 을목이 무토에 뿌리내린다 해도 고산지초로 춥고 외로운 신세이다. 하지만 지지에 진술축미(辰戌丑未)가 이있으면 삶이 안정된다.

을목이 기토를 보면 편재이다. 기토는 정원지토이므로 을목에게 좋은 환경이다. 특히 갑기합으로 갑목을 유혹하니 더욱 기대가 된다.

을목이 경금을 보면 정관이다. 을목이 경금을 만나면 을경합으로 강인한 신랑을 만난 어린 새댁의 모습이다. 마음은 끌리나 두려움이 있다. 일반적으로 음간은 양간을 만나면 양간을 잘 활용할 수 있는데 을경합의 경우는 을목이 기를 펴지 못한다. 또한 경금은 갑목을 극제하기 때문에 경금이 싫으나 현실적인 문제로 묶여 있는 신세이다.

을목이 신금을 만나면 편관이다. 낫으로 베어진 초목처럼 의기가 꺾인 모습이다. 따라서 乙-辛 편관의 구도는 힘이 약하다.

을목이 임수를 보면 정인이다. 을목이 임수를 만나면 감당하지 못하고 뿌리가 썩는다(수태목부水太木腐). 어린 묘목이 큰 물을 상대하는 격이다.

을목이 계수를 보면 편인이다. 계수는 을목에게 수생목으로 생명력을 불어넣어 주나, 을목이 가장 좋아하는 병화나 정화를 극제하는 역할도 하므로 애증이 얽히는 관계이다.

을목수유乙木雖柔. 규양해우刲羊解牛. 회정포병懷丁抱丙. 과봉승후跨鳳乘猴. 허습지지虛溼之地. 기마역우騎馬亦憂. 등라계갑藤蘿繫甲. 가춘가추可春可秋.

丙火의 속성

丙은 丙火라 읽는다. 병화는 십간중 세 번째에 등장하는 천간이며 순양의 火이다. 병화는 양중의 양이다. 자의적으로는 식물이 자라 땅위에서 이파리를 무성하게 펼치고 있는 모습이고 양기가 충만(명병우병明炳于丙)한 상태이다. 병화는 이글거리는 태양(병화맹렬丙火猛烈)과 같이 빛이나 불꽃으로 팽창하는 기운에 비유된다. 세상의 모든 생명이 생장할 수 있는 에너지의 원천이다. 명식에서 일주가 병화인 사람은 자신을 불태워 온 세상을 밝히는 것처럼 투명하고 사리분별을 잘하며 봉사정신이 강하다. 우두머리 기질을 가지고 있으며 혈기 왕성하고, 쾌활하며 청장년의 기운을 가지고 있다. 하지만 시작은 잘하지만 귀가 얇고, 감정의 기복이 심하며 인내심이 부족한 단점을 보이기도 한다. 그리고 솔선수범하는 결백증으로 다른 사람을 무시하는 경향이 나타나나 뒤끝은 없다. 십성의 상관과 같은 특성으로서 매사에 호기심이 강하고 자신의 생각을 속에 담아두지 못하고 표출함으로써 때로는 구설에 휘말리기도 한다.

병화가 여름에 태어나면 수기가 상승하여 수화기제가 되어 만사형통하는 격이다. 병화가 겨울에 나면 화기가 이미 약해져 대지에 눈과 얼음이 덮이니 그 빛이 반감된다.

병화와 타간의 관계성

병화가 갑목을 보면 편인이다. 병화는 만물을 빛으로 생하는 것이 그 본령이다. 병화의 임무나 역할을 할 수 있게 후원하는 것이 갑목이다. 을목도 마른 가지로 불을 지피기는 좋으나 병화의 땔감으로는 갑목에 비할 바 못된다(갑래성멸甲來成滅). 갑목으로 생을 받은 병화는 세상을 다 밝히고도 남는다.

갑목과 병화를 육친으로 보면 편인이지만 병화는 정인인 을목보다 갑목을 좋아한다.

병화가 을목을 보면 정인이다. 을목은 습목이다. 화력으로 보면 지속력이 없다. 그러니 대사를 도모하기보다 작고 실속있는 일을 해야 한다. 너무 큰 계획을 세우면 이루지도 못하고 결실이 부족할 수 있기 때문이다. 갑목도 없고 을목도 없는 병화는 할일이 없는 사람이다.

병화가 병화를 보면 비견이다. 병화병존으로 하늘에 태양이 두개가 되니 상서롭지 못하다. 너무 어두워도 안 보이지만 너무 밝아도 안 보이는 법이다. 주도권 다툼이 일어나며 항상 심리적 갈등을 일으킨다.

병화가 정화를 보면 겁재다. 병화 앞에서 정화는 존재감이 없다. 조후로

서 조열하지 않다면 해로울 건 없지만 辛금을 극제하여 병화의 심기를 건드
린다.

병화에 무토는 식신이다. 병화는 무토를 별로 좋아하지 않는다. 산에 가려
서 병화의 빛이 가리기 때문이다. 병화일주에서 무토는 활동성이 약화된다.

병화에 기토는 상관이다. 병화가 무토보다 기토를 더욱 싫어한다. 병화를
생조하는 갑목을 합화하고, 병화를 빛내주는 임수를 탁하게 만들며, 병화의
기운까지 도기(賭氣)해버리기 때문이다. 병화에 있어 기토는 백해무익이다.

병화에 경금은 편재다. 병화에 있어 경금은 적과의 동침이다. 경금을 극제
하여(능단경금能煆庚金) 갑목을 보호할 수 있지만, 무토를 설기(泄氣)하여 햇
빛이 널리 비출 수 있게 하기 때문이다.

병화에 신금은 정재다. 병신합화하여 신금을 더욱 돋보이게 하나, 병화 자
신은 신금이 두려우며 이미 서산에 지는 해다(봉신반겁逢辛反怯).

병화에 임수는 편관이다. 빛나는 태양이 호수에 비춰 수증기를 순환하니
수화기제로 생명력이 넘친다. 병화는 임수를 반긴다.

병화에 계수는 정관이다. 안개비가 태양을 가리는 격이니 병화는 계수를
반기지 않는다.

병화맹렬丙火猛烈. 기상모설欺霜侮雪. 능단경금能煆庚金. 봉신반겁逢辛反怯.
토중성자土衆成慈. 수창현절水猖顯節. 호마견향虎馬犬鄕. 갑래성멸甲來成滅.

丁火의 속성

丁은 丁火라 읽는다. 정화는 십간의 네 번째 천간이며 병화와 유양 짝을
이루는 음화이다. 자이로는 일꾼, 상청 등의 왕성한 이미지(대성우정大盛于
丁)를 가진다. 물상으로는 용광로, 모닥불, 등불, 전기 등의 인위적인 열과 빛
을 상징한다. 나무를 태우고 쇠를 녹여 어둠을 밝히는 빛이지만 뜨거운 성정

도 있다. 병화처럼 맹렬하지 않지만 지속되는 힘이 있어 사람이 편하게 사용해도 해가 되지 않는다. 이것은 음화의 특성 때문으로서 약한 듯 강하고, 따뜻한 듯 뜨거우며, 침착한 듯 열정적인 성정을 가지고 있기 때문이다. 일주가 정화인 사람은 성질은 겉으로 보이는 것과 내재한 기운이 다르게 나타난다. 부드러우나 역량이 있다. 밖으로는 유순하고 안으로는 문명이 있어 인간이 사용하는 불에 대비된다. 따라서 나서기보다 뒤에서 은근히 돕는 헌신적인 모습을 보여준다. 내심과 외심이 다르며 이중적일 수 있다. 강하면서 부드럽고 조용하면서 폭발적이다. 다재다능하여 주위에 활력소를 줄 수 있다. 십성의 식신과 같이 언어적 표현이 뛰어나고 예술과 기술 분야에서 특출한 소질을 발휘한다.

정화가 봄에 태어나면 목생화로 꽃을 피우게 되고, 여름에 태어나면 용광로를 만나는 격이니 더욱 맹렬해지고, 가을에는 찬란한 별빛이 되고, 겨울에 태어나도 온기를 반기니, 정화는 사계와 모두 융화된다. 정화와 병화의 차이점은 병화는 높이 떠 있으면서 리더십이나 보스 기질을 갖는 반면, 정화는 말 그대로 현실적이며 정신적인 면에서 발달되어 있다는 것이다.

정화와 타간의 관계성

정화가 갑목을 보면 정인이다. 갑목이 있으면 정화는 끊임없이 타올라 꺼지지 않는 불이 된다. 갑목은 바짝마른 나무이기 때문에 갑목 옆에 경금까지 있어서 장작(벽갑, 劈甲)이 되면 정화를 타오르게 한다. 정화는 경금을 잘 녹이니 갑목의 역할이 적지 않다. 또한 정화는 임수와 합화하여 재목을 생하니 일이 순조롭다. 따라서 정화의 친한 친구는 갑목, 경금, 임수이다.

정화에 을목이면 편인이다. 을목과 정화는 목생화의 관계이니 정화는 신금이 두려운 을목을 감싸 생조(生助)에 보은한다. 그래서 을목한테는 정화가 절대적으로 필요하다. 정화가 지켜주는 을목은 겨울에도 걱정없다. 온실속의 화초가 되기 때문이다.

정화에 병화는 겁재이다. 해가 뜨면 별이나 달은 빛을 잃어버리고 탈광되어 그 존재감이 상실된다. 그러나 병화의 도움으로 자신의 능력은 배가되니 꺼릴 바 아니다.

정화에 정화는 비견이다. 정화병존이다. 촛불 두 개를 켜놓은 것이니 정신력이 더 살아난다. 공부나 연구하는 일에 정진하게 된다. 작가, 종교, 교육, 역술 등의 계통에 능력을 발휘한다.

정화에 무토면 상관이다. 작은 촛불이 첩첩산중을 밝히기에는 역부족이다. 무토 앞의 정화는 무기력하다. 무토는 화기를 설기하기 때문이다. 게다가 꿈에도 그리는 임수마저 극제를 하니 무토가 원망스럽다.

정화에 기토는 식신이다. 정화는 기토에게 도움이 되어보자고 노력을 하나 기토는 그 심정을 알아주지 못한다. 오히려 갑목을 유혹하여 정화의 희망을 없애니 야속하기만 하다.

정화에 경금은 정재다. 정화는 금속제련 전문가이다. 경금을 사랑한다. 경금을 녹여 그 쓰임이 있게 해준다. 경금 또한 임수를 생조하고, 무기토를 설기하여 정화에게 의리로 보답한다.

정화에 신금은 편재다. 신금은 이미 세공된 보석인데, 정화가 보석에 열을 가하는 꼴이다. 반면, 신금은 병화를 유혹(丙辛合)하여 정화의 빛을 무력하게 만든다. 상호 앙숙이요, 피장파장이다.

정화에 임수면 징관이다. 정임합을 이루어 부부지정으로 화합한다. 물상으로는 어둠속에서 반짝거리며 뱃길을 인도하는 등대불과 같아서 훌륭한 정신력으로 선비사상을 가지고 지식을 발현한다. 임수는 갑목을 생조하여 정화에게 기쁨을 주고, 정화는 경금을 제압하여 갑목의 안전을 도모한다. 상생의 천생연분이다.

정화에 계수면 편관이다. 계수는 안개비와 같아서 정화의 빛을 차단하기도 하지만, 때론 무토와 합화하여 정화를 보호하기도 한다. 상황에 따라 둘 간의 관계는 견원지간으로 붙었다 떨어졌다를 반복하며 애증을 주고받는다.

정화유중丁火柔中. 내성소융內性昭融. 포을이효抱乙而孝. 합임이충合壬而冲.
왕이불렬旺而不烈. 쇠이불궁衰而不窮. 여유적모如有嫡母. 가추가동可秋可冬.

戊土의 속성

戊는 戊土라 읽는다. 戊土는 십간중 다섯 번째의 천간으로 陽土이다. 자의
로는 무성할 茂로 풍성하고 무성해진 상태(풍무우성豊茂于成)를 말한다. 무
토는 모든 오행의 근본이다. 오행의 중앙에 위치하여(무토고중戊土固重. 기
중의정旣中且正) 그들의 기반이 되어 모든 오행을 다스린다. 정적(靜的)이며
고요하나 그 안에서는 모든 변화가 이루어지고 생성된다. 木火金水 四行을
사계절에 배속하고 戊土는 각 간절기(間節氣)에 위치하여 계절의 변화를 주
도한다. 따라서 戊土는 중성, 간절기, 중앙, 조화, 완성 등의 역할로서 특정
한 계절성이나 방향성을 가지지 않고 중앙에 위치하면서 목화금수의 운행
을 주재한다. 물상으로는 산이나 언덕과 같이 나무가 자랄 수 있는 토양이
되며, 묵묵히 바람과 물길을 막아준다.

명식에서 무토가 일주인 사람은 그 성품이 흙과 같이 온후하고 아량과 사
려가 깊어 리더의 기질이 있다. 조직에서 묵묵하게 자신의 역할에 충실하
며, 자기의 주관을 표출하지 않으니 믿음과 신의를 얻는다. 반면 용의주도
하고 굴하지 않는 뚝심이 있다. 흔들리지 않는 주관(主觀)과 개성(個性)으로
주체의식(主體意識)이 뚜렷하나 남의 말을 듣지 않는 아집(我執)과 독선(獨
善)도 있다.

봄철의 무토는 만물을 잉태하고 길러내고, 여름철에는 활발하게 나무를
키우고 물의 범람을 막아내며, 가을에는 결실을 보고, 겨울에는 찬바람을 막
아 따뜻한 기운을 지켜준다.

무토와 타간의 관계성

　무토가 갑목을 보면 편관이다. 무토는 갑목의 고향이다. 갑목은 산에 뿌리 내리고 살아가지만 산을 살려주는 역할도 한다. 무토에 갑목이 있으면 우거진 숲이요, 없으면 민둥산이다. 우거진 숲은 생태적 환경이 조성되어 온갖 생명체가 살 수 있다. 무토에게 갑목은 가장 든든한 친구가 된다.

　무토에 을목은 정관이다. 민둥산에 들꽃이 자라는 모습니다. 산에는 아름드리 갑목이 제격이지만 을목이라도 감사할 일이다. 생명에는 미추에 앞서 존재 자체로 모든 가치를 대신하기 때문이다.

　무토에 병화는 편인이다. 하늘에서 태양이 비추니 산에 있는 생명체는 생동감이 넘친다. 무토는 기쁨이 넘친다. 병화와 함께 임수, 갑목이 있어준다면 금상첨화다. 산에는 나무와 물이 있어야 숲을 이룰 수 있기 때문이다.

　무토에 정화는 정인이다. 첩첩산중을 작은 등불로 밝히기에는 역부족이다. 그러나 임수를 유혹하여 갑목을 불러들이니 그런대로 쓰임이 있다. 무토 자체가 습기 없는 조토인데 정화가 더해지니 뜨거운 산이다. 무토가 조열하면 토조물병(土燥物病)이라 생명체가 살 수 없다.

　무토에 무토를 만나면 비견이다. 첩첩산중이다. 외로움이 깊어지니 병화와 갑목과 임수가 더욱 그립다.

　무토에 기토는 겁재다. 무토의 세계를 기토가 알 바 없으나 이웃으로 맺어진 이상 도움이 되고자 노력을 한다. 기토는 갑목을 불러들여 합을 이루고, 갑목으로 하여금 무토의 친구로서 지내게 주선한다. 무토는 임수를 극제하여 기토탁임(己土濁壬)을 막아주니 누이 좋고 매부 좋은 격이다.

　무토에 경금은 식신이다. 무토가 내어주는 금광산이다. 무토는 무계합화하여 경금을 쓸모있게 한다. 또한 경금은 을목을 유혹하여 꽃밭을 조성하나 무토는 그 존재감을 크게 느끼시 못한다.

　무토에 신금은 상관이다. 신금은 병화를 합화하고 꽃나무를 꺾으니 도움이 안된다. 무토에게 있어 신금은 그 존재감이 약하다. 그러나 신금은 병화를 불러들여 무토를 기쁘게 한다.

무토에 임수는 편재다. 임수는 무토를 적셔 만물을 생조한다(수윤물생水潤物生). 또한 임수는 정화를 유혹(정임합목)하여 갑목을 생한다. 갑목은 무토에 대하여 편관으로서 재물(財物)을 지켜주기 때문이다.

무토에 계수는 정재다. 계수는 태양을 가려 눈보라를 치기도 하지만 무토와 합을 이루기도 한다. 비와 서리, 안개 등으로 그 모양이 수시로 바뀌는 계수는 계절에 따라 무토와의 애증관계가 다양하게 나타난다. 한 여름의 소나기는 더위를 식혀주고, 겨울철에 눈보라가 몰아치는 적막강산이 된다

무토고중戊土固重. 기중차정旣中且正. 정흡동벽靜翕動闢. 만물사령萬物司令.
수윤물생水潤物生. 토조물병土燥物病. 약재간곤若載艮坤. 파충의정怕沖宜靜.

己土속성

己는 己土라 읽는다. 己土는 십간 중 여섯 번째 천간으로 음습(陰濕)土이다. 자의로는 계절이 바뀌어 외부로 향하던 에너지를 자기 내부로 방향을 바꾸어 내실을 다지는 모습(이기우기理起于己)이다. 사람이 밟고 사는 전원지토로서 초목과 곡식을 키우므로 사직(社稷)이라 한다. 기토는 임수를 제외한 천간 어느 것에도 해를 주지 않는다. 기토는 만물을 포용하고 자양하는 자비로움을 지니고 있기 때문이다. 심지어 자신을 극하는 갑목마저 합(甲己合)으로써 포용한다. 춘하지절에 분열, 확산하는 불기운을 수렴하여 추동지절의 숙살과 저장의 역할을 돕는다. 물상으로는 들판, 논밭, 정원, 갯벌, 도로, 등의 형질적 형상을 가진다. 명식이 기토일주인 사람은 부드럽고 포용력이 강하여 항상 상대를 먼저 생각한다. 사교성이 좋아 주위에 아는 사람이 많으니 소개나 중계능력이 뛰어나다. 반면 자기의 의견을 명확히 말하지 않아 우유부단으로 흐를 수 있다. 깜깜한 땅속처럼 쉽게 본심을 타인에게 보이지 않고

보수적인 성향이 있다. 따라서 고독하고 고립될 우려가 있다.

기토와 타간의 관계성

기토에 갑목은 정관이다. 기토의 사명은 병화로써 갑을木을 키우는 것이다. 그렇기에 목극토의 관계에서 비록 목이 왕성하더라도 근심하지 않는다(불수목성不愁木盛). 갑목과 병화가 천간에 있으면 부귀가 있다.

기토에 을목은 편관이다. 화초가 만발한 정원이다. 을목 또한 기토에 해를 끼치지 않으니 평화롭다. 밭에 곡식이 자란 격이니 금이 있으면 수확을 할 수 있다.

기토에 병화는 정인이다. 정원 위에 비치는 따사로운 햇빛이다. 병화는 목을 키우는 기토의 역할 수행에 있서 일등공신이다. 가색(稼穡)의 공을 이룰 준비가 되어 있으니 결실이 있다.

기토에 정화는 편인이다. 정화는 인공의 열이 가해지는 것이니 온실과 같다. 정화의 열기로 작목의 생장에는 도움이 되나 때때로 임수를 불러들여 기토의 자존심을 자극한다. 상호간 애증의 관계가 깊다.

기토에 무토는 겁재다. 산자락의 텃밭이다. 산사태의 위험이 있으며, 높은 산이 햇빛을 가린 모습이니, 음지의 땅으로 활용도가 떨어진다.

기토에 기토면 비견이다. 기토병존으로 선답이 넓어 할일이 많아지나 결실은 적다.

기토에 경금이면 상관이다. 경금은 갑목을 극제하고 을목을 유혹하므로 기토에게 도움이 없다. 기토의 본분은 목을 생육하는 것이기 때문이다. 경금이 천간에 있을 때에는 반드시 정화가 필요하다.

기토에 신금이면 식신이다. 신금은 을목을 극제하나 병화를 불러들여 갑목의 생조를 돕는다. 그러나 신금에게는 기토의 간섭이 달갑지 못하다. 옥의 티가 될 수 있기 때문이다.

기토에 임수는 정재다. 기토탁임으로 임수의 자존심을 상하게 하지만 기토 자신에게도 도움이 되지 않는다. 己토로서는 큰물로 몰아치는 壬수가 감당하기 어렵다. 각자의 모습으로 돌아가는 것은 세월이 약이다.

기토에 계수는 편재다. 가뭄의 단비이나 병화를 가리기도 한다.

기토비습己土卑溼. 중정축장中正蓄藏. 불수목성不愁木盛. 불외수광不畏水狂. 화소화회火少火晦. 금다금광金多金光. 약요물왕若要物旺. 의조의방宜助宜幫.

庚金의 속성

庚은 庚金이라 읽는다. 庚금은 십간 중 일곱 번째 천간으로 陽金이다. 자의로는 고치다, 바꾸다, 되갚다의 의미(염갱우경敍更于庚)로 열매를 수렴하여 단단한 씨앗으로 다시 태어나게 하는 숙살지기다. 庚金은 제련되지 않은 무쇠덩어리, 바위와 같은 물상이다. 陰, 서늘함, 가을, 西, 수렴 등의 특성을 가진다. 경금은 가을의 숙살을 담당하는 기운이다. 여름철 열기를 차츰 가라앉히고 가을로 접어들어 열매를 숙성시키고 수확을 한다. 가을은 결실과 완성의 계절로 쭉정이는 버리고 튼실한 씨앗을 가리는 엄격함이 추상 같은 계절이다. 금생수하는 기운인데 토에 수렴된 기운을 수로 바꾸려 하니 숙살지기로 다스려야 한다. 거칠고 다듬어지지 않아 지나치게 강하고 살기가 넘친다(경금대살庚金帶煞). 요란한 소리를 내는 쇠붙이요 돌진하는 강건한 기운이다(강건위최剛健爲最).

명식에서 일주가 경금인 사람은 잘 단련된 도금과 같이 직선적이고 공격적이며 결단력이 있는 수완가이다. 굽히지 않는 강렬한 성격의 혁명가이다. 명예나 위신, 처세를 좋아하고 인내력과 실행력이 강하나 자애심이 부족하고 편협적으로 흐르기 쉬운 결점이 있다.

경금과 타간의 관계성

庚금이 甲목을 보면 편재다. 도끼로 나무를 패는 격이다(능영갑형能贏甲兄). 재목을 꺾어 쓸모없게 만든 것이므로 내실이 부실한 경향이 있다.

경금에 을목은 정재다. 바위산에 핀 진달래. 을경합을 이루어 속마음을 속삭인다(수어을매輸於乙妹).

경금에 병화는 편관이다. 태양이 바위산을 비춘들 생명력이 살아나는 것은 아니다. 병화는 그 재능을 발휘하기 어렵다.

경금에 정화는 정관이다. 경금은 정화를 만남으로써 그 뜻을 이룬다(득화이예得火而銳). 정화 또한 자기의 재능을 충분히 발휘하게 되어 큰 발전과 성공을 이룬다.

경금에 무토는 편인이다. 무토는 토다금매(土多金埋)로 경금에게 별 도움이 안 되고 실제로는 해가 된다. 임계수 식상이 오더라도 무토에 막혀 그 발현이 어렵다.

경금에 기토는 정인이다. 흙구덩이에 묻힌 암석이다. 기토는 갑목을 불러들여 경금을 설기하고, 토극수로 금생수의 노력을 허사로 만든다.

경금에 경금은 비견이다. 경금은 양금상살(兩金相殺)격으로 서로에게 이익이 없다.

경금에 신금은 겁재다. 신금은 철추쇄옥(鐵鎚碎玉)으로 포악한 성격을 드러내며 사고를 친다. 경금의 사랑인 을목을 해치기도 한다.

경금에 임수는 식신이다. 경금은 임수를 생조하고(득수이청得水而淸), 임수는 정화를 불러들여 경금을 도우니 상부상조한다.

경금에 계수는 상관이다. 경금은 계수를 생조하나 계수는 오히려 정화를 극제하여 경금의 희망을 꺾는다.

경금대살庚金帶煞. 강건위최剛健爲最. 득수이청得水而淸. 득화이예得火而銳.
토윤즉생土潤卽生. 토건즉취土乾卽脆. 능영갑형能贏甲兄. 수어을매輸於乙妹

辛金의 속성

辛은 辛金이라 읽는다. 辛金은 십간 중 여덟 번째 천간으로 陰金이다. 자의적으로 신(辛)이라는 글자는 실신우신(悉新于辛)에서 辛은 새롭다(新; 새 신)라는 의미다. 辛은 새로운 변신을 주관하며, 죄인을 다루는 엄한 모습이기도 하다. 신금의 성질은 유약하고 火로써 다듬은 주옥에 해당한다(신금연약辛金軟弱. 온윤이청溫潤而淸). 물상으로는 자동차, 중장비, 보석, 바늘, 구슬, 자갈, 칼 등의 형질적 형상을 가진다. 자체가 보석금이고, 명예, 예쁜말, 예쁜여자, 흑백 논리를 좋아한다. 신금일주인 사람은 날카롭고 예리하여 손재주가 많다. 돌다리도 두드리고 건너는 신중함이 있으나, 의심이 많고 의리나염치보다 자기 실속을 우선하기에 동화력과 친화력이 부족하다. 자기 주장이 매우 강하고 종혁(從革)의 성질이 있어서 일을 시작 하면 끝을 보려고 한다. 스스로 빛을 내며 이기적이나, 약한자에게 강하고 강한자에게 약한 기질이 있다. 날카로운 칼날처럼 흑백을 가리려 하는 성향이 많다. 세심하고 정교하니 학자, 연구원, 철학자가 많다. 신금은 큰 나무는 다스리지 못하고, 책사나 이인자 역할을 잘한다.

신금과 타간의 관계성

신금에 갑목은 정재다. 금극목의 형식과는 달리 갑목은 신금을 해칠 수 있다. 또한 기토를 불러들여 신금의 빛을 가리니 원망스럽다.

신금에 을목은 편재다. 을목은 신금한테 해줄 수 있는 것도 없다. 신금 앞에만 서면 그저 고양이 앞의 쥐일 뿐이다.

신금에 병화면 정관이다. 태양이 보석을 비추니 빛이 난다. 병신합이 되기도 한다.

신금에 정화는 편관이다. 신금에게 있어 최악의 조합이다. 세공된 보석에 열을 가하니 보석이 망가진다. 정화가 뿌리를 얻어(통근하여) 힘을 얻으면 더욱 위태롭다.

신금에 무토는 정인이다. 토가 태과하면 보석이 묻힌다. 무토가 계수와 합하여 화를 부르니 신금은 불안하다.

신금에 기토는 편인이다. 진흙속에 묻힌 보석이니 한숨만 나온다. 기토가 부르는 갑목 또한 신금에게는 위험하다. 자신의 재능을 알아주는 임수가 씻어줄 날이 기다려진다.

신금에 경금은 겁재이다. 사이가 좋지 않은 형제간이다. 신금은 경금을 질투하여 경금의 사랑인 을목을 위해한다.

신금에 신금은 비견이다. 서로 협력할 일보다 병화를 만나면 질투하고 경쟁할 일이 많다.

신금에 임수는 상관이다. 신금은 자신의 진가를 드러내주는 임수를 반긴다. 금백수청(金白水淸)이 되는 것이다. 그러나 신금은 성정이 인색하여 수를 잘 생하지 않고 이용만 한다.

신금에 계수는 식신이다. 계수는 신금을 녹슬게 한다. 또한 병화의 빛마저 가리므로 신금으로서는 눈에 가시다.

신금연약辛金軟弱. 온윤이청溫潤而淸. 외토지첩畏土之疊. 요수지영樂水之盈.

능부사직能扶社稷. 능구생령能救生靈. 열즉희모熱卽喜母. 한즉희정寒卽喜丁.

壬水의 속성

壬은 壬水라 읽는다. 壬수는 십간 중 아홉 번째 천간으로 陽水이다. 지의로 壬은 妊(회임우임懷妊于壬)으로, 새로운 생명이 잉태됨을 의미한다. 임수는 바다와 호수같이(임수통하壬水通河) 만물에 생명수를 공급하는 생명의 원천이다. 인내로써 기다려야 봄이 옴을 알기에 외부활동을 삼가고 내공을 쌓아 지혜로 충만하다. 명식에서 임수일주를 가진 사람은 지혜롭고 다재다능하여 어떤 형태로든 변화한다. 보이는 것보다 보이지 않는 것이 더 많아 알아주는 사람 없어도 자기의 임무를 묵묵히 수행한다. 겉은 정태적이고 덕스러우나 속은 매우 역동적으로 전형적인 외유내강형이다(강중지덕剛中之德). 이성적이고 논리에 강하나, 직관과 순발력이 좀 떨어진다. 깊은 바다속처럼 들여다보기 어렵고 감추어진 것이 많아 그 속을 알기가 어렵다. 임수는 열 번을 참다가도 한번 폭발하면 쓰나미처럼 분출한다. 색정과 욕망이 강하다.

임수와 타간의 관계성

임수에 갑목이면 식신이다. 임수는 갑목을 키우는 게 본령이니 수중류영(水中柳影)이 흐뭇하다. 그러나 갑목은 기토를 불러들여 임수를 흐리게 하니 은혜를 모른다.

임수에 을목이면 상관이다. 을목이 임수를 감당하기는 버겁다. 지지에 뿌리를 내리고 병화가 함께한다면 물 위에 예쁜 꽃이 드러난 모습(홍련출수 紅蓮出水)이니 아름답다.

임수에 병화면 편재다. 넓은 호수와 태양이 서로를 비추니(강휘상영江暉相映) 재복이 따른다. 임수는 병화의 사랑인 신금도 빛나게 해주니 병화는 행복할 따름이다.

임수에 정화는 정재다. 정임 부부지합으로 재복을 이룬다.

임수에 무토면 편관이다. 산 좋고 물 좋은 산정호수의 물상으로 관운이 따른다. 병화가 함께 하면 금상첨화가 될 것이다.

임수에 기토는 정관이다. 기토는 임수를 흙탕물(기토임수근土壬水)로 만들기 때문에 반갑지 않다. 임수는 갑목을 키워 기토와 연을 맺어주는 것이 순리적인 해결책이다.

임수에 경금이면 편인이다. 금생수이니 유정하나 갑목을 극제하여 임수를 시기하는 양면성을 보인다.

임수에 신금이면 정인이다. 신금은 병화를 불러들여 임수를 빛나게 한다. 임수 또한 신금을 씻어 더욱 빛나는 보석으로 드러내준다. 누이 좋고 매부도 좋은 것이다.

임수에 임수면 비견이다. 임수병존으로 호수가 넘칠까 두렵다. 임수가 태과하면 모든 존재가 위태롭다.

임수에 계수면 겁재이다. 바다는 물을 사양하지 않는다(해불양수海不讓水). 그러나 계수는 태양을 가리고, 무토를 꼬드겨 임수를 막으니 달갑지 않다. 갑을목이 부목될까 두렵다.

임수통하壬水通河. 능설금기能洩金氣. 강중지덕剛中之德. 주류불체周流不滯.
통근투계通根透癸. 충천분지沖天奔地. 화즉유정化即有情. 종즉상제從即相濟.

癸水의 속성

癸는 癸水라 읽는다. 癸水는 십간 중 마지막 열 번째 천간으로 陰水이다. 자의로 癸는 揆(진규우계陳揆于癸)로 헤아린다는 의미이다. 이성적이며 세밀함과 정확성을 지향한다. 시냇물, 는개,[77] 소나기, 우박, 땀, 습기, 뭉게구름 등의 물상적 형상을 가진다. 癸水는 유연하나 바위를 뚫는 끈기가 있다. 자연의 이치에 순응하는 적응력으로 얼음에서 물로, 다시 구름으로 변하듯 조화를 이룬다. 어느 곳에 위치하든지 그 모습을 바꾸는 적응력이 뛰어나다. 임기응변에 능하고 적재적소에 뛰어남을 발휘한다. 동토에 묻힌 씨앗이라 성장이 멈춘 듯 보이나 스스로는 생장과 성장을 준비하고 있다. 그때

---

77 안개처럼 뿌옇게 내리는 가는 비

서 계수는 응집력, 침투력, 음모, 비밀, 계획 등이 특징이다. 현실적응을 잘하고 지모가 있으며 총명하다. 생각이 깊고 온유하나 가랑비에 옷 적시듯 대기만성형이다.

계수와 타간의 관계성

계수에 갑목이면 상관이다. 수생목의 관계이지만, 미흡하고 태양을 가려 상관의 발현이 상대적으로 약화될 수 있다.

계수에 을목이면 식신이다. 수생목의 관계로 을목은 계수를 설정(泄精)하나 식신의 능력이 충분히 발현된다.

계수에 병화는 정재다. 계수는 병화를 가리어 병화의 활동을 제약한다. 그러나 병화는 신금을 불러들여 계수를 생조하는 정성을 보인다. 병화의 진정성을 이해하는 것은 시간만이 해결한다.

계수에 정화는 편재다. 수극화로 계수는 설기된다. 정화가 불러들이는 임수 또한 계수의 존재를 업신여긴다. 따라서 편재적 재복이 따른다.

계수에 무토면 정관이다. 계수는 무토를 제어하지 못하고 타협으로 화합한다. 무토는 임수를 막아 계수의 존재를 드러내준다. 관운이나 명예를 지킬 수 있다.

계수에 기토면 편관이다. 계수가 기토에 의해 극을 받는다. 이 경우 갑목의 지원을 반긴다.

계수에 경금이면 정인이다. 금생수의 관계로 평온한 상태가 유지된다.

계수에 신금이면 편인이다. 신금은 계수를 생조하나 계수는 병화의 빛을 가리어 신금을 질투한다.

계수에 임수면 겁재이다. 계수의 세력이 확대되나 그 공로는 임수가 빼앗는다. 계수의 존재감이 사라지니 암울하다.

계수에 계수는 비견이다. 지리한 는개가 겹치니 할일이 없다. 정화와 갑목이 함께하면 상황이 호전될 수 있다.

계수지약癸水至弱. 달어천진達於天津. 득룡이운得龍而運. 공화사신功化斯神.
불수화토不愁火土. 불론경신不論庚辛. 합무견화合戊見火. 화상사진化象斯眞.

천간합(天干合)

　천간은 하늘의 기운으로서 자기의 정체성만을 고집하지 않는다. 천간은
다른 천간과 만나면 합, 극, 합화 등의 작용을 일으킨다. 그리고 천간은 氣로
서 존재하므로 象을 이룰 수 없지만 시공간적 변화로 일어나는 땅(地支)의
기운에 영향을 받아 그 작용이 구체적으로 드러나게 된다. 같은 갑목이라 하
더라도 봄철에는 성장하는 기운을 갖지만 가을철에는 숙살지기로 씨앗 맺
기를 서두르는 것과 같다. 따라서 천간을 분석할 때 단순히 천간끼리의 관계
뿐만 아니라 지지와의 상응관계까지 살펴야 한다. 이처럼 오행의 천간 하나
만 보더라도 그 정체성(體)은 오행이라는 갑목 하나이지만 그 쓰임(用)은 주
변의 오행과 음양의 배치에 따라 여러가지 조화를 일으킨다.
　10개의 천간은 그들끼리 화합하고, 극하는 작용을 한다. 이것을 천간합(天
干合), 천간극(天干克)이라 한다.
　천간합은 상호 剋하는 천간 중에서 음양이 다른 것끼리 뭉치는 것을 말한
다. 천간합은 합을 이루면서 제3의 기운으로 변하는 특성이 있다. 이렇게 천
간합으로 새롭게 만들어 지는 기운을 오운(五運)이라 하여 순수 오행과 구별
한다. 천간합은 5가지가 있는데 구체적으로는, 甲己合化土, 乙庚合化金, 丙
辛合化水, 丁壬合化木, 戊癸合化火이다. 甲己合化木의 의미는 천간이 甲목
과 己토가 서로 합하면 土오운으로 변한다는 의미이다. 을목과 경금이 서로
만나면 金오운으로 변하고, 병화와 신금이 서로 만나면 水오운으로 변하고,
정화와 임수가 서로 만나면 木오운으로 변하며, 무토와 계수가 서로 만나면

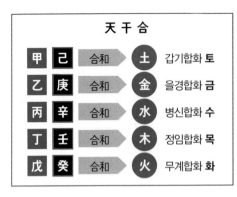

火오운으로 변한다.

천간합의 원리가 사주원국에서 적용될 때는 일주를 중심으로 타간(연간, 월간, 시간)과의 관계로 이루어진다. 사주 원국을 구성하는 천간이라면 이미 日主(日干)가 해당명식의 주관자라는 것을 전제하고 있기 때문이다.

그리고 천간합의 원리는 명리이론에서 월건법과 시두법을 계산하는 기준과 육친의 관계를 계산해내는 기본으로도 활용되므로 매우 중요하며, 반드시 숙지해야 한다. 이에 대한 것은 해당 이론편에서 자세히 설명하기로 한다.

천간극(天干克)

상호 剋하는 천간 중에서 음양이 같은 것끼리 부딪치는 것을 천간극이라 한다. 일반 명리서적에는 천간충(天干沖)으로 개념화하고 있다. 그러나 克과 沖은 엄연히 다르다. 克은 한 쪽 기운이 다른 쪽 기운을 이기는 천적관계의 개념이라면, 沖은 부딪치는 두 기운이 대립하는 용호상박의 개념이다. 충하면 서로 생채기는 날 수 있어도 어느 한 세력으로 흡수되지는 않는다. 따라서 천간극은 천간합과는 달리 합화하여 다른 오운으로 변하지 않고, 자기 자신의 오행적 기운을 그대로 유지한다.

천간극의 원리는 일주와 타간의 관계를 중심으로 적용하는데, 이것이 사주간명의 단계에서는 克·制의 작용으로 나타난다. 생극제화의 작용은 명식의 주관자인 일주가 벌이는 활동이고, 사주 원국을 구성하는 천간이라면 日

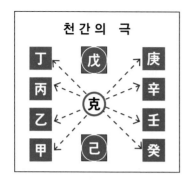

主(日干)가 해당명식의 주관자라는 것을 전제하는 것이기에, 천간극의 원리는 이미 생극제화의 원리 속에 내포되어 있는 것이다.

천간극에는 甲庚극, 乙辛극, 丙壬극, 丁癸극의 4극이 있다. 戊土와 己土는 중앙 방위로서 극의 발생이 없다.

10. 12지지(地支)

12지지는 태극이 일기(一氣)하여 양의(兩儀)로 나뉘고, 양의가 사상(목, 화, 금, 수)으로 분화하고, 다시 사상에서 음양중 삼체원리가 작용하여 12개의 마디로 구분된 것이다. 하나의 현상을 만들기 위해서는 음과 양, 그리고 중간매개자라는 3요소가 있어야 한다. 소위 3체원리이다. 따라서 각각의 사상에는 양적 요소와 음적 요소, 그리고 중간매개자가 배치되어 계절을 이루고 변화를 주도한다. 사상에서 소음(少陰)인 木은, 지지의 寅卯辰이 해당되는데, 寅은 양의 성분이고, 卯는 음의 성분이며, 辰은 중간매개자가 된다. 태양(太陽)인 火는 지지의 巳午未가 해당되는데, 巳는 양의 성분이고, 午는 음의 성분이며, 未는 중간매개자가 된다. 소양(少陽)인 金은 지지의 申酉戌이 해당되는데, 申은 양의 성분이고, 酉는 음의 성분이며, 戌은 중간매개자가 된다. 태음(太陰)인 水는 지지의 亥子丑이 되는데, 亥는 양의 성분이고, 子는 음의 성분이며, 丑은 중간매개자가 된다. 이로써 12지지는 寅, 卯, 辰, 巳, 午, 未,

申, 酉, 戌, 亥, 子, 丑의 12마디가 되고, 각각 음력 1월(寅月)부터, 2월(卯月), 3월(辰月)… 12월(丑月)까지 일년을 구성하는 월에 배속된다.

10천간이 오행을 음양으로 나누어 10개의 마디로 구분한 것이라면, 12지지는 10천간이 땅으로 내려와 현상으로 드러난 것이다. 천간이 기운이라면 지지는 물질이다. 생명이 창조되기 위해서는 하늘의 양적 기운과 땅의 음적 기운이 조화를 이루어야 하기 때문이다.

십이지에 12동물을 대입하여 따라 한다. 寅은 호랑이띠, 卯는 토끼띠, 辰은 용띠, 巳는 뱀띠, 午는 말띠, 未는 양띠, 申은 원숭이띠, 酉는 닭띠, 戌은 개띠, 亥는 돼지띠, 子는 쥐띠이고, 丑은 소띠로 배속한다.

12지지의 음양

특히 주의해야 할 것은 12지지의 음양 구분이다. 12지지의 음양 구분은 두 가지가 있다. 하나는 12지지를 차서적(次序的) 개념으로 적용하는 것인데, 12지지의 순서에 따라 양간과 음간을 번갈아 적용하는 방식이다. 양간은 子, 寅, 辰, 午, 申, 戌이고, 음간은 丑, 卯, 巳, 未, 酉, 亥는 陰이 된다. 이것은 10천간과 12지지를 조합하여 갑자, 을축, 병인, 정묘, 무진, 기사, 경오, 신미, 임신, 계유 등으로 이어지는 60갑자를 구성할 때 사용한다.

다른 하나는 차서적 음양을 바꾸어 적용하는 체용(體用) 음양인데, 이것은 12지지만으로 음양을 구분하여 적용할 때 사용된다. 즉, 火와 水오행에 해당하는 지지의 경우 체와 용이 바뀌는 것이다. 구체적으로는 巳의 경우 차서로는 陰火이나 실제로는 陽火로 적용되고, 午의 경우 차서로는 陽火이나 실제로는 陰火로 적용하며, 亥의 경우 차서로는 陰水이나 체용으로는 陽水로 적용하고, 子의 경우는 차서로는 陽水이나 실제로는 陰水로 적용한다. 이것은 巳, 午, 亥, 子 각각의 지장간에 있는 본기의 천간을 기준으로 음양을 적용한 것이기 때문이다. 따라서 지지에서 火와 水는 그 형체(體)와 쓰임(用)이 바뀌어 본체(차서)가 양이면 적용(체용)은 음으로 하고, 본체(차서)가 음이면 적용은 양으로 한다. 소위 양체음용(외양내음), 음체양용(외음내양)의 이론이다. 명리학의 하일라이트라 할 십성을 따지는 기준 등에서 차서음양이 아니라 체용음양을 사용하므로 확실한 이해가 필요하다.

一氣	태극											
양의	陽 (▬▬▬)						陰 (▭▭ ▭▭)					
사상	소음(☳ 木)			태양(☲ 火)			소양(☴ 金)			태음(☷ 水)		
삼체	양	음	중	양	음	중	양	음	중	양	음	중
지지	인(寅)	묘(卯)	진(辰)	사(巳)	오(午)	미(未)	신(申)	유(酉)	술(戌)	해(亥)	자(子)	축(丑)
차서	양	음	양	음	양	음	양	음	양	음	양	음
체용	양	음	양	양	음	음	양	음	양	양	음	음
오행	목	목	토	화	화	토	금	금	토	수	수	수
띠	범	토끼	용	뱀	말	양	나비	닭	개	돼지	쥐	소
월陰	1월	2월	3월	4월	5월	6월	7월	8월	9월	10월	11월	12월
절기	입춘	경칩	청명	입하	망종	소서	입추	백로	한로	입동	대설	소한
시간	03:30	05:30	07:30	09:30	11:30	13:30	15:30	17:30	19:30	21:30	23:30	01:30
방향	동북	동	동남	남동	남	남서	서남	서	서북	북서	북	북동
계절	봄			여름			가을			겨울		
하루	아짐			낮			저녁			밤		

12地支의 방위(方位)와 계절(季節)

12지지는 동서남북 4방위와 춘하추동 4계절을 구성한다. 寅卯辰은 東方이고 木이며 봄을 가리킨다. 巳午未는 南方이고 火이며 여름이다. 申酉戌은 西方이고 金이며 가을이고, 亥子丑은 北方이고 水이며 겨울이다. 12지지에서 각 계절의 초기에 해당하는 寅申巳亥를 생지(生地) 또는 맹지라 한다. 寅은 火의 생지이고, 申은 水의 생지이고, 巳는 金의 생지이며 亥는 木의 생지가 된다. 일례로, 봄에 싹을 틔우는 나무는 겨울의 시작인 亥에서 생명이 잉태된다는 의미이다.

12지지에서 각 계절의 중기에 해당하는 子午卯酉는 왕지(旺地)라 한다. 해당 계절에서 가장 왕성한 기운을 보이기 때문이다. 子는 겨울(水)의 왕지이고, 午는 여름(火)의 왕지이며, 卯는 봄(木)의 왕지이고, 酉는 가을(金)의 왕지가 된다.

각 계절의 마지막에 해당하는 辰戌丑未는 고지(庫地)라 한다. 고지는 창고가 되는 땅이고, 이전 계절의 오행이 창고에 묶이고 더이상 다음 계절에서는 활성화가 되지 않는다. 즉 辰은 이전 계절인 水의 고지가 되고, 戌은 이전 계절인 火의 고지가 되며, 丑은 이전 계절인 金의 고지가 되고, 未는 이전 계절인 木의 고지가 된다.

천간은 순수 기운이고 특정한 방위가 없기에 오행으로 순환이 이루어진다. 반면 지지는 4계절, 4방위가 있어 木火金水의 4행으로 순환하고, 土는 4행에 각각 배속되어 간절기의 역할을 한다. 따라서 계절별로 배속되는 지지의 土는 그 성분이 각각 다르다. 즉 辰은 봄의 木기운이 들어 있는 土이고, 戌은 가을의 金기운이 들어 있는 土이며, 丑은 겨울의 차가운 水기운이 들어 있는 土이고, 未는 여름의 더운 火기운이 들어 있는 土이다.

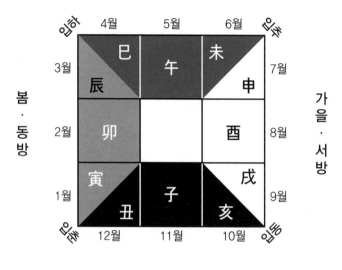

여름 · 남방

입하 4월 5월 6월 입추

3월 巳 午 未 7월

辰 申

봄 · 동방 2월 卯 酉 8월 가을 · 서방

寅 戌

1월 子 9월

입춘 丑 亥 입동

12월 11월 10월

겨울 · 북방

12지지의 특성

寅은 寅木으로 읽는다. 음력 1월이고, 시작 절기는 입춘이다. 음양으로는
양이고 오행으로는 木이다. 입춘과 경칩 사이에 태어난 사람의 월지(月支)
와 새벽 3시빈~5시만 사이에 태어난 사람의 시지(時支)는 寅목이다. 寅목은
초봄, 정월, 시작, 희망, 약동, 호랑이 등을 의미한다. 寅월은 質/象으로는 아
직 잔설이 있고 이월할매의 한파도 매섭지만 초목(草木)에는 木氣가 팽창
일로에 있어 희망의 아이콘이다. 겨울잠을 자던 동물들도 들판을 뛰어다니
며 하루가 다르게 성장을 한다. 천간의 甲목과 그 역할과 기능이 비슷하다.
寅목은 지장간에 戊토, 丙화, 甲목이 있어 활동성이 강하여 역마의 기질로
도 비유되며, 이제 봄이 시작인데 벌써 여름(丙)을 향한 마음으로 들뜬 모습
이다. 마치 빨리 성장하고픈 마음에 나이를 올려서 자신을 내세우려는 청소

년과 같다.

寅은 三合오행 중 寅午戌火局의 장생지(長生地)이다. 즉 인오술이 모이면 火局을 이루는데 바로 화국의 생지가 인월(음력 1월)이라는 뜻이다. 또한 寅은 방합(方合) 寅卯辰木方의 생지이기도 하다. 인묘진이 함께 모이면 木方을 이루는데 이 목방의 생지가 바로 인월이라는 뜻이다.

삼합으로 형성되는 국(局)은 기운의 생성에서 성장, 소멸의 단계에 이르는 운동성을 나타내고, 방합으로 형성되는 방(方)은 시공간적 개념, 즉 방위나 계절의 특성을 나타낸다.

卯는 卯木으로 읽는다. 음력 2월이고, 시작 절기는 경칩이다. 음양으로는 陰이고 木이다. 경칩과 청명 사이에 태어난 사람의 월지와 5시반~7시반 사이에 태어난 사람의 시지는 卯목이다. 卯목은 맹춘, 음력2월, 토끼를 의미한다. 卯월이 되면 겨울의 기운은 소멸하고, 봄의 왕성한 기운은 청춘을 예찬한다. 잉어가 은빛 파도를 박차고 창공으로 약동하는 싱싱함[78]이다. 卯월에는 묘목(苗木)을 심는 달이기도 하다. 천간의 乙목과 그 역할과 기능이 비슷하다. 卯목은 활동이 민첩하고 판단이 영민하다. 번식력도 왕성하여 도화(挑花)의 기질로도 비유된다. 卯목의 지장간에는 甲목과 乙목만이 있어 온통 나무숲이다. 여름의 태양을 접수할 기세가 충천한 모습이다.

卯는 삼합 해묘미木局과 방합 인묘진木方의 왕지이다.

辰은 辰土로 읽는다. 음력 3월이고, 시작 절기는 청명이다. 음양으로는 陽이고 土이다. 청명과 입하 사이에 태어난 사람의 월지와 7시반~9시반 사

---

78   연비어약(鳶飛魚躍) 시경(詩經) '대아(大雅) 한록편(旱麓篇)'에 나온다. '솔개는 하늘 높이 날아오르고, 물고기는 물속에서 뛰며 노닌다'라는 뜻으로 천지조화의 작용이 그지없이 오묘함을 비유하는 말이다. 슬피옥찬瑟彼玉瓚 황류재중黃流在中 기제군자豈弟君子 부록유강復祿攸降 연비려천鳶飛戾天 어약우연魚躍于淵 기제군자豈弟君子 하불작인遐不作人.

이에 태어난 사람의 시지는 辰토이다. 辰토는 늦봄(간절기), 3월, 용을 의미한다. 辰월은 꽃구경과 봄나들이에 최적인 계절의 여왕이다. 띠로는 용인데 용은 12지지 동물의 특성을 모두 한몸에 가지고 있다. 그리고 여의주를 가지고 있어 천태만변의 화신이다. 그래서 변화를 주도하는 土오행에 배속되고 간절기의 봄에서 여름으로 가는 계절의 변화를 주도한다. 辰토의 지장간에는 乙목, 癸수, 戊토가 환상적으로 배합되어 있다. 봄기운이 뿌리를 튼튼히 내릴 수 있는 토양이다. 이제 희망의 등대 여름으로 향하여 돌진이다.

辰은 삼합 신자진水局과 방합 인묘진木方의 묘지(고지)이다.

巳는 巳火로 읽는다. 음력 4월이고, 시작 절기는 입하이다. 음양으로는 양이고 火이다. 巳화도 본체로서는 음이었으나 지지에서 체용의 작용이 바뀌어 陽火가 된 것이다. 입하와 망종 사이에 태어난 사람의 월지와 아침 9시반~11시반 사이에 태어난 사람의 시지는 巳화이다. 巳화는 초여름, 4월, 치열, 뱀을 의미한다. 이제 여름이 시작된다. 태극으로 보면 빨간 양의 기운이 꽉 차있는 꼭대기에 위치한다. 띠로는 뱀이다. 뱀은 혀가 불처럼 갈라져 성질이 불같다. 맹독을 품은 모습은 양이 극에 달한 모습과도 같다. 천간의 병화와 여합과 기능이 미슷하나. 巳화의 지장간은 戊토, 庚금, 丙화로 水氣가 없이 이글거리는 모습이다.

巳는 삼합 사유축金局과 방합 사오미火方의 생지이다.

午는 午火로 읽는다. 음력 5월이고, 시작 절기는 망종이다. 음양으로는 陰이고 火이다. 午화도 차서로서는 陽火이었으나 지지에서 체용의 작용이 바뀌어 陰火가 된 것이다. 절기로는 망종과 소서 사이이고, 하루의 시간으로는 11시반~13시반 사이에 해당한다. 午화는 한여름, 5월, 열정, 말을 의미한다. 여름이 한창이라 초목이 무성하다. 극양(極陽)에서 일음(一陰)이 발생하는 시기이다. 기운으로는 이제 가을의 씨앗이 살며시 자리하고 있으나 질상(質象)으로는 태양이 중천이다. 띠로는 말이다. 말은 강인하고 타오르는 불길처럼 달린다. 천간의 丁화와 역할과 기능이 비슷하다. 午화의 지장간은 丙화, 己토, 丁화로 己토(음토)가 폭발적인 열기를 겨우 달래고 있다.

午는 삼합 인오술火局과 방합 사오미火方의 왕지이다.

未는 未土로 읽는다. 음력 6월이고, 시작 절기는 소서다. 음양으로는 陰이고 土이다. 절기로는 소서에서 입추 사이이고, 하루의 시간으로는 13시반 ~15시반 사이에 해당한다. 未土는 늦여름(간절기), 6월, 숙기를 의미한다. 가을의 음기가 소식을 전하는 계절이나 피부로 느끼는 더위는 아직 폭염이다. 땅이 품은 열기가 표출되기 때문이다. 그래서 未土는 메마른 조토이다. 띠로는 양이다. 양(羊)은 뜨거운 陽의 기운이 많은 동물이다. 未土의 지장간은 丁화, 乙목, 己토로 수기가 없다. 양과 염소가 수분을 싫어하는 이유를 알 수 있다.

未는 삼합 해묘미木局과 방합 사오미火方의 묘지이다.

申은 申금으로 읽는다. 음력 7월이고, 시작 절기는 입추이다. 음양으로는 陽이고 오행으로는 양金이다. 절기로는 입추에서 백로 사이이고, 하루의 시간으로는 15시반~17시반 사이에 해당한다. 음력 7월이고 여름의 화기와 가을의 금기가 섞여 있다. 초가을, 암반, 원숭이를 의미한다. 무덥던 삼복더위가 고비에 이르러 조석으로 선선한 바람이 분다. 申금의 지장간은 戊토, 壬수, 庚금이다. 성장의 유전인자인 목기(木氣)와 화기(火氣)가 없으니 이제 부산떨지 말고 갈무리하라는 뜻이다. 가을걷이를 준비하는 농부의 마음이다.

申은 삼합 신자진水局과 방합 신유술金方의 생지이다.

酉는 酉금으로 읽는다. 음력 8월이고, 시작 절기는 백로이다. 음양으로는 음이고 오행으로는 음金이다. 절기로는 백로에서 한로 사이이고, 하루의 시간으로는 17시반~19시반 사이에 해당한다. 음력 8월이고 본격적인 결실의 계절이다. 가을, 쇠붙이, 닭, 날카로움을 의미한다. 삼복더위에 금기가 많은 닭과 개가 희생당한다. 닭과 개는 가을철에 배속된 동물인데 가을의 숙살지기로 뜨거운 여름의 불기운을 수장시킨다고 믿기 때문이다. 닭은 날개가 있는 동물로 도화기를 상징한다. 유유병존 사주의 경우 인기를 먹고사는 직업에 적성이 있다. 酉금의 지장간은 庚금과 辛금이다. 온통 金기운이라 어지간한 화기로는 대적이 안 된다. 예리하고 날카로우며 추상 같은 결기와 집행에 예외가 없다.

酉금은 삼합 사유축金局과 방합 신유술金方의 왕지이다.

戌은 戌土로 읽는다. 음력 9월이고, 시작절기는 한로이다. 음양으로는 양이고, 오행으로는 양土이다. 절기로는 한로에서 입동 사이이고, 하루의 시간으로는 19시반~21시반 사이에 해당한다. 음력 9월이고 늦가을이다. 초목은 단풍으로, 짐승들은 비축으로 월동을 준비하는 계절이다. 戌土의 지장간은 辛금, 丁화, 戌土이다. 辛금과 丁화는 촛불을 물상으로 대비하여 활인(活人)의 기운으로 본다. 상강에 이르러 마지막 양기가 미련을 버리지 못하고 버티고 있으나 해는 저물었다.

戌은 삼합 인오술火局과 방합 신유술金方의 묘지이다.

亥는 亥水로 읽는다. 음력 10월이고, 시작 절기는 입동이다. 음양으로는 陽이고 오행으로는 陰水이다. 지지에서의 水는 체/용이 바뀌어 천간의 본체는 陰水였으나 저용은 陽水로 한다. 절기로는 입동에서 대설 사이이고, 하루의 시간으로는 21시반~23시반 사이에 해당한다. 음력 10월의 초겨울이다. 호수, 돼지를 의미한다. 亥水는 겨울의 시작이지만 생명을 잉태하는 계절이기도 하다. 亥水의 지장간은 戌土, 甲목, 壬水가 섞여 있다. 각종 미네랄과 부엽토가 섞여 있는 물이니 나무가 자라기 좋은 물이다. 그래서 亥水는 木의 생지가 된다. 해는 삼합 해묘미木局과 방합 해자축水方의 생지이다.

亥는 소설(小雪)에 이르러 양기가 완전히 쇠퇴하고 온통 음기가 세상을 지배한다. 양기가 아래로 숨어들어 씨앗 속에 갈무리되어 다가올 자(子)의 시기를 준비한다.

子는 자수(子水)라 읽는다. 음력 11월이고, 시작 절기는 대설이다. 60갑자를 구성하는 지지로서의 형체는 陽이고 오행으로는 水이다. 그러나 지지에서의 적용은 火와 水는 체/용이 바뀌므로 子수는 陰水로 적용한다. 子수는 씨앗, 동짓달, 시작, 한밤중을 의미한다. 천간의 癸수와 역할과 기능이 비슷하다. 子수는 쥐띠인데 쥐는 왕성한 번식력이 특징이다. 生時의 경우 子時에만 야자시와 조자시가 있고, 체/용이 바뀌어 음/양이 반대로 작용한다. 쥐는 앞발톱이 4개이고 뒷발톱이 5개로서 陰과 陽의 성질이 함께 있는 특성이 연상된다. 밤 11시 30분부터 다음날 새벽 1시 반 사이에 태어난 사람의 시지는 子수이다. 문제는 子時의 경우 하루를 기준으로 하는 밤 12시가 子時의 중간쯤에 위치하여 23시 30분의 子時와 다음날 00시 30분의 子時는 같은 子時이나 날짜가 달라지는 것이다. 즉 子시가 오늘에도 속하고 내일에도 속하게 되는 문제가 발생하게 된다. 이것은 하루를 12시로 구분하는 역법에서는 존재하지 않았던 것인데 24시로 구분하는 서양의 문화가 들어오면서 발생한 문제이다. 야자시 조자시에 대하여는 학자들 사이에서도 의견이 분분하나 명리이론은 12시간 체계를 전제로 성립한 것이므로 야자시와 조사시의 개념은 무시하고 단순히 자시로 작용하는 것이 타당하다고 본다.

태어난 시간은 태어난 지점의 경도 차이로 한국표준시를 적용하는 것이 맞지 않을 수 있다. 경도와 서머타임 시행에 따라서 생시를 보정해주어야 정확한 감명이 가능할 것이다. 子수의 지장간에는 壬수와 癸수만 있으므로 온통 수성(水性)뿐이다. 절기로는 대설과 소한 사이에 태어난 사람의 월지는 子水이다.

子는 삼합 신자진水局과 방합 해자축水方의 왕지이다.

丑은 丑토로 읽는다. 음력 12월이고, 시작 절기는 소한이다. 음양으로는 陰이고 축축한 습土이다. 소한과 입춘 사이에 태어난 사람의 월지와 새벽 1

시반~3시반 사이에 태어난 사람의 시지는 丑토이다. 丑토는 언땅, 섣달, 시련, 휴식, 충전을 의미하고, 농사를 짓기 어렵다. 그러나 씨앗을 압축시키고 숙성시키는 역할을 한다. 천간의 己土와 역할과 기능이 비슷하다. 丑토는 소띠인데 소는 봄에서 가을까지 죽도록 일을 하고 축월이 되어서야 충전의 휴식을 한다. 봄 농사 때 힘을 쓰기 위해서이다. 丑토의 지장간에는 癸수와 辛금과 己토가 있어 물이 흥건한 축축한 흙이다. 丑丑병존의 경우 발음 그대로 축축한 습기의 동토이다. 춥고 모진 환경을 겪은 씨앗이 병충해도 이겨내고 건강하게 자라는 것처럼 강인하고 빈틈없는 참모형의 일꾼이다.

丑은 삼합 사유축金局과 방합 해자축水方의 묘지이다.

11. 지장간(支藏干)

12지지의 특성을 설명하는 과정에서 조금씩 선을 보인 지장간을 다룰 차례이다.

하늘과 땅과 인간을 세 축으로 하는 삼재사상은 동아시아의 사변적 기저를 이루고 있다. 명리에서는 삼원론(三元論)으로 천원(天元)·지원(地元)·인원(人元)이 구성되는데, 지지에 소장된 천간을 지장간이라 하며 이를 인원[79](人元)으로 삼는다. 이허중(李虛中, 761-813)[80]의 고법사주에서는 납음오행을 인

---

79   徐子平 撰, 〈珞球子三命消息賦注〉卷上. "年月日時上天元也, 支內人元也."

80   字는 상용(常容), 北朝때 진사에 급제하여 唐 憲宗(805-820)때 殿中 侍御使가 되었다. 五行要論, 直道

원으로 삼았으나, 신법사주인 자평학(子平學)[81]에서 납음오행의 적용을 배제하고 지장간을 "인원"으로 적용함으로써 지장간이 사주명리에서 중요한 역할을 하게 되었다. 따라서 지장간을 모르면 사주를 논할 수 없음은 두말할 나위가 없다. 사주명리학이 하늘의 요소인 천간의 상태를 살펴 일주가 생극제화의 활동을 어떻게 할 것인지를 판단하는 것이기에, 하늘의 요소를 품고 있는 지장간에 대한 이해는 아무리 강조해도 부족할 정도이다. 그러나 시대를 이어 지장간에 대한 다양한 이론이 있지만 인원용사나 월률분야에 대한 작용일수의 계산근거와 기준이 고서마다 다르고, 적용방안 또한 명쾌하지 못한 것이 현실이다.

지장간은 지지에 암장된 천간이다. 천간은 하늘의 운행질서를 말하며 하늘의 기운인 오행을 다시 음양으로 나누어 10개로 구분한 것이다. 천간은 실체화 되지 않은 순수기운으로 지지를 만나 짝을 이루어야 실체를 드러낼 수 있다. 음양의 조화 또는 체와 용의 관계로 하나가 되어야 역할을 할 수 있기 때문이다. 따라서 천간은 특정 지지의 탈을 쓰고 지지로 내려와 잠복하고 있다가 통근이나 투출 등의 소임을 담당하거나, 지지충(地支冲)에 의해 지지의 탈이 벗겨지면(개고되면) 다른 천간과 인연을 맺어 여러 가지 변화를 일으키게 된다.

천간은 그 기운이 오행의 유행방향으로 흐른다. 갑을木→병정火→무기土→경신金→임계水의 순서이다. 그러나 땅에는 사계절, 사방위가 있으므로

歌, 이허중命書3권을 저술하였다. 氣學체계를 집대성, 星命家의 시조, 납음론, 삼명론, 년·태,월,일,시의 오주론, 年本日主론, 록마론, 신살론, 진가사정, 승강청탁, 쇠왕취시, 년주의 납음오행(身)을 중심으로 운명을 감정했다. 이허중(李虛中)이 당사주(唐四柱)의 창시자고 알려져 있으나 실제 창시자는 달마대사(達磨大師)이며, 唐대의 천문학자인 일행선사(一行禪師)에 의해 문서화된 것이라는 주장도 있다.

81 자평학은 송나라의 인물로 알려진 자평 서거이(徐居易)에 의하여 만들어졌다. 서자평은 기존의 연주중심의 간명법에서 일주 위주의 새로운 간명법을 창안하였다. 연주 중심의 삼명학과 구분하여 자평학이라 한다.

오행의 운동이 아니라 4행의 운동이 된다. 즉 木→火→金→水의 순환이다. 사행운동에서 土는 화토동원(火土同源)의 원리로 이해하거나, 사계절의 간절기에 위치하여 계절의 변화를 주관하는 기운으로 이해할 수 있다. 인묘木→진土→사오火→미土→신유金→술土→해자水→축土로 진행하여 봄→여름→가을→겨울의 계절이 순환하는 원리이다.

하늘의 기운(천간)이 땅으로 내려와 계절적 순환을 하기 위해서는 지지에 몸을 의탁해야 한다. 천간이 지지에 의탁하여 땅에서 생장염장의 순환을 하는 것이 지장간이다.

12지지는 4계절에 배속되고, 각계절에는 생지, 왕지, 고지의 3개 지지(地支)로 구성된다. 하나의 계절이 세 달씩 묶여서 이루어진 것과 같다. 즉 봄은 인묘진月이고, 여름은 사오미月이고, 가을은 신유술月이며 겨울은 해자축月이다.

생지 寅,申,巳,亥는 계절의 시작을 의미하므로 양의 지장간을 가지며 활동성이 강하고 미래지향적이다. 따라서 본기에 자기 계절의 양간과, 중기에 다가올 계절의 양간을 함께 가지고 있다.

왕지 子,午,卯,酉는 각 계절의 중앙으로 본기가 가장 왕성하며 순일하게 자신의 본 오행만을 가지고 있지만 예외적으로 午중에는 본기인 火외에 己土가 있다.

고지 辰,戌,丑,未는 각 계절의 갈무리와 다음 계절로의 변화를 의미하기에 음의 지장간을 가지고 있다. 본 계절의 음간이 초기가 되고, 前 계절의 음간이 중기가 되며, 변화의 역할을 하는 土(辰,戌은 戊토, 丑,未는 己토)를 본기로 가진다.

사행 개념에서 빠져 있는 土는 지지의 작용인 형충합(刑衝合) 등에는 작용하지 않고 오직 천간 戊/己토의 근(根, 통근) 역할만 한다

12 地支	4생지(生地)	인(寅)	신(申)	사(巳)	해(亥)
	4맹지(旺地)	자(子)	오(午)	묘(卯)	유(酉)
	4고지(庫地)	진(辰)	술(戌)	축(丑)	미(未)

지장간의 종류

지장간은 월률분야(月律分野)와 인원용사(人元用事)로 구분한다. 월률분야와 인원용사는 지장간이란 이름하에 모여 있는 것이라 비슷한 것으로 이해하나 전혀 다른 개념이다. 월률분야는 생월을 의미하는 월지에서 작용하는 천간의 순서와 사령일수를 나타낸 것이고, 인원용사는 각 지지를 구성하고 있는 천간의 조합이다. 월률분야는 월지에만 해당하고 다른 지지에는 인원용사가 적용된다. 인원용사는 월률분야와 비교할 때 지장간의 구성도 약간씩 다르고 작용순서나 작용일수를 구분하지도 않는다.

지장간의 **월률분야**(月律分野)

지장간의 월률분야를 명확히 구분하는 이유는 사주명식에서 월령(月令)을 구별하기 위함이다. 월령(당령)은 일주의 조후적 환경이며 숙명적인 생활의 무대(Life field)이다. 따라서 일주의 강약론, 왕쇠론, 격국론, 조후론 등의 성립배경이 되기 때문에 월률용사(지장간)뿐만 아니라 당령일수까지 정확히 따져야 한다.

지장간의 월률분야는 30일을 기준으로 초기, 중기, 본기를 사령하는 용사(지장간)에게 배속된 일수만큼 당령(작용)함을 나타낸다. 寅의 경우 초기의 용사는 戊토로서 7일간 당령을 하고, 중기의 용사는 병화로서 7일간 당령하며, 본기의 용사는 갑목으로서 16일간 당령을 한다. 따라서 寅月生이라도 立春에서부터 7일 사이에 태어나면 당령이 戊토가 되는 것이고, 8일에서 14일 사이에 태어나면 당령이 丙화가 되는 것이며, 15일에서 말일(경칩전일)사이에 태어나면 당령이 甲목이 된다. 이러한 당령은 신법사주에서 중요시하는 격국의 설정근거가 되므로 매우 중요한 요소이다.

지장간의 월률분야는 일정한 법칙에 따라 구성된다.

사생지(四生地) 寅, 申, 巳, 亥는 계절이 시작되는 기운으로 이전 계절의 고지에 해당하는 토의 양간이 여기로 작용(당령)한다. 이전 계절의 기운이 채 가시지 않은 모습이다. 또한 생지는 동적이며 미래지향적이다. 따라서 본기에 자기 계절의 양간과, 중기에 다가올 계절의 양간이 작용한다.

寅은 봄의 시작 기운이다. 이전 계절의 고지인 丑토의 양간인 戊토가 당령한다. 그리고 본기에 봄의 기운인 甲목이 당령하고, 중기에는 다가올 계절인 여름의 丙화가 작용한다.

申은 가을의 시작 기운이다. 이전 계절의 고지인 未의 양간인 戊토가 여기로 당령한다. 그리고 본기에는 가을의 기운인 庚금이 당령하고, 중기에는 다가올 계절인 겨울의 壬수가 작용한다.

巳는 여름의 시작 기운이다. 이전 계절의 고지인 辰의 양간인 戊토가 여기로 당령한다. 그리고 중기에는 다가올 계절인 가을의 庚금이 당령하고, 본기에는 여름의 기운인 丙화가 작용한다.

亥는 겨울의 시작 기운이다. 이전 계절의 고지인 戌의 양간인 戊토가 여기로 당령한다. 그리고 중기에는 다가올 계절인 봄의 甲목이 당령하고, 본기에는 겨울의 기운인 壬수가 당령한다.

사생지의 지장간별 사령일수는 여기 7일, 중기 7일, 본기 16일로서 30일을 작용한다.

사왕지(四旺地) 子, 午, 卯, 酉의 경우는 계절의 중앙으로 본기가 왕성하며 음간과 양간을 함께 작용한다.

子는 겨울의 한 가운데이고 여기로 壬수, 본기로 癸수가 작용한다.

午는 여름의 한 가운데로 여기에 丙화, 중기에 己토, 본기에 丁화가 작용한다. 午화의 경우 월률분야 구성과 사령일수가 약간 다른 구성을 하고 있다. 己토가 그것인데 이것은 순수오행의 흐름 속성을 반영한 옛사람들의 지혜이다. 午月은 더운 기운이 극에 다다르는 맹하의 계절이다. 火의 기운은 분열, 팽창의 속성을 가지고 있으므로 火기운을 극제하여 가을로 수렴시키기 위해서는 반드시 己토가 필요하기 때문이다. 만약 午月의 지장간이 다른 四旺支처럼 丙화와 丁화만으로 구성된다면 언제 여름을 갈무리하고 과실을 숙과시킬지 가늠이 안 되는 상황이다.

卯는 봄의 한가운데이고 甲목이 여기에서, 乙목이 본기에서 작용한다.

酉는 가을의 한가운데로 庚금이 여기에 작용하고, 辛금이 본기에 작용한다. 사왕지의 지장간별 사령일수는 여기 10일, 본기 20일로서 30일을 작용한다. 다만, 午화의 경우 여기, 중기, 본기가 각각 10일씩 작용한다.

사고지(四庫地) 辰, 戌, 丑, 未의 경우는 계절을 갈무리하고 다음 계절로의 전환을 담당한다.

辰은 봄의 갈무리 단계로 여기에 乙목, 중기에 癸수, 본기에 戊토가 작용한다.

戌은 가을의 갈무리 단계로 여기에 辛금, 중기에 丁화, 본기에 戊토가 작용한다.

丑은 겨울의 갈무리 단계로 여기에 癸수, 중기에 辛금, 본기에 己토가 작용한다.

未는 여름의 갈무리 단계로 여기에 丁화, 중기에 乙목, 본기에 己토가 작용한다.

사고지의 지장간별 사령일수는 여기 9일, 중기 3일, 본기 18일로서 30일을 작용한다.

지장간의 월률분야는 연해자평을 비롯해서 이후의 여러 고서마다 배속된 용사와 작용일수가 차이가 있다. 하늘의 기운은 때때로 바뀌지만 땅속으로 전이된 기운은 그 변화가 더디기 때문에 월률분야는 시간의 연속적인 흐름에 따라 땅속의 기운이 어떻게 변해가는가를 시기별(여기, 중기, 본기)로 보여주는 것이다. 따라서 계절의 시작인 사생지(四生地)에는 이전 계절의 여운이 남아서 무토가 여기(초기)를 담당한다. 그러나 일반적으로 통용되는 지장간의 월률분야는 다음의 표와 같다.

〈월률분야와 작용일수〉

地支		子	丑	寅	卯	辰	巳	午	未	申	酉	戌	亥
支藏干	초기	壬 10	癸 9	戊 7	甲 10	乙 9	戊 7	丙 10	丁 9	戊 7	庚 10	辛 9	戊 7
	중기	癸 20	辛 3	丙 7	乙 20	癸 3	庚 7	己 10	乙 3	壬 7	辛 20	丁 3	甲 7
	본기		己 18	甲 16		戊 18	丙 16	丁 10	己 18	庚 16		戊 18	壬 16

지장간의 인원용사(人元用事)

지장간을 말할 때 월률분야를 특정하지 않는 한 인원용사를 지칭한다. 지장간의 인원용사는 월률분야와는 달리, 각 지지를 구성하고 있는 단순한 지장간의 조합이다. 즉, 하늘의 순수 기운이 모여 있는 것이므로 여기, 중기, 본기 등의 전이(轉移)과정이 없다. 세간에는 월률분야를 인원용사로 혼동하여 사용하는 경우가 많은데, 둘은 분명히 다른 것이므로 그 쓰임을 명확하게 구분해야 한다.

寅申巳亥 사생지는 방국(方局)[82] 모두의 생지가 된다. 방합의 생지는 방위나 계절의 시작을 의미하고, 삼합의 생지는 기운의 발생을 의미한다. 시작과 발생은 陽의 기운이다. 따라서 사생지에는 방국오운(방합과 삼합으로 형성되는 합화오운)의 양간이 암장된다. 월률분야에서 여기를 당령했던 戊土는 변화의 기운이므로 인원용사에는 암장하지 않는 것으로 본다. 이러한 원리를 적용하여 사생지의 인원용사를 정리하면,

寅에는 寅卯辰 東方 木오운인 甲,乙목 중, 양간인 甲목이 주기(主氣)로서 암장되고, 寅午戌 火局 火오운인 丙,丁화 중, 양간인 丙화가 객기(客氣)로서 암장된다.

申에는 申酉戌 西方 金오운인 庚,辛금 중, 양간인 庚금이 주기로서 암장되고, 申子辰 水局 水오운인 壬,癸수 중, 양간인 壬수가 객기로서 암장된다.

巳에는 巳午未 南方 火오운인 丙,丁화 중, 양간인 丙화가 주기로서 암장되고, 巳酉丑 金局 金오운인 庚,辛금 중, 양간인 庚금이 객기로서 암장된다.

亥에는 亥子丑 北方 水오운인 壬,癸수 중, 양간인 壬수가 주기로서 암장되고, 亥卯未 木局 木오운인 甲,乙목 중, 양간인 甲목이 객기로서 암장된다.

사생지	인원용사		비고
	주기	객기	
寅	甲	丙	木방/火국 오운의 양간
申	庚	壬	金방/水국 오운의 양간
巳	丙	庚	火방/金국 오운의 양간
亥	壬	甲	水방/木국 오운의 양간

82　삼합으로 형성되는 局은 기운의 생성에서 성장, 소멸의 단계에 이르는 운동성을 나타내고, 방합으로 형성되는 方은 시공간적 개념 즉, 방위나 계절의 특성을 나타낸다.

子午卯酉 사왕지는 각 방국오운의 왕지가 순수기운으로 군림하는 자리이다. 문제는 문파마다 방국오운의 양간과 음간 모두 암장된다는 입장과 음간만 암장된다는 입장이 갈리고 있다는 것이다. 개인적으로는 순수 음간만 암장되는 것으로 본다. 왜냐하면, 지장간의 총량을 평균값으로 볼 경우 음양의 균형이 맞아야 하기 때문이다. 즉, 양간의 경우 사생지에서 두 계절에 걸쳐 암장되었기에 사왕지에는 음간만 암장되어야 균형이 맞다. 이러한 원리를 적용하여 사생지의 인원용사를 정리하면,

子에는 해자축 북방 水오운과 신자진 水국오운의 음간인 癸수가 암장된다.
午에는 사오미 남방 火오운과 인오술 火국오운의 음간인 丁화가 암장된다.
卯에는 인묘진 동방 木오운과 해묘미 木국오운의 음간인 乙목이 암장된다.
酉에는 신유술 서방 金오운과 사유축 金국오운의 음간인 辛금이 암장된다.

사왕지	인원용사		비고
	주기	객기	
子	癸	–	水 방국 오운 중 음간
午	丁	–	火 방국 오운 중 양간
卯	乙	–	木 방국 오운 중 양간
酉	辛	–	金 방국 오운 중 양간

辰戌丑未 사고지는 계절의 기운이 소멸하는 자리로서 본기와 객기의 음간이 암장된다.

辰에는 본기로서 戊토와 객기로서 인묘진 동방 木오운의 음간인 乙목과 신자진 水국오운의 음간인 癸수가 암장된다.

戌에는 본기로서 戊토와 객기로서 신유술 서방 金오운의 음간인 辛금과 인오술 火국오운의 음간인 丁화가 암장된다.

丑에는 본기로서 己토와 객기로서 해자축 북방 水오운의 음간인 癸수와 사유축 金국오운의 음간인 辛금이 암장된다.

未에는 본기로서 己토와 객기로서 사오미 남방 火오운의 음간인 丁화와
해묘미 木국오운의 음간인 乙목이 암장된다.

사고지	인원용사			비고
	주기	객기		
辰	戊	乙	癸	木방/水국 오운의 음간이 객기로 암장
戌	戊	辛	丁	金방/火국 오운의 음간이 객기로 암장
丑	己	癸	辛	水방/金국 오운의 음간인 객기로 암장
未	己	丁	乙	火방/木국 오운의 음간이 객기로 암장

이상의 인원용사 암장 내용을 종합하여 도표로 정리하면 다음과 같다.

地支	子	丑	寅	卯	辰	巳	午	未	申	酉	戌	亥
地藏干	(壬)癸	癸	(戊)	(甲)乙	乙	(戊)	(丙己)丁	丁	(戊)	(庚)辛	辛	(戊)
		辛	丙		癸	庚		乙	壬		丁	甲
		己	甲		戊	丙		己	庚		戊	壬

※ ( )속의 천간은 인원용사로 간주하지 않는다.

12. 지지합

　지지는 변화의 요인인 천간에게 변화를 일으키는 환경을 제공할 뿐 지지 자체만으로는 변화하지 못한다. 그러므로 천간과 지지는 한 묶음이 되어야 올바른 물상으로 나타나며 지지의 변화에 의하여 천간의 象도 변하여가는 것이다. 지지의 합충이라는 것의 내막은 결국 지장간에 있는 천간의 합과 충에 다름아니다. 지지에는 육합, 삼합, 방합, 반합, 암합 등이 있다.

육합(六合)

　육합은 지지의 12글자 중 두 글자가 음양의 짝으로 모여 새로운 오운으로 바뀌는 것이다. 子丑합화 土, 寅亥합화 木, 卯戌합화 火, 辰酉합화 金, 巳申합화 水, 午未합화 火가 그것이다. 육합을 이루는 지지끼리는 상보적(相補的) 역할을 하는 긍정적인 합이다. 그리고 육합은 다음과 같은 특징을 가지고 있다.

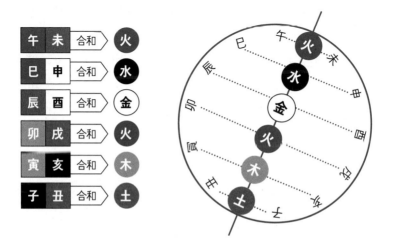

육합은 23.5도 기울어진 지축을 기준으로 서로 마주보고 있는 오행이 서로 합을 이루고 있다. 일부 고서에서는 육합의 구성원리를 천문이치로 설명하고 있으나 현대적 시각으로 보면 설득력이 없어 보인다. 오행의 속성으로 보아도 일정하게 나타나는 생극제화(生剋制化)의 규칙성을 찾을 수 없다. 지장간을 살펴보아도 연결성을 찾을 수 없다. 다만, 지축을 중심으로 위도가 같기에 지구촌을 살아가는 사람들에게 가장 큰 영향을 미치는 온도의 유사성 정도가 육합의 배경이 아닐까 짐작한다. 동계에 속하는 자월과 축월, 그리고 해월과 인월의 체감온도가 비슷하고, 봄과 가을로 대칭적인 묘월과 술월, 그리고 진월과 유월의 체감온도가 비슷하다. 하계에 속하는 사월과 신월, 오월과 미월의 기온 또한 비슷하다. 그러하기에 지지육합이 합화하여 다른 오행으로 변한다는 것은 도가 지나친 비약으로 보인다. 지지 자체의 속성이 비슷하지도 않고, 두 지지를 연결해주는 매개적인 오행의 개입도 없기 때문이다.

요람(搖籃)에서 무덤까지 삼합(三合)

지지에서 매우 중요한 삼합을 이야기할 차례이다.

삼합이란 오행의 생→왕→묘(生旺墓)에 관여하는 지지의 결사체를 말한다. 『협기변방서(協記辨方書)』[83]에 삼합이란 水는 申에서 생하고, 子에서 왕하고, 辰에서 입묘하므로 申子辰은 합하여 水局이 되고, 木은 亥에서 생하고 卯에서 왕하며 未에서 입묘(入墓)하므로 亥卯未는 합하여 木局이 되고, 火는 寅에서 생하여 午에서 왕하며 戌에서 입묘하므로 합하여 寅午戌 火局이 되

---

83 『상길통서』와 함께 1791년(정조 15)에 있던 취재 명과학 택일 시험 교재로 채택되었다. 이전의 택일법을 교정해서 새롭게 정리한 점 외에도 서양의 「시헌력법」을 반영하였다. 이 책은 조선후기 관상감 학생에게 택일을 교육하고 음양과 시험 교재로 사용하기 위하여 발간되었다.

며, 金은 巳에서 생하여 酉에서 왕하며 丑에서 입묘하므로 巳酉丑은 합하여 金局이 된다고 하였다. 그러나 문헌상 삼합의 최초 단서는 『회남자』 천문훈에 등장한다. 천문훈에는 土局을 별도로 설정하지 않고 火局과 동일하게 취급하는 현재의 三合이론과 달리, 午를 토의 生支, 戌을 토의 旺支, 寅을 토의 庫支로 인식하고서 午戌寅을 土局으로 설정하였다.

오행의 생왕묘(生旺墓)란 천간오행(천간이 가지고 있는 오행의 속성)의 생왕묘를 말하는데, 이 때 생왕묘를 담당하는 지지의 모임이 삼합이다. 木局인 해묘미를 예로 보면, 甲과 乙의 천간오행은 木이다. 갑과 을은 목국(木局)의 결사체로서 亥에서 생하고, 卯에서 왕하며 未에서 묘에 드는 운명을 같이 한다는 것이다. 지지 삼합의 생→왕→묘의 운명은 局을 이룬 결사체가 요람(搖籃)에서 무덤까지(From the cradle to the grave) 생사를 같이하는 기운의 흐름을 나타내고 있다.

천간오행이 삼합국을 이루는 지지에서 생왕묘를 같이 한다는 것은 12운성의 이론적 배경과 맞닿아 있다. 12운성론도 천간이 어떤 지지에서 생하고 왕하고 멸하는지를 따지는 이론이기 때문이다.

그러나 현대명리학에서는 생왕묘를 이루는 지지의 무리를 묶어 삼합국이라 한다. 천간이 삼합국을 이루어 지지에서 생왕묘운동을 한다고 구성원리를 밝힌 고서의 내용과는 차이가 있다. 즉, 12지지는 목국(해묘미), 화국(인오술), 금국(사유축). 수국(신자진)의 어느 한 局에 배속된다. 삼합化局의 운동성은 합화 오행이 이전 계절의 생지에서 태동하여 본 계절의 왕지에서 왕성하게 활동하다가 다음 계절의 고지에서 입묘한다는 라이프사이클을 말하고 있는 것이다. 결국 局을 이루는 오행의 생성과 성장과 소멸의 시기를 의미한다. 寅午戌 火局의 경우 午火의 지장간인 丙丁火는 인월에 생성되어 술월에 소멸하는 자연의 이치를 나타내고 있다. 丙화의 경우 寅月의 중기부터 午月의 여기까지 역할을 하고, 午月의 본기부터 戌月의 중기까지는 丁화가 역할을 담당하는 구조이다. 목화금수 네 기운의 생성과 소멸이 반복 순환되면서 원형이정의 대업을 이루어나가는 데 각자의 소임을 다하고 있는 것이다.

삼합은 밖으로 드러나지 않고 의기투합하여 그 영향력이 강하다. 생사를 같이 하는 동기(同氣)의 기운이 한 데 뭉친 것이기에 인간사에 비유해보면, 출신지역과 학교, 나이 등이 서로 다른 사람들이 특정 이념이나 목적을 가지고 결속하는 것이다. 촛불집회나 태극기부대, 정치집단, 각종 동호회 같은 것으로 보면 된다. 삼합을 이루는 지지는 배열순에는 관계없이 삼합국을 이루는 지지 세가지만 있으면 성립한다. 삼합은 다음의 4가지가 있다. 해묘미 木局, 인오술 火局, 사유축 金局, 신자진 水局이다.

〈삼합(三合)〉

3합국	생지	왕지	고지
목국(木局)	해(亥)	묘(卯)	미(未)
화국(火局)	인(寅)	오(午)	술(戌)
금국(金局)	사(巳)	유(酉)	축(丑)
수국(水局)	신(申)	자(子)	진(辰)

삼합을 이루는 왕지 子午卯酉가 월지에 위치할 때 영향력은 더욱 커진다. 각 계절의 왕지는 해당 계절의 특색이 가장 농후한 계절이다. 조후학(調喉學)이라고도 말하는 명리에서 태어난 계절의 영향력은 어느 요소보다 강력하기 때문이다. 또한 삼합은 역마살이나 도화살 등의 신살을 따지는 기준으로서도 기능을 한다. 따라서 삼합은 명리학에서 약방의 감초요, 요리의 양념이다.

삼합을 더블헥사그램의 모습으로 도식화할 경우 신비한 다윗의 별이 된다. 삼합은 12지지가 3글자씩 무리를 지어 우주의 사원소인 木, 火, 金, 水 오행化局을 형성하고, 각각 오행화국의 생왕묘 생애주기가 12지지의 계절적 순차에 따라 이루어 지고 있음을 보여주고 있다. 우주, 태극, 육효, 피라미드

등을 의미하는 헥사그램은 6을 기본수로 하기 때문에 12지지의 경우 더블헥사그램의 형상으로 삼합을 도식화할 수 있다.

반합(反合)

반합은 삼합을 구성하는 지지 3개중 왕지를 포함하여 2개가 첩신(貼身, 인접하여 존재함)하면 성립한다. 즉 왕지는 반드시 있어야 하고, 추가로 생지나 고지중 어느 하나만 인접하여 뭉치면 반합이 된다. 인오술합화 火의 예를 들면, 寅午와 午戌은 반합이 된다. 그러나 寅戌은 반합이 아니다. 필수 왕지인 午가 없기 때문이다.

인간사에 비유해 보면, 출신지역과 학교, 나이 등이 서로 다른 사람들이 특정 이념이나 목직을 가지고 결속하는 삼합의 결사체에서 리더만 굳건히 존재한다면 구성원이 일부 이탈하여도 지속할 수 있지만 리더가 없어지면 그 결사체는 지속되기 어려운 이치와 같다.

방합(方合)

　방합은 서로 같은 계절/방위를 담당하는 지지끼리의 외적 결합을 말한다. 따라서 방합은 어떤 기운의 외향적 단합으로 그 결속력이 강하다. 삼합이 이 념적 결사체라면 방합은 연고적 결사체이다. 인간사에 비유하면, 종친회, 향우회, 동창회, 전우회 등의 모임이 방합에 해당한다. 외국에 나가서 태극기를 보거나 한국 사람만 보면 무조건 반가워한다. 방합의 결속력이 유난히 강한 우리는 애국심도 남다른 면이 있다. 매년 명절이 되면 각지에 흩어져 살던 가족들이 부모님이 계신 고향에 모인다. 차례를 지내고 오손도손 가족의 정을 확인하는 정겨운 자리도 잠시, 정치 얘기만 나오면 고성이 오가며 감정을 분출한다. 방합과 삼합이 동거할 때 발생하는 우리나라만의 특별한 풍경이다. 그래서 가까운 사람들이 모이면 정치와 종교얘기는 하지 않는 게 현명하다. 종친회, 향우회, 동창회에서도 이러한 현상은 예외가 없다. 이렇듯 연고성 모임은 방합이요, 정치, 종교의 얘기로 편이 갈리는 것은 삼합의 결집

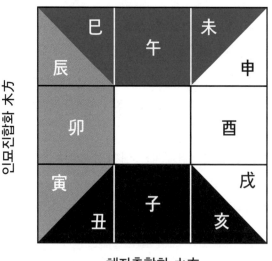

사유축합화 火方

인묘진합화 木方

신유술합화 金方

해자축합화 水方

이다. 방합은 자, 축, 인, 묘, 진, 사, 오, 미, 신, 유, 술, 해라는 12지지를 寅부터 세개씩 묶어서 인/묘/진, 사/오/미, 신/유/술, 해/자/축의 4그룹으로 구분하여 방위와 계절을 배속한다.

인/묘/진 그룹은 東方이고 봄이다. 사/오/미 그룹은 南方이고 여름이다. 신/유/술 그룹은 西方이고 가을이다. 해/자/축 그룹은 北方이고 겨울이다. 방합은 계절과 방위 등 연고성이 같은 생지, 왕지, 고지의 집합으로 이루어진다. 예를 들어 인/묘/진 방합을 이룬 경우 인/묘/진은 모두 동방, 봄이라는 같은 연고를 가지고 있으나 寅은 생지, 卯는 왕지, 辰은 고지이다. 여기에서 辰의 오행은 본래 자신의 성분인 土를 버리고 왕지를 따라 木으로 변한다. 방합을 이루는 지지중 진/술/축/미의 고지의 경우 오행으로는 土이지만 방합을 이룰 경우 토를 버리고 왕지의 오행을 따라간다.

〈방합(方合)〉

방합(方合)	생지	왕지	고지
목방(木方)	인(寅)	묘(卯)	진(辰)
화방(火方)	사(巳)	오(午)	미(未)
금방(金方)	신(申)	유(酉)	술(戌)
수방(水方)	해(亥)	자(子)	축(丑)

암합(暗合)

암합이란 눈에 띄지 않게 몰래 하는 합이다. 지지 속에 숨어 있는 지장간의 합이라서 겉으로 보이지 않는다. 겉으로 드러나는 명합(明合)과 대비되는 개념이다. 형태는 천간과 지지(지장간)의 관계에서 발생하는 암합이 4개 있고,

좌우 지지의 지장간끼리 이루는 암합이 5개 있다. 암합은 合은 하지만 化는 되지 않으며, 명합과 같이 있을 때 적용은 명합이 우선한다.

구분		간지(干支)	간합(干合)	비고
암합(暗合)	천간 VS 천간	정해(丁亥)	정임합(丁壬合)	각 柱別로 암합
		무자(戊子)	무계합(戊癸合)	각 柱別로 암합
		신사(辛巳)	병신합(丙辛合)	
		임오(壬午)	정임합(丁壬合)	
	지지(지장간) VS 지지(지장간)	자술(子戌)	무계합(戊癸合)	지장간끼리 암합
		축인(丑寅)	갑기합(甲己合)	
		묘신(卯申)	을경합(乙庚合)	
		오해(午亥)	정임합(丁壬合)	
		인미(寅未)	갑기합(甲己合)	

먼저 천간과 지지의 암합은 천간과 지지의 지장간이 만나서 일어나는 변화이므로 연주, 월주, 일주, 시주의 형식으로 各 柱별로 일어난다. 丁亥(정임합), 戊子(무계합), 辛巳(병신합), 壬午(정임합)의 네 가지 경우가 있다. 丁亥는 천간 丁화가 亥의 지장간 壬수와 만나서 정임합을 이룬 것이고, 戊子는 천간 戊토가 子수의 지장간 癸수를 만나서 무계합을 이룬 것이고, 辛巳는 천간 辛금이 巳화의 지장간 丙화를 만나서 병신합을 이룬 것이며, 壬午는 천간 壬수가 午화의 지장간 丁화를 만나서 정임합을 이룬 것이다.

좌우 지지(지장간)끼리의 암합은 子戌(무계합), 丑寅(갑기합), 卯申(을경합), 午亥(정임합), 寅未(갑기합)의 다섯 가지가 있다. 子戌은 子수의 지장간 癸수와 戌토의 지장간 戊토가 만나서 무계합을 하고, 축인은 축의 지장간 己토와 인의 지장간 甲목이 모여 갑기합을 이루고, 묘신은 묘의 지장간 乙목과 申의 지장간 庚금이 만나 을경합을 이루고, 오해는 午의 지장간 丁화와 해의 지장간 壬수가 만나 정임합을 이루며, 인미는 인의 지장간 甲목과 미의 지장간 己토가 만나 갑기합을 이룬다.

13. 충(沖)과 극(剋)

　　명리학은 기교로 배우기보다 용어의 정의를 명확히 해야 하는 학문이다. 명리학만이 아니라 모든 공부가 그러하고, 인간사 모든 것이 그러하리라. 용어와 그것이 의미하는 개념이 모호하거나 잘못 사용될 때 나타나는 혼란은 불문가지이기 때문이다. 명리학에서 아직까지 여러가지 중요한 용어와 개념들이 통일되지 못하고 있는 것이 현실이며, 이것이 명리학 발전의 최대걸림돌이 아닐까 생각해본다. 그런 용어들 중에 하나가 충과 극이다. 충(沖 혹은 衝이라 쓴다)은 대립하는 두 개의 기운이 서로 부딪치는 것을 의미한다. 충이 여러 개 겹칠 때는 쟁충이라 한다. 충은 부딪히는 두 기운이 균형을 이루는 용호상박의 상태이다. 대립하고 있는 상대가 나를 극하면 나도 상대를 극할 수 있는 관계를 충이라 한다. 소위 쌍방지극(雙方之剋)의 상태를 말한다. 그렇기에 서로 부딪치면 깨지고 상처가 날 수는 있지만 어느 한 기운이 다른 세력을 복속시키지는 못한다. 寅과 申의 경우를 보면, 體의 측면에서는 寅(청년의 기상, 성장하는 기운)이 申(중년의 기상, 쇠퇴하는 기운)을 극하는 관계이고, 用의 측면에서는 보면 申(金)이 寅(木)을 극하는 쌍방지극의 관계이므로 沖이라 한다. 충은 대립하는 상대와 쌍방지극하는 것이므로 4방위를 이루는 地支의 관계에서만 발생한다. 이로써 지지에는 육충이 발생한다. 대립, 충돌의 배열규율은 여섯 자리씩 띄우고 서로 충돌한다. 그래서 육충이라 하

며, 寅申충, 卯酉충, 辰戌충,
巳亥충, 子午충, 丑未충이
그것이다.

　육충의 발생배경을 보면,
첫째, 그것들의 오행이 서
로 상극의 관계에 있다. 즉,
寅목과 申금이 상극이고,
卯목과 酉금이 상극이며,
辰토와 戌토가 상극이고,
巳화와 亥수가 상극이며, 子수와 午화가 상극이고, 丑토와 未토가 상극이
다. 둘째, 그것들은 서로 방향이 대립된다. 즉, 봄(인,묘,진)과 가을(신,유,술)
의 기운이 대립하고, 겨울(해,자,축)과 여름(사,유,축)의 기운이 대립된다. 셋
째, 그것들은 음양이 부조화이므로 서로를 배척한다. 즉, 寅목과 申금은 같
은 陽이라서 서로를 배척하고, 卯목과 酉금은 모두 음으로 서로를 배척한다.
辰토와 戌토는 모두 陽에 속하고, 巳화와 亥수는 모두 陽에 속하고, 子수와
午화는 모두 陰에 속하며, 丑토와 未토는 모두 陰에 속하여 서로서로 배척하
기 때문에 충돌이 발생한다. 충이 발생하면 에너지가 상쇄되기만 하는 것이
아니고 오히려 늘어나기도 한다. 상대에게 지지 않으려고 절차탁마(切磋琢
磨)하는 기운이 생길 수 있기 때문이다. 참고로 천간은 지지와 달리 오행이
대립의 관계로 있지 않고 유행(순환)하기 때문에 沖이 아니라 克의 관계가
형성된다. 목극토, 토극수, 수극화, 화극금, 금극목과 같이 일방적인 극을 하
기에 일방지극(一方之剋)의 관계이므로 沖이 아니라 克이다. 따라서 천간충
(天干沖)이라는 용어는 천간극(天干克)의 오류이다. 즉, 간극지충(干剋支沖)
이 올바른 개념이다.
　지지의 충은 겉으로는 지지끼리의 충으로 보이지만 실질적으로는 지지에
있는 지장간끼리의 충돌이다. 地支는 여러 개의 지장간으로 구성되어 있기

때문에 지지의 충은 천간의 극에 비해서 순수하지 않다. 그래서 지지의 충은 사주에서 영향력이 크고 지속성이 있는 것으로 본다. 지지는 천간이 현실세계로 형상화된 것이기 때문이다. 사주에서 영향력이란 획일적으로 선이나 악으로 평가하는 개념은 아니다. 또한 합충의 결과로 나타나는 에너지 量의 변화도 획일적이지 않다. 따라서 합충으로 인한 선악의 판단은 주변환경을 종합적으로 분석해야 한다.

지지에서의 합과 충의 작용이 경합할 때는 합이 우선이다. 따라서 충은 삼합이나 방합, 육합 등이 인접해 있을 경우 성립하지 않는다.

형(刑), 파(破), 해(害)

음양과 오행의 다양한 교차작용에서 발생하는 현상들이 합충인데, 일반적으로 지지를 논할 경우 대부분 형/파/해를 같이 논한다. 이것은 워낙 연원이 오래되고 신살론과 함께 관행처럼 적용되고 있지만, 실제로는 음양과 오행의 작용원리가 적용된 이론은 아니다. 형파해의 용어가 암시하듯 그저 상대를 못살게 하고, 묶고, 부딪히고 깨부수고, 해코지를 하는 것을 설명하는 것이라면 역의 본질(생생지위역)을 벗어나는 것이다. 그들의 적용목적은 어디까지나 일주의 생명활동을 활성화하는 것에 초점이 맞추어져야 한다. 사회 각분야에서 이해충돌로 시끄러운 상황도 결국은 국가적 차원의 조화를 이루어나가는 과정과 마찬가지의 이치다. 형파해를 대단한 논리인 것처럼 부각하는 것은 저잣거리의 이해충돌이 국가의 규범보다 우선인 것처럼 과장하는 것에 지나지 않는다. 음양의 하위개념인 형파해의 작용도 목적달성을 위한 현상적 과정으로 이해해야 한다. 이것이 역의 원리이고 본분이기 때문이다.

형(刑)

刑은 어긋남에 대한 바로잡음의 과정이다.

형벌, 감옥, 교도소, 수리센터, 수술, 잔소리, 얼차려 등 뭔가 잘못되고 어긋난 것을 교정하려는 목적이 있다. 그것은 12지지 속에서 발생하는데 子卯상형(無禮之刑), 寅巳申형(持勢之刑), 丑戌未형(無恩之刑) 등 세가지 刑(3형)이 있다. 그외 辰辰형, 午午형, 酉酉형, 亥亥형 등의 自刑도 있다. 자묘형을 이루는 子수와 卯목은 수생목의 관계로 당연히 상생해야 하는데 어째서 어긋나서 교정해야 하는 관계가 되는지, 인목, 사화, 신금 3형과 축토, 미토, 술토의 3형은 어떤 비밀이 있기에 서로 만나면 조화를 잃게 되는지, 음양오행의 원리로는 설명이 안 된다. 고서에는 형살은 주로 형액, 관재, 구설수 등의 피해를 입게 되는데 이것이 길신으로 작용할 때는 오히려 활인의 신으로 작용한다고 했다. 귀곡자는 군자는 형이 없으면 발달하지 못하고, 소인은 刑이 있으면 반드시 재앙이 있거나 국가의 형벌을 받는다고 했다. 사주명식에 나타나는 같은 刑이라도 군자에게는 좋게 작용하고 소인에게는 나쁘게도 작용한다고 하였으니, 대체 무슨 논리인가? 유교적 지배 이데올로기로 가면을 쓴 지배층의 내로남불 논리가 아니었을까?

파(破)

파는 깨진다는 의미를 담고 있다. 깨진다고 해서 기능을 상실할 정도의 파손을 의미하지는 않는다. 어떤 두 개의 지지가 만나서 아웅다툼을 하다보면 약간의 생채기가 생길 수도 있다. 그러나 이 생채기는 별다른 치료를 하지 않아도 시간이 해결해준다. 파로 인한 생채기는 자신의 마음자세를 돌아보게 하는 교훈으로 작용하기에 결코 나쁜 것이 아니다. 사람은 평생 후회를 반복하는 존재이기 때문이다. 파는 6개가 있으며 子酉파, 寅亥파, 丑辰파, 戌

未파, 巳申파, 卯午파가 그것이다.

해(害)

해는 해롭다는 의미를 가진다. 세상을 살아가는데 항상 이로운 것만 있을
손가? 돌뿌리도 걸려 넘어지면 아프지만 캐내어 생활에 쓰면 고마운 존재
가 된다. 해와 파는 약간의 뉘앙스 차이가 있지만 거의 같은 작용으로 보아
도 무방하다. 해는 6해가 있으며 子未해, 丑午해, 寅巳해, 卯辰해, 申亥해, 酉
戌해가 그것이다.

14. 천간의 통근(通根)

사주팔자로 타고난 명식은 어떤 종류의 천간이 어느 정도의 역량을 가지
고 있는지를 파악하고, 각각의 역량을 일주를 중심으로 어떻게 사용(생극제
화)할 것인지를 살피는 것이다. 천간은 體이고, 氣이며, 꿈과 이상이다. 지지
는 用이고, 質이며, 형화된 현실이다.

따라서 천간의 이상과 꿈은 지지의 환경에 뿌리를 내림으로써 구체화되
고 현실화된다. 이것이 천간의 오행이 지지에 있는 같은 오행을 찾아 뿌리를
내리거나 지지가 천간의 같은 오행을 찾아 투출해야 하는 중요한 이유이다.

따라서 사주팔자에서 타고난 천간의 종류와 각각의 역량을 파악하는 방
식과 기준이 필요하다. 사주팔자에서 타고난 천간의 종류는 8글자의 간지

로 나타나기에 그 분별은 어렵지 않다. 그러나 타고난 천간의 역량을 가늠하는 것은 여러가지 복잡한 과정을 거쳐 판단해야 한다. 그 첫 번째 과정이 통근과 투간을 살피는 것이다. 통근이란 하늘 기운인 천간이 땅의 기운과 감응되는 정도를 말한다. 땅의 기운과 감응하는 것은 천간이 지장간(인원용사) 속에 존재하는 동기(同氣, 같은 오행)를 찾아서 의기투합하는 것이다. 이것을 천간이 지장간의 동기에 뿌리내린다는 의미로 통근(通根)이라 한다. 천간의 기운과 同氣를 가지고 있는 지지는 방국(방합과 삼합)을 이루는 지지이다. 천간이 지장간에 뿌리를 내릴 때는 천간의 오행과 지장간의 오행이 같으면 된다. 이때 음양은 따지지 않는다.

통근의 원칙

천간이 지지에 뿌리를 내리는 것은 하늘의 뜻을 땅에서 실현하기에 가장 적합한 환경을 찾아가는 과정이다. 땅에 있는 적합한 환경은 방합과 삼합을 이루는 지지에 모여 있다. 따라서 천간의 입장에서는 뿌리내리기 적합한 땅을 고를 때 자신의 오행이 포함되는 방합무리와 삼합무리를 찾아가면 된다.

천간	오행	통근처	
		삼합	방합
甲, 乙	木	亥, 卯, 未	寅, 卯, 辰
丙, 丁	火	寅, 午, 戌	巳, 午, 未
庚, 辛	金	巳, 酉, 丑	申, 酉, 戌
壬, 癸	水	申, 子, 辰	亥, 子, 丑
戊, 己	土	辰, 戌, 丑, 未	

예를 들어 甲과 乙은 木오행에 속하므로 지지에서 목방(木方)을 이루는

寅卯辰이나 목국(木局)을 이루는 亥卯未를 찾아가면 반드시 그 속에는 甲, 乙을 반기는 인원용사가 기다리고 있다. 丙, 丁의 경우는 火오행에 속하므로 지지에서 화방을 이루는 巳午未나 화국을 이루는 寅午戌을 찾으면 된다. 庚과 辛은 金에 속하므로 지지에서 금방을 이루는 申酉戌이나 금국을 이루는 巳酉丑을 찾으면 된다. 壬, 癸의 경우 水오행에 속하므로 지지에서 수방을 이루는 亥子丑이나 수국을 이루는 申子辰을 찾으면 된다. 다만, 土오행에 속하는 戊, 己는 사고지인 辰戌丑未에만 뿌리내리는 것으로 본다.

천간이 통근함에 있어 음양의 구분은 필요로 하지 않는다. 오행이 같은 同氣만으로 충분하다.

따라서 甲목과 乙목이 음양의 구분없이 木오행의 모습으로 지지의 木방국을 찾아간다. 丙화와 丁화도 음양의 구분없이 火오행의 모습으로 지지의 火방국을 찾아 통근하고, 庚금과 辛금도 음양의 구분없이 金오행의 모습으로 지지의 金방국을 찾아 통근하며, 壬수와 癸수도 음양의 구분없이 지지의 水방국을 찾아 뿌리내린다. 다만, 戊토와 己토는 土오행의 자격으로 지지에서 사고지인 辰戌丑未를 찾아 통근한다.

이상으로 통근의 원칙을 정리하면 다음과 같다.

첫째, 천간은 지장간 인원용사에 뿌리내린다.

둘째, 천간은 오행의 모습으로 지지에서 같은 오행의 방국무리를 찾아 통근한다.

셋째, 통근에 있어 천간의 음양구분은 필요치 않다.

아래 류현진의 명식에서 연간, 시간의 자리에 있는 丁화는 시지 巳화 중 지장간 丙화에 뿌리를 내리고 있다. 천간이 지지에 통근할 때는 음양을 따지지 않고 같은 오행의 지장간에 뿌리를 내린다. 월간과 일간에 있는 癸는 지지 어느 곳의 지장간에도 동기의 오행이 없어 통근하지 못하고 있다. 상기 오성도의 재성을 나타내는 火 오행에 27은 그 오행의 역량을 나타내는 것이고, 채색된 동그라미는 통근하고 있음을 나타낸다.

〈통근 예시〉

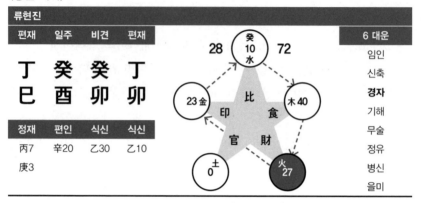

류현진			
편재	일주	비견	편재
丁	癸	癸	丁
巳	酉	卯	卯
정재	편인	식신	식신
丙7	辛20	乙30	乙10
庚3			

6 대운

임인
신축
경자
기해
무술
정유
병신
을미

지지의 투출(투간)

지지가 가지고 있는 지장간이 천간에도 있을 경우 지장간이 천간과 의기투합한다는 의미로 투출(透出) 또는 투간(透干)이라 한다. 투출은 지장간의 입장에서 붙인 말이고, 통근은 천간의 입장에서 말하는 것이라면 용어만 다를 뿐 통투(통근과 투간)의 원리는 같아야 할 것이지만, 사실은 좀 다르다. 투간의 경우는 통근과 달리 오행 同氣만이 아니라 음양까지 같은 경우에만 투간되는 것으로 보기 때문이다.

상기 류현진의 사례명식에서 연지(卯), 월지(卯), 일지(酉)는 천간에 동기의 오행이 떠 있지 않으므로 투출하지 못했다. 다만, 시지(巳)의 경우 연간과 시간의 丁화에 투출한 것으로 보일 수 있으나 음양(체용음양)이 맞지 않으므로 투출이 아니다.

14. 십이운성(十二運星)

십이운성은 천간을 지지에 대비하여 지지에 해당하는 십성의 기세나 강약을 파악하는 것이다. 구체적으로는, 일주를 기준으로 도출한 천간의 십성에 대한 상태나 정도를 측정한다. 땅을 딛고 살아가는 인간의 입장에서 이상과 생각뿐인 천간의 상징성은 구체적인 지지의 현실을 만나 역량과 생로병사가 달라진다고 본다. 그 상태를 십이운성이라는 12단계의 잣대로 계량하여 입체적이고 현실감있게 드러내는 이론이다.

십성이 오행을 일주에 대비하여 이름한 것이고 인간의 성격, 심리, 사회성, 육친 등을 나타낸 것이라면, 십이운성은 조후적 원리로 생명의 생성에서부터 소멸까지의 과정을 나타낸 것으로, 십성의 상태나 정도를 표시한 것이다. 따라서 십이운성은 십성과 함께 십성의 상태를 규정해주는 것으로 해석한다. 즉 하나의 십성에도 12단계(운성)의 상태와 정도가 있다는 것이다.

12운성은 절(絶)→태(胎)→양(養)→장생(長生)→목욕(沐浴)→관대(冠帶)→건록(建祿)→제왕(帝王)→쇠(衰)→병(病)→사(死)→묘(墓)의 12단계이다.

절(絶), 죽음의 끝에서 생명의 빛을 보다

인생의 생애주기가 완전히 끝나는 시점이면서 다시 시작되는 단계를 절이라 한다. 절운(絶運)은 막연한 상태에서 생을 준비하는 것으로 심성적으로는 지극히 내성적이며 정에 약하다. 자기 주관과 의지가 없어 거절하지 못하고 손해를 본다. 삶의 과정으로 보면 절은 더이상 내려갈 곳이 없는 밑바닥까지 추락한 상태이다. 타버린 하얀 재처럼 더 탈 게 없는 상태다. 사회적 관계망도 모두 끊어져 염치나 체면도 없다. 찾아갈 곳도 없고, 찾아주는 사람도 없다. 이전의 자아가 완전히 소멸된 단계이다. 그러나 끝이면서 끝이 아니다. 하늘의 본질은 사람을 살리는 것(생생지위역)이기에 절처(絶處)에 이르러 비로소 새로운 자아가 탄생하는 계기가 된다. 절처봉생(絶處逢生)이다. 명리학의 위대성이 여실히 드러나는 대목이다. 호랑이 소굴에 물려갈지라도 희망을 놓지 말라는 경구이다. 절처봉생이란 엔트로피 법칙을 부정하는 생명창조의 본질을 말한다. 물질계에서는 파멸에 이르는 무질서의 증가만 있을 뿐, 무질서의 극치에서 질서의 정합체로 국면이 전환되는 일은 없다. 그러나 생명의 창조과정에는 엔트로피 법칙이 부정된다. 생명의 도약을 이루는 폭발적인 힘 "엘랑비탈(elan vital)"이 작용하기 때문이다. 파멸의 끝에서 생명창조의 빛을 만난다? 이 얼마나 위대한 철학인가? 사주명리학 전체를 아우르는 단 하나의 핵심어를 고른다면 단연 절처봉생이다. 어떤 상황에서도 희망의 실마리를 찾아내는 담론이기에 더욱 위대하다. 여기에는 과학이나 미신의 개념이 비교될 여지가 없다. 사주에서 절처에 이르면 위선과 거짓을 벗고 작지만 허황되지 않은 희망을 싹 틔운다. 쥐구멍에 든 볕이 천금보다 소중하고 행복한 것임을 깨닫는 단계이다. 절-목욕-쇠의 만남은 지지의 해-묘-미 삼합과 같이 유정하다. 그러나 건록(建綠)과는 지지의 사해충과 같이 부딪침이 많다.

태(胎)

태는 정자와 난자가 만나 모체에서 잉태되는 시기이다. 생명의 창조성이 응집된 상태이다.

미래의 일이기는 하지만 이상과 포부가 충만하다. 최악의 상황에서 이제 한 고비 넘기고 희망을 꿈꾸고 있으나, 아직 형체는 나타나지 않아 실현성에 대한 우려도 있다. 심성적으로는 세상물정을 모르는 순박함으로 마음에 상처를 입기 쉽다. 온유한 품성으로 대인관계가 원만하나 신념과 도량이 부족하다. 태-관대-병이 만나면 지지의 신자진의 삼합처럼 유정하다. 그러나 제왕(帝王)과는 충의 관계로 좋은 사이가 되기 어렵다.

양(養)

양은 어머니 뱃속에서 자라는 기간이다. 하늘이 무너져도 세상의 걱정이 없다. 무슨 일이든 무리하지 않으므로 성패의 부침이 적다. 사업적으로는 서서히 준비하며 뿌리를 내리기 시작한다. 시행착오를 거듭하며 독창성을 길러 길게 승부하는 것이 유리하다. 점차 성장하는 단계를 양이라 하며 계획을 세우는 단계이다.

양-건록-사가 만나면 지지의 사-유-축 삼합과 같이 유정하다. 그러나 쇠(衰)와는 충의 관계로 궁합이 맞지 않는다

장생(長生)

장생은 모체로부터 태를 끊고 출생하는 단계이다. 새봄의 寅목과 같이 약동하는 에너지가 하늘을 찌를 기세이다. 일을 도모함에 있어 주변 여건이 호전되는 상태이다. 심성적으로는 성격이 담백하며 총명함과 순수성이 있다. 장생은 기세가 왕하여 장남과 장녀가 많다. 십이운성 중 장생-제왕-묘가 만나면 인-오-술 삼합과 같이 유정하다. 그러나 병(病)과는 충의 관계로 인연이 박하다.

목욕(沐浴)

목욕은 정신과 육체가 성장하는 시기이다. 장생으로부터 생을 받아 왕성

하게 성장하는 기운이다. 성장기적 심신의 불안정성으로 변화가 많은 시기이다. 감수성과 사교성이 뛰어나다. 친구 따라 강남 가는 성격이며 이성교제와 색정 문제로 얽히기 쉽다. 세상에 대한 호기심이 강하지만 싫증을 잘 내고 인내력이 부족하다. 감정의 기복이 심하여 사업에서도 성패의 부침이 심하다. 목욕-쇠-절과의 만남은 해-묘-미 삼합과 같이 유정하다. 그러나 사(死)와는 충의 관계로 맞지 않다.

관대(冠帶)

관대는 정신과 육체의 성장이 완성되어 사회에 나갈 준비가 된 시기이다. 자신의 가치관이 형성되어 기운이 왕성하지만 무모한 자존심으로 일을 그르칠 수 있다. 명예욕과 경쟁심이 강하여 자신을 노출하기를 좋아하지만 내로남불의 철없는 행동으로 비난을 자초하기도 한다. 건록의 성숙함으로 가는 과정의 좌충우돌이기에 시행착오도 내적 성숙의 자산이 된다. 관대는 십이운성 중 관대-병-태-가 만나면 신자진 삼합과 같이 유정한 관계를 이룬다. 그러나 묘(墓)와는 충의 관계로 궁합이 맞지 않는다.

건록(建祿)

건록은 사회에 진출하여 제 뜻을 펴는 시기이다. 성숙한 벼와 같이 고개를 숙이고 진중하며 권위가 있다. 청년의 좌충우돌을 넘어서 처세와 내공이 겸비된 상태이다. 일지에 건록이 있으면 정록귀인이라 부귀를 상징한다. 대체로 총명하며 학자형으로 나아갈 때와 물러날 때를 아는 지혜가 있다. 건록-사양이 만나면 유정하고 절(絶)을 만나면 충돌이 있다.

제왕(帝王)

　제왕은 삶의 최전성기이다. 기세의 왕성함이 제왕과 같다. 최정점의 지위에 올라 자존심과 주체성이 강하다. 솔선수범하고 신념이 강하나 의견충돌로 적을 만들기도 한다. 제왕은 보스 기질이 강해서 공명심과 의리를 강조하나 허세와 낭비가 심하다. 언제까지나 제왕일 수는 없다. 하산길이 더 위험하므로 사회적 관계에 조심해야 한다. 십이운성 중 제왕-묘-장생이 만나면 인-오-술의 삼합과 같이 유정하다. 그러나 태(胎)와는 충의 관계이다.

쇠(衰)

　쇠는 전성기를 지나 은퇴를 준비하는 시기이다. 영원히 제왕의 자리에 머물 수 있는 것이 아니다. 사물의 전개가 극에 달하면 빈드시 반전하게 된다는 물극필반(物克必反)의 단계이다. 제왕의 힘이 정점이라면 쇠는 하산길이 시작되는 기운이다. 인생의 경륜이 배어 상황을 관조하고 이해충돌을 피한다. 과거의 영광을 뒤로 하고 원숙한

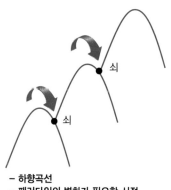

－ 하향곡선
－ 패러다임의 변화가 필요한 시점

성품과 겸허한 자세로써 내면적 성숙과 성찰을 통해 지혜가 쌓이는 시기이다. 그러나 성장을 지속해야 한다면 이전의 패러다임을 벗고 새로운 변화가 필요하다.

　쇠-절-목욕의 만남은 유정하나 양(養)과의 만남은 충돌이 있다.

병(病)

병은 사회적 영향력이 줄어들고 기력이 허약해지는 시기이다. 신체가 병약해지면 공허한 생각과 근심걱정이 많아진다. 남에게 속을 드러내지 않으며 체면을 중시한다. 연주에 병이 있는 사람은 잔병치레도 많고 살면서 큰병으로 고초를 겪는다는 속설이 있다. 병은 십이운성 중 병-태-관대가 만나면 유정하다. 그러나 장생(長生)과는 충의 관계이다.

사(死)

사는 명을 다하고 죽음에 이르는 시기이다. 병이 들면 죽는다. 움직임이 멈춘다. 육신이 따라주지 않지만 세상을 달관하여 영혼이 맑은 상태이다. 오행의 金氣運이 수렴을 거쳐 저장과 휴식의 단계인 水로 들어가는 형국이다. 사는 침착하고 말수가 적어 활인업 등의 재능을 보이기도 한다. 십이운성중 사양-건록이 만나면 유정하다. 그러나 목욕(沐浴)과는 충돌이 있다.

묘(墓)

묘는 죽어서 땅으로 돌아가는 시기이다. 육체는 죽고 영혼만 살아 있는 상태이다. 오행의 水氣와 같이 모든 것을 수렴하고 저장하는 기운이다. 구두쇠로 움켜쥐기만 할 뿐 베풂이 적다. 매사를 꾸준히 준비하여 계획적이며 탐구심도 강하다. 새로운 일을 시작하기보다 기존의 상황을 잘 정리하는 특성으로 학자, 종교인 등의 성향을 보인다. 묘-장생-제왕이 만나면 합이 잘 이루어 지나 관대(冠帶)와는 궁합이 맞지 않는다.

양포태, 음포태

12운성은 『자평진전(子平眞詮)』[84]에서 장생, 목욕 등의 12운성에서 陽(천간)은 뭉치는 속성으로 順行하고, 陰(천간)은 흩어지는 속성으로 逆行한다고 했다. 각각의 천간이 12지지에 유행하여 생왕묘절의 관계를 맺는다고 함으로써 생왕묘절은 십천간의 라이프 사이클임을 설명하고 있다.

또한 陽이 生하는 곳에서 陰이 死하고 음양이 서로 교환되는 것은 자연의 이치라고 하여 甲목이 生하는 곳에서 乙목은 死하고 乙목이 生하는 곳에서

〈십이운성표(자평진전)〉

	갑 (甲)	을 (乙)	병 (丙)	정 (丁)	무 (戊)	기 (己)	경 (庚)	신 (辛)	임 (壬)	계 (癸)
長生	亥	午	寅	酉	寅	酉	巳	子	申	卯
沐浴	子	巳	卯	申	卯	申	午	亥	酉	寅
冠帶	丑	辰	辰	未	辰	未	未	戌	戌	丑
建祿	寅	卯	巳	午	巳	午	申	酉	亥	子
帝王	卯	寅	午	巳	午	巳	酉	申	子	亥
衰	辰	丑	未	辰	未	辰	戌	未	丑	戌
病	巳	子	申	卯	申	卯	亥	午	寅	酉
死	午	亥	酉	寅	酉	寅	子	巳	卯	申
墓	未	戌	戌	丑	戌	丑	丑	辰	辰	未
絶	申	酉	亥	子	亥	子	寅	卯	巳	午
胎	酉	申	子	亥	子	亥	卯	寅	午	巳
養	戌	未	丑	戌	丑	戌	辰	丑	未	辰

84 子平眞詮 干支論, 양주취이진위진고주순陽主聚以進爲進故主順 음주산이퇴위퇴고주역陰主散以退 爲退故主逆 차장생목욕등항소이유양순음역지수야此長生沐浴等項所以有陽順陰逆之殊也 매간류 항어십이지지월每干流行於十二支之月 이생왕묘절우유일정而生王墓絶又有一定 양지소생즉음지 소사陽之所生卽陰之所死 피차호환자연지운야彼此互換 自然之運也.

甲목은 死한다고 했다. 곧, 양생음사 음생양사의 논리다. 이러한 논리의 근거는 양간(甲)과 음간(乙)의 속성을 氣와 質로 규정하여 그 성격의 차이를 단정한 것이다. 양생음사 음생양사의 이론에 의한 12운성을 정리하면 앞의 표와 같다.

16. 왕상휴수사(旺相休囚死)의 이해

왕상휴수사는 주관오행의 강약을 계절에 따라서 5단계로 가늠하는 척도이다. 즉, 일주가 주관오행으로서 시령을 타는 것을 旺이라 하는데, 사주에서 월지가 태어난 계절이므로 일주의 강약을 월지에 대비하여 일컫는 말이다. 목오행의 일주가 봄에 태어났다면 목기(木氣)가 旺한 것과 같다. 목기는 화기(火氣)를 만나 불타고 재가 되면, 더이상 일이 없이 한가로운 휴(休)의 상태가 된다. 木氣는 수기(水氣)에 의거하여 생왕하니 군왕(君王)이 목기라면, 군왕을 지탱해주는 재상(宰相)의 지위가 水이다. 따라서 일주 오행 木에 대하여 월지오행이 水이면 상(相:재상)이라 한다. 木은 土를 剋하여 뿌리가 땅속으로 뚫고들어가 갇히므로 수(囚)라고 하는 것이며, 월지오행이 금이면, 일지오행 목을 剋하므로 죽는다는 의미의 사(死)라고 한 것이다.

생월 일주	봄 인묘진월	여름 사오미월	가을 신유술월	겨울 해자축월	환절기 진술축미
木(갑, 을)	왕(旺)	휴(休)	사(死)	상(相)	수(囚)
火(병, 정)	상(相)	왕(旺)	수(囚)	사(死)	휴(休)
土(무, 기)	사(死)	상(相)	휴(休)	수(囚)	왕(旺)
金(경, 신)	수(囚)	사(死)	왕(旺)	휴(休)	상(相)
水(임,계)	휴(休)	수(囚)	상(相)	왕(旺)	사(死)

　　왕상휴수사는 12운성으로 발전하는 전단계로 인식하고 있으나 약간의 차이가 존재한다. 왕상휴수사는 오행 vs 오행의 관계성으로 주관오행의 강약을 나타내는 척도라면, 12운성은 천간 vs 지지의 관계성으로 천간의 생왕묘절을 12단계로 규정한 것이기 때문이다. 따라서 일주를 중심으로 본다면 왕상휴수사와 12운성의 원리는 비슷하다는 공통점이 있다. 그리고 왕상휴수사가 오행의 범주에서 강약을 따지는 것이라면, 비식재관인(비견, 식상, 재성, 관성, 인성)은 십성(十星)의 범주에서 관계성을 살피는 것이다. 따라서 사주를 일주 중심으로 십성과의 관계성으로 통변하는 신법사주에서는 굳이 왕상휴수사를 적용할 필요가 없다고 본다.

17. 사주명리학의 하이라이트 십성(十星)

　　우주는 시간과 공간의 합일체이다. 음양과 오행의 결합체이기도 하다. 태극에서 발생된 음양은 다시 오행으로 분화되고 이들 사이에 생명에너지가

유행하여 창조활동이 이루어진다. 우주의 이러한 섭리를 인격화하여 우리는 易이라는 상징(象徵)체계로 인간의 삶을 해석한다. 인간 언어의 한계성으로 우주의 무한함을 나타내는 상징의 체계를 빌어왔는데 이제 그 상징체계를 인간의 다양한 삶으로 재해석하는 단계가 십성이다.

　인간의 자연격(格)인 소우주(인간)는 사주팔자라는 우주적 질료로 구성된 생명에너지가 유행하여 삶이 유지된다. 소우주인 인간이 대우주의 생명원리를 공유하고 있다면 상징체계를 인간의 삶으로 해석하는 기준이 필요할 것이다. 그것이 십성이다. 지금까지 살펴본 오행이 우주에서 유행하고 있는 우주에너지의 흐름체계를 정리한 것이라면, 십성은 같은 원리를 인간에 적용하여 인간의 생명에너지가 유행(流行)하는 원리를 정리한 체계를 말한다. 따라서 십성은 인간의 생명에너지의 흐름을 파악하여 인간의 삶을 둘러싸고 일어나는 여러가지 현상들을 개념화하려는 인식틀이다. 각자의 사주를 십성으로 변환하여 인간의 언어로 해석할 때 비로소 우주의 이야기는 인간의 이야기로 차원전이를 한다.

　나의 생명에너지는 어떤 질료로 이루어져 있으며, 그 역량은 얼마나 되는지, 그리고 사람관계를 풀어가는 나의 심리적 성향이 어떠하며, 사회 속에서 나는 어떤 꿈을 꾸고, 어떻게 실현하려 하는지 등등에 대한 내용을 나의 생명에너지의 흐름으로 파악하기 위한 사유의 틀로서 만들어놓은 것이 십성이다.

　십성은 십천간의 관계를 일주를 중심으로 규정한 것이다. 따라서 일주가 없는 십성은 없는 것이며, 일주 대비 지지의 관계 또한 십성이 될 수 없다. 시중의 사주프로그램에서 일주 대비 지지의 관계에서도 십성을 규정하고 있으나, 이것은 단순히 일주대비 지장간 주기의 관계성으로 십성을 계산한 것이기에 완전하다고 할 수 없다. 지장간에는 주기만이 아니라 객기가 섞여 있기 때문이다. 따라서 일주 대비 지지의 관계에서 십성을 도출해 낼 경우에는 지지속의 천간인 인원용사가 모두 나서야 한다.

십성은 사주명주의 잠재능력, 심리적 특성과, 행동특성 육친 등의 사항을 함축하고 있다. 십성(十星)은 복잡한 사주의 체계를 10개의 특성으로 재분류함으로써 가독성(可讀性)을 높인 것이다. 사주는 50만 가지가 넘고, 대운과 세운 등의 변화요인을 감안하면 우모(牛毛)보다 많은 경우의 수가 나온다. 십성이 아니라면 이를 어찌 사람이 인식할 수 있을 것인가? 참으로 편리하고 지혜로운 독법에 틀림없다. 그럼에도 십성은 변해가는 시대상을 반영하지 못한 낡은 이론체계라는 비판을 받기도 한다. 사주의 이론이 만들어진 옛날 봉건사회의 유교적 통치이념과 가치가 그대로 반영되어 있기 때문이다. 그 당시에는 벼슬(官)로 상징되는 입신양명이 자기실현의 최대가치였으며, 폐쇄적 사회였기에 친족간의 관계가 매우 중요했다. 또한 사회적으로는 신분의 귀천과 남녀의 차별이 당연시되는 시대였다. 개인보다는 왕조의 존엄과 가치가 우선시되고, 여자보다는 남자가, 民보다는 官의 가치가 존중받는 소위 억음존양(抑陰尊陽)의 시대이다. 따라서 십성에는 이러한 시대적 사상과 가치기준이 그대로 반영되어 있다. 현대에는 오히려 튀는 개성이 삶의 가치와 방식을 주도하고 있다. 이 시대 10년의 변화는 과거 1000년의 변화를 압도한다. 십성의 이론체계도 이제 시대적 가치를 반영한 담론이어야한다. 따라서 사길신(四吉神)[85]이나 사흉신(四凶神)[86] 등은 이제 더이상 긍정

---

85 십성 중 나쁜 역할을 하는 것으로 해석하는 4가지로 재관인식(재성, 정관, 정인, 식신)을 말한다.
86 십성 중 좋은 역할을 하는 것으로 해석하는 4가지로 살상겁효(편관, 상관, 겁재, 편인)을 말한다.

이나 부정적 가치로 획일화하지 않는다. 사주의 모든 요소는 개인의 개성과 삶의 가치에 소중하게 쓰이도록 하늘이 부여한 것이기 때문이다. 관과 민, 남자와 여자, 직업의 귀천의 차별은 이미 우리 시대의 논쟁거리가 아니다.

십성은 비겁, 식신, 재성, 관성, 인성 등 오성의 통합적 개념으로 먼저 이해하고, 각각의 오성을 다시 正/偏으로 구분하여 그 차이점과 특성을 이해하는 방식이 효과적이다.

오성	십성	정의
비겁	비견(比肩)	일주와 오행과 음양이 같은 천간
	겁재(劫財)	일주와 오행은 같고 음양이 다른 천간
식상	식신(食神)	일주가 生하는 오행으로 음양이 같은 천간
	상관(傷官)	일주가 生하는 오행으로 음양이 다른 천간
재성	편재(偏財)	일주가 剋하는 오행으로 음양이 같은 천간
	정재(正財)	일주가 剋하는 오행으로 음양이 다른 천간
관성	편관(偏官)	일주를 制하는 오행으로 음양이 같은 천간
	정관(正官)	일주를 制하는 오행으로 음양이 다른 천간
인성	편인(偏印)	일주를 化하는 오행으로 음양이 같은 천간
	정인(正印)	일주를 化하는 오행으로 음양이 다른 천간
※ 일주(日主)		일주(일간)는 주관자로서 십성을 규정하는 기준이므로 일주 자체는 십성으로 변하지 않는다.

오성이 정편으로 구분된 십성(十星)

십성은 사주팔자의 음양오행을 일주를 기준으로 재편해놓은 다섯 개의 인생질료(오성)가 정·편으로 나뉘어 열 개로 구분된 것이다. 하나의 오성에도 일주와 음양이 같은 것과 다른 것이 있는데, 같은 것은 편(偏)이라 하고, 다른 것은 정(正)이라 한다. 소위 음양의 조화를 이루는 것에 가치를 두어 이름을 붙인 것이다. 어떤 의미적 특성(잠재능력)을 오성이라 한다면 그 특성을 구현하는 방식이나 방향이 정·편으로 나뉘어 열 개로 구분된 것이 십성이다. 따라서 오성과 정편의 관계는 같은 범주, 다른 방향의 관계이다. 십성을 개별적으로 이해하는 방법도 있지만, 正·偏의 구분을 통하여 이해하는 것은 그 본질을 이해하는 수단이 된다.

正·偏의 구분은 글자 그대로 포지티브 방식과 네거티브 방식을 구분하는 개념이다. 재미있는 것은 재성과 관성, 인성은 모두 정편으로 구분하는 반면, 비겁과 식상의 경우 정편으로 구분하지 않고 비견/겁재, 식신/상관으로 구분하는 것이다. 구분만이 아니라 의미 또한 비견과 식신은 正(Positive)의 개념이고, 겁재와 상관은 偏(Negative)의 개념이다. 오성을 다시 正偏으로 구분할 경우 그 내용은 아래의 표와 같다.

오성	잠재능력(비겁, 식상, 재성, 관성, 인성)	
정 · 편 구분	正(Pusitive)	偏(Negative)
	겁재, 상관, 정재, 정관, 정인	비견, 식신, 편재, 편관, 편인
구현 방식	보편적 가치	예외적 가치
	제도권 활동	비제도권 활동
	점진적 접근	급진적 접근
	고정적 가치	변동적 가치
	수성적 성향/내성적	공격적 성향/외향적
구현 방식	티끌모아 태산(저축성)	일확천금(투기성)
	보수적 가치	개혁적 가치
	정례적 활동	비정례적 활동
	자율적 태도	타율적 태도
	정통성 가치	다양성 가치

비겁(비견과 겁재)

비겁은 비견과 겁재를 합쳐서 부르는 말이다. 고서에서는 겁재를 특별히 양인(羊刃), 또는 겁(劫)이라 표현하고 있다. 비겁은 바로 나라는 정체성 또는 주체성에 관한 이야기이다. 따라서 키워드는 주체형, 체면, 추진력, Identity이다. 자기의 주체의식이 강하고 어질고(仁) 사람관계를 중시한다. 자의식이 강한 비겁(比劫)은 비겁(卑怯)한 짓을 못한다. 이기적이고 약삭빠른 행동을 경멸한다. 비겁은 기본적으로 자기 자신의 내적 에너지가 충만하므로 자신감과 의욕이 넘친다. 의리(義理)를 중시하여 불의와는 타협하지 않고 자신의 고통을 감수하면서도 올바름을 주장한다. 모험이나 투쟁도 서슴치 않는 강골기질이다. 체면을 중시하여 용기가 넘쳐 아부하는 것을 싫어하고 진취적이다. 하지만 비겁은 지나친 의욕이나 과신으로 아집과 독선에 빠지기 쉬우며 남들을 무시하거나 오만한 태도를 보일 수 있다. 또한 자기주장이 강하여 타인을 포용하고 타협하는 미덕이 부족할 수 있다.

	일주의 오행과 같은 오행의 천간(지장간)		
비겁	**주체형 체면, 추진력 Identity**	심리적 특성	의리, 혁신적, 독립심, 자존심, 경쟁심, 영웅심, 독선, 집념, 오만
		사회적 특성	개척, 자수성가, 자영업, 전문직, 프리랜서, 독불장군
		육친관계	형제, 자매, 친구, 동료, 경쟁자
비견		일주와 음양이 같음	외유내강, 극기, 기록경기,
겁재		일주와 음양이 다름	외강내유, 극인, 경쟁경기

비겁의 심리적 특성은 혁신적, 독립심, 자존심, 경쟁심, 영웅심, 독선, 집념, 오만이다.

사회적 관계성은 주체성 즉 개성과 독립심이 강하므로 비겁을 지닌 사람은 자기를 누가 지배하는 것을 생리적으로 싫어하고 독립적, 자율적인 자기의 길을 개척해나간다. 또한 혁신적 사고와 새로운 것에 대한 도전의식이 강하며 개척심, 추진력으로 자신만의 가치를 창출해내는 능력이 탁월하다. 따라서 팀웍을 전제로 하는 일보다 독립적, 자율적으로 하는 일에 적성을 보인다. 자기주장이 강한 만큼 일에 대한 책임성도 강하나, 너무 독선적이어서 불화와 분쟁을 야기하기 십상이다. 비겁의 아집과 오만은 주위에 사람이 모이지 않아 인덕이 부족하고 고독할 수 있다. 또한 타인을 믿지 않고 의심을 많이 하는 경향이 있다. 비겁은 재성을 공격하는 힘으로 재물을 겁탈한다는 의미로 비겁이 겹치면 서로 다투어(군겁쟁재[87](群劫爭財)) 재물이 흩어진다. 따라서 신뢰와 정확성이 필요한 동업이나 협업은 금물이다. 그러나 같은 재격이라도 득비리재(得比利財)[88]의 사주는 동업이나 협업이 좋게 작용한다.

육친적으로는 형제, 자매, 동료, 경쟁자 등이다.

오성을 달리는 자동차에 대비해보면 비겁은 당연히 자동차의 차주(車主)이자 운전자라 할 수 있다.

일주와 음양이 같으면 비견이다. 비견은 내면으로 향하는 에너지가 더 강하다. 따라서 외유내강형이고 자기와의 싸움에 능하여 육상 등의 기록경기 운동선수와 같은 성향을 가진다.

일주와 음양이 다르면 겁재이다. 겁재는 비견과 달리 외부로 향하는 에너지가 더 강하다. 따라서 내유외강형이고, 남에게 지고는 못 사는 사람이다. 경쟁으로 쟁취하는 승부욕이 강하다.

---

87 사주에서 비겁이 왕하고 재성이 약한 것을 말한다. 사주에서 식상이나 관성의 발현이 적은 것이 전제가 되며 군비쟁재(群比爭財)라고도 한다.

88 사주에서 비겁이 약하고 재성이 왕한 것을 말한다. 군겁쟁재의 상대적 개념이다.

식상(식신과 상관)

식상은 식신과 상관을 합쳐서 부르는 말이다. 식상의 키워드는 재능형, 실행, 진보, Creativity이다. 식상은 일주가 生해주는 생명에너지이다. 일주가 어머니라면 자식에 해당한다. 어머니로부터 생명과 복록을 풍부하게 받아 의식주가 풍부하고 예의바르며(禮) 명랑하다. 식상은 같은 음식이나 사물이 되풀이 되어 물리거나 싫증난다는 의미이기도 하다. 식상은 마음이 너그럽고 풍류를 즐기며 자유분방한 삶을 추구한다. 다재다능하고 끼가 많아 대중을 대상으로 자기를 표현하는 것에 익숙하다. 식신은 예술적 감수성이 뛰어나 고루하지 않고 창의적이며 진보적이다. 약한 자에게 약하고 강한 자에게 한없이 강한 휴머니스트요 자유인이다.

식상	재능형 실행, 진보 Creativity	일주가 生하는 오행의 천간(지장간)	
		심리적 특성	활동성(Activity), 창의성(Creativity), 표현력(Expression), 진보성, 기획력, 신바람(끼), 예술적 감수성, 오지랖
		사회적 특성	활동(일), 예술, 문화, 봉사, 유통, 사회사업
		육친관계	여명의 경우 자식, 남명의 경우 장모
식신		일주와 음양이 같음	창의력, 기획력, 예술적 감수성, 내적에너지 충만
상관		일주와 음양이 다름	활동성, 표현성, 신바람, 오지랖, 외적에너지 충만

반면 상관은 외향적 성격으로 숨기는 것을 못한다. 의사표현이 꾸밈이나 여과없이 바로 표출되므로 다툼의 소지가 있으나 뒷끝이 없다. 귀가 얇고 호기심이 강하여 이일 저일 참견하기를 좋아한다. 발랄한 성격으로 구속이나 간섭받는 것을 싫어하고 법질서, 도덕 등을 대수롭지 않게 여긴다. 즉 타인

을 의식하지 않고 자신이 하고 싶은 대로 하는 기분파이다. 시작이 반이라고 이것저것 시도는 쉽게 하나 의지가 박약하고 게을러서 큰 일을 도모하기에 힘이 부족하다. 그래서 개인적으로는 명분에 얽매여 융통성이 부족하고 실속이 없다.

사회적으로는 순발력이 요구되는 운동선수, 아나운서, 정치인에 식상이 많다. 또한 끼가 있고 언변이 뛰어나 대중적 인기를 먹고 사는 가수, 연예인, 예술계 등에도 어울린다.

달리는 자동차에 대비해보면 식상은 가속장치인 엑셀레이터에 해당한다.

일주와 음양이 같으면 식신이다. 식신은 상관에 비하여 끼와 에너지가 내면으로 향한다. 따라서 창의력, 기획력, 예술적 감수성이 뛰어나고 특정분야의 전문인, 내공이 깊은 기예인의 모습이다. 반면 일주와 음양이 다른 상관은 외향적이고, 사교적이다. 진보적 성향으로 정의감이 있고, 사회적 신념을 관철하는 자기표현이 강하다.

재성(편재와 정재)

재성은 편재와 정재를 합쳐 부르는 말이다. 재성의 키워드는 재물형, 쟁취, 욕심, Business이다. 재성은 비겁이 剋하는 오성으로 먹고 살기 위한 財的(Business) 기운을 말한다. 비겁이 재성을 剋하는 것은 재성의 氣를 약화시키기 위해서가 아니라 財를 취하려는 적극적인 행위인 것이다. 재성은 비겁의 剋작용과 식상의 生작용을 통하여 새로운 생명에너지로 만들어진다. 이렇게 만들어진 생명에너지는 관성과 인성을 순차적으로 생조한 후 다시 비겁으로 유입됨으로써 자아실현을 이루는 것이다. 이것이 오성의 生-剋/制-化 생명작용이다.

			일주가 훼하는 오행의 천간(지장간)
재성	**재물형, 쟁취, 욕심, Business**	심리적 특성	축재성, 쟁취, 실속주의, 실용성, 절약, 욕심, 인색
		사회적 특성	Business(사업성), 무역업,금융업, 유통업, 외교관, 주식, 투자, 복권
		육친관계	남녀 공히 아버지, 남명의 경우 배우자
편재		일주와 음양이 같음	성취지향(High risk, high return)
정재		일주와 음양이 다름	안정지향(Low risk, low revenue)

심리적 특성은 이기주의, 축재성, 실속, 사업, 실용성, 계산적, 이성적, 쟁취성, 욕심 등이다.

사회적 관점으로는 글자 그대로 재물을 상징한다. 재성의 양태도 호구책의 수준에서부터 일확천금의 횡재에 이르기까지 그 스펙트럼이 매우 넓다. 陽일간이거나 편재의 경우는 비정형적이고 불가측적인 재물운에 가깝고, 陰일간이거나 정재의 경우는 소소하지만 비교적 안정적인 재물운으로 본다. 재성이 있는 사람들의 심리적 특성은 재물욕이 강하다. 재물의 양태도 다양하듯 재물을 추구하는 사람들의 심리적 특성도 매우 다양하다.

일주와 음양이 다른 정재는 티끌모아 태산형으로 매우 근면성실하고 환경에 순응하는 타입이다. 다소 소심한 성격이라 확실하지 않으면 일을 벌이지 않는다. 현란한 세속적 가치에 휘둘리지 않고 위기에 대비하여 재물을 축적한다. 절약이 몸에 배어 인색하다는 평을 듣지만 결정적인 순간에는 큰 돈을 쓰며 기여를 한다. 이들의 심리적 특성은 성실, 인색, 절약, 정직, 꼼꼼함, 철두철미, 부지런함이다.

편재는 일주와 음양이 같은 것이다. 양일간(陽日干)의 편재는 역마성분으로 유동의 재물이므로 직장생활보다는 움직임이 많은 직업에 해당한다. 재물운에 있어서도 매우 드라마틱하다. 편재는 수단과 방법을 가리지 않고 이익과 생존을 위해서 개척하고 쟁취하여 획득하려는 유동의 재물이다. 편재성분은 정재성분과 다른 점이 많다. 대체로 직장생활보다는 자유업을 선호하며 한 군데 얽매이기보다는 자유스런 활동이 보장된 일을 하는 경우가 많다. 편재는 무역업, 금융사업, 대중유통업, 재정계통에 적합하고, 외교관 등의 직업도 길하다.

육친적으로 재성은 남자의 경우 처를 의미하며, 비육친적으로는 사회적 관계로 맺은 이해그룹으로서 일간의 통제/관리가 필요한 대상이다. 일간이 오케스트라의 지휘자 입장이라면 단원, 연주자 등이 재성이다. 회사의 CEO라면 임직원, 고객 등이 재성이다. 남녀공히 아버지가 재성이다.

달리는 자동차에 대비해보면 재성은 화물(Load, 짐, 욕심) 등에 해당된다.

관성(편관과 정관)

관성은 편관과 정관을 합쳐 부르는 이름이다. 고서에서는 정관을 관(官)이라 하고, 편관은 살(殺)이라 줄여서 표현한다. 편관에 대한 부정적인 생각이 반영된 것이다. 관성의 키워드는 권위형, 명예, 보수, Honor이다. 일주와 음양이 같은 편관은 명예와 신용을 중히 여기는 인격자로서 자신을 통제하는 국가사회의 체제에 익숙하다. 악법도 법이라며 규제를 따르고 조직과 규범에 길들여져 자신의 안녕을 도모한다. 그래서 官星은 조직의 매너리즘에 익숙하고 복지부동하는 관성(慣性)이기도 하다. 나를 규제하는 사회규범으로 윤리도덕이고 법률의 수용성이 높다. 그러므로 관성은 정직하고 솔선수범형이 많다.

편관은 공권력으로 통제하는 힘을 상징하므로 권위와 위엄이 있다. 군인, 경찰, 정계, 관계 등에 적성이 있다. 정관은 일간을 기쁨으로 음양이 다르고 일간을 극하는 오행이다. 명예와 관직을 탐하는 면에서는 편관과 비슷하지만 편관에 비해 안정성이 높다. 조직지향적인 정관은 선비적 절제와 자기과시에 능하며 신분상승을 위해 고군분투한다. 제도와 시스템으로 짜여진 조직에서 서로가 협동심을 요구하는 분야에 역량을 발휘한다.

십신에 정(正)자가 붙는다는 것은 음양이 조화로워 활동범위가 좁고 안정적이라는 이야기다. 정관의 키워드는 건강, 보수이다. 정관은 일상이 규칙적이다. 전통사회에서는 입신양명의 상징이기도 했다. 안정적인 관직에서 출세하는게 최고였기 때문이다. 정관은 권력과 명예를 향해 최선을 다하고 자기절제도 강하다. 관성은 자기를 훼(극기복래 克己福來)하는 힘이기 때문이다.

관성	권위형, 명예, 보수 Honor	일주를 制하는 오행의 천간(지장간)	
		심리적 특성	권위성, 모범, 명예, 과시욕, 건강, 보수.學(스승으로부터 배우는 공부)
		사회적 특성	Honor / Power, 공무원, 군인, 경찰, 정계, 관계 제도와 시스템으로 짜여진 대기업,
		육친관계	남명의 경우 자식, 여명의 경우 남편
편관		일주와 음양이 같음	타율적 시스템 (법, 사회적규범도덕)의 수용성
정관		일주와 음양이 다름	자율적 시스템(목표, 신념, 계율)의 수용성

관성은 남자에게는 자식이고, 여자에게는 남편이다. 사회적 관계에서 맺어지는 인간관계 중 일간이 통제를 받거나 단련을 받는 사람들을 포함한다.

달리는 자동차에 대비하면 관성은 제동장치인 브레이크에 해당된다. 기존의 명리이론에서 관성은 비겁을 훼하는 역할로 인식하고 있으나, 여수명리에서의 관성은 비겁을 制로써 더욱 강하게 하는 에너지로 인식한다. 자동차의 브레이크도 형식적으로는 제동장치이지만 실질적으로는 제2의 가속장치로 인식하는 이치다. 브레이크 없는 엑셀러레이터는 존재할 수 없기 때문이다.

인성(편인과 정인)

인성은 일주를 化해주는 오행으로, 편인과 정인을 아우르는 통칭이다. 고서에서 편인은 어미를 잡아먹는다는 올빼미 효(梟)로 표현하고 있다. 키워드는 탐구형, 학문, 안정, Authenticity이다. 육친적으로는 편인, 정인을 가리지 않고 어머니를 상징한다. 참고 기다려주는 어머니의 너그러운 마음이다. 따라서 印星은 人性이요, 引性이고, 忍性이며 仁性이다. 9부 능선을 넘어야 반쯤 왔다고 생각하는 사람이다. 인성을 인수(印綬)라고도 한다. 수(綬)는 벼슬자리에 임명될 때 임금으로부터 받은 관인(Authority)을 몸에 지니기 위한 도장끈을 말한다. 官印은 국가의 권위가 위임되는 官認이기에 인허가, 문서, 계약, 자격증, 유산 등의 유형의 가치를 의미한다.

일주와 음양이 다른 정인의 심리적 특성은 인내력, 자비로움, 학문, 지혜, 덕망 등을 의미한다. 자질이 온후하고 예의바르며 품위가 단정하다. 인성이 있는 사람은 준비성이 철저하다. 스스로 근원적인 원리를 터득(習)하여 내공을 깊이하는 체질이다. 실천의지와 결단력이 강하다.

		일주를 化하는 오행의 천간(지장간)	
인성	탐구형 학문, 안정 Authenticity	심리적 특성	정통성, 학문, 덕망, 인내력, 지혜, 習(스스로 익히는 공부)
		사회적 특성	학자, 교육자, 문화계, 연구계통, 자선사업, 종교계, 부동산 등 유형의 가치
		육친관계	어머니, 조상
편인		일주와 음양이 같음	비제도권적 취향, 판단력, 융통성
정인		일주와 음양이 다름	제도권적 취향, 정통성, 인내력

사회적 관점으로는 학자, 교육자, 문화계, 교육계통, 자선사업에 적합하다.

일주와 음양이 같은 편인은 정인과 심리적 특성 등이 대동소이 하나 활동적이고 낙천적이며, 같은 학문이라 하더라도 정인에 비해 형이상학적이며 남들이 잘 연구하지 않는 신비적인 영역에 몰두하는 기인의 모습이다.

정인이 고지식한데 비해 편인은 판단력(눈치)과 융통성이 뛰어나다. 달리는 자동차에 대비하면 인성은 연료에 해당한다.

18. 오성으로 보는 육친관계

육친(六親)을 구성하는 기본은 부모-자식의 관계이며, 오성도에서는 일주-재성-관성의 삼각구조이다. 음양이 서로 교합하면 생명을 창조하는 것과 마찬가지로 인간관계에서도 남자와 여자가 만나 자식을 낳음으로써 비로소 육친의 관계가 시작된다. 오성에서 일주가 나(남자)라고 하면 일주가 剋하는 재성은 처(妻)가 된다. 그리고 처가 자식을 생산하면 재생관이므로 그 자식은 비겁을 制하는 관성이 된다.

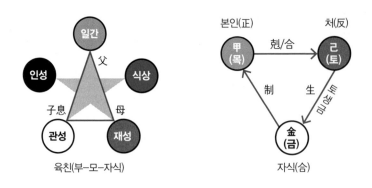

육친(부-모-자식)   자식(合)

그런데 남자는 왜 처(妻)를 剋하는 관계이고, 자식은 왜 아버지를 制하는 관계가 될까? 그 이유는 천간합의 원리에서 찾을 수 있다. 천간합은 상극관계의 음과 양이 만나 생명을 창조하는 원리이다. 헤겔이 말하는 변증법과 같이 正과 反이 合으로 통일되는 과정을 반복하며 역사가 발전하는 이치와 대비할 수 있다. 예를 들면, 甲己合土의 경우 甲(木/陽)과 己(土/陰)가 결혼(合)하여 새로운 가정(土)을 이룰 때 甲목은 陽으로서 아버지에 해당하고, 己토는 陰으로서 어머니에 해당한다. 어머니(土)는 자식(金)을 낳는다. 土생金이다. 따라서 金은 어머니(土)가 낳은 자식에 해당하고, 아버지의 입장에서 보면 金(자식)은 아버지(木)을 制하는 관성의 관계가 된다. 요약하면, 육친관계의 시작은 나와 처와 자식의 관계가 정립되므로써 비롯되는 것이다. 남자의 경우 나는 처를 剋하는 관계이고, 자식은 나를 制하는 관계이며, 여자의 경우 남편은 나를 制하는 관계이고 자식은 내가 生하는 관계이다. 갑기합의 경우를 예시하였지만, 이러한 관계는 을경합, 병신합, 정임합, 무계합의 경우에도 마찬가지이다.

육친관계의 기본인 부-모 지식외 관계가 정립되고 나면 나머지 육친관계는 혈연관계와 인척관계로 따져가면 쉽게 이해할 수가 있다.

먼저 남자의 입장에서 혈연관계로 보면, 나를 낳아준 사람이 어머니이므로 인성이 어머니에 해당한다. 처의 혈연관계인 인척관계로 보면, 재성(처)

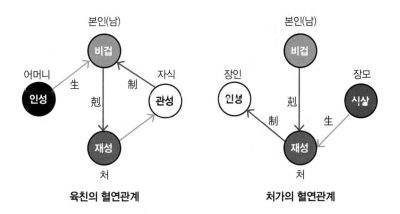

육친의 혈연관계   처가의 혈연관계

을 낳은 것이 식상이니 식상은 장모가 된다. 그리고 재성(처)이 制하는 것이 인성이니 인성은 장인이 된다.

여자의 입장에서 혈연관계를 보면 나를 낳아준 사람이 어머니이므로 인성이 어머니다. 내가 낳은 사람이 자식이므로 식상이 자식이다. 그리고 나를 制하는 사람이 남편이므로 관성이 남편이다.

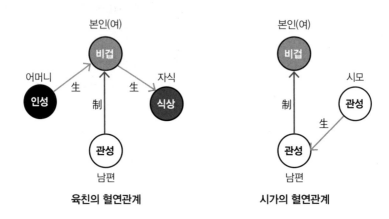

육친의 혈연관계　　　　　**시가의 혈연관계**

나와 아들을 중심으로 육친관계를 보면 관성인 자식이 낳은 사람이 손자이므로 인성이 손자이다. 나와 딸을 중심으로 육친관계를 보면 관성인 자식(女)을 制하는 사람이 사위이므로 식상이 사위가 된다. 그리고 재성인 처가 制하는 사람이 장인이므로 인성이 장인이기도 하다.

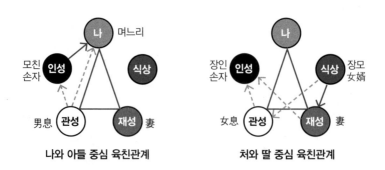

나와 아들 중심 육친관계　　　　**처와 딸 중심 육친관계**

부-모-자식의 삼각구도로 이루어지는 육친의 성립원리를 좀더 확장하면 내 주변의 모든 사람을 오성의 관계로 정리할 수 있다.

오성	육친(대인관계)	비고
나(비겁)	형제자매, 동료	동업자, 경쟁자
식상	여자에게는 자식	남자에게는 장모
재성	남자에게는 처, 이성 친구	사회적 관계에서 맺은 이해그룹 중 내가 통제 또는 剋하는 대상을 포함. 직원, 학생 등
관성	남자에게는 자녀, 여자에게는 남편	사회적 관계에서 맺은 이해그룹 중 나를 剋하는 대상을 포함. 직장상사, 선생님, 투자자, 감독관 등
인성	남녀 공히 어머니	남자에게는 장인

오성도로 보는 육친론은 실제 존재하는 육친관계를 왜곡하는 경우가 발생한다. 즉, 어머니나 아버지 없이 세상에 태어난 사람은 없을진대, 오성의 관계에서는 어머니에 해당하는 인성이 없거나 아버지에 해당하는 재성이 없는 사수는 얼마든지 존재한다. 이런 경우 어머니나 아버지와의 인연이 박한 것으로 해석할 수도 있으나, 이런 경우에는 궁위이론으로 보완하면 될 것이다.

궁위이론(宮位理論)이란 사주를 조상궁, 부모궁, 배우자궁, 자식궁 등으로 나누어서 살펴보는 것이다. 일반적으로 년주는 조상궁이라 하고, 월주를 부모궁, 일주를 본인과 배우자궁, 시주를 자식궁으로 본다.

19. 사주의 강약(强弱)

　사주 분석에 있어서 가장 먼저 판단할 것은 사주의 강약을 분별하는 것이다. 사주의 주인공인 일주의 역량이 강한지 약한지를 분별하는 것이다. 일주세력이 강하면 신강사주라 하고, 일주세력이 약하면 신약사주라 한다. 세력이란 속성으로 구분한 무리의 역량을 말하는 것으로, 일반적으로는 인비(인성+비겁)세력과 식재관(식상+재성+관성)세력을 말한다. 두 세력을 비교하여 인비세력이 강하면 신강사주라 하고, 식재관세력이 강하면 신약사주라 한다. 인성은 일주를 보강(補强)하는 것이기에 일주와 같은 세력으로 본다. 반면 식신은 일주의 역량을 설기(泄氣)하고, 재성과 관성은 일주가 극제(克制)하는 관계이기 때문에 일주의 역량을 설기하는 세력으로 구분한 것이다.

　임철초 선생의 『적천수천미』에서 일주(비겁)가 旺한데 인성(印綬)까지 旺하면 마땅히 식상을 써야 한다고 했다.[89] 이것은 비겁과 인성을 같은 세력으로 보고 그들의 세력이 旺하면 泄氣하는 것으로 용신을 삼아야 한다는 것을 말한 것이다.

　사주의 강약을 제일 먼저 판단하는 이유는 격국과 용신을 판단하는 기준이 되기 때문이다. 뿐만 아니라 신약하면 사주를 주체적으로 운용해나가거나 대/세운으로 오는 운세를 감당하는 힘이 약한 것으로 보고, 반대로 신강하면 타고난 사주의 특성을 잘 운용하고 대/세운으로 오는 운세도 능히 감당하여 보다 긍정적인 운명을 열어간다고 본다. 사주의 강약은 운세에 대한 대응능력뿐만 아니라 신체적, 정신적 강약을 판단하는 기준으로도 적용된다.

89　약상관용식상자 若傷官用食傷者, 일주왕인수역왕의용식상 日主旺印綬亦旺宜用食傷, 희견식재기견인수탈식이흉 喜見食財忌見印綬奪食而兇

구분	세력의 비교
신강사주	(인성+비겁)세력 〉(식상+재성+관성)세력
신약사주	(인성+비겁)세력 〈 (식상+재성+관성)세력

20. 격국(格局)

사람에게는 인격이 있고 사물에는 품격이 있듯이, 사주에도 격(格)이 있다. 격이란 사주를 대표하는 특성을 말한다. 격을 격국(格局)이라고도 하는데 국(局)은 무리나 조직을 말하는 것이므로 사주의 특성이 복수의 특성으로 발현되는 경우를 포괄하기 때문이다. 격국은 초창기 신살을 중심으로 간명하던 것을 음양오행의 생극제화원리로 간명하면서 사주의 특성을 유형화한 이론이다. 따라서 격국(格局)은 사주의 특징이자 형상이며, 직업이나 사회성의 성패 등을 판단할 수 있는 기준이 된다.

사주가 이론적으로는 525,600가지가 있다. 이들을 어떠한 기준이나 원칙으로 유형화한다면 사주 분석의 편의성이 높아질 것이다. 따라서 고법사주나 신법사주를 막론하고, 명리이론이 태동할 초기 단계에서부터 다양한 격국을 만들고 첨삭되는 과정을 거쳐 발전해왔다. 초기에는 사주 전체의 체상을 어떤 원칙과 기준으로 분류하여 격국을 성쇠의 없이 단편적인 어떤 특징을 잡아서 격국을 이름하였다. 이러한 경향은 연해자평, 명리정종, 삼명통회 등의 고서에서도 그 기조가 유지되었다. 기존의 여러 명리이론서들을 요약한 장남의 『명리약언』에 이르러 여러 가지 잡격을 배격하고 십성중심으로 격국론을 간단하게 정리하였다.

　격국은 정격과 변격으로 나눈다. 정격과 변격은 그 연원과 방식을 달리하고 있다. 정격은 오행의 일반적인 이치를 논한『자평진전』을 이론적 배경으로 하여 오행의 상궤(常軌)로 격국을 논하는 것이며, 변격은 오행의 변화를 논한『적천수』를 이론적 배경으로 하여 오행의 편승(偏滕)으로 격국을 논한 것이다. 조후와 오행의 원리에 기반한『자평진전』은 오로지 월령을 중시하여 격국을 10정격으로 정하였다. 10정격은 재격, 정관격, 식신격, 인격, 칠살격, 상관격, 양인격, 건록격 등이다. 10정격의 용어가 십성의 용어를 따르지 않은 것은 오행의 조화와 균형을 중시한『자평진전』의 사길신과 사흉신론의 이론적 배경과 무관하지 않다. 정격에서는 용신을 논함에 있어서 일주를 억부하는 오행을 용신으로 삼는 것이 일반적이고, 병약의 원리를 가지고 용신을 정하기도 한다.

　변격은 사주 체상의 구성이 특정 오행으로 세력이 편중되어 나타나는 것이 특징이다. 특정 오행으로 세력이 편중될 경우『자평진전』의 조화와 균형의 처방을 택하지 않고 오행의 변화와 기세를 중시하는 입장이다. 따라서 변격은 사주에서 극왕한 세력을 따라 격국을 분별한다.

　변격에는 종격(從格)과 화격(化格)이 있다.

　종격은 사주에서 가장 강한 세력을 따라 이름을 붙인 격국을 말한다. 비겁(比劫)을 따라가는 종왕격(從旺格), 인성(印星)을 따라가는 종강격(從強格), 관성(官星)을 따라가는 종살격(從殺格), 재성(財星)을 따라가는 종재격(從財格), 식상(食傷)을 따라가는 종아격(從兒格)이 있다

　화격은 일간과 첩신하여 간합이 있고, 합화오행이 월령을 얻어 합화오행의 역량이 강한 사주를 말한다. 화격(化格)은 일간이 합화하여 자신의 속성을 버리고 합화오행을 따르는 것으로 화기격(化氣格)이라고도 한다. 화격에는 화토격(化土格), 화금격(化金格), 화수격(化水格), 화목격(化木格), 화화격

(化火格)이 있다. 화격은 사주의 주인인 일주가 다른 천간과 합화하여 다른 오행으로 변신을 하는 것이므로 예사로운 일이 아니다. 따라서 합화의 조건은 매우 엄격하다. 합화는 물리적인 단순한 합이 아니라 결혼과 같은 화학적 결합, 영혼적 결합을 의미하기 때문이다.

21. 용신(用神)

일주를 중심으로 하는 자평학의 핵심가치는 주체사상과 생명사상이기에 십성(오성)이라는 직책과 생극제화의 역할로써 명주의 삶에 대한 모든 스토리를 쓸 수 있다. 그런데 또다시 오행의 위상을 변화시키는 이유는 무엇인가? 용신(用神)에 대한 이야기를 하고자 함이다. 현대의 명리는 용신을 구하는 논리의 전개에 치우쳐 있다. 심지어는 명리의 기초가 되는 음양오행과 십간십이지에 대한 학습을 경시하고 기계적으로 용신을 구하는 방편에만 매달리기도 한다. 이제 본격적인 용신에 대한 이야기를 해보자.

명리학에서 말도 많고 탈도 많은 게 용신에 대한 이야기다. 용신의 개념에서부터 용신을 뽑아내는 방법(取用法) 등이 구구하다. 용신만 알면 사주공부 9할을 넘은 것이라고도 한다. 용신이란 용어는 쓸用자와 귀신神자를 쓴다. 사주에서 神은 오행이나 오성, 나아가 천산과 시시의 긱 개별요소(질료)들을 인격화보다 상위개념으로 신격화하여 부르는 존칭어이다. 신(神)의 상대어는 살(煞)이다. 神과는 달리 煞은 인간에게 해로운 요소를 이름한 것으로 칼과 불화살을 손에 들고 공격해오는 회의문자이다. 따라서 용신의 개념적 정의는 사주에서 제일 필요로 하는 길신이다. 용신이라는 용어는 두 가지 측면으로 이해할 수 있다. 첫째는 用을 수식어로 보는 경우이다. 즉, "木용신"이라든지, "財星용신"이라 할 때 木이나 재성은 사주의 균형을 위해 사용할 질료 또는 잠재능력이라는 뜻이다. 기존의 명리에서 사용하는 용신의 의미는 이 경우에 해당한다. 두 번째는 用이 술어로서 용신이란 神을 쓰는 행위를 의미한다. 일주의 부족한 역량을 채우기 위해서 어떤 용신(질료)을 활용한다는 행위에 방점이 있는 것이다.

용신은 사주의 주인공인 일주를 이롭게 해주는 오행 또는 오성이다. 앞에서 오성의 분석을 통해서 생명에너지의 역량과 흐르는 방향 등을 살펴보았다. 이것은 아무리 높게 평가해도 지피지기에 불과한 과정이다. 중요한 것은 적과 나를 파악했다면 이제 전쟁을 벌일 것인지, 화친을 도모할 것인지, 퇴각을 결정할 것인지를 판단하고 실행에 나서는 일이다. 지피지기 과정에서 자신의 강약점이 파악되었다면 그것을 보완해주는 전략이나 수단을 모색하게 되는데 그것이 바로 용신이다. 사주원국의 일주 입장에서 보면 자기의 정체성을 보완해줄 전략이나 수단이 용신이며, 자기의 마음작용을 지원해주는 핵심적 역할을 한다. 사주명리학에서 용신을 분별하고 활용할 방편을 찾는 것이 매우 중요하다. 따라서 사주명리학의 핵심은 용신을 분별하는 것이라 해도 과언이 아니다.

用자는 주관자 일주의 "삶"을 위한 전략이나 수단으로 쓰겠다는 의미이다. "삶"이라는 사회적 활동목적은 이해득실을 전제로 하기 때문에 원칙적으로 에너지의 강약을 살펴서 용신으로 취한다. 그리고 용신은 원국을 구성하는 질료중 천간 혹은 지지가 통투(통근과 투출)된 것이 우선한다. 역량과 근거를 가진 용신이 역할을 잘 할 수 있다는 믿음이 있기 때문이다.

사주의 꽃인 용신(用神)에는 두 가지의 개념이 있다. 하나는 사주의 주인인 일주를 생조하는 오행을 말한다. 이를 억부용신이라 한다. 또 다른 하나는 일주의 상태를 나타내는 격국을 생조하는 오행을 말한다. 이를 격국용신 또는 상신(相神)이라 한다. 억부용신과 격국용신이 같은 경우도 있다. 세속에서는 격국용신과 억부용신의 개념구분 없이 그냥 "용신"이라 하는 경향이 많다.

용신은 대운이나 세운에서 용신을 생극하는 기운이 들어올 때 길흉을 판단하며, 일상적으로는 피흉소길하는 방편으로 활용이 되고 있다. 반면, 상신은 일주의 특성인 격국을 생조하여 직업이나 사회적인 성패를 판단하는 기준이 된다.

진용신(眞用神) 또는 진신이라는 개념도 있다. 월령을 잡은 용신을 말하는 것으로 격국과 용신이 같은 사주이다.

서락오는 『자평수언(子平粹言)』[90]에서 용신을 정하는 다섯가지 기준을 다음과 같이 제시하였다.

억부용신(抑扶用神)

사주에서 강한 세력은 억제(강자의억(强者宜抑))하고, 약한 세력은 부조(약자의부(弱者宜扶))하여 사주의 조화를 이루려는 용신이다. 특별한 사주를 제외한 일반적인 사주의 대부분은 억부용신으로 취용하여 무난하다.

조후용신(調候用神)

사주를 조후학이라고도 하듯이, 자연의 계절변화에서 자유롭지 못한 인간과 만물은 기후의 한난조습의 조화를 맞추어야 한다. 추우면 따뜻함이 필

---

90   대만의 명리학자인 서락오의 대표작이다. 명리학의 3대고전인 적천수, 자평진전, 궁통보감의 핵심사항은 정리한 책이다.

요하고 더우면 서늘함이 필요하다. 건조하면 습기가 필요하고 어두우면 밝음이 필요하다.

『난강망(欄江網)』이라는 명저를 남긴 청나라의 여춘대(余春臺) 선생은 궁통보감에서 태어난 월지에 일간을 대비하여 조후의 원리로 용신을 취하는 이론을 폈다. 예를 들면 인월의 병화일에 태어난 사람은 봄의 계절에 태어난 병화이므로 水가 절대적으로 필요하다. 따라서 임수를 용신으로 하고 수를 생하는 경금을 보조로 하는 방식이다.

인간을 비롯한 모든 생명체가 계절의 변화에 따라 생장염장의 이치로 살아간다. 사람이 어머니 뱃속에서 태어나 자연과 처음 만나는 기후의 상태는 평생을 좌우하게 된다.

예를 들어 가장 추운 음력 1월(子月)에 태어난 갑목(甲木)은 따뜻한 火가 필요하다. 그래서 용신을 丁화로 한다. 한여름인 午月에 태어난 甲목은 水가 절대적으로 필요하다. 水가 없으면 甲목은 말라 죽기 때문이다. 따라서 용신은 癸수로 한다. 이러한 조후(調候) 이론은 억부(抑扶)이론의 연장선에 있는 것이다. 조후가 곧 억부이고 억부가 곧 조후이다. 병약용신, 통관용신 모두 이와 같은 이치로 이해할 수 있다.

통관용신(通關用神)

사주에 두 세력이 서로 대립하고 있을 때 이를 소통시켜주는 오행이 통관용신이다.

통관용신은 사주원국에 발현되지 않은 오성 중에서 생명에너지의 순환에 도움이 될 수 있는 오성을 용신으로 취하는 것이다. 따라서 대운이나 세운을 살필 때 행운에서 통관용신에 해당하는 오행이 오면 발복하는 것으로 분석한다.

병약용신(病藥用神)

병(病)이란 사주에서 어떤 특정 세력이 태과하거나 불비한 상태를 말하는데 이러한 병을 다스리는 약신(藥神)으로서 용신이 병약용신이다. 병약용신은 극단적인 억부용신의 한 형태라고 볼 수 있다. 억부용신은 힘의 강약을 판단해서 강하면 덜어주고 약하면 보태주어 전체적인 힘의 균형을 맞추어 가는 과정이다. 반면 사주에서 병이란 조화와 중화를 이루지 못하고 편중되었을 때 발생하는 것이다. 특히 병약용신은 건강 등과 관련하여 중요한 의미를 가진다. 고서에서의 통변사례를 보면 사주에서 병신(病神)이 발현되어 있는 중에 대운이나 세운에서 다시 병신의 기운이 겹칠(病重) 경우 사망하는 것으로 추리하고 있다. 병신을 치유하는 약신(藥神)이 심각하게 극제를 당하는 운세의 경우에도 목숨이 위태롭다. 사주에서 병이란 정신과 육체의 병만을 의미하지 않는다. 육친과 나아가 사회적인 관계에서의 부조화 등도 병이라 한다.

전왕용신(全旺用神)

사주의 기세가 한쪽으로 심하게 편중된 사주는 주변의 미약한 에너지의 작용이 무시된다. 강력한 세력이 사주를 지배할 때 여타의 기운은 주된 세력에 대항하지 못하고 그 세력에 순응하게 되는데, 이를 전왕용신이라 한다. 오행이 너무 치우쳐 골고루 분산시키지 못할 때에는 오히려 강한 오행을 따라가는 수밖에 없는 것이다. 종격, 화격, 일행전왕(一行專旺)이 되는 격국은 모두 이 부류이다. 힘으로 정의를 세우는 시대에 사내외교를 취하는 약소국의 외교전략이 일종의 전왕용신이다.

22. 취용(取用)의 원칙

용신의 중요성만큼이나 용신의 개념과 용신을 뽑아내는 취용법에서 다양한 이론이 있다. 하지만 대략의 원칙들을 요약하면 다음과 같다.

① 용신을 정하지 못하는 사주는 없다. 용신은 일주를 도와주는 것이고, 도움이 필요없는 일주는 없기 때문이다.

② 용신은 반드시 하나일 필요는 없다. 기세로써 용신의 역할을 할 수도 있기 때문이다.

③ 용신은 건왕함이 우선이다. 따라서 통근이나 투출된 것을 우선 취용한다. 그러나 일주가 무근하고 약할 때는 명식내의 왕한 것으로 취용한다.

④ 용신은 사주에 발현된 오성(오행)으로 취한다. 4기 체상 이하의 사주에서 통관용신의 역할을 하는 대운이 오는 것은 발복의 기운으로 본다.

⑤ 사주 내 오행들이 대립하고 있을 때는 그것을 소통시키는 것이 용신이다.

⑥ 용신은 생조를 반기고, 파상을 기피한다.

⑦ 용신이 대운과 세운에서 병살(竝殺)되면 극흉으로 본다.

제3장

---◇◆◇-----◇◆◇---

여수명리(Yeosu Frame)

1. 여수명리 관점(觀點)

  "위나라 임금께서 선생님을 모시고 정치를 하겠다면 선생님은 무엇을 가장 먼저 하시겠습니까?" 필야정명호(必也正名乎)[91] "이름(명분)을 바로 세우겠다." 논어 자로편에 나오는 말이다. 위나라 임금의 초청으로 가는 길에 자로가 여쭙자 공자님이 답하셨다. "이름이 바르지 못하면 말이 순할 수 없고, 말이 순하지 못하면 일이 이뤄질 수 없고, 일이 이뤄지지 못하면 예악(禮樂)이 일어나지 못하고, 예악이 일어나지 못하면 형벌이 적절할 수 없고, 형벌이 적절하지 못하면 백성은 손발을 둘 데가 없다. 그러므로 군자는 무엇을 이름(名之)하면 그것에 대해 반드시 바른 논리를 세워야 한다. 바른 논리를 세우면 반드시 실행해야 한다." 정명이란 실체와 이름이 같아야 함을 이르는 말이다.

  어찌 정치만의 이야기겠는가. 현대의 명리학이야말로 정명(正名)이 최우선의 과제이다. 명분을 분명히 하고 그에 대한 바른 논리를 세우는 것이 순서이다. 명리학에는 음양, 오행, 십성, 십간, 십이지 등 다양한 소재들이 있고, 이들을 엮어 만든 명리이론이 다양하게 존재하고 있다. 다양하다는 것은 발달되었다는 의미 이면에 혼란스럽다는 의미도 내포하고 있다. 왜일까? 정명이 부재(不正名)하기 때문이다. 명리학은 우주의 중심은 바로 자신이며 생명(삶)의 가치를 최우선으로 하는 것이다. 이것이 명리학의 존재이유이고 정명에 해당하는 것이다. 이러한 지향점이 전제될 때 뒹구는 구슬(사주팔자)을 꿰어 보배를 만드는 작업(간명)도 의미가 살아난다. 제 아무리 빛나는 구

---

91 論語 子路編, 자로왈자로曰 위군대자이위정衛 君待子而爲政 자장해선子將奚先 자왈 필야정명호 子曰 必也正名乎.

슬도 보배로 꿰지 못하면 무슨 소용이며, 보배가 서말인들 주인공의 삶이 빛나지 못하면 무슨 의미인가? 구슬과 보배는 사람의 구체적인 삶과 연결될 때 그 의미가 있는 것이다. 따라서 구슬은 그 자체로서의 의미뿐만 아니라 보배로 거듭나고 주인공의 삶을 빛나게 하는 요소로 인식한다. 구슬→보배→삶으로 이어지는 가치사슬은 내가 사주의 주인이요, 세상의 주역이며 우주의 중심임을 선언하는 것이다.

구슬이 있음으로써 보배를 엮는 것(인과론)과 보배를 엮기 위하여(목적론) 구슬을 꿰는 것은 엄연히 다르다. 기존의 사주명리에서 인과론(因果論)은 결정론(決定論)이나 숙명론(宿命論)과 닿아 있다. 사람은 정해진 사주팔자대로 살아가게 된다는 이론이다. 인과론과 대비되는 것은 목적론이다. 목적론(目的論)은 운명론(運命論)과 맥을 같이 한다. 사람은 사주팔자대로 사는 게 아니라 타고난 사주팔자를 기반으로 운명을 개척하는 것이라는 입장이다. 이것이 여수명리학의 관점이다. 따라서 어떠한 사주이론도 이러한 가치사슬과 목적론적 관점을 벗어나는 것이라면 의미가 없기에 아무리 현란한 명리이론이라 하더라도 관점을 꿰뚫는 논리적 위계가 있어야 한다. 즉, 보배를 규정하는 이론과 구슬을 꿰는 이론이 같은 반열일 수 없고, 보배를 꿰는 이론이 삶(생명)의 가치를 생조하는 이론과 같은 위상일 수 없다. 간지(干支)의 상호작용인 십성(十星)의 이론이 오행의 생극제화를 넘어설 수 없고, 오행의 생극제화가 음양의 이치를 넘어설 수 없다. 음양이 오행으로, 다시 십성으로 분화되어가는 것은 인식의 편의를 위한 방편이지, 본질을 왜곡하는 구실이 될 수 없다. 천간과 지지의 여러가지 변화이론도 오행의 생극제화의 지향성에 배치되면 당연히 생극제화의 원리를 우선하는 것이다. 기존의 명리이론에서 음양→오행→십성의 구분을 혼돈하여 음양과 오행을 같은 범주로서 비교하거나 오행과 십성을 같은 범주로 비교함으로써 많은 오류를 범히는 이론이 비일비재하다. 음포태 이론이나 신살론 등이 대표적이다. 이론적 위계질서와 목적론적 접근으로 관점을 명확히 하는 것만으로도 어지러운 명리이론의 대부분은 가닥정리가 된다.

명리를 공부하는 입장에서 사주를 본다는 의미를 명확하게 정리해두는 것은 매우 중요한 일이다. 사주를 본다는 것은 크게 세 영역을 나누어볼 수 있다.

　첫째, 원명(사주팔자)을 본다. 원명(元命)은 태어난 시간을 우주적 좌표로 표시한 사주팔자를 말한다. 팔자는 못 고친다는 말은 어느 누구도 다시 태어날 수 없는 것이기에 하는 말이고, 사람마다 타고난 사주팔자의 특성은 정해져 있다는 의미이기도 하다.

　둘째, 시절인연으로 다가오는 운세를 보는 것이다. 운세(運勢)는 태어난 해의 천간과 남녀의 차이에 따라 10년을 주기로 들어오는 대운(大運)이 있고, 누구에게나 똑같이 매년 들어오는 세운(歲運)이 있다. 운세는 타고난 사주팔자에 많은 영향을 준다.

　셋째, 용심(마음가짐)을 살피는 것이다. 용심(用心)이란 타고난 사주팔자와 다가오는 운세(시절인연)를 보고 앞으로 어떻게 살아갈 것인지 인생전략을 세우는 마음가짐을 말한다. 그런데 항간에는 용심은 말하지 않고 타고난 사주팔자만을 따지는 경향이 많다. 곧, 숙명론적 관점으로써 사주팔자와 운명은 어떤 인과론적인 연결고리로 묶여서 사람은 사주팔자대로 살아가게 된다는 입장인 것이다. 그러나 세상에는 사주가 같은 사람은 많아도 같은 삶을 살아가는 사람은 하나도 없다. 왜인가? 각자가 살아가는 환경이 다르고, 무엇보다 각자의 의지적 마음작용이 다르기 때문이다.

　첫 번째의 원명과 두 번째의 운세는 사람의 의지로 어쩔 수 없는 영역이다. 따라서 숙명적인 영역이라 한다. 반면 세 번째인 용심은 사람의 자유의지로 인생을 개척해가는 영역이기에 운전할 運자를 써서 운명적 영역이라 한다. 기존의 사주이론에서 매우 중요시하는 용신(用神)은 원명(사주팔자)을 분석하여 일주를 취장보단(取長補短)하는 개념으로 고정시킨 것이라면, 용심(마음가짐)이란 각자의 인생목표에 따라 정하는 것이기에 고정되지 않고 각자의 판단과 목표에 따라 달라지게 된다. 용심의 작용은 생극제화의 모습으로 구체화되는 것이다. 결국 사주를 본다는 것은 원명과 운세를 참조하여 용심의 지혜를 구하는 것이라 할 수 있다. 이것이 사주간명에 대한 여수명리의 관점이다.

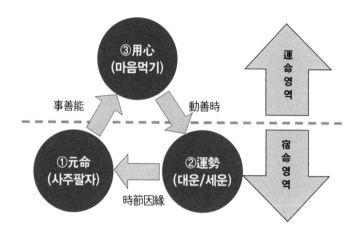

관점에 대한 문답

여수명리의 관점을 좀 더 구체적으로 이해하는 방편으로 사주명리에 대한 질의응답을 구성해본다.

1.　사주팔자는 정해진 것인가?

▶　사주팔사는 태어난 연월일시를 간지력(干支曆)으로 표시한 것이기에 던져진 주사위처럼 다시 태어나지 않는 한 바꿀 수 없다. 그러나 사주팔자가 태어나면서 정해졌다고 해서 운명이 정해졌다는 의미는 아니다. 사주팔자는 단순한 잠재능력일 뿐, 잠재능력을 개발하고 활용하는 것은 각자의 의지적 마음작용이 하는 것이기 때문이다.

2.　똑같은 사주팔자를 타고난 사람은 똑같은 인생을 살아가게 될까?

▶　아니다. 확률 제로다.

사주팔자가 같다는 것은 타고난 잠재능력(요리재료)이 같다는 것일 뿐, 그 쓰임과 결과는 각자의 판단과 선택에 따라 빛을 볼 수도 있고, 아무리 뛰어난 재능이라도 묻혀버릴 수도 있다.

똑같은 식재료를 가지고 요리를 하더라도 요리사의 의지와 능력에 따라 천차만별의 요리가 탄생할 수 있듯이, 같은 사주라 할지라도 자신의 노력과 마음작용에 따라 천차만별의 인생이 펼쳐지게 된다.

3.　　좋은 사주와 나쁜 사주가 따로 있나?

▶　　상황에 따라 다르다.

단순히 사주의 선악만을 판단하려는 것은 올바른 처사도 아니고 의미도 없는 일이다. 인생의 설계를 어떻게 하느냐에 따라 잠재능력인 사주는 좋을 수도 있고 나쁠 수도 있다. 가령, 진달래의 특성으로 타고난 사주가 있다고 할 때, 그냥 사주가 좋은지 나쁜지를 묻는다면 어떠한 평가도 할 수 없다. 베어서 집을 지으려는 사람이라면 부적합하고, 수목원을 가꾸려는 사람이라면 대단히 좋은 사주가 되는 것이다.

4.　　대운이 들어왔다는 말은 무슨 의미인가?

▶　　대운은 10년을 주기로 바뀌는 시절인연으로 누구에게나 오는 것이다. 따라서 대운맞이 한다며 혹세무민하는 행위는 경계해야 한다.

진달래 사주로 타고난 사람에게 봄의 대운이 온다면 대단히 좋은 운세이다. 반대로 가을이나 겨울의 대운이 온다면 진달래에게는 성장보다 시련이 예고되는 것이다. 이럴 땐 경거망동하지 말고 은인자중(隱忍自重)할 것을 권해야 한다. 겨울이 다가오는데 진달래가 꽃을 피우겠다고 고집을 부린다면 원형이정을 거역하는 것이다. 이것은 사주가 나쁜 것이 아니라 대운을 거스르는 어리석은 행위일 뿐이다.

5.　　　사람마다 사주로 타고나는 능력에 차이가 날까?

▶　　　사람이 타고나는 사주팔자는 오행이나 십성의 잠재능력으로 나타
난다. 오행의 다섯 가지 요소를 골고루 타고나는 사주도 있고, 어느 한쪽으
로 편중되어 타고나는 사주도 있다. 옛 사람들은 오행의 균형과 조화를 중시
하였으나, 지금은 개성시대이기에 함부로 가치를 평가하기 어렵다. 각자의
타고난 개성에 따라 인생을 설계하고 살아가면 되는 것이다.

진달래는 분홍색이 많고, 개나리는 노랑색이 많은 것이 개체의 특성이다.
개체의 특성을 무시하고 분홍색과 노랑색만을 비교하는 것은 바람직하지도
않고, 의미도 없다. 사주로 타고난 능력은 각자의 올바른 인생설계와 실행이
뒷받침될 때 빛을 보게 된다.

6.　　　여수명리는 어떤 차별성이 있나?

▶　　　여수명리학은 자평학에 기반하고 있으며, 정역의 계시로 오행의 상
생작용과 상극작용의 배리관계를 正反合의 관계로 통합하여 생극제화의 원
리를 밝히고, 이를 사주명리이론으로 발전시킨 것이다. 생극제화의 핵심원
리는 ① 세상의 중심은 바로 자신이라는 주체사상과 ② 나를 지향하는 모든
가치는 생명이라는 생명사상이다.

▶　　　사주를 간명하는 관점은 숙명론보다 운명론을 더욱 중시한다. 결정
론(인과론)보다 목적론에 가치를 두고 사주를 바라본다는 입장이다. 즉, 타
고난 요리재료보다 요리사(자신)의 마음가짐을 중요시하는 사주원리다.

▶　　　여수명리의 또다른 특징은 사주팔자를 독해하는 방법으로서 사주
명식의 계량화와 도식화로 독해성을 높인 것이다. 계량화는 다섯 가지의 감
재능력을 수치로 표시하는 방법이고, 도식화는 계량된 잠재능력을 〈오성
도〉라는 도식으로 만들어서 눈으로 읽을 수 있도록 한 독해틀이다. 계량화
와 도식화는 사주간명의 오류와 편차를 줄이는 데 도움을 준다.

7.   사주명리를 익혀 무엇에 쓸 수 있나?

▶   우리는 하루에도 수많은 선택과 결정을 한다. 사소한 것일 경우도 있지만 인생에서 중대한 기로(岐路)가 되는 선택일 경우도 있다. 청소년들이 자신의 타고난 적성을 파악하지 못하고 학과선택이나 진로를 선택했다가 실패하는 일이 너무나 많다. 회사에서도 직무적성을 무시한 인사배치로 불협화음과 조직효율을 저하시키는 일이 다반사다. 사업하는 사람의 경우는 자신의 능력이나, 운세를 오판하여 사업을 망치는 경우가 허다하다. 무엇보다 우리 모두는 무한경쟁에 내몰려 왜곡된 욕망으로 고통받고 있다. 개인적으로, 국가적으로 엄청난 비용이 낭비되고 있는 것이다. 이러한 문제들을 사주명리는 원형이정의 용심원리로 치유할 수 있다. 이것이 21세기 대안심리학으로서의 비전이다.

8.   철저하게 망가진 사람에게도 사주명리는 답을 주나?

▶   사주명리는 절망적인 사람들에게 답을 하기 위해 존재한다.

사주명리는 기본적으로 사람마다 자신의 본분을 파악하고, 원형이정의 이치에 따라 진인사대천명하는 인도를 알려준다. 사람이 잘 나갈 땐 겸허한 미덕을 일깨우고, 한없이 쇠락할 땐 낭떠러지라 하더라도 희망의 빛이 있음을 알려주는 것이 사주명리다. 사람의 라이프사이클을 나타내는 12운성에 절지(絶地)라는 것이 있다. 절지는 지옥에서도 가장 무서운 불바다에 떨어진 상태를 말한다. 물질과 자연계의 모든 것은 절지에 다다르면 존재가 멸(滅)하고, 영혼마저 흩어져버리고 만다. 그러나 사주명리는 하늘이 무너져도 솟아날 구멍이 있다는 희망을 말한다. 절처봉생이 그것이다. 엔트로피 법칙을 거부하는 이것은 사주명리 최대의 복음이고 위대한 철학이다. 사주명리가 민중의 애환과 함께 5000년을 지속해 온 저력이기도 하다.

9.   사주명리가 주는 최종의 메시지는 무엇인가?

▶   사주명리는 자기 사랑학이다.

사주명리는 오행의 정반합(正反合)으로 귀결하는 生剋制化의 원리로 그 기본을 삼고 있다. 생극제화란 각자의 삶(생명활동)을 말한다. 나의 존재가 없는 이 우주는 무슨 의미이며, 사주팔자는 무슨 의미가 있나. 사주를 구성하는 8글자 모두가 나의 삶을 위해 존재할 때, 사주팔자도, 이 우주도 의미가 살아나는 것이다. 따라서 사주명리의 핵심 키워드는 일주(日主)가 사주의 중심이듯이 우주의 중심, 세상의 중심은 다름아닌 자신이라는 것이다. 자기를 사랑하는 첫 출발은 자기의 정체성을 아는 것이다. 그것이 진달래여도 좋고, 개나리라고 해도 상관이 없다. 진달래도 개나리도 각자의 본분을 가진 우주의 주인공이기 때문이다.

▶　　사주명리는 준비된 자가 써가는 역사이다. 잘 쓰면 아름답고, 잘못 쓰면 고단한 인생의 늪에서 헤어나지 못한다.

사주명리는 운칠기삼의 요행을 부추기는 수단이거나, 나만 잘살겠다는 욕망의 거울이 아니다. 사주의 다른 말이 원형이정이듯이 자연의 섭리가 우연하게 돌아가지 않는다. 타고난 사주팔자와 시절인연도 중요하지만 각자의 의지적 행위인 용심은 무엇보다 중요하다.

정역과 생극제화

정역은 일부 김항이 완성하였다. 김항은 연담 이운규(李雲圭)를 스승으로 최제우(崔濟愚), 김광화(金光華)와 함께 공부하였다고 한다. 연담이 김항에게 '영동천심월(影動天心月)'이라는 글귀를 전해주었는데, 김항은 그 뜻을 19년 동안의 노력 끝에 계시적인 체험을 통하여 이치를 깨우쳐 팔괘도를 그렸나, 그것이 바로 정역팔괘도이다.

『정역』은 『복희역(伏犧易)』과 『문왕역(文王易)』의 배리(背理)관계를 극복해서 정반합(正反合)의 관계로 통일한 것이다. 정역은 하도와 낙서의 구체적

실현이요 통합이라 할 수 있다. 따라서 변증법적으로도 복희역이 정(正)이라면, 문왕역이 반(反)이고, 김항의 정역이 합(合)으로 통일하는 구조이다. 정역은 선천역(先天易)에 해당하는 복희역과 문왕역에 이어 만물이 통일되어가는 후천역(後天易)의 원리를 나타낸 것이다. 우주의 음양과 오행의 작용원리의 변화에 따라 진행되는 춘하지절을 선천이라 하고, 추동지절을 후천역이라 한다. 소강절이 복희팔괘와 문왕팔괘를 정리하면서 구분한 개념인데, 김일부의 정역 이후에는 복희역과 문왕역을 합하여 선천역이라 하고, 정역을 후천역이라 구분한다. 정역은 복희역이나 문왕역과는 달리 易에 새로운 시간관념을 도입하여 역(易)과 역(曆)이 일치되는 후천개벽사상을 주창하였다. 금화교역으로 후천시대가 열리면 지축이 정립되어 공전의 주기가 360일이 되고 계절이 없어지며 바람과 해수의 방향도 단순해지는 자연의 변화가 일어나고, 인류에게도 선천시대의 억음존양(抑陰尊陽)이 아니라 조양율음(調陽律陰)의 가치전도로 만민평등의 이상세계가 도래한다는 사상이다. 즉, 선천의 시대가 막을 내리고 후천의 신천지가 열리는 것을 말한다.

정역에서 말하는 선후천은 선천에서 후천으로 넘어가는 단순한 진행과정에 그치는 것이 아니라, 선천의 세계질서를 허물어뜨리고 새로운 후천의 세계질서를 열어가는 천지개벽(天地開闢)의 변화를 뜻한다. 따라서 선천/후천의 전도(轉倒)에 따른 새로운 우주관, 인생관, 가치관 등이 천지개벽을 이루는 우주적 혁명인 것이다. 이러한 후천개벽사상은 19세기말 극한의 고통에 시달리던 조선의 민초들에게 동학운동과 함께 민족의 자존과 존엄성을 일깨우는 기폭제 역할을 하였다. 증산교, 보천교, 원불교, 태극도, 대순진리회 등 지금도 대중 속에서 살아 움직이고 있는 각종 민족종교의 사상적 배경이 되기도 하였다. 천지개벽을 통한 새로운 질서를 희구하는 종교적 사상은 말이 민족종교이지 세계종교를 넘어 스케일이 어마어마한 우주종교들이다.

정역의 발견은 명리이론의 근간인 오행의 유행에도 정반합의 발전이론이 적용될 수 있음을 시사한다. 하도의 상생원리와 낙서의 상극원리가 생극제화의 원리로 통합을 이루는 것으로써 선천역의 상생원리(相生原理)와 상극원리(相剋原理)를 통합하여 오행의 생극제화(生剋制化)가 완성되는 구조를 표현하는 것으로 이해할 수 있다. 오행의 생극제화란 하늘의 원리를 밝힌 복희역의 상생오행과 인간의 생장과정을 밝힌 문왕역의 상극오행을 통합하여 생극제화로써 하늘원리의 궁극적 실현을 열어가는 이치를 말하는 것이다. 오행의 상생작용으로 자연의 변화이치를 밝힌 복희역을 변증법적으로 오행의 正이라 한다면, 오행의 상극작용으로 인간사의 삶의 이치를 밝힌 문왕역은 오행의 反이라 하고, 오행의 생극제화 작용으로 상생과 상극의 작용을 통합한 정역의 오행은 合에 해당한다. 요약하면, 복희역은 상생의 원리로 천도(天道)를 밝힌 것이고, 문왕역은 상극의 원리로 인도(人道)를 밝힌 것이며, 정역은 생극제화의 원리로 天道의 궁극적 실현을 밝힌 후천개벽시대의 통합역이다. 아래는 복희의 역에서 유래한 순수오행의 상생원리(正)와, 문왕역에서 유래한 인위의 상극원리(反), 그리고 통합의 생극제화(合)를 도식화한 것이다.

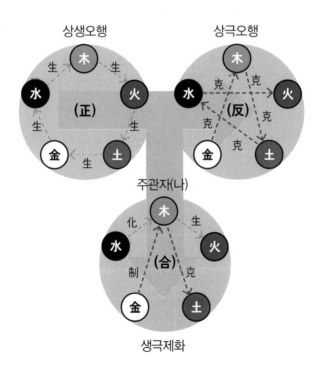

오행의 생극제화 원리가 중요한 것은 사주명리학의 이론이 바로 여기로부터 시작되고 넓혀지기 때문이다. 다양한 명리이론이 나름대로 이론의 뿌리를 가지고 있겠지만 그 근본은 음양과 오행의 원리에 있다. 음양오행이라는 말은 누구라도 쉽게 말하지만 평생을 두고 연구해도 그 깊이와 오묘함을 다 알기 어렵다. 설령 알았다고 해도 성현의 경지가 아니고서는 이를 실천하지 못한다. 사주명리는 사람의 사주팔자를 구성하는 천간과 지지를 십성(十星)으로 변환하여 해석하는 이론체계를 가지고 있다. 십성은 오행이 일주(日主)[92]를 중심으로 일주와 천간의 관계성으로 이름을 정한 것이다. 곧, 비겁, 식상, 재성, 관성, 인성이 그것인데, 생극제화에서 生은 주관자 일주가 식상활동을 하는 것이고, 剋은 일주가 재성활동을 하는 것이고, 制는 일주가 관성의 활동을 하는 것이며, 化는 일주가 인성의 활동을 하는 것이다.

오행의 생극제화(生剋制化)

세상의 일반 사주명리학에서는 잘못 알려진 것이 많다. 그 중 대표적인 것이 사주팔자는 고칠 수 없기에 사람의 운명은 이미 정해져 있다는 것이고, 사주팔자가 같으면 같은 인생을 살아간다는 것이다. 천부당 만부당한 엉터리이다. 인생에는 정해진 부분(팔자)과 정해지지 않은 의지작용의 영역이 명확히 구분되어 있다. 태어나는 순간 우주의 시공간적 좌표로 주어지는 사주팔자가 정해진 것이라면, 타고난 사주팔자를 운영하는 생극제화의 활동은 철저하게 의지적 작용이다. 사주팔자가 정해져 있다는 것은 태어나면서 부여받은 생명에너지의 종류와 양(力量)이 정해진다는 의미이다. 결코 하늘이

---

92   태어난 날의 천간인 日干을 말하는 것으로, 일간이 해당명식의 주인공이라는 의미로서 日干을 日主라 한다.

정해놓은 길을 따라 살아가라는 명령이 아니다. 운명(운전할 運, 목숨 命)이란 하늘로부터 내려받은 생명(천명)을 스스로 운영하여 삶의 길을 개척한다는 뜻이다. 따라서 운명은 각자의 마음작용이 하는 것이다. 곧 타고난 사주(잠재역량)를 기반으로 생극제화의 활동을 하는 것을 우리는 "운명(運命)"이라 한다. 생극제화란 사주에서 주관자인 일주가 자신의 생명에너지의 특성과 역량을 기반으로 식상활동이나 재성활동, 관성활동, 인성활동을 하는 것이다. 마치 오케스트라를 지휘하는 마에스트로(Maestro)가 각각의 악기와 연주자의 역량을 파악하고, 이들을 적재적소에 등장시켜 앙상블을 맞추어 최고의 퍼포먼스를 연출하는 것과 같은 것이다. 똑같은 오케스트라 구성원이라도 어떤 마이스트로가 지휘하느냐에 따라 그 앙상블과 퍼포먼스는 천차만별이다. 사주가 똑같다고 하더라도 생극제화의 운영능력에 따라 천차만별의 인생이 펼쳐지는 것과 같다.

인생질료를 구성하는 다섯가지 기운 중 어느 한 기운이 주관자(主管者)가 되는 경우에는 그 기운을 중심으로 관계성이 형성되는데, 이것이 생극제화(生剋制化)의 작용이다. 생극제화의 작용은 이미 상생상극의 작용을 포괄하여 통합한 것이기 때문에 본질적으로 상생상극과 생극제화가 서로 다르지 않다. 다만, 주관자를 중심으로 지향성(의도적 행위)이 있느냐 없느냐의 차이가 있을 뿐이다. 사람을 주관자로 하여 우주의 섭리를 논하는 명리이론으로 보면, 생극제화는 자연의 원형이정에 대한 사람의 행위규범으로 구체화된 것이다. 즉, 원형이정은 천도지상(天道之常)이요, 생극제화는 인도지상(人道之常)인 것이다.

사주의 다른 말이 원형이정이다. 생극제화는 원형이정을 실천하는 사람의 행동규범이니 사주이론의 원리는 생극제화의 이론에 근거하는 것이다. 오행의 생극제화 작용에 있어 가장 중요한 것은 주관자 중심으로 오행의 작용이 규정된다는 것이다. 그러므로 오행(五行)의 생극제화 작용은 일주(日主)의 생극제화 작용이기도 하다. 사주팔자 중에서 주관자 일주가 그 속성에 따라 특정 오행 중의 어느 하나로 정해지고, 나머지 오행은 그 주관자를 살리기 위한 역할과 임무를 수행하게 되는 이치이다. 부처님은 태어나면서 천상천하유아독존을 외쳤다. 내가 없는 우주는 무슨 의미이며, 나의 삶과 관계없는 오행은 왜 필요한가? 오행의 상생상극의 이치가 아무리 심오하다 한들 나와 아무런 관련이 없다면 무슨 소용인가? 우주의 한가운데에 존재하는 내가 우주의 중심이듯이, 오행의 세계에도 그 중심이 있어야 상생상극은 그 의미를 가지게 된다. 즉, 오행이 중심과 지향성(목적성)을 가질 때, 오행의 상생상극은 일간의 生·剋·制·化의 작용으로 바뀐다. 여기서 말하는 지향성이란 주관자(일주)의 삶(생명)을 말하는 것이고 계사전에서 말하는 생생지위역을 실천하는 것이다.

요약하면, 일주의 生·剋·制·化는 3가지의 측면에서 상생상극(相生相剋)의 작용과 구분이 된다.

첫째, 각각의 오행은 평등하고 대등한 관계가 아니라 주관자가 정해지고 나머지는 주관자의 선택에 의하여 역할이 주어진다. 사주팔자 원국(元局)[93]에서 보면 일주에 해당하는 오행이 바로 주관자이다. 십성으로는 비겁이다. 또한 각각의 오행은 주관자와 관계를 맺으면서 이름과 역할을 새롭게 부여받는다. 즉, 지금까지 오행이 목·화·토·금·수로 불리던 것이 일주와 동맹을 맺으면서 비겁(比劫)·식상(食傷)·재성(財星)·관성(官星)·인성(印星)이라는 십성(十星)으로 이름이 바뀌고, 그 역할도 오행 시절에 하던 相生·相剋이 아니라 일주에 의한 生·剋·制·化 작용으로 바뀌는 것이다. 즉, 비겁은 일주에 힘을 보태는 것이고, 일주가 생명에너지를 식상으로 쓰는 것을 生이라 하며, 일주가 생명에너지를 재성으로 쓰는 것을 剋이라 하고, 일주가 관성으로부터 생명에너지를 끌어와 스스로 성숙되는 것을 制라 하며, 일주가 인성으로부터 생명에너지를 끌어와 천명적 정체성을 완성하는 것을 化라 하는 것이다.

93　사주팔자로 구성된 명식을 말한다.

둘째, 일주의 生·剋·制·化 작용은 방향성을 갖는다는 것이다. 즉 制·化는 일주가 생명에너지를 비축하는 것이고, 生·剋은 일주가 생명에너지를 쓰는 것이다. 우리가 음식을 먹어 힘을 비축하는 작용을 制·化라 한다면 노동을 위해 힘을 쓰는 작용은 生·剋이라 할 수 있다. 그러므로 制·化의 작용은 생명에너지가 일주를 향해 들어가고, 生·剋의 작용은 생명에너지가 일주에서 외부로 나오는 방향성을 가지고 있다.

셋째, 일주의 生·剋·制·化작용은 철저히 일주의 삶(생명활동)에 목적이 있다는 것이다. 즉, 각각의 오행이 일주와의 관계에서 상생의 작용을 하는 것은 물론 상극의 작용을 하는 것이라도 그들의 작용은 주관자의 삶(생명)을 위한 목적성(지향성)을 가지고 있다는 것이다. 즉, 剋의 작용은 주관자의 뜻을 펴기위한 외부적 활동을 말함이요, 制의 작용은 더 강한 주관자가 되도록 스스로 단련하는 작용을 말함이다.

사주에서 일주가 木(甲 또는 乙일주)일 경우를 예로 설명하기로 한다.

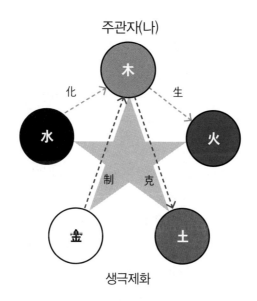

생극제화

일주를 그 사주의 주관자로 보기 때문에 木일주의 사주에서는 木이 자신의 내적 에너지를 火에게 쏟는 작용을 生이라 하고, 木이 土를 취하기 위해 에너지를 쓰는 작용을 剋이라 하며, 木이 金의 통제를 수용하는 것을 制라 하고, 木이 水의 에너지를 받는 것을 化라 한다.

1. 生의 작용

주관자(主管者)인 木일주가 인접 오행인 火(식상)에게 생명에너지를 보내는 작용을 生이라 한다. 오성, 또는 십성으로 보면 일주가 식상활동을 하는 것이 生이다. 木이 火를 낳고, 양육하는 작용이다. 생생지위역의 본분을 수행하는 것이다. 낳다(Give birth), 기르다(Breed), 생육하다는(grow), 발산하다(effuse) 등의 뜻을 가진다. 木일주가 水(인성)로부터 받은 정신적, 물질적 에너지를 생산활동을 위해 쓰는 작용이다. 육친관계로는 어머니가 아이를 양육하는 일이며, 농부가 봄에 밭갈고 씨뿌리는 것일 수도 있고, 아이디어를 내는 작업일 수도 있으며 내재된 끼를 표출하는 활동일 수도 있다. 바둑으로 보면 초반에 새로운 포석이론을 맘껏 펼치고, 큰 곳을 점하여 전략의 밑그림을 그리는 단계이다. 번뜩이는 기재(棋才)로 속력행마와 화려한 기풍의 소유자다. 水(인성)로부터 받은 것을 火(식상)에게 베푸는 작용이고, 배움(인성)을 바탕으로 실천(식상)하는 행위이다.

生의 작용은 부모가 자식에게 베푸는 것처럼 보상을 전제로 하지 않는다. 무조건적이며 무한사랑이다. 사회생활로 보면 재능기부나 봉사활동, 동호회 활동 등이 된다. 생명에너지의 흐름은 오행의 상생작용과 같이 인접한 오행으로 유행하여 주관자 일주로 피드백된다. 주관자 일주가 배제된 오행간의 생의 작용은 진정한 생의 작용이라기보다 오행의 단순한 기운의 순환에 가깝다. 기운(에너지)의 순환을 담당하는 生은 생극제화의 生과 같은 표현이지만 분명히 다른 것이다. 그러나 기운의 순환을 담당하는 生의 작용도 사주에서는 매우 중요한 작용을 한다. 일주에서 방출된 에너지가 소임을 다하고 다시 일주로 피드백하는 역할을 하기 때문이다. 사람의 사주에서 오행이 고루 분포되어 있을 경우 피드백을 위한 에너지의 소통이 상생순환을 하므로 비교적 굴곡없이 순탄한 삶을 영위할 수 있는 것으로 본다. 그러나 오행이 편중되어 있을 경우는 피드백을 위한 에너지의 소통이 상극역행을 하게 되므로 삶에서 굴곡과 파란이 있다고 분석한다.

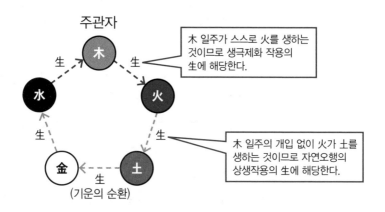

2. 剋의 작용

주관자 木일주가 상극관계인 土에게 생명에너지를 보내는 작용을 剋이라 한다. 생명에너지가 木일주에서 土로 흐른다는 것이 키포인트다. 오성으로 보면 일주가 재성의 활동을 하는 것이다. 水(인성)의 지극한 후원과, 金(관성)의 담금질로 더욱 강해진 木일주는 자기실현을 위해 축적된 에너지를 외부로 방출하는 작용이다. 剋의 사전적 의미는 맡아서 해내다(Undertake), 감당하다(Handle), 이기다(win), 승리하다, 견디어 내다(Endure), 성취하다(achieve), 완성하다(complete), 소화시키다(Digest), 해치다(injure), 해롭히다(Harm) 등이다. 사회적 성취를 위한 적극적인 행위들이 剋의 작용에 함축되어 있음을 알 수 있다.

生이라는 작용이 무조건적이고 일방적인 무한대의 사랑인 반면, 剋이라는 에너지 작용은 반드시 반대급부를 목적으로 한다. 자본을 투입하여 사업을 하는 것도 剋의 작용이고, 시간제 아르바이트를 하는 것도 剋의 작용이다. 어떤 형태이든 재물(결과)을 얻고자 하는 능동적인 활동이면 剋의 작용으로 본다. 바둑으로 보면 기자절야(棋者切也)[94]의 정신으로 중반전 전투에 돌입하는 단계이다. 대세점을 차지하거나 침입, 삭감 또는 상대의 돌을 끊어 공격하는 행마가 剋이다. 이기지 않으면 지는 일지매의 공격바둑이다. 剋의 활동에는 반드시 게임(욕심)과 승부욕이 혼재되어 있어 성취의 희열도 있지만 실패의 아픔을 겪기도 한다. 세상에는 공짜가 없다. 하느님도 기도로써 말하지 않으면(속마음을 드러내지 않으면) 그 뜻을 헤아리지 못한다. 사주 또한 의지가 없으면 발현되지 않는다. 실패가 두려워 시도하지 않는다면 성취는 없다. 골프에서 미치지 못하면 홀에 들어갈 수 없는(Never up never in)이 치다. 이것이 生의 작용과는 근본적으로 다른 것이다. 기업을 경영하여 국가사회에 보답하는 것도 剋이며, 전문인으로서 사회적 자기실현을 하는 것도 剋이다. 증권투자로 일약 거부가 되기도 하고 하루아침에 쪽박을 차게되는 원인적 활동이 극이다. 자식에게 쏟은 정성을 生이라 한다면 사회적 가치에 투자하여 피드백을 받는 에너지를 剋이라 할 수 있다.

사주에서 극이 강한 사람은 적극적이고 활동적인 행동특성을 보이며 계산에도 밝다. 반면, 주관자 일주와 무관한 극의 작용은 생명철학을 지향하는 사주의 근본원리로 볼 때 필연의 작용으로 보지 않는다. 주관자 일주와 무관한 극의 작용이 발생하는 경우는 生의 소통작용이 생략되어 에너지의 순환이 순조롭게 진행되지 않는 경우에 발생한다. 예를 들면, 木일주의 명식에서 火, 金, 水의 오행이 있는 경우 火(식상)에너지는 土(재성)에너지를 거쳐 金(관성)에너지로 순환하여야 하나 土(재성)이 사주에 나타나 있지 않음으로써 부득이 火(식상)의 에너지가 剋의 작용으로 金(관성)에 직접 넘어가는 현

---

94 바둑두는 자는 모름지기 끊고 싸워야 한다는 격언이다. 우군의 바둑돌들은 서로 연결되어 있어야 안전하고, 적군의 돌은 끊어 고립시키는 것이 득책(得策)이다. 바둑은 끊음으로써 긴장이 생기고, 전투가 벌어진다. 이것이 剋작용이 일으키는 도전과 성취이다.

상이 발생한다. 이런 경우 에너지가 상극의 형태로 순환하려는 것이므로 그 과정에서 갈등을 겪게 된다. 상관견관(傷官見官)[95]이나 탐재괴인(貪財壞印)[96] 등을 흉한 것으로 해석하는 이유가 되는 것이다.

아래의 왼쪽 그림은 주관자 木일주가 재성활동을 위해 土(재성)를 剋하는 것이고, 오른쪽 그림은 주관자 木일주와는 무관하게 火(식상)의 에너지를 金(관성)의 저항을 뚫고(剋하고) 水(인성)으로 소통시키는 도식(圖式)이다. 사주의 중심인 木일주의 역할여부에 따라 왼쪽 그림과 오른쪽 그림의 剋은 같은 표현이지만 다른 작용이다.

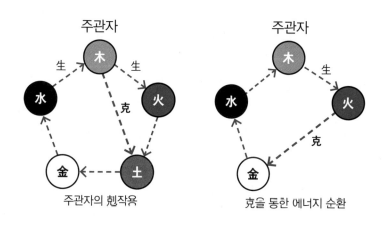

주관자의 剋작용   剋을 통한 에너지 순환

3. 制의 작용

주관자인 木일주가 金으로부터 생명에너지를 끌어오는 작용을 制라 한다. 오성으로 보면 일주가 관성의 활동을 하는 것이다. 制의 사전적 풀이를 보면, 동사로는 격식에 맞추어 자르다(sever), 만들다(make), 제어하다(Control), 따

---

95 상관이 정관을 보았다는 말이다. 상관은 정관을 극한다. 옛날에 최고의 길신으로 여겼던 정관을 해치니 좋지 않은 기운으로 해석하였다.

96 재성이 왕하여 인성의 발현을 방해한다는 뜻으로 탐재파인(貪財破印)이라고도 한다.

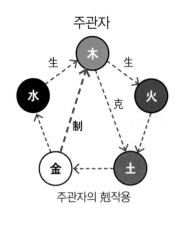

주관자

주관자의 剋작용

르다(follow) 등이고 명사로는 법도, 제도, 체제, 명령 등으로 정의하고 있다. 즉, 사회적인 법도, 제도, 체제, 명령 등을 따르고 자신을 억제하는 행위를 制의 작용이라 할 수 있다. 오행의 相剋작용에서 주관자를 중심으로 작용이 일어나는 경우는 剋과 制의 작용으로 구별된다. 주관자가 剋을 하면 剋 (我剋者) 의 작용이고, 주관자를 극하면 制 (制我者)의 작용이다. 주관자가 배제된 오행의 극제작용은 순수 오행의 기운(에너지)이 剋의 형태로 순환하는 작용을 말하는 것이므로 생극제화 이론에서 말하는 剋 또는 制의 작용과 구분된다.

그렇다면 制의 진정한 의미는 무엇인가? 단련, 숙살의 작용으로 주관자의 건강한 生(생명활동)을 도모하는 것이다. 주관자를 剋하는 작용이라 할지라도 주관자의 "삶(생명활동)"을 위한 지향성이 있는 경우에는 이를 剋이라 하지 않고 制라 한다. 골절상을 입었을 때 팔다리를 고정시키는 석고붕대(Gips)가 制이다. 팔다리를 움직이지 못하게 억제하는 작용은 팔다리를 정상적으로 치료하려는 궁극의 목적이 있는 것이다. 바둑으로 보면 후일을 도모하며 치열한 몸싸움에 앞서 꾹꾹 눌러 참는 모습이다. 노림이 강한 끈질긴 바둑이다. 우선 안전을 확보하고 후일을 도모하는 두터운 바둑이다. 돌을 버리는 사석작전도 制의 일종이다. 숲의 환경에서 보면 도끼로 간벌을 하는 것은 숙살을 통한 金克木의 관계이지만, 숲의 전체적인 생태환경을 위한 벌목이라면 벌목은 개체수를 조절하여 숲 전체의 건강성을 유지하기 위한 생명활동이기도 하기에 金剋木의 관계라기보다 金制木을 통한 金生木의 역할이 되는 것이다.

시련(制)은 삶(생명활동)의 필수덕목이다. 가을의 찬서리(金)는 나무(木)에게 담금질(金制木)을 통한 단단한 나무로 성장(金生木)시킨다. 목극토의 경우에도, 나무가 생명을 유지하기 위해서는 흙속 깊이 뿌리를 내려(목극토)

수분을 흡수해야 한다. 흙의 입장에서 보면 나무뿌리에 지각(地殼)이 뚫리는 制를 당하면서도 木의 뿌리를 받아들임으로써 땅의 수분이 조절되어 산사태를 방지한다. 흙을 주관자로 보면, 木剋土는 木制土의 작용을 통하여 木生土라는 "삶(生命)"의 천명을 실현한다. 그러나 주관자 일주가 制의 작용으로 끌어오는 생명에너지는 책임성을 전제로 한다. 制는 주관자가 스스로 외부환경의 규제를 받아들이는 것이므로 이것을 거스르면 주관자에게 제재(制裁)가 따르는 것이다. 국가에 4대의무를 이행하는 것, 사회의 규범을 지키는 것, 학교에 수업료를 내는 것, 사업을 하기 위해 은행에서 대출을 받거나 투자를 받는 경우 원금과 이자를 갚아야 하는 것 등이 制의 작용에 따르는 책임성이다. 하지만 주관성(主管性)이 배제된 단순한 오행 상호간의 작용인 경우는 制의 작용이 剋(극의 형태로 순환하는 에너지의 작용)의 작용으로 바뀐다. 자평학은 일주의 주관성을 전제로 만들어진 이론이므로 주관자 일주를 剋(剋我者)하는 오행은 모두 制(制我者)의 작용으로 본다.

기존 대부분의 명리이론서에는 사주이론이 오행의 생극제화 이론을 기반으로 구성한다고 설명하고 있다. 이는 신법사주의 효시인 연해자평 등 거의 모든 고전에서 언급하고 있는 이론이다. 그러나 상생상극과 생극제화의 이치가 어떻게 다르고, 이것이 어떻게 사주이론에 반영되는 것인지 구체적인 설명이 없다. 심지어 생극제화를 상모(相侮)이론으로 둔갑시켜 설명하기도 한다. 사주이론이 당송시대로부터 현대에 이르기까지 시대의 간극과 사람의 인연에 따라 불확실한 필사본 등으로 전수되는 과정에서 생극제화의 이론이 유실되어 명제만 전해진 까닭이라고 생각된다. 간혹 制를 설명한 이론서에도 制는 剋의 범주에 속하는 작용으로 간주하고 있다. 剋과 制는 일간을 전제로 적용되는 개념이며, 일간을 기준으로 에너지의 작용방향을 본다면 剋과 制는 유사한 것이 아니라 정반대의 개념인데도 말이다.

개념이 생기면 언어도 생긴다. 사주학에서 생·극·제·화라는 용어가 있다는 것은 개념과 용도가 분명히 있다는 의미가 아니겠는가? 선인들이 음양오행의 작용원리를 생극제화와 상생상극의 두 측면으로 구분하여놓은 것도 개념과 용도가 다르기 때문일 것이다.

4. 化의 작용

주관자 木일주가 水로부터 생명에너지를 끌어오는 작용(我引者)을 화(化)라고 한다. 곧 일주의 인성활동이 化이다. 자연오행의 에너지 유행으로 보면 生의 관계인데, 化로 표현하는 이유는 주관자 木일주가 生하는 아생자(我生者)의 관계가 아니라, 水(인성)을 배경으로 한 생아자(生我者)의 관계이며, 일주의 의지적 작용이기 때문이다. 세상의 중심인 주관자 木일주는 金과 水로부터 생명에너지를 공급받아 완전한 인격체가 되려고(化) 노력한다. 즉 무엇이 되고자 하는 지향점이 있다. 그래서 수동적인 生이라는 표현 대신 능동적이고 목적지향적인 化라는 용어를 쓴다. 化란 변화(變化)를 말한다. 水(인성)로부터 끌어오는 생명에너지를 자양분으로 하여 완벽한 인격체인 木일주(비겁)로 변화를 꾀하는 것이다. 수천 번을 넘어지면서 걸음마를 배우고 엄마의 말을 따라하며 언어를 습득하는 어린아이의 노력이 化이다.

수천 번의 시도로 드디어 걷다

국가사회의 풍습과 가문의 전통을 익혀 자기 인생철학과 정체성을 다듬어가는 과정이다. 사회진출을 위한 준비과정으로서 필요한 소양이나 지식을 습득하는 것도 化의 활동이다. 배우는 학(學)이 制의 작용이라면 스스로 익히는 습(習)은 化의 작용이다.

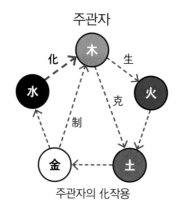

주관자

化 木 生

水 克 火

制

金 土

주관자의 化작용

制의 작용이 외부로부터 작용하는 규제라면 化는 자기 스스로가 설정하고 규정한 원칙을 준수하는 것이다. 化의 사전적 의미는 바뀌게 하다(change), 교화시키다(Enlighten), 따르다(follow), 본받다(Imitate), 생겨나다(germ), 깨쳐알다(Know), 이해하다(Understand), 버릇없이 굴다(Be spoiled) 등이다. 사주에서 化의 관계가 발달한 사람은 배우지 않고도 스스로 깨우쳐 터득하는 능력이 뛰어나다. 자기를 내세우지 않고 조용하며 학구열과 탐구욕이 강하다. 겉으로 드러나는 스펙보다 훨씬 내공이 깊은 사람이다. 인내심과 자기절제가 강하다. 그러하기에 이런 사람은 강제하기 보다 스스로 하도록 맡겨놓을 때 안정된 성과를 낸다. 학문이나 연구분야에서 출중한 업적을 나타내는 사람들 중에 化의 작용이 강한 사람들이 많다. 制가 법률이나 사회규범과 같이 외부로부터 주어진 통제라면 化는 도덕이나 양심과 같이 스스로 정한 규율에 철저한 사람이다. 바둑으로 보면 반집을 헤아리며 핀세를 다지는 끝내기 단계이다. 초중반의 전략을 일관되게 유지하며, 떨어지는 낙엽에도 방심하지 않는 고참 병장의 조심성이며 꼼꼼히 사활을 확인하는 갈무리 전략이다. 섣불리 먼저 칼을 뽑지 않으며, 지지 않으면 이기는 신산의 바둑이다.

오행에서 생아자(生我者)의 관계를 하고 있다고 해서 모두 化가 되는 것은 아니다. 주관자 일주가 배제된 생아자의 관계는 단순한 오행의 生의 작용일 뿐이다. 오행간의 生의 작용은 기운(에너지)의 순환(소통)을 담당하는 역할일 뿐, 인성활동 또는 식상활동을 하는 生의 작용과는 엄연히 다르다.

이로써 일주에서 生 또는 剋의 작용으로 방출한 에너지가 소임(생명활동)을 다하고 다시 制나 化의 작용을 통하여 일주로 피드백하는 하나의 생애주기가 완성된다. 制와 化는 주관자 일주에게 생명에너지를 공급하여 활동의 원천을 만들어주기도 하지만, 生과 剋의 활동을 통한 결실을 일주로 피드백하는 소통의 역할도 담당한다. 따라서 사주에서 制와 化의 기운이 없는 사람은 수렴하는 내부에너지는 없이 발산하는 生과 剋의 기운이 발달함으로써 화려해 보이나 실속이 없고, 아는 척하나 깊이가 없으며, 백 번의 노력으로도 하나의 결실을 얻기 어렵다. 이것은 학문의 수양 없이 대임을 맡으려 하는 격이고, 자본이나 기술없이 대업을 꿈꾸는 격이며, 밑빠진 독에 물을 채우려 하는 형상이기 때문이다.

 사주명식에서 주관자는 일주의 오행에 따라 목, 화, 토, 금, 수의 다섯가지가 있다. 지금까지는 木일주를 예시로 생극제화의 개념을 알아보았는데, 다른 오행이 주관자가 되더라도 작용원리는 같다. 즉, 주관자가 어떤 오행이건 생·극·제·화의 생명활동과 에너지를 보내고 끌어오는 방향은 같은 원리가 적용된다.

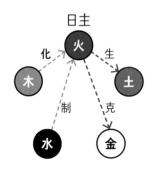

 예시로 보면, 火(丙 또는 丁일주)일주의 경우에는 火가 土(식상)한테 보내는 작용을 生이라하고, 火가 金(재성)한테 보내는 작용을 剋이라하고, 火가 水(관성)로부터 끌어오는 작용을 制라하며 火가 木(인성)으로부터 끌어오는 작용을 化라 한다.

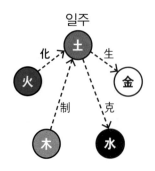

 土(戊 또는 己일주)일주의 경우에는 土가 金(식상)에게 보내는 작용을 生이라 하고, 土가 水(재성)에게 보내는 작용을 剋이라 하고, 土가 木(관성)으로부터 끌어오는 작용을 制라하며 土가 火(인성)로부터 끌어오는 작용을 化라한다.

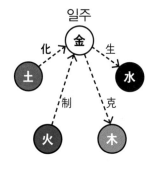

金(庚 또는 辛일주)일주의 경우는 金이 水(식상)에게 보내는 작용을 生이라 하고, 金이 木(재성)에게 보내는 작용을 剋이라 하고, 金이 火(관성)로부터 끌어오는 작용을 制라 하며 金이 土(인성)로부터 끌어오는 작용을 化라 한다.

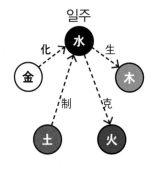

水(壬 또는 癸일주)일주의 경우에도 水가 木(식상)에게 보내는 작용을 生이라 하고, 水가 火(재성)에게 보내는 작용을 剋이라 하고, 水가 土(관성)로부터 끌어오는 작용을 制라 하며 水가 金(인성)으로부터 끌어오는 작용을 化라 한다.

에너지의 유행(流行)과 유량(流量)

에너지의 유행과 유량의 파악은 사주 분석에서 매우 중요한 사항이다. 에너지란 각가의 오행의 기운을 말하며, 오행의 기운이 흘러 상호 영향을 미치게 될 때 기운이 흐르는 것을 에너지의 유행이라 한다. 에너지 유행(흐름)의 방향은 4가지로 구분할 수 있다. 첫째, 생극제화이다. 생극제화는 전술한 바와 같이 일주를 중심으로 한 에너지 흐름을 말한다. 모든 에너지는 일주로 유입하거나 일주로부터 방출되는 두 구분을 갖는다.

둘째, 상생(相生)의 흐름이다. 생하는 오행에서 생을 받는 오행(我生者)으로 향하는 에너지의 흐름을 말한다. 복희역에서 밝힌 오행의 상생구조이다. 木이 火를 낳는 것도 상생이고, 火가 土를 낳는 것도 상생이며, 土가 金

을, 金이 水를 낳는 것 모두 상생의 작용이다. 생극제화의 생의 작용과 무엇이 다른가? 생극제화에서 생은 생하는 오행의 주체가 일주라는 것이고, 일반적으로 상생이라 함은 일주만이 아니라 오행 각각이 상생의 작용을 하는 경우를 말한다.

셋째, 상극의 흐름이다. 극하는 오행에서 극을 받는 오행(我克者)으로 향하는 에너지를 말한다. 문왕역에서 밝힌 오행의 상극구조이다. 克의 작용은 주체가 누구이든 모두 克으로 표현한다. 즉, 일주가 극하는 것도 상극이요, 순수 오행이 극하는 것도 상극이라 한다.

넷째, 상모(相侮)의 흐름이다. 오행의 상모는 오행의 자연적인 흐름을 거역하는 역류(逆流)를 말하는 것으로 부패한 권력에 대항하는 민중의 봉기와 같은 것이다. 항아리에 가득 찬 물을 위에서 압박하면 물이 아래로 내려가는 게 아니라 오히려 위로 솟구치는 것이 자연의 이치다. 각각의 오행이 가지고 있는 에너지도 이와 마찬가지이다. 한 쪽의 에너지가 지나치게 많을 경우 생극제화의 순환만으로 해결이 되지 않는다. 역류하는 에너지는 방향이 정해지지 않기에 매우 위험할 수 있다. 가령 원국에서 식상을 극도로 압박하는 체상인데 대세운마저 식상을 설기(泄氣)하는 운이 올 때 명주가 사망할 가능성이 높다고 판단하는 원리이기도 하다.

에너지의 유행이 여러 구분이 있다면, 당연히 그 우선순위도 있어야 한다. 이것이 자연의 질서요 명리이론의 핵심이 된다. 에너지 유행의 우선순위에서 최우선은 당연히 사주의 주인공인 일주가 하는 생극제화이다. 그 다음의 순서는 일주가 아닌 각 오행의 상생상극의 작용이 된다. 오행의 상모(역류현상)는 최후의 순서이다. 일주의 생극제화와 각 오행의 상생상극으로 에너지의 순환이 원활하게 되면 최상이다. 하지만 특정 에너지의 극단적인 편중으로 생극제화나 상생상극의 처방으로 별무효험일 경우 오행의 상모가 시작된다. 에너지의 유행에 영향을 주는 것은 그 방향만이 아니다. 에너지의 유량(流量)도 문제가 된다. 에너지는 넘치는데 소통을 담당하는 관(Pipe)이 충분치 못하면 당연히 에너지 흐름이 방해를 받는다. 우리의 인체에도 혈류가 원활하지 못하면 동맥경화가 발생할 수 있는 것과 마찬가지다. 에너지량과 유관(流管)의 크기는 서로 조화를 이루는 것이 중요하다. 우리가 사주를 분석함에 있어 오행의 고른 분포를 가진 대천복지(戴天覆地)[97]형의 사주를 조화와 균형을 갖춘 사주로 평가하는 이유이기도 하다.

에너지의 유행과 유량은 사주 원국을 분석할 때도 잘 살펴야 하지만 특히 대세운으로 다가오는 운세를 분석할 때 간과해서는 안된다. 특정한 사주원국과 겹치는 대운과 세운이 휘몰아치면 걷잡을 수 없는 격랑으로 빠질 수 있기 때문이다. 특히 주의해야 할 것은 대운과 세운에 대한 유행의 판단은 일주를 중심으로 한 생극제화의 그것과는 달리 일반적인 오행의 유행원리인 상생상극원리에 따른다는 것이다. 특히 대운과 세운을 판단할 때 대운과 세운의 천간과 지지가 합충의 상호작용으로 에너지의 위상이 바뀌는 경우 그것이 사주원국에 미치는 영향을 세심히 살펴야 한다. 시절인연으로 다가오는 기운은 특정 일주와 사적 관계성을 맺지 않는다. 누구에게나 공평하게 자신의 기운을 발산하기 때문이다.

2. 여수명리의 방식(方式)

여수명리는 일주를 중심으로 형성된 팔자를 천간의 속성을 기준으로 그 역량을 수치로 계량하는 방식을 택하고 있다. 이것이 계량화이다. 그리고 게

---

[97] 사주에서 오행이 적절하게 발현되어 치우치지 않고 잘 조화를 이루고 있는 것을 말한다.

량된 천간을 십성의 속성별로 무리지어 도식으로 표현한다. 이것이 오성도이고 도식화이다. 따라서 여수명리의 방식은 계량화와 도식화의 두 축으로 표현되고, 이것은 통변의 오류와 편차를 줄이는 독해틀이 된다.

사주분석의 정량적 접근의 필요성

사회적으로 합의된 도량형(度量衡)이 없을 시대에 저잣거리의 풍경이 어떠했을까? 힘세고 목소리 큰 놈이 시장질서를 흔들었을 것이다. 사주팔자를 간명(看命)하는 개념의 세계에서도 상황은 마찬가지다. 지금까지 간명은 정성적(定性的)인 방식으로 함으로써 나쁜 의도를 가진 사람에게는 혹세무민으로 악용되는 원인이 되기도 하였다. 그렇다고 정성적인 독해법이 나쁘다는 의미는 결코 아니다. 인생을 논하는 언어에 정량적인 개념이 들어간다는 것은 가치를 획일화할 우려가 있기 때문에 위험도 있다. 문학, 예술, 철학 등을 정량적인 잣대로 이해하려 한다면 오묘한 차이와 운치를 놓치게 된다. 최고의 장인들은 그 경지를 언어나 수치로 규정하지 않았다. 명리의 세계도 마찬가지여서 명리고수들의 이야기가 전설처럼 전해져 내려오고 있다. 그러나 정성적 방식의 폐단도 만만치 않다. 주관성과 편차의 문제가 그것이다.

사주팔자를 구성하는 천간과 지지는 조후적 흐름에 따라 그 역량이 다르게 나타날 뿐만 아니라 지장간의 경우에는 암장된 천간의 종류와 그 역량의 비율이 다르기 때문에 계량화 없이 정성적인 언어만으로 그 강약과 정도를 정확하게 구별하는 것은 한계가 있다. 그리고 사주명리학도 결국 사람이 체계를 만들고 해석하며 사람과 소통해야 하는 학문이라면 대중적 프로토콜의 기준을 세우는 것은 매우 중요하다. 아직도 많은 사람들이 명리를 공부하다가 중도포기하곤 한다. 어려워서라기보다 소통의 체계가 적절하지 않기 때문이다. 이제 사주는 모호한 소통방식을 시대적 눈높이로 맞추어야 한다. 그 방식은 정성적인 주관성을 정량적인 객관성으로 드러내는 것이어야 할 것이다. 계량화는 모호성을 배제하는 수단이 되기 때문이다. 우리의 일상에서 물질의 정도를 나타내는 도량형이 마련됨으로써 소통과 수급의 효율을 높이는 것과 같은 이유이다. 명리학이 조후적(調喉的) 기운의 흐름으로 관계성을 규정하는 것이므로 수치적 계량화가 어렵다고 주장한다. 그러나 그것이 가져올 효익을 감안한다면 약간의 오차를 포용하는 대가를 감수해야 한다. 명리 고서에서도 지장간의 월률분야(月律分野)[98]에 대한 수치적 구분을 한 것이나, 근세 대만의 하건충 선생이 인원용사(人元用事)[99]의 역량 비율을 선도적으로 계량화한 것은 매우 의미있는 일이라 하겠다. 우리나라에도 몇몇 학자들이 천간과 지지의 포지션에 따른 기운의 역량을 계량화한 것은 시대의 추세에 호응하는 바람직한 것으로 본다. 사주를 이루는 여덟글자 각각이 독립적으로 같은 역량을 가지고 있다면 고민할 필요성이 없다. 하지만, 명리학은 조후를 근본으로 하기에 지지의 위치에 따라 그 역량이 다르다고 보고 있으며, 천간과 지지의 관계에서도 통근(通根)[100]이 되거나 투출(透出)[101]이 되는 경우는 역량(力量, 에너지 량)이 커지는 등 미묘한 차이를 정성적 언어로 가늠하기 쉽지 않다. 이러한 문제를 해결하고 명리이론이 대중과 소통하기 위해서는 사주원국의 계량화를 통한 정량적 접근이 필요하다.

---

98 월지에 암장된 천간으로서 당령하는 천간과 당령일수를 정의한 것이다.

99 지지에 암장된 천간으로서 통근과 투출의 근거가 되며, 사상간의 역량을 산출하는 기준이 된다.

100 천간이 같은 오행의 지지를 찾아 서로 감응하는 것을 말하며, 천간이 뿌리를 내린다는 의미로 통근이라 한다.

101 지지가 같은 음양오행의 천간을 찾아 감응하는 것을 말하며, 지지가 천간으로 통한다는 의미로 투출이라 한다.

계량화(計量化)의 원칙

사주는 기(氣)의 학문이기에 기의 속성과 기량을 파악하는 것이 사주 분석의 첫 관문이다. 이것을 계량화라 하며 氣는 음양과 오행으로 분화되고 다시 10천간을 낳아 사주를 구성하므로 계량화(Scoring)는 천간 중심의 사주분석 원칙에 기반한다. 계량화는 천간과 지지속에 암장된 지장간을 공통인수로 정리하고 여기에 각각의 포지션에 따른 가중치를 적용하여 천간의 역량을 수치화한 것이다. 현대수학이론에서 인수분해(因數分解, Factorization)는 덧셈꼴로 어지럽게 뒤섞여 있는 다항식을 곱(인수)셈꼴로 고쳐서 문제를 풀기 쉽도록 정리하는 방식이다. 마찬가지의 원리를 적용하여 사주에서는 지지 속에 암장된 지장간을 공통인수로 정리하고 각각의 지위에 따라 역량을 수치화한다. 계량화는 사주분석을 위한 합리적 접근의 시발점이다. 지금까지 당령, 시령 등의 조후적 상황을 고려하여 정성적으로 분석해온 방식과 근본원리는 다르지 않다.

천간의 계량

사주원국에 대한 에너지량(역량)의 측정은 천간을 기준으로 100분율로 하여 총역량은 100점으로 한다. 사주는 천간중심의 해석체계이기 때문이다. 천간은 일주를 제외하고 연간, 월간, 시간에 각각 10점을 배정한다. 일주의 역량을 배제하는 것은 일주가 사주의 주관자요 중심이기 때문이다. 따라서 천간의 총역량은 30점이다.

천간의 계량에서 고려해야 할 것은 천간합으로 인한 합화오행을 어떻게 계산할 것인가 하는 것이다. 천간합은 부부지합이라 하듯이, 인간사에서 결혼을 하는 것과 같이 대단히 중차대한 일이다. 특히 사주의 주인인 일주가 합화하여 타오행으로 변하는 것은 예삿일이 아니기에 합화의 조건이 까다롭다. 천간은 합하는 다른 천간을 인접하여 만날 때 합화오운으로 변하는 성질이 있다. 그렇다고 합화(合化)하는 짝을 만나기만 하면 무조건 다른 오행으로 변하는 게 아니다. 합화로 인하여 사주 원국을 구성하는 천간이 고유의 성질을 버리고 다른 오행으로 변한다는 것은 사주의 본질이 변하는 것이므로 엄격한 조건이 따른다. 특히 사주의 주인인 일주가 합화로 인하여 다른 오행으로 변질되는 것은 매우 중대한 사안이다. 사주의 주인이 식솔을 놔두고 바람나서 가출한 모습이 되기 때문이다.

여수명리에서 적용하는 합화의 성립조건은 다음과 같다.

① 합화는 일주의 합화만을 인정한다.

천간에는 연간과 월간, 일주, 시간이 있으나 합화의 문제는 일주의 경우에만 적용한다. 그리고 일주와 떨어져 있는 천간과의 격합(隔合)은 인정하지 않는다. 일주와 합화를 이루려면 인접한 월간이나 시간이 일주와 합화하는 첩신(貼身)의 경우이어야 한다.

② 일주가 지지에 통근되어 있지 않아야 한다.

일주가 지지에 뿌리를 내리고 있다는 것은 기혼자로 비유할 수 있는 상황이다. 가정에 뿌리를 내린 일주가 또 다른 배우자를 만나서 혼인을 하겠다는 형국이므로 용납이 안 된다.

③ 일주가 합화할 때 주변에 방해세력이 없어야 한다.

합화하는 두 오행이 쟁합이 되거나 합화오행을 制하는 官星이 천간에 투출되지 않아야 한다. 합화는 매우 중대한 사변적 일이므로 주변의 이해관계나 오해가 없이 평화롭게 이루어져야 하기 때문이다.

④ 합화오행이 월지에 통근해야 하다

합화 오행이 사주의 새로운 주인으로 살아가기 위해서는 사주의 최대기운인 월지에 뿌리를 내려 세력을 모아야 한다. 합화오행으로 이루어진 사주의 격국을 화격이라 한다. 이 때는 합화오행이 사주의 화격(격국) 및 용신으로 행세하기 때문에 합화오행의 세력이 사주 전체역량의 과반은 되어야 한다. 따라서 사주에서 최대 역량을 가진 월지에 뿌리를 내려야 하는 것이다.

　⑤ 합화오행의 뿌리가 되는 월지의 경우도 인접한 지지와 합충이 되지 않아야 한다. 월지가 인접한 지지와 합충으로 역량의 변동이 생기면 합화오행의 세력으로 동참하기 어렵기 때문이다.

　이처럼 합화의 조건은 이처럼 까다롭기 그지없다. 천간합의 이론이 왜 존재하는지 의문이 들 정도이다. 따라서 실제로는 거의 합화가 이루어지지 않는다고 봐도 무방하다.

　지지에도 지장간의 형태로 천간이 있으므로 이들 지장간에 대하여도 역량을 산정한다. 지장간의 역량을 산정함에 있어서는 인원용사를 기준한다. 월률분야는 월지만의 조후를 따지는 것으로서 인원용사에 대한 지장간의 속성을 완전히 반영하지 못하고 있기 때문이다. 지지는 조후에 따라 역량이 달라지므로 그에 따라 가중치를 두어 산정한다. 여수명리에서는 월지에 30점, 일지에 20점, 연지와 시지에 각각 10점을 배정하여 지지의 총역량은 70점이다.

〈간지의 포지션에 따른 계량가중치〉

구 분	시주	일주	월주	연주	합계
천간 배점	10	日主	10	10	30
지지 배점	10	20	30	10	70
합 계	20	20	40	20	100

지지의 계량

지지는 12가지인데 각각 일정 비율의 천간(지장간)을 가지고 있으며, 이 지장간의 작용에 의해 여러가지 변화를 가져온다. 12지지 자체의 모습만으로는 지지를 충분히 이해하기 어렵다. 인간사가 웃고 울고, 싸우고 화해하며 살아가는 것처럼 地支는 현실적, 실리적인 측면이 강하여 天干처럼 순수 기운 하나만을 가지고 있지 않다. 寅을 보면 외양으로 木의 오행을 하고 있지만 그 속에는 丙화와 甲목이 지장간으로 들어 있기에 상황에 따라 火의 역할도 하고 木의 역할도 한다. 지장간은 지지 상호간의 합충형파해(合刑冲破害)를 이해하는 데도 중요한 역할을 한다. 또한, 사주를 구성하는 8글자의 통근 여부를 따질 때에도 필요하다. 통근은 천간이 지지의 응원을 얼만큼 받고 있는지를 가늠하는 기준이 되기 때문이다. 지지의 계량에 있어 지지충은 고려하지 않는다. 충의 작용은 타오행으로 변질되지도 않고 에너지 제1법칙인 총량을 변화시키지도 않기 때문이다. 결국 여수명리는 여러가지 세세한 이론에 앞서 사주는 기(氣)를 파악하는 학문이라는 입장을 견지한다.

인원용사에는 월률분야와 달리 당령이나 당령일수가 없다. 그러나 함께 사는 용사들간에는 세력의 분포가 존재한다. 인간의 사회에서도 완전한 평등은 없듯이 인원용사에도 주역과 조역의 역량이 다르다. 고서에서는 인원용사의 역량을 구분하여 언급하지 않았다. 역량의 구분이 없으면 사주를 간명함에 있어 강약이나 정도 등의 정성적 판단이 주관적으로 치우칠 우려가 있다. 이러한 상황에서 대만의 하건충(何建忠) 선생이 지장간 인원용사에 대한 역량비율을 계량화 한 것은 매우 의미있는 일이다. 그는 수학자이면서 명리학자로서 사주이론의 계량화를 이끈 선구자이다. 하건충 선생의 인원용사에 대한 역량비율은 사생지(인신사해)의 경우 주기 70%, 객기 30%로 히었으며, 사맹지(자오묘유)의 경우 주기 100%로 하고, 사고지(진술축미)의 경우 주기(主氣)는 50%, 객기(客氣)중 方庫 30%, 局庫 20%의 비율로 단순화하였다. 사주명리학의 체계화와 계량화에 있어 매우 유용하게 쓰일 수 있는 이론이라고 생각한다.

　여수명리에서 지지의 경우에는 하건충(何建忠)[102] 선생이 정리한 지장간 인원용사의 역량비율을 따르기로 한다.

〈인원용사의 역량비율(하건충)〉

地支	寅	申	巳	亥	子	午	卯	酉	辰	戌	丑	未
인원용사 역량(%)	甲	庚	丙	壬					乙	辛	癸	丁
	70	70	70	70					30	30	30	30
					癸	丁	乙	辛	癸	丁	辛	乙
					100	100	100	100	20	20	20	20
	丙	壬	庚	甲					戊	戊	己	己
	30	30	30	30					50	50	50	50
합계	100	100	100	100	100	100	100	100	100	100	100	100

인원용사의 역량

　인원용사의 경우 주기와 객기가 혼재하고 있으므로 각각에 대한 기량에 따라 점수를 안분한다. 지장간 인원용사의 역량은 지지별로 10점을 배정하고, 그 10점을 하건충 선생이 정리한 인원용사의 주기와 객기의 역량 비율에 따라 안분한다. 寅申巳亥 사생지의 경우 주기인 甲庚丙壬에 각 7점, 객기인 丙壬庚甲에 각 3점씩 안분한다. 子午卯酉 사왕지의 경우는 순수 단일기운

102　대만의 명리학자, 수학자. 생몰연대 미상, 저서는 팔자심리추명학, 천고팔자비결총해 등이다. 자평 명리학에서도 궁성이란 용어를 사용하였다.

癸丁乙辛으로 인원용사가 구성되므로 이들에게 각각 10점을 부여한다. 그리고 辰戌丑未 사고의 경우는 주기인 戊己토에 5점을 배정하고, 객기인 乙辛癸丁에 각각 3점을, 癸丁辛乙에는 각각 2점을 배정한다. 이것을 정리하면 다음의 표와 같다.

〈지장간(인원용사)의 역량〉

地支	寅	申	巳	亥	子	午	卯	酉	辰	戌	丑	未
인원용사 역량(점)	甲	庚	丙	壬					乙	辛	癸	丁
	7	7	7	7					3	3	3	3
					癸	丁	乙	辛	癸	丁	辛	乙
					10	10	10	10	2	2	2	2
	丙	壬	庚	甲					戊	戊	己	己
	3	3	3	3					5	5	5	5
합계	10	10	10	10	10	10	10	10	10	10	10	10

계량값의 분류와 취합

천간과 지지에 대하여 계량하고 나면 이들을 십성의 속성별로 분류하고 취합하여 도식화를 진행한다. 첫 단계로서 지지 속의 모든 지장간을 소환하여 십성의 체계로 재분류하고 그들의 역량을 수치화한다. 지장간을 소환하여 재분류한다는 의미는 지장간의 주기(主氣)를 대표로 하여 십성을 분류하는 기존의 방식을 지양하고, 여타의 객기(客氣) 모두에게도 십성의 이름을 붙여주고 그 역량을 신장한다는 의미이다.

과일바구니를 하나의 지지(地支)라 하고, 거기에 담겨 있는 과일들을 지장간이라 비유해보자. 바구니 A에는 사과 5개, 밤 3개, 대추 2개가 들어 있고,

바구니 B에는 사과 1개, 밤 5개, 대추 1개 들어 있다고 할 때, 기존의 십성분류법은 각각의 바구니를 대표하는 과일(主氣)의 이름을 따서 A는 사과바구니, B는 밤바구니라는 십성으로 분류한다. 이 때 사과나 밤의 수량과 객기에 속하는 대추의 존재는 무시하는 방식이었다. 그러나 여수명리에서는 모든 바구니에 들어 있는 과일들을 꺼내서 사과는 대로, 밤은 밤대로, 대추는 대추대로 각각 분리취합해서 각각의 바구니에 나누어 담고, 사과바구니(6개 들이), 밤바구니(8개 들이), 그리고 대추바구니(3개 들이)라는 십성으로 이름을 붙이고 각각 들어 있는 과일의 숫자를 표시하는 방식을 취한다.

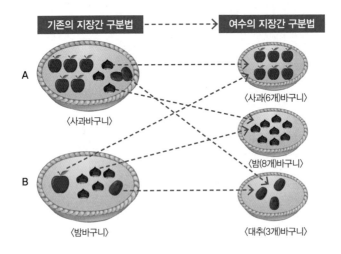

다시 정리하면, 천간과 지지의 형태로 흩어져 있는 8글자를 천간 중심의 십성으로 분해하여 각각의 천간에 맞는 이름을 붙이고 이를 수치로 계량하는 것이다. 이러한 방식은 현대수학의 인수분해에서 공통인수로 묶어놓은 곱셈꼴이 해답을 쉽게 파악할 수 있는 것과 같이 사주를 구성하는 천간의 종류와 그 역량을 한눈에 파악할 수 있게 해준다. 이것이 여수명리의 계량화의 개념이다. 실제 명식을 자세히 살펴보자.

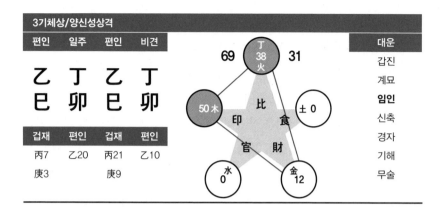

3기체상/양신성상격						대운
편인	일주	편인	비견			갑진
乙	丁	乙	丁			계묘
巳	卯	巳	卯			**임인**
겁재	편인	겁재	편인			신축
丙7	乙20	丙21	乙10			경자
庚3		庚9				기해
						무술

『적천수』에 나오는 명식사례이다. 火와 木의 기운으로만 구성된 양신성상격(兩神成象格)[103]으로 소개하고 있다. 양신성상격이란 사주의 구성이 5개의 오행 중 2개의 오행으로만 구성되어 있다는 의미이다. 사례명식의 경우 천간의 丁화와 지지의 巳화는 모두 火의 기운으로 보았고, 천간의 을목과 지지의 묘목은 모두 木의 기운으로 보았기 때문에 火와 木의 양신으로 성상한 사주라는 것이다. 그러나 여수명리의 인수분해 방식으로 계량하면 火, 木외에 金의 기운도 월지와 시지의 巳火중 지장간 庚金이 객기로 12점이나 발현되어 3기체상의 사주가 된다.

두번째 단계는 간지의 포지션에 따른 가중치를 적용하는 것이다. 가중치를 적용하는 것은 천간과 지지 각각의 포지션에 따라 그 역량이 다르다고 보기 때문이다. 사주를 다른 말로 조후학이라고 하듯이 계절의 변화이치로 분석하는 학문이기 때문이다. 따라서 태어난 달이 조후적으로 가장 많은 영향을 미치므로 월지에 3배의 가중치를 주고, 일지에 2배의 가중치를 두어 역량을 계량하는 것이다. 즉, 월지 30점, 일지 20점, 시지 10점, 연기 10점을 배정

---

103 사주의 구성이 두개의 오행으로 이루어진 것을 말하며 양기성상격(兩氣成象格)이라고도 한다.

한다. 따라서 지지의 총역량은 70점이 되며, 천간의 총역량 30점을 합하면 사주원국의 총역량은 100점이 되어 100분율을 구성한다.

계량화의 성패는 임상을 통한 검증에 달려 있다. 그러나 학자마다 관점과 방식이 다르고 시대적 환경 또한 다르기 때문에 임상을 통한 계량화의 합의를 도출하는 것이 매우 어려운 상황이다. 하나의 대안으로는 현장에서의 임상과 함께 지난 시대의 임상을 기록으로 전하고 있는 고서의 임상사례와 간접 비교해보는 것이다. 하여 여수명리의 스코어링 체계와 방식을 간접비교해보기 위하여 자강 이석영의『사주첩경 제6권』에 수록된 112개의 문답편의 임상의견을 여수명리의 스코어링 내용과 비교해보았다. 자강 이석영 선생은 112개의 사주용어를 중심으로 310개의 명식을 사례로 제시하면서 후학들에게 명리학에서 제일 중요한 용신을 정하는 법과 술어(述語)에 대한 개념을 명확히 심어주려 하였다. 자강 선생은 사주의 강약왕쇠(强弱旺衰)에 대한 표현을 극왕(極旺), 태왕(太旺), 극쇠(極衰), 태쇠(太衰), 병(病) 등의 정성적인 언어로 서술하였는데, 자강 선생이 예시한 310개의 명식을 여수명리의 방식으로 일일이 스코어링한 결과 각각의 용어에 대한 점수분포가 일정한 범위와 패턴을 형성하고 있음을 확인할 수 있었다. 여수명리의 스코어링 체계가 고서의 임상사례와 부합한다는 사실이 검증된 것이다. 그리고 정성적 언어만으로도 저울로 잰 듯이 강약왕쇠를 표현한 자강선생의 정확성에 감탄을 금치 못했다. 앞으로도 이러한 계량화는 수많은 임상과 동료검토(Peer review)을 통하여 스코어링 체계를 좀더 정교하게 다듬는 노력이 지속되어야 할 것이다.

계량화 단계

계량화는 천간과 지장간의 역량을 산정하는 단계와 산정된 역량을 오성 또는 오행으로 취합하는 단계를 거쳐 완성한다.

① 천간과 지장간의 스코어링	② 오행으로 점수취합	③ 오성도에 기입

천간 점수	10	일주	10	10	
천간	丙	乙	癸	壬	木(甲,乙) 9
지지	戌	亥	丑	辰	火(丙,丁) 12
지장간 점수	辛3 丁2 戊5	壬14 甲6	癸9 辛6 己15	乙3 癸2 戊5	土(戊,己) 25
					金(庚,辛) 9
지지점수	10	20	30	10	水(壬,癸) 45

58.5   乙 9 木   41.5

45 水 印   比   食 火 12

官   財

金 9   土 25

① 천간과 지장간의 스코어링 단계

천간의 경우 일주를 제외하고 연간, 월간, 시간에 각 10점을 부여한다. 예시의 경우 연간 壬수에 10점, 월간 癸수에 10점, 시간 丙화에 10점을 부여한다. 이로써 천간의 총점수는 30점이 된다.

그리고 지장간의 경우는 인원용사를 기준하고, 지장간 역량비율에 따라 점수를 부여한다. 이 때 월지는 3배, 일지는 2배 가중해서 계산한다. 상기 예시의 경우 월지 丑토의 지장간은 癸3, 辛2, 己5의 분포와 역량을 가지고 있으나 3배를 가중함으로써 癸9, 辛6, 己15가 된 것이다. 또한 일지 亥수의 경우 지장간은 壬7, 甲3이나 2배를 가중하여 壬14, 甲6이 된 것이다. 이렇게 하여 시시(지장간) 점수의 총합계는 70점이 된다.

② 오행으로 점수취합 단계

천간과 지장간에 대한 계량이 완료되면 십천간을 오행으로 분류하여 점수를 취합한다. 예시의 경우 木은 여지 辰토중 장간 乙3점과 일지 亥수중 상간 甲6점이 합쳐져서 9점이 된다. 火의 경우는 시간 丙화10점, 시지 戌토중 장간 丁2점로써 합치면 12점이 된다. 같은 방법으로 나머지 土, 金, 水 각각의 오행에 대한 점수를 취합하면 土25점, 金9점, 水45점가 된다.

오행으로 취합된 점수는 모두 100점이 된다. 즉, 사례명식의 경우 乙목 일주가 주관자로서 木성분(비겁)이 사주 전체에서 9% 있고, 火성분(식상)은 12%, 土성분(재성)은 25%, 金성분(관성)은 9%, 水성분(인성)은 45%로 이루어져 있음을 알 수 있는 것이다.

③ 오성도에 기입 단계

오행으로 취합한 점수는 오각형의 모양으로 오성을 배열한 오성도에 기입한다. 오성도는 일주(日主)의 오행을 상위꼭지점에 위치시키고 우선회하면서 상생오행의 순서대로 배치한다.

사례의 경우, 日主가 乙木이므로 木을 상위꼭지점에 위치시키고 오른쪽으로 돌아가면서 火→土→金→水의 오행원을 배치한다. 그리고 오행으로 취합한 점수를 해당란에 기입한다. 사례의 경우 木은 9점, 火는 12점, 土는 25점, 金은 9점, 水는 45점이 된다. 이때 상위꼭지점에 속하는 오행은 언제나 비겁이 되고, 오른쪽으로 돌아가면서 식상→재성→관성→인성이 된다.

④ 강약왕쇠의 표기 단계

오성도가 완성되면 마지막 단계로 잠재세력과 활용세력을 계산하여 사주의 강약왕쇠를 오성도 비겁의 좌우에 표기한다. 사례의 경우, 잠재세력이 (45+9+9/2) 58.5이고, 활용세력이 (12+25+9/2) 41.5이다.

비겁의 역량이 홀수인 경우 강약왕쇠의 표기값이 정수로 딱 떨어지지 않고 끝수가 0.5가 된다. 이런 경우 편의상 잠재세력 쪽에 반올림하여 처리하기도 한다. 사례의 경우를 반올림 처리하면 잠재세력이 59점이고 활용세력이 41점이 된다. 구체적인 내용은 본서 사주의 강약왕쇠편을 참고하라.

계량화의 사례명식

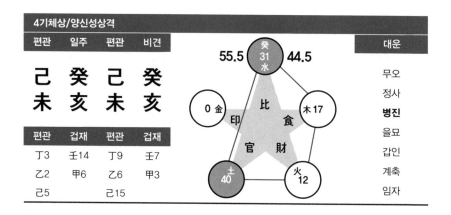

4기체상/양신성상격					대운
편관	일주	편관	비견		
己	癸	己	癸		무오
未	亥	未	亥		정사
					병진
편관	겁재	편관	겁재		을묘
丁3	壬14	丁9	壬7		갑인
乙2	甲6	乙6	甲3		계축
己5		己15			임자

상기 4기체상의 명식사례에서 보면 천간에서 연간의 癸수 10점, 월간의 己토 10점, 시간의 己토 10점으로 연간의 합계는 30점이다. 일주는 주관자로서 계량하지 않는다. 지지에서는 연지 亥수 10점(壬7, 甲3), 월지 未토 30점(丁9, 乙6, 己15), 일지 亥수 20점(壬14, 甲6), 시지 未토 10점(丁3, 乙2, 己5)으로 지지 총합은 70점이 된다. 지지는 월지와 일지에 각각 3배와 2배의 가중치를 반영한다. 이로써 천간과 지지를 합한 총역량은 100점이 되는 구조이다. 계량화된 천간을 오행별로 취합하면 水(임, 계)는 31점, 木(갑,을)은 17점, 火(병,정)은 12점, 土(무,기)는 40점, 金(경,신)은 0점이 되어 토탈 100점이다. 100점은 다시 잠재세력이 55.5점(0+40+31/2)이고 활용세력이 44.5점(17+12+31/2)이다. 잠재세력으로 반올림하면 잠재세력이 56점, 활용세력이 44점이 된다.

사례명식은 水, 木, 火, 土의 4기로 구성된 체상이다. 그러나 『적천수』에서는 水와 土의 兩神으로 구성된 것으로 보아 양신성상격이라 하였다. 그것은 지장간을 여수명리 방식으로 인수분해하지 않고 대표지장간으로 십성을 구분했기 때문이다.

3. 대운·세운의 역량

사주원국의 팔자 외에도 대운과 세운에서 오는 천간지지의 역량 파악이 중요하다. 사주원국의 팔자가 잠재능력을 의미하는 질료라면, 대·세운에서 오는 간지는 시기적인 환경을 말한다. 대운은 10년을 단위로 운세가 바뀌고 세운은 매년 바뀌는 60갑자에 따라 그 운세가 바뀐다. 대운과 세운의 역량을 어떻게 평가하고 적용할 것인지에 대한 것도 명리학계의 대표적인 논쟁거리 중 하나이다. 여수명리에서는 대운의 역량을 월지의 역량과 같은 수준으로 평가하고, 세운은 일지의 역량과 같은 정도로 본다. 즉 대운은 30점이고, 세운은 20점으로 평가한다.

대·세운에도 천간과 지지가 있는데 이들의 역량비는 약 3대 7로 본다. 따라서 대운의 천간은 10점, 대운의 지지는 20점, 세운의 천간은 3점, 세운의 지지는 7점으로 산정한다. 대·세운의 역량을 합하면 50점이 된다.

〈대세운의 계량〉

구분	천간 역량(점)	지지 역량(점)	계(점)
대운	10	20	30
세운	6	14	20
계(점)	16	34	50

계량을 하지 않는 기존 명리이론에서는 대운과 세운의 역량을 어떻게 반영할 것이지에 대한 의견이 분분하다. 문파에 따라서는 10년 대운의 경우 천간과 지지가 함께 작용하는 것이 아니라, 천간이 담당하는 기간과 지지가 담당하는 기간을 따로 설정한다. 즉, 천간이 3년을 담당하고, 지지가 7년을 담

당한다거나, 천간이 5년을 담당하고, 지지가 나머지 5년을 담당한다는 이론이다. 소위 소운(少運)을 별도로 설정하는 방식이다. 이것은 천간이 작용하는 동안에는 지지가 아무런 작용 없이 잠자고 있고, 역으로 지지가 담당하는 기간에는 천간이 작용 없이 잠잔다는 논리로서, 납득하기 어렵다. 대·세운에서 오는 60갑자는 천간과 지지가 한짝이 되어서 운세가 작용되는 기간을 특정하고 있기 때문에 기간을 분할하거나 천간과 지지를 따로따로 떼어서 적용한다는 것은 아무래도 궁색하다. 60갑자의 간지를 분리하지 않고 그 배합을 그대로 써야 하는 이유를 소길은 『5행대의』[104]에서도 천간은 홀로 서지 못하고, 지지는 천간 없이 헛되이 자리하지 않으므로, 반드시 배합을 해서 사용해야 함을 밝히고 있다.

대운은 반드시 천간과 지지를 함께 관찰해야 하니 천간이나 지지 한 글자만으로 희기(喜忌)를 속단할 일이 아니다.

4. 음포태법에 대한 다른 의견

자평학의 12운성에 대한 입장은 많은 논란을 일으키고 있어 문파에 따라서는 아예 무시하거나 새로운 이론을 주장하기도 한다. 그 논란의 중심에 양생음사, 음생양사의 논리가 자리하고 있다. 갑목과 을목의 생지(生地)와 사지(死地)가 서로 바뀐다는 양포태(양간의 순행)와 음포태(음간의 역행)가 그

---

104 "간불독립幹不獨立 지불허설支不虛設 요수배합要須配合 이정의월일시이용以定義月日時而用"

것이다. 즉, 甲목은 亥에서 生하고 午에서 死하는 반면, 乙목은 午에서 生하고 亥에서 死한다는 것이다.

陽干의 생왕묘절(生旺墓絶)인 양포태(陽胞胎)에는 이론(異論)이 없지만 陰干의 생왕묘절인 음포태(陰胞胎)는 자연의 순환이치에 어긋나기에 동의하기 어렵다. 즉, 해묘미木국에서 甲목의 경우는 양간이므로 생왕묘가 해묘미에서 이루어지는 양포태이론에 수긍이 된다. 그러나 乙목의 경우 음간이므로 甲목의 死지인 午화에서 生하고, 寅에서 旺하고, 戌에서 墓지에 든다고 하는 음포태이론은 계절의 순환이치에 어긋난다. 조후로 따져보면 음간(陰干)인 乙목은 한여름(午)에 뿌리를 내려서 봄(寅)에 왕성하게 자라다가 겨울을 지나 가을(戌)에 이르러 墓에 든다니 뭔가 이상하다. 자연의 시계가 거꾸로 돌아간다. 어찌 대자연이 乙목을 위해서 여름에서 봄으로, 봄에서 겨울로, 겨울에서 가을로 계절을 역행할 수가 있을까. 甲목은 양간이며 氣이고, 乙목은 음간이며 質이기 때문에 유행하는 방향이 반대로 된다고 주장하는 격이다. 갑목과 을목은 이미 木오행의 범주에서 하나이니, 동일 범주내에서의 상호비교는 동일 속성끼리 비교해야 의미가 있다. 즉, 갑목은 氣의 속성을 내세우고, 을목은 質의 속성을 내세워 비교하는 것은 동일범주 내 동일속성비교의 원칙에서 벗어나 있는 것이다.

음포태의 이론이 설득력을 가지려면 삼합의 구성원리와 비교하여 어긋남이 없어야 한다. 12운성의 구성원리는 삼합의 구성원리와 그 맥을 같이 하고 있기 때문이다. 삼합은 3개의 지지가 무리를 지어(局을 이루어) 같은 기운(同氣)을 가지는 하나의 五行으로 변하고, 변화된 五行은 생왕묘의 라이프사이클을 같이 한다는 원리이다. 삼합이론의 핵심인 생왕묘의 주체는 오행(五行)이지 천간(天干)이 아니다. 십천간의 명칭은 오행을 음양으로 구분한 것이므로 오행의 관점에서는 둘이 아닌 하나이다. 즉, 갑과 을은 木오행의 범주에서 하나이다. 따라서 해묘미木국의 경우 해와 묘와 미가 무리를 지어(局을 이루어) 木오행으로 同氣가 되고, 동기가 된 木오행은 亥지에서 생하고, 卯지에서 왕하며, 未지에서 묘에 든다는 것이다. 삼합이론에 근거하여 십이운성을 보면, 12운성이론의 배경이 삼합이론이고, 삼합이론은 오행의 생왕묘를 자연의 차서(次序)에 따라 정리한 것인데, 오행을 다시 음양으로 나누어서 양생음사, 음생양사의 원칙을 적용한 것은 오행의 범주에 음양의 범주를 대비시킨 꼴이니, 이것은 명백한 범주오류(Category mistakes)이다.

여수포태법

양간이나 음간이 모두 오행을 기준하여 생왕묘절로 유행한다는 소위 양포태이론에는 문제가 없을까? 甲목과 乙목이 같은 木오행의 범주에 속해 있지만, 甲목과 乙목이 결코 동일한 것은 아니기에 甲목의 라이프사이클에 乙목을 맞추는 양포태이론 또한 완전하지 못하다. 같은 오행이라 할지라도 양간과 음간으로 세분할 경우 이들의 차이는 분명히 존재하고, 생멸의 시차(時差)가 있는 것이므로 음포태를 양포태와 동일하게 적용하는 것 또한 합리적이라 할 수 없다. 이러한 문제를 해소하려는 많은 시도가 있지만 아직 통일된 이론은 없다. 심지어 일반적으로는 음포태를 적용하면서 부성입묘(夫星入墓)[105] 등의 육친의 세부 감정에서는 양포태를 적용하는 등 양포태와 음포태를 편의에 따라 넘나드는 술사도 있다.

여수명리는 십이운성의 이론에 있어서 십천간의 생왕묘절과 양포태를 원칙으로 하되, 음간과 양산의 생멸시차(生滅時差)가 한달이라는 것을 반영하여 음간의 경우 양간보다 1位 後順으로 생왕묘절를 적용하는 것이 타당하다고 생각한다. 즉 甲목은 亥에서 생하고, 卯에서 왕하며, 未에서 묘에 든다면, 乙목은 1위 후순인 子에서 생하고, 辰에서 왕하며, 申에서 묘에 드는 것

---

105 여자의 사주에서 남편을 의미하는 관성의 고지에 정관이 있는 경우로서, 남편이 12운성의 묘지에 들어 있음을 말한다.

이다. 달리 표현하면, 양간이 생하는 곳은 음간의 양지이고, 음간이 생하는 곳은 양간의 목욕이라는 이론이다. 소위 양생음양(陽生陰養), 음생양욕(陰生陽浴)의 여수포태 이론이다.

12운성 찾기(여수포태)

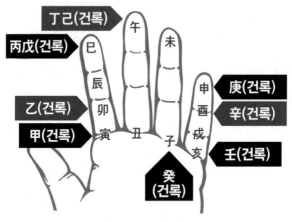

천간의 지지포지션 대응

왼손의 손가락 마디를 짚어서 간지를 계산하는 운지법(運指法)은 60갑자를 계산하거나 12운성을 따질 때 매우 유용한 수단이 된다. 천간의 운지 포지션은 지지의 운지 포지션에서 사고지에 해당하는 진술축미 자리를 제외하고 화토동법의 원리로 대응시킬 수 있다. 즉, 천간 甲목의 자리에는 지지 寅목이 대응되고, 乙목의 자리에는 卯목이 대응되고, 丙화의 자리에는 巳화와 戊토가 대응되고, 丁화의 자리에는 午화와 己토가 대응되고, 庚금의 자리에는 申금이 대응되고, 辛금의 자리에는 酉금이 대응되고, 壬수의 자리에는 亥수가 대응되며 癸수의 자리에는 子수가 대응되는 것이다. 이렇게 천간의 위치와 지지의 위치를 대비시켜 볼 때, 십이운성은 천간의 지지位(지지포지

선)에서 강한 세력을 얻기 때문에 천간의 지지위로부터 건록→제왕→쇠→
병→사→묘→절→태→양→장생→목욕→관대의 순서로 자리매김을 한다.
즉, 12운성의 기준을 일주로 하면, 일주의 천간포지션에 해당하는 지지포지
션이 항상 건록이 된다. 이것이 여수포태법이며 아래의 표와 같다.

〈여수포태법(양생음양, 음생양욕)〉

	甲	乙	丙/.戊	丁/己	庚	辛	壬	癸
子	목욕	장생	태	절	사	병	제왕	건록
丑	관대	목욕	양	태	묘	사	쇠	제왕
寅	건록	관대	장생	양	절	묘	병	쇠
卯	제왕	건록	목욕	장생	태	절	사	병
辰	쇠	제왕	관대	목욕	양	태	묘	사
巳	병	쇠	건록	관대	장생	양	절	묘
午	사	병	제왕	건록	목욕	징생	태	절
未	묘	사	쇠	제왕	관대	목욕	양	태
申	절	묘	병	쇠	건록	관대	장생	양
酉	태	절	사	병	제왕	건록	목욕	장생
戌	양	태	묘	사	쇠	제왕	관대	목욕
亥	장생	양	절	묘	병	쇠	건록	관대

5. 도식화

여수명리의 또 다른 방식은 도식화이다. 도식화란 사물의 구조, 관계, 변화 상태 따위를 그림이나 양식으로 만드는 것이다. 말이나 글로 설명하기에는 복잡해 보이는 것도 도식화를 해서 그림으로 만들면 이해하기가 쉽다. 공항이나 역사(驛舍) 등의 공공장소에 간단한 그림으로 된 각종 안내표시는 언어가 다른 외국인이나 문맹자에게도 쉽게 소통할 수 있게 해준다. 도식화의 효과이다. 사주팔자를 읽는 방식에서도 도식화는 많은 효과를 낼 수 있다. 일주와의 관계성으로 사주팔자를 늘어놓으면 그 의미가 언뜻 눈에 들어오지 않는다. 십성을 구분해야 하고, 대운, 세운 등의 운세도 읽어야 하며, 천간과 지지의 통근이나 투출 상태를 간지를 대조하여 확인해야 하니, 간단한 일이 아니다. 이러한 문제를 효과적으로 확인할 수 있게 하는 수단으로서 도식화는 매우 유용하다.

여수명리학에서 도식화는 〈오성도〉라는 간단한 그림으로 나타낸다. 오성도는 성(星)→세(勢)→상(相)의 차원별 구조를 형성한다.

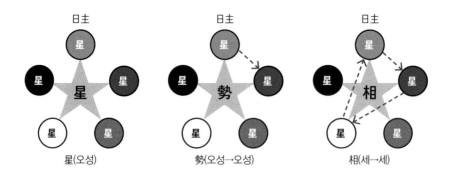

星(오성)　　　　勢(오성→오성)　　　　相(세→세)

무차원의 점이 일차원의 선으로 발전하고, 다시 이차원의 면으로 변하는 점(点)→선(線)→면(面)의 구조와 같이 오성도는 오성→기세→체상, 즉 성

(星)→세(勢)→상(相)으로 차원이 변화되어가는 구조를 형성한다. 성(星)은 사주팔자의 타고난 특성을 말함이고, 세(勢)는 星이 움직인 자취, 즉 행동적 특성을 말함이며, 상(相)은 星과 勢로 만들어지는 사주의 모양을 말한다. 인체에 수상(手相), 관상(觀相)이 있다면 사주에는 체상(體相)이 있는 것으로 비유할 수 있다. 오성도의 독해법은 표준적이고 가시적인 해석틀을 제시함으로써 사주명리를 침소봉대하거나 자의적으로 해석하는 폐단이 줄어들 것으로 기대한다.

오성도(五星圖)

오성도는 사주원국의 계량화를 통하여 역량값이 정해진 십성을 오성의 체계로 분류취합하여 일주(비겁)중심으로 우선회하면서 배열한 도식이다. 오각형의 상부 꼭지점에 비겁을 위치시키고 식상→재성→관성→인성의 순으로 오성을 배열한다.

오성도의 핵심적 의미는 인생질료를 크게 다섯 가지로 분류하여 이를 일주중심으로 관계성을 나타내는 것이다. 다섯 가지로 분류된 각각의 오성은 사주로 나타나는 사람의 인성적, 사회적, 육친적 특성이 함축되어 있다. 즉, 사람의 타고난 성격과 행동특성, 그리고 잠재욕구 등을 쉽게 파악할 수 있게 한다. 그러나 각각의 오성은 타고난 특성이요 잠재능력일 뿐 현실로 발현된 것은 아니다. 현실로의 발현은 생극제화의 마음작용을 통해서 나타난다.

오성도는 사주 특성의 有/無/多/少/를 눈으로 쉽게 구분할 수가 있다. 즉, 비겁이 없거나 중첩된 경우가 있고, 식상이 없거나 중첩된 경우, 재성이 없거나 중첩된 경우, 관성이 없거나 중첩된 경우, 인성이 없거나 중첩된 경우 등이 있을 수 있다. 이러한 것은 오성도에서 역량값으로 치환되어 계량화와 함께 도식이 완성되는 것이다. 사주원국의 이해는 오성의 질과 양을 계량하고, 그 분포상황을 살피는 것으로부터 시작해야 한다.

오성도는 각각의 오성으로 취합된 생명에너지의 순환을 선으로 표시함으로써 기세와 체상까지 쉽게 파악할 수 있다. 그리고 대세운의 기운이 원국에 반영되는 상황을 가시적으로 분석하는 데 도움을 준다.

사주명식을 계량하여 〈오성도〉의 도식에 대입하는 원리를 보자.

별표 모습을 닮은 오성도의 각 꼭지점에 비겁, 식상, 재성, 관성, 인성의 영역을 표시하고, 각각 역량값을 기입할 원을 그린다. 비겁①을 상위 꼭지점에 배치하고, 우선회하면서 ②번부터 ⑤번까지 차례로 식상, 재성, 관성, 인성을 배치한다. 오행의 상생작용으로 생명에너지의 자연스런 피드백 구조를 나타낸 것이다. ⑥번은 잠재세력을 나타내고 ⑦번은 활용세력이다.

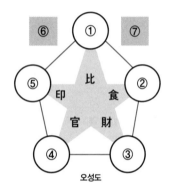

오성도

예시로서 참여정부를 열었던 노무현 전대통령의 사주를 계량화와 함께 오성도로 도식화하는 과정을 살펴본다.

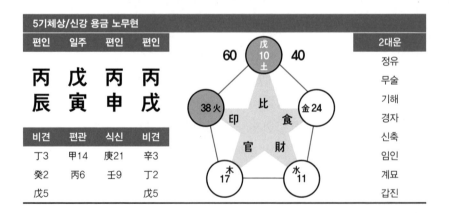

5기체상/신강 용금 노무현					2대운
편인	일주	편인	편인		정유
丙 辰	戊 寅	丙 申	丙 戌		무술
					기해
					경자
비견	편관	식신	비견		신축
丁3	甲14	庚21	辛3		임인
癸2	丙6	壬9	丁2		계묘
戊5			戊5		갑진

양력으로 1946년 9월 1일 8시 10분생으로, 사주는 丙戌년, 丙申월, 戊寅일, 丙辰시가 된다. 지지의 경우 지장간(인원용사)을 부기하여 역량 산정에 정확

성을 기한다.

먼저 사주명식을 통해서 모든 천간에 대한 역량을 산정한다. 천간은 일주를 제외하고 각각 10점이므로 연간 丙화 10점, 월간 丙화 10점, 시간 丙화 10점을 배정한다. 그 다음엔 지장간의 역량을 산정하는데, 지장간은 월지 3배, 일지 2배의 가중치를 반영하여 산정한다. 사례명식의 경우, 연지 戌土는 지장간 戊, 辛, 丁에 각각 5점, 3점, 2점을 가지고 있다. 월지 申금은 지장간 庚, 壬이 7대 3의 비율로 들어 있으나 월지 3배 가중치를 반영하면, 庚금 21점, 壬수 9점이 산출된다. 일지 寅목은 지장간 甲목과 丙화가 7대 3의 비율로 들어 있으나 일지 2배 가중치를 반영하여 甲목은 14점, 丙화는 6점이 산정된다. 그리고 시지 辰토는 지장간 戊, 乙, 癸에 각각 5점, 3점, 2점을 배정한다. 이렇게 산정한 천간의 역량을 오행(오성)으로 취합해보면, 비겁(戊土 일주이므로 무토와 기토의 역량을 합한다)은 연지 술토중 무토에 5점, 시지 진토중 무토에 5점이 있어 비겁역량은 ①10점이 된다. ②번 식상은 金오행인 경금(월지장간)과 신금(연지장간)을 합하면 합하면 24점이다. ③번 재성은 水오행인 임수(월지장간) 9점과 계수(시지장간) 3점을 합하면 11점이다. ④번 관성은 木오행인 甲목(일지장간)14점과 乙목(시지장간)3점을 합하면 17점이다. ⑤번 인성은 火오행인 丙화(연산10, 월간10, 시간10, 일지6) 36점과 丁화(연지장간) 2점을 합하면 38점이다.

오성두에서 통근과 투간의 내용도 표시한다. 사례명식의 경우 일주 戊土와 연간, 월간, 시간의 丙화는 연지 戌土중 지장간 丁화와 일지 寅목 중 지장간 丙화에 뿌리를 내리고 있다. 오성도에서는 통투한 오성의 경우 채색된 원숫자로 나타낸다. 즉, 사례의 명식에서는 비겁(채색 원)과 인성(채색 원)이 채색된 원숫자인 것은 통투를 이룬 오성이란 의미이다. 통투된 오성은 현실에 시의 발현이 더욱 강한 것으로 본다. 사례명식의 경우 인성과 비겁이 통투되었다는 것은 스스로 습득하는 능력과 주관성이 뚜렷한 특성과 함께 사람을 중시하고 이타적인 가치를 존중하는 타입이다. 고졸이면서 판사까지 지낸 학습능력과 인권변호사로서 이타적인 활동을 전개한 인생역정에서 그 기세를 읽을 수 있다.

오성도에서는 기세 및 에너지의 유상을 선(線)으로 나타낸다. 최대 역량을 가진 두 오성을 연결하면 기세를 알수 있고, 발현되 오성을 모두 선으로 연결하면 생극제화의 에너지 순환과 사주체상(四柱體相)이 나타난다. 사례명식의 경우 최대역량 기세는 인식기세(인성→식상)으로서, 명분이 서면 불이익을 감수하고 행동으로 나서는 명분지향의 행동적 특성을 나타낸다. 민주당 소속으로 지역색이 강해 승산이 없어 보이는 부산에서 동서화합을 명분으로 출마해서 낙선의 고비를 감수한 노 대통령의 기상이 여실히 드러나 있다.

역량값을 획득한 오성을 선으로 연결하면 사주의 전체 모습을 알 수 있는 체상이 드러난다. 사례명식의 경우 비식재관인의 전체 오성이 모두 드러나고 있는 모습으로 특정 요소에 치우치지 않고 전체가 조화를 이루는 전인적 체상을 보이고 있다.

오성도 작성시 주의해야 하는 것은 합충으로 인한 에너지 변동값은 반영하지 않는다는 것이다. 오성도는 사주로 타고난 잠재역량을 스냅사진처럼 찍어낸 것이기 때문이다. 따라서 합충과 대세운의 작용 등 기운의 변화와 생극제화의 용심(용신)은 사주를 보는 목적과 함께 그때그때의 기운을 파악하여 반영해야 한다.

오성도 작성의 정리

1. 만세력 혹은 모바일앱을 통하여 사주를 정립한다.
2. 일주를 제외한 천간 및 지장간의 역량을 산출한다.
3. 천간의 역량을 오행별로 취합하여 오성도에서 해당하는 오성의 자리에 기입한다. 항상 비겁을 오성도의 상위 꼭지점에 놓고 우선회하면서 차례로 식상, 재성, 관성, 인성의 위치를 정한다.

4. 통근과 투간을 확인하여 통투한 오성의 경우 그 역량을 채색된 원숫자 등으로 표시한다.

5. 최대역량값을 가진 두 오성을 선으로 표시하여 최대기세를 나타낸다.

6. 역량값을 획득한 오성을 선으로 연결하여 사주의 체상을 완성한다.

7. 잠재세력과 활용세력을 계산하여 비겁의 좌우에 표기하여 사주의 강약왕쇠를 판단하게 한다.

8. 대운과 세운의 역량을 산정하여 오성도와 함께 운세를 분석한다.

6. 사주의 독해

중심이 많은 동그라미

동그라미를 그려보자. 중심점을 찍고 그 중심에서 일정한 거리에 있는 점들을 선으로 연결하면 원이 된다. 기하학에서 원(圓)은 한 점에 이르는 거리가 일정한 평면 위의 점의 집합으로 정의된다. 원을 논함에 있어 핵심포인트는 중심이 하나로써 이심율(일그러짐)이 제로라는 것이다. 그런데 중심이 두 개가 되면 어떻게 되는가? 타원이 된다. 타원은 평면 위에서 두 정점(定點)에서의 거리의 합(合)이 언제나 일정하게 되는 점의 자취를 말하며 장원(長圓)이라고도 한다. 타원도 원은 원이다. 뉴튼에 의하면 태양을 중심으로 한 행성은 타원운동을 한다고 한다. 계란이나 새의 알이 타원의 효율을 지향하고, 인간도 타원형 얼굴을 미인으로 선호한다. 이제 중심점이 세 개가 되면 어떻게 될까? 불능이다. 세 개의 중심점으로부터 같은 거리에 있는 점들의 집합을 인간은 찾아내지 못한다. 따라서 동그라미가 그려지지 않는다. 기하학만의 이야기가 아니다. 사주명리학에서 통변의 관점이 크게 3가지가 있다. 하나는 오행 생극 위주의 관점이다. 『적천수』, 『자평진전』의 관점으로, 일주의 생극제화와 육친법을 위주로 하여 격국과 용신을 정하고, 이것으로 사주를 감정한다. 신살, 납음, 기격이국을 무시한다. 다른 하나는 신살 위주의 관점이다. 『명리정종』, 『삼명통회』의 관점으로 재관(財官)을 중시하여 다양한 격국을 세우며, 신살, 납음을 사용한다. 마지막으로 물리적 관점이다. 『궁통보감』의 관점으로서 조후를 중요시한다. 자연사주법, 물상론 등이 이에 속한다.

그러나 뭐니뭐니해도 사주통변의 핵심으로서 하나의 중심점이 있다면 일주 중심의 생극제화이다. 여수명리는 생극제화 위주의 관점을 견지한다. 명리이론이 우주의 상징체계를 인간의 삶과 연결하여 해석하는 방법론이기에 절대적인 것은 없지만, 그래도 기준(중심점)을 달리하는 이론들이 많다는 것은 자칫 혼란을 가중시킬 우려가 있다. 사주명리가 미신이나 잡설로 폄훼받는 것은 이론이 부족해서가 아니라 오히려 넘쳐나기 때문이다. 원과 타원의 원리도 제대로 이해하지 못하면서 神이나 알 수 있을 법한 일그러진 형체를 그려서 동그라미라 주장하는 모습에 다름아니다. 시중의 명리이론서에는 원국과 대운, 그리고 세운에서 살펴야 할 사항들을 열거하고 있다. 육친 하나만 보더라도 궁성이론과 십성이론이 다르게 나올 수가 있다. 여기에 합화로 인하여 사주가 변질되기도 하고, 충으로 인한 입고, 개고, 합반합거 등의 영향을 고려하여 부모형제의 관계성을 다 보아야 한다. 나아가 직업운, 재물운, 결혼운, 관운, 자식운, 사업운, 건강운 등을 모두 이런 식으로 따진다면 바느질하다가 날샌다. 게다가 대운과 세운의 작용을 같은 방법으로 따져야 하고, 각종 신살까지 덧붙이면 사람을 그리는 건지 괴물을 만드는 건지 구분하기 어려운 지경에 이를 수도 있다. 실개천에 얽매이면 바다를 보지 못한다. 중심점을 찾아 근사한 사주 동그라미를 그려야 하는 이유이다.

역(易)의 본령과 시대가치

역의 본질은 천지자연 속에 있는 모든 生命을 낳고, 육성하는 것이다. 즉, 역의 작용은 갈등이 아니라 조화를, 멸이 아니라 생을 지향한다. 역에 대하여 주역의 계사전(繫辭傳)에 생생지위역(生生之謂易)이라 하여 끊임없이 낳고 살리는 생명활동을 일러 易이라 하였다. 易은 곧 생명철학임을 밝힌 것이다. 따라서 역의 원리에 기반한 명리이론 또한 역의 생명철학의 연장선에 있다. 선천의 상극의 원리가 지배하던 시대에는 명리의 이론도 상생보다 상극의 현상에 방점을 두고 해석하려는 경향이 강했다. 소위 상극의 부작용을 강조하는 사흉신론(四凶神論)[106]이나 신살론(神殺論)[107] 등이 그런 흔적들이다.

시대적인 상황을 되돌아 보더라도 신분제를 전제로 한 왕조시대에 발달한 명리이론은 지배그룹인 관(官)이 추앙되고, 남자가 존중받았으며 밝고 강한 것이 가치를 인정받는 억음존양(抑陰尊陽)[108] 시대가치가 그대로 반영되었다. 이제 근대 이후 세계는 자유와 평등에 기반한 인도주의와 음양의 양극을 통합해 생명을 살리는 '호생지덕(好生之德)'[109]의 가치가 존중되고 있다. 상생과 상극의 일방적 가치에서 벗어나 양극을 통합해 생극제화의 원리로 생명을 살리고, 자율과 개성을 존중하는 시대적 가치에 현대명리학은 답해야 한다. 이것이 '조양율음(調陽律陰)'[110]이다. 주역의 팔괘 배치가 억음존양(抑

---

106 오늘날 사주학의 가장 상위 경전이라 할 수 있는 〈연해자평〉에서 十神의 길흉을 구분하였다. 정관, 재성, 정인, 식신을 사길신(四吉神)이라 하고, 칠살, 편인, 상관, 양인을 사흉신(四凶神)으로 나누어 사길신은 길하고, 사흉신은 흉하다는 이론이다.

107 사주명리의 이론적 바탕인 생극제화의 원리를 벗어난 사주이론이다. 神은 좋은 역할을 하는 기운이고, 殺은 나쁜 역할을 하는 기운이다.

108 음을 누르고 양을 높인다는 의미로 선천시대 남성중심의 인류역사를 규정하는 말이다.

109 생명을 아끼고 사랑하는 덕을 말한다.

110 음양의 가치를 조율한다는 의미.

陰尊陽)을 상징하고 있음에 반해 정역의 팔괘 배치는 조양율음(調陽律陰)을 상징하고 있다. 후천시대적 정신을 기반으로 하는 새로운 명리이론에 대한 암시요 명령이다. 이러한 관점에서 조선의 김항선생의 정역사상, 후천개벽 사상은 숭고한 이정표가 되고 있다.

명리이론은 주역(周易)[111]과 함께 태극, 음양, 오행을 근본원리로 하고 있다. 그러나 이론의 전개과정에서 명리는 음양에서 삼재를 거쳐 오행, 십성으로 발전하였고, 주역은 음양에서 사상, 팔괘, 64괘 등으로 발전하였다. 따라서 주역과 명리학은 같은 뿌리를 가지고 있지만, 오행에서 갈라져서 각자의 영역을 구축했다.

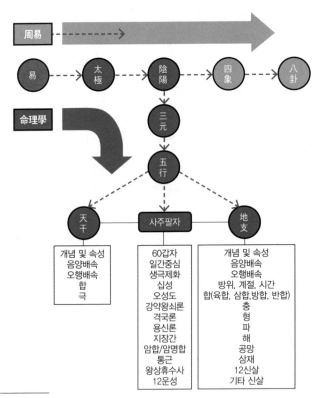

오행에는 상생의 버전과 상극의 버전이 있고, 이를 정반합의 원리로 통합한 생극제화의 버전이 있다. 일주 중심의 십성체계로 구성된 자평명리학은 오행의 생극제화 버전으로 돌아가는 프로그램이다. 사물의 수평적 상호작용에는 오행의 상생과 상극의 원리가 적용되지만, 사람을 중심으로 하는 생명의 원리에는 생극제화의 원리가 적용된다. 명리는 사람이 태어난 시간을 60간지로 표시하고, 이를 생극제화의 원리로 인간세상의 행위규범을 이해하려는 담론틀이기 때문이다. 명리는 오랜 연원과 많은 학자들을 거치면서 이론이 보태져 복잡하게 보이지만, 그 근간을 훑어보면 간단하다. 즉, 천간의 관계성을 논하는 영역과 지지의 관계성을 논한 영역이 있으며, 천간과 지지를 연계하여 논하는 사주팔자 영역의 세 부류로 나눌 수 있다. 여기에서 오행(생극제화)은 천간과 지지의 상위(上位) 원칙이기에 오행과 천간이 상호 간 정합성을 이뤄야 함은 물론이다. 상기의 명리이론 계보는 여수명리에서 정리한 것으로써 전후관계를 명확히 이해하는 데 도움을 준다.

논리의 위계(位階)

지구의 기상교란으로 초겨울 추위에도 예쁜 자태를 드러내는 목련이 간혹 있다. 때를 착각한 목련이다. 철부지 목련의 예외적인 현상을 보고 겨울이 아닌 봄이라고 수장한다면 자연의 운행질서를 왜곡하는 것이다. 사주팔자를 통변함에 있어서도 이와 같은 현상이 있는데, 이것은 사소한 논리로 사주 전체의 본질을 왜곡시키는 것과 같다.

명리는 사주팔자를 어떻게 이해하고 해석할 것이지에 대한 해석틀이다. 그 해석틀은 원론과 각론으로 이루어져 있음은 물론이다 그런데 원론과 가론이 뒤섞이어 경합을 한다면 어떻게 될까? 철부지 목련을 보고 계절의 진실을 다투는 꼴이 되고 만다. 사주팔자를 음양이나 오행 그리고 십성으로 변환하기도 하고 천간과 지지 상호간의 작용에 따른 합충형파해의 변화를 논하기도 한다, 왕상휴수사, 12운성, 각종 신살 등등의 무수한 각론은 나름대로의 논리와 특징을 가지고 있으면서 사주간명을 풍부하게 해준다. 그러나 아무리 각론이 화려해도 원론의 틀을 벗어나면 안 된다. 각각의 이론이 그 뿌리는 망각한 채 다투어 자신만이 옳다고 고집을 부리면 어떻게 될 것인가? 동지섣달이지만 꽃을 피운 목련을 보았으니 봄철이 분명하다고 고집을 피우는 것과 다르지 않다. 명리의 수많은 이론들 간에도 중요성과 위계가 있다. 한 국가의 규범체계로 비유하면, 최상위 법률로서 헌법(憲法)[112]이 있고, 그 아래로 법률(法律), 명령(命令), 규칙, 조례 등으로 규율적 위계질서를 갖추고 있다. 법률이나 명령이 상위법인 헌법을 능멸한다면 국가의 법질서가 유지될 수 없다. 국가에 법률이 존재하는 이유는 국민의 행복과 권리를 지키기 위해서이다. 명리이론도 이와 같다. 사주팔자는 일주의 생명활동을 최고 가치로 한다. 생생지위역의 정신이다. 일주의 생명활동을 위한 각각의 이론은 易→陰陽→五行(生剋制化)→十星→干支라는 논리적 위계질서에 부합해야 한다. 가령, 십간과 십이지의 관계성으로 형성된 명리이론이 생극제화의 원리와 상충되는 경우에는 당연히 생극제화의 원칙이 우선 적용되어야 한다. 합, 충, 형, 파, 해 등의 세부작용이나, 신살 등의 적용은 상황에 따라 유용한 설명수단이 될 수 있으나 일주의 작용인 생극제화를 능멸하는 상황이 되어서는 안 된다. 어떤 명리이론도 음양과 오행의 생극제화 원리를 벗어나는 순간 억지가 된다. 역이 지향하는 생명가치와 인간의 의지작용을 우롱하는 이론은 아무리 현란해도 뿌리 없는 나무일 뿐이다.

---

112 국가의 최고 규범으로서, 국민의 기본적 인권을 보장하고 국가의 정치 조직 구성과 정치 작용 원칙을 세우며 시민과 국가의 관계를 규정하거나 형성하는 규범이다.

7. 오성(五星)의 유형(類型)과 특성

　사주명식을 스코어링하여 그 역량을 오성도의 해당 위치에 기입하면, 오성도의 면모가 드러난다. 각각의 오성이 사주에서 발현된 것은 그 사람의 타고난 잠재능력을 말하는 것으로 역량값이 크면 클수록 그 특성이 두드러지게 나타난다. 반면 발현된 오성이 없거나 역량값이 미미할 경우는 해당오성에 대한 그 사람의 타고난 잠재능력이 미미한 것으로 본다. 오성의 역량에 따라 5가지의 유형으로 구분한다. 비겁의 역량이 강하면 주체형이라 하고, 식상의 역량이 강하면 재능형이라 하며, 재성의 역량이 강하면 재물형이라 하고, 관성의 역량이 강하면 권위형이라 하며, 인성의 역량이 강하면 탐구형이라 한다. 사주에서 최대역량을 가진 오성은 격국을 정하는 기준이 되고, 격국은 그 사람의 직업적 적성, 특성, 사회적 지위 등을 파악하는 핵심요소이기도 하다.

오성의 특성

오성으로 나타나는 역량을 통해 육친관계도 판단할 수 있으나 육친관계는 궁위론의 육친별 위치와 함께 분석하는 것이 일반적이다. 어버이의 합덕없이 태어나는 생명은 존재할 수 없는데, 오성의 관계에서는 어머니를 의미하는 인성이나 아버지를 의미하는 재성의 발현이 없을 수도 있기 때문이다.

주체형

주체형은 개성과 자의식이 강한 특성으로 독립적인 직업적 특성을 보인다. 일주의 특성으로는 甲, 乙木 오행의 일주와 유사하고, 십성으로는 비겁의 역량이 강한 사주이다.

비견은 프리랜서, 개인사업, 의사, 변호사, 운동선수, 언론사, 기자, 조경, 물류유통, 종교, 협회, 건축, 군인 등의 직업적 적성을 보인다.

겁재는 특수기술, 의사, 노동조합, 스포츠, 정치가, 경호경비, 기자, 투기업, 유흥업, 요식업, 분양사업, 운수업, 조각가, 개인사업 등의 직업적 적성을 보인다.

재능형

창의성과 활동성이 강한 특성으로 재능을 발휘하는 업종에 적합하다. 일주의 특성으로는 丙, 丁火 일주와 유사하고, 십성으로는 식상의 역량이 강한 사주가 이에 속한다.

식신은 제조업, 연구원, 교사, 의사, 생산, 서비스, 예능, 종교, 보육사, 유치원, 요식업, 호텔, 사회복지, 농산업, 식료품, 슈퍼마켓, 도매업, 관광학, 사회심리, 미래과학, 정치외교학 등의 직업적 적성을 보인다.

상관은 서비스업, 연구원, 교육계, 약학, 대변인, 강사, 디자인, 종교인, 아나운서, 연예인, 역술인, 세일, 유통업, 제조업, 변호사, 가수, 문필가, 수리업, 관광학, 사회심리학 등의 직업적 적성을 보인다.

재물형

대담하고 사교적인 성격으로 경영, 마케팅 업종에 적합하다. 일주의 특성으로는 戊, 己土 일주와 유사하고, 십성으로는 재성의 역량이 강한 사주가 이에 속한다.

편재는 기업가, 서비스업, 스포츠, 무역, 부동산, 금융계, 투자사업, 임대업, 음식업, 유흥업, 유통업, 의약제조, 생산업, 축산업, 여행사, 화장품, 미용, 연극 등의 직성을 보인다.

정재는 공무원, 기업체, 교사, 금융업, 임대업, 무역, 세무사, 회계사, 생산제조, 부동산, 유통업, 여행사, 화장품, 미용, 연극 등의 적성을 보인다.

권위형

현실적이고 성실한 특성으로 공직계통, 성실하고 정직을 요하는 모든 계통에 적성을 보인다. 일주의 특성으로는 庚, 辛金 일주와 유사하고, 십성으로는 관성의 역량이 강한 사주가 이에 속한다.

편관은 관공직, 외교관, 사법관, 의사, 간호사, 군인, 경찰, 경호원, 군무원, 교도관, 별정직, 정치가, 종교지도자, 기술직, 운수업, 유흥업, 사관학교, 정치학, 신학 등에 직성을 보인다.

정관은 학자, 행정관, 관공직, 교육자, 의약계, 사법관, 군인, 경찰, 은행가, 감사, 회사원, 통계, 비서, 총무, 위탁관리, 지배인, 양복점, 양화점, 문화재관리 등에 적성을 보인다.

탐구형

지식을 탐구하는 직업으로 학자, 종교인, 전문인 등에 적성을 보인다. 일주의 특성으로는 壬, 癸水 일주와 유사하고, 십성으로는 인성의 역량이 강하게 나타나는 사주가 이에 속한다.

편인은 교육계, 여행사, 소개업, 기술, 종교인, 어문학, 디자인, 인테리어, 골동품, 보석, 운수업, 역술인, 부동산, 가이드, 출판업, 언론인, 식료품 등에 적성을 보인다.

정인은 정신적인 것, 자격증, 상담직, 교육계, 정치, 어문학, 행정직, 사학, 인류학, 민속, 언론계, 종교계, 발명, 출판, 인쇄, 통역, 번역, 컴퓨터, 작가, 응용미술, 일반예술, 설계기사 등에 적성을 보인다

〈유형별 직업적 적성〉

주체형	비견	프리랜서, 개인사업, 의사, 변호사, 운동선수, 언론사, 기자, 조경, 물류유통, 종교, 협회, 건축, 군인
	겁재	특수기술, 의사, 노동조합, 스포츠,, 정치가, 경호경비, 기자, 투기업, 유흥업, 요식업, 분양사업, 운수업, 조각가, 개인사업
재능형	식신	제조업, 연구원, 교사, 의사, 생산, 서비스, 예능, 종교, 보육사, 유치원, 요식업, 호텔, 사회복지, 농산업, 식료품, 슈퍼마켓, 도매업, 관광학, 사회심리, 미래과학, 정치외교학
	상관	서비스업, 연구원, 교육계, 약학, 대변인, 강사, 디자인, 종교인, 아나운서, 연예인, 역술인, 세일, 유통업, 제조업, 변호사, 가수, 문필가, 수리업, 관광학, 사회심리학
재물형	편재	기업가, 서비스업, 스포츠, 무역, 부동산, 금융계, 투자사업, 임대업, 음식업, 유흥업, 유통업, 의약제조, 생산업, 축산업, 여행사, 화장품, 미용, 연극
	정재	공무원, 기업체, 교사, 금융업, 임대업, 무역, 세무사, 회계사, 생산제조, 부동산, 유통업, 여행사, 화장품, 미용, 연극
권위형	편관	관공직, 외교관, 사법관, 의사, 간호사, 군인, 경찰, 경호원, 군무원, 교도관, 별정직, 정치가, 종교지도자, 기술직, 운수업, 유흥업, 사관학교, 정치학, 신학
	정관	학자, 행정관, 관공직, 교육자, 의약계, 사법관, 군인, 경찰, 은행가, 감사, 회사원, 통계, 비서, 총무, 위타관리, 지배인, 양복점, 양화점, 문화재관리
탐구형	편인	교육계, 여행사, 소개업, 기술, 종교인, 어문학, 디자인, 인테리어, 골동품, 보석, 운수업, 역술인, 부동산, 가이드, 출판업, 언론인, 식료품
	정인	정신적인 것, 자격증, 상담직, 교육계, 정치, 어문학, 행정직, 사학, 류학, 민속, 언론계, 종교계, 발명, 출판, 인쇄, 통역, 번역, 컴퓨터, 작가, 응용미술, 일반예술, 설계기사

8. 기세(氣勢)에 대한 고찰

오성은 사람의 타고난 성격을 나타내지만, 오성과 오성을 선(線)으로 연결하는 기세(氣勢)는 사람의 행동특성을 나타낸다. 사주명식을 스코어링하여 오성도로 도식화하면 기량(氣量)의 다소와 기세(氣勢)의 흐름을 읽을 수 있다. 기세(氣勢)는 세력이 강한 기운의 흐름을 선으로 표시한 것인데, 구체적으로는 비식기세(比食氣勢),[113] 식재기세(食財氣勢),[114] 재관기세(財官氣勢),[115] 관인기세(官印氣勢),[116] 인비기세(印比氣勢)[117]의 5가지 순환 상생기세(相生氣勢)가 있다. 5가지 상생기세는 오행의 순환상생으로 기세를 형성하는 것으로써 자연의 순리에 따른 상서로운 기세이다. 그러나 순환상생의 기세라 할지라도 생조의 기운이 지나치면 오히려 해롭다는 경계를 담고있다. 기세의 출발은 비겁으로부터 시작되며, 다시 비겁으로 피드백되어 자아실현을 이루는 순환구조를 형성한다. 5가지 상생기세가 모두 나타나는 기세는 전인적(全人的) 기세이다. 생장염장의 모든 단계를 거쳐 자아를 완성하는 구조로 보기 때문이나. 따라서 전인적 기세는 원만한 품성을 이룬다. 하지만 상대적으로 개성의 두드러짐이 부족할 수 있다. 뿌리가 있는 자는 날카로

---

113 비겁에서 식상으로 기세를 형성하는 것으로써 상생의 흐름인 경우는 목화통명(木火通明)이고, 지나친 상모의 기세를 형성하는 경우에는 목분비회(木焚飛灰)이다.

114 식신에서 재성으로 상생순환의 기세를 형성하는 것으로 식신생재(食神生財)라 한다.

115 재성에서 관성으로 순환상생의 기세를 형성하는 것으로써 재성이 허약한 편관을 생하는 경우 재자약살(財滋弱殺)이라 한다

116 관성에서 인성으로 순환상생의 기세를 형성하는 것으로써 관인상생(官印相生) 또는 살인상생(煞印相生)이라 한다.

117 인성에서 비겁으로 순황상생의 기세를 형성하는 것으로써, 지나친 상모의 기세를 형성하는 경우에는 모자멸자(母滋滅子)라 한다.

운 이가 없는 각자무치(角者無齒)의 이치이다.

  기세가 상극의 방향으로 형성되는 것도 있다. 이를 극제기세라 하는데, 순환상생으로 연결하는 중간의 기운이 빠진 경우이다. 이 경우 상극의 두 기운이 부딪혀 변화를 유발하는데, 좋은 기운이 상(傷)할 수도 있고, 나쁜 기운이 제압(制壓)될 수도 있기에 오성의 역량을 보아 판단한다. 극제기세는 상생기세와 달리 전후단계의 과정을 거치지 않고 한 칸 건너 극제오성(오행)으로 에너지가 흐르는 것을 말한다. 극제기세 또한 비겁으로부터 출발하여 비겁으로 수렴되는 결과는 같으나 생극제화의 과정적 정의를 거치지 않은 것이기에 그 정당성이 부족하다. 예를 들면 봄에 씨뿌리지 않고 가을 걷이를 하는 경우나, 선거를 거치지 않고 구테타로 권력을 찬탈하는 경우이다. 이러한 과정의 결핍은 대운과 세운의 기운에서 채워질 때 크게 발복하기도 하지만, 쉽게 분탈(分奪)되기도 한다.

잠재욕구

  누구나 자신이 어떤 사람인지 생각해본 일이 있을 것이다. 세상에서 나를 가장 잘 알고 있는 사람이 바로 자신이라고 생각한다. 하지만 착각일 수 있다. 사람들이 협상하는 장면을 보면 한결같이 자기자신은 욕심이 없다고 강조하면서도 상대방에게는 많은 양보를 요구한다. 볼테기에 욕심을 덕지덕지 붙이고, 스스로는 욕심없는 사람이라 믿고 있다. 남들의 이야기라고 치부하지 말자. 모두 자신의 이야기이고 자신의 민낯이다.

  사람들에게 당신의 꿈이 뭐냐고 물으면 의외로 명확한 답을 하는 사람이 드물다. 자기의 꿈이 수시로 바뀌기도 하고, 자신이 지향하는 것과 꿈이 어떻게 다른지 모르니 당연한 일이다. 그러나 평소의 언행으로 그 꿈과 지향성을 가늠할 수 있다. 오성도에서 기세(氣勢)로 파악되는 행동 패턴과 그 대척점(정반대편)에 자리하고 있는 오성의 심리적 특성이 그것이다. 우리가 하는 말이나 행동은 100% 의식의 명령에 따라 하는 것이 아니다. 때론 무의식적으로 언행을 하는데, 그것은 내면 깊숙히 자리하고 있는 잠재욕구가 표출되는 현상이다. 심리학자 칼 융은 인간의 생애는 무의식의 자기실현의 역사이며, 무의식에 있는 모든 것은 삶의 사건이 되고 현상으로 나타난다고 했다. 우리의 무의식은 자신이 알고 있는 것보다 훨씬 많은 능력과 자원을 가지고 있다. 불교의 유식론에서도 현상을 인식하는 전오식(前五識, 안이비설신)은 6식인 대상의식(對象意識)에 의해 통제가 가능하지만, 6식의 저변에 있는 제7식 말라식(末那識)은 자아의식(自我意識)으로서 6식의 통제가 미치지 못하는 심소(心所)에 속한다. 모든 일어난 일이나 생각들을 전부 받아들여서 기록하고 저장하는 제8식 아뢰야식(阿賴耶識)이 무의식(無意識)의 세계이다. 근본 마음자리(心所)에서 발현하는 잠재욕구는 자기가 이루고자 하는 꿈, 희망사항이 자신도 모르게 표출되는 것이기 때문에 청소년들에게 적성을 파악하고 진로상담을 하는 경우 유용하게 적용할 수 있다. 일반적으로 사람들은 자기의 적성과 행동 패턴과 잠재욕구를 잘 구별하지 못하고 분위기에 따라 달리 표현하는 경향이 많기 때문이다.

욕구란 무엇인가 결핍되어 불편한 상태이며, 충족과 발전을 필요로하는 상태로서 현재의 결핍된 상태와 원하는 상태 사이에 존재하는 격차를 말한다.

사람들은 자기가 원하는 대로 행동하는 듯하지만 정작 진정한 욕구는 꽁꽁 감추어 두고 있는 경우가 많다. 다양한 이유로 표현을 꺼리기도 하고 실제로 자신이 무엇을 원하는지 모르는 경우도 적지 않다. 평소 남의 이목이나 체면 때문에 이성적으로 억누르고 있는 잠재적 욕구(Potential needs)를 오성도의 기세로써 파악할 수가 있다. 오성을 스코어링하면 주된 심리적 특성과 행동 패턴을 읽을 수 있는데, 이 때 나타나는 주된 심리적 특성 또는 행동 패턴의 정반대편에 포진하고 있는 것이 잠재욕구이다. 사람이란 자신이 가지고 있는 장점은 너무 당연시하여 그 고마움을 잊고 산다. 그러면서 자신이 못하거나 가지지 못한 것에 대한 동경을 한다. 이러한 것은 평소에 이성으로 억눌려 발현되지 않지만 이성의 통제에서 벗어나는 순간 반사적으로 발현된다. 사주원국에 비겁의 성향이 매우 강한 사람의 경우는 평소 자존심과 체면으로 똘똘 뭉쳐진 성격이라 세속적이고 권모술수적인 행동을 증오하지만 내면으로는 돈과 출세를 지향하는 돌출행동을 보이기도 하는 것이다. 또한, 인성→비겁의 행동패턴인 도덕형, 인내형의 경우 세상의 부귀영화는 그림의 떡이요 자신과는 무관한 신외지물(身外之物)로 치부하면서도, 어느날 갑자기 큰 이익을 볼 수 있다는 허황된 꾀임에 빠져 가산을 탕진하는 사기에 휘말리는 일을 당하곤 한다. 이러한 것이 바로 잠재적 욕구의 발현이다.

비식기세(비겁→식상) : 창의지향형

오성도를 이루는 5가지(비식재관인)의 에너지는 일주를 중심으로 생명활동을 하는데, 이것은 밖으로 드러내는 일주의 목적 있는 행위이다. 행위는 보이나 그 지향점인 욕망, 꿈, 희망은 남들이 알지 못하므로 JW모델의 비밀영역에 해당한다. 즉, 비겁에서 식상으로 흐르는 비식기세는 진보성, 활동성이 키워드다.

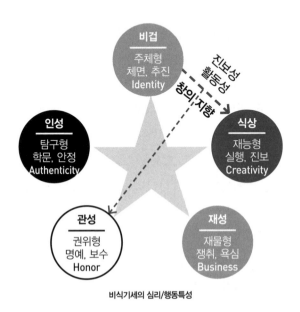

비식기세의 심리/행동특성

비식기세는 비겁의 능력으로 식상을 얻으려는 목적성 행위를 한다. 비겁의 잠재능력을 밖으로 드러내어서 자신을 어필하는 행동이다. 따라서 자기주장이 강하고, 적극적으로 사회적 문제에 참여하는 창의지향형(진보성/활동성) 성향을 보인다. 또한 끼를 발산하는 에너지가 넘치기에 예술적인 감수성이나 언어적 표현능력이 뛰어나고 활동적이다. 조직에서는 개혁개방 정책으로 변화를 추구한다. 유연한 사고를 즐기며, 아름다움을 추구하는 경향이 있다. 같은 패턴의 일, 변화가 없이 틀에 맞추어 해야 하는 일을 별로 좋아하지 않는다. 같은 사물이나 현상을 보고도 획일적으로 판단하지 않으며 상상력이 풍부하고 독창적인 편이다. 그러나 명확하고 규칙적인 활동이나 객관적 사실을 추구하는 활동에는 약한 편이다. 개방적인 사고체계를 소유하고 있어 변화를 주도하고 추구하며 자신의 직감에 의존해서 문제를 해결하려는 경향이 있다.

겉으로 드러나는 행동특성은 그것과 정반대의 심리적 특성을 잠재적으로 가지고 있다. 오성도에서 비겁에서 식상으로 기세를 형성하는 창의지향형의 대척점에는 관성이 자리하고 있다. 이것은 진보성향의 활동이 겉으로는 식상을 타깃으로 하지만, 심리적 기저에는 명예와 권위를 갈구하는 관성에 대한 잠재욕구가 있다는 것을 말하는 것이다. 이 관성에 대한 잠재욕구는 자신이 무의식적으로 표출하는 언행을 통해서 남들은 다 알고 있는데, 정작 자신은 그 사실을 모르는 맹인영역과 같다.

비식기세 사례 1

임자 일주가 득령하여 비겁격사주로 자신의 주체의식이 매우 강하다. 비겁에서 식상으로 흐르는 기세는 창의력에 대한 열정을 엿보게 한다. 베토벤의 사주이다. 주체의식이 하늘을 찌르고 비식기세의 넘치는 독창성이 돋보인다. 자신의 독창성이 훼손될까 남의 연주를 듣지 않았다고 할 정도다. 음악이 각종 행사의 보조적인 역할을 하던 시대에서 벗어나 음악이 문화의 주역으로서 관심을 집중시켜 소위 음악을 감상하는 대상으로 승화시킨 음악

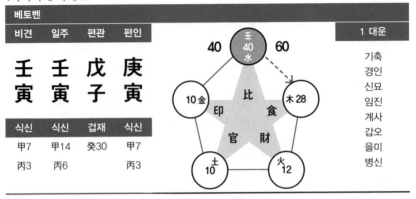

〈비식기세 사례 1〉

베토벤					1 대운
비견	일주	편관	편인		
壬	壬	戊	庚		기축
寅	寅	子	寅		경인
					신묘
					임진
식신	식신	겁재	식신		계사
甲7	甲14	癸30	甲7		갑오
丙3	丙6		丙3		을미
					병신

가다. 베토벤은 음악가로서는 전성기에 이르러 가장 소중한 귀가 점점 들리지 않았지만 끝내 그는 운명과 싸워 이겼고, 그의 불굴의 영혼은 더욱 훌륭한 음악을 탄생시켜갔다. 초년 기축대운에 어머니를 잃고 불우한 환경이었으나 인묘진 동방 木 대운이 식상성으로 이어지면서 그의 재능은 절정에 이르렀다. 비겁격의 강인한 기질과 무관하지 않다. 베토벤 사주에서 보이는 비식기세는 사회적 관습과 억압을 배격하는 식상의 특성이지만 식상의 반대편인 내면 깊은 곳에서는 권위와 명예를 지향하는 욕구가 잠재하고 있어 음악적 재능으로 분출한 것이다. 木 대운 이후 사오미 남방 화국으로 식상성이 설기되어 갑오 대운에 57세의 일기로 운명하였다.

비식기세 사례 2

베토벤과 거의 유사한 사주가 하나 더 있다. 임수 일주가 해수 녹좌에 앉아 태왕하다. 기세 또한 비식 기세로서 용광로 같은 열정이 뭇 사내들을 녹이니 이웃 총각을 상사병으로 죽게하고, 당대의 최고 문장가들의 오금을 저리게 하였다. 팜므파탈(femme fatale) 황진이의 사주이다.

황진이는 개성의 맹인 딸이다. 뛰어난 미모에 거문고를 잘 탔고 노래도 잘했다. 화담(花潭, 서경덕)의 사람됨을 사모했던 황진이는 대철인 서경덕, 박

〈비식기세 사례 2〉

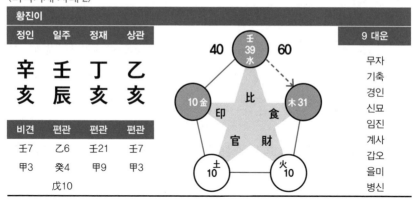

황진이				
정인	일주	정재	상관	9 대운
辛 亥	壬 辰	丁 亥	乙 亥	무자 기축 경인 신묘 임진 계사 갑오 을미 병신
비견	편관	편관	편관	
壬7 甲3	乙6 癸4 戊10	壬21 甲9	壬7 甲3	

연폭포과 함께 송도(松都) 삼절(三絶)이라 했다.

황진이의 매력은 30년 동안 면벽(面壁) 수도했다는 지족선사(知足禪師)의 지조마저도 꺾었다. 그러나 뛰는 놈 위에 나는 놈 있듯이, 천하의 황진이를 애닮게 하는 연하의 사내가 있었으니, 벽계수다. 진랑 황진이는 그에게 노래를 지어 사랑의 절절함을 전하였다. "청산리 벽계수야 수이감을 자랑 마라/ 일도창해하면 다시 오기 어려우니/ 명월이 만공산하니 쉬어간들 어떠리."

사랑을 이루지 못하는 가슴일랑 어루만져 무엇하랴. 천하의 미색으로도 끝내 그의 마음을 사지 못했으니, 그녀는 명산대천을 유랑하다 이슬되어 승화하였다. 때 늦은 연하의 그 사내는 황진이의 묘소를 찾아 눈물로써 답가를 하니 그 진심 하늘에 닿았다. "청초 우거진 골에 자는다 누었는다/ 홍안은 어디 두고 백골만 묻혔는다/ 잔 잡아 권할 이 없으니 그를 슬퍼하노라."

이 일로 인하여 조선 유림의 체면을 먹칠했다는 죄명으로 사형을 당함으로써 연상의 황진이의 부름에 화답한 그는 『花史』라는 책을 남긴 백호 임제(林悌)다. 하늘에는 유교의 법도나 체면이 가로막지 않을 테니 두 분의 불다는 사랑이 태양처럼 빛나길 빈다. 20대 인묘진 동방 목대운에 식상이 더욱 태왕하여 황진이의 가슴은 더욱 뜨거웠고, 사오미 남방화 대운에 설기되어 이슬이 되었다.

식재기세(식상→ 재성) : 재물지향형

오성도에서 식상의 에너지가 재성으로 흐르는 것을 식재기세라 한다. 붓을 가리지 않는 명필가처럼 동공이곡(同工異曲)의 능력이 출중하다. 능력과 노력으로 즐기며 축재하는 재물지향형(이기성/경쟁성)이다. 식재기세는 끼와 활동성을 기반으로 재물을 취하기에 매우 적극성을 띤다. 리더십을 발휘하여 조직의 목표를 정하고 성취하도록 이끈다. 자신이 기획하고 설정한 목표를 실행시키는 데 탁월한 능력을 보이는 유형이다. 경제적인 이익을 추구하기 위한 활동을 선호하며 일을 성공적으로 이끌기 위해 다른 사람들을 설득하거나 협상을 하는 등 뛰어난 사회성을 발휘한다. 재성은 재물이면서 남자의 경우 배우자, 이성관계를 뜻한다. 돈이라면 무슨 일이라도 마다하지 않는 적극성을 보인다.

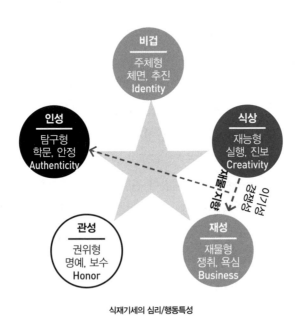

식재기세의 심리/행동특성

식재기세의 대척점에는 도덕군자 인성(印星)이 자리하고 있다. 재극인(財克印)의 관계로 돈버는 재주와 공부하는 재주는 병행하기 어려운 법이다. 재성과 인성이 조화를 이루면 재인불애(財印不碍)[118]라 한다. 재수 좋은 사람은 산에서 굴러도 가지밭으로 떨어진다고 하니, 부러운 사주다. 그러나 재극인의 사주라 하더라도 돈을 벌고 나면 비로소 학문과 정통성에 대한 가치지향적 욕망이 고개를 든다. 이것이 식재기세의 잠재욕구다. 개처럼 벌어도 정승처럼 쓰면 정승이 되는 법이다. 조직에서는 창의적인 발상으로 새로운 가치를 창출하는 능력을 발휘한다.

〈식재기세 사례〉

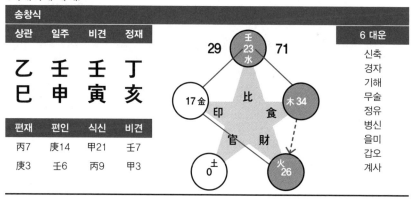

송창식					6 대운
상관	일주	비견	정재		신축
乙	壬	壬	丁		경자
巳	申	寅	亥		기해
					무술
편재	편인	식신	비견		정유
丙7	庚14	甲21	壬7		병신
庚3	壬6	丙9	甲3		을미
					갑오
					계사

임수 일주기 인목 병좌에 있어 약할 것 같은데 마침 월간에 임수가 동반하고 연지 해수 및 일지 신금속의 비겁들이 통투하여 제법 강한 주체세력을 이루고 있다. 비식기세의 재능이 재성으로 결실을 이루는 체상이다. 흥과 끼가 충만한 식재기세의 내면에 공부나 전통의 가치를 따르고자 하는 인성에 대한

---

118 사주에서 재성과 인성이 상존하고 있으나 재성의 역량이 인성의 역량보다 적거나 중간에 관성이 들어 있어서 재성이 인성을 방해하지 않은 것을 말한다.

잠재욕구가 자리하고 있다. 최고 장인의 여유로운 너털웃음이 보일 듯하다. 포크계의 영원한 전설 송창식의 사주이다. 초등학교 때부터 작곡을 했다는 그는 천재성을 말하지 않는다. 대신 칠순의 나이에도 연습벌레를 자청한다. 창법도 좀 독창적인데 그가 작곡한 장르는 변색동물의 화려한 변신처럼 다양한 끼를 연출한다. 그의 노래는 아련하고도 먼 추억 속을 거닌다. 음율만이 아니라 노랫말이 더욱 노래답다. 균형으로 보아 극신약사주인데 일주가 강건하여 전체적으로 조화를 이룬다. 잠재역량 대비 활용역량이 태왕하여 대중을 울고 웃게 하는 연예인으로서의 끼가 충만하다. 木용신이다. 초년부터 일주의 주체성을 강화하는 해자축 북방 수 대운이 흘러 기본기를 착실히 다졌고, 30대부터 본격적인 金을 대운이 들어 내공이 깊어지고 개성과 주체성을 더욱 키웠다. 이제 火 대운이 들어 앞으로도 30년은 청년으로 살 기세를 보여주는 사주이다. 창식이형 있어 우리의 사랑은 애틋하고 청춘은 행복했다.

재관기세(재성→관성) : 명예지향형

오성도에서 재성의 에너지가 관성으로 흐르는 기세를 재관기세라 한다. 대표적인 녹마쌍청(綠馬雙淸)의 부귀사주로서 출세와 성공을 지향한다. 이것은 재성을 기반으로 관성의 명예까지 성취하겠다는 야망을 드러내는 것으로, 키워드는 명예지향형(사회성/야망성)이다. 성공과 출세를 위해서는 수단과 방법을 가리지 않는 흑묘백묘철학의 소유자다. 조직적이고 안정적이며 명예를 추구한다. 규칙과 시스템에 적응하여 성실하고, 규범적이다. 서류작성 및 기록 등과 같은 사무적인 일에 능력을 발휘한다. 문제상황에서 변화를 추구하거나 비판하기보다는 조심스럽고 체계적으로 해결책을 모색하는 편이다. 재관기세는 부귀영화를 모두 누린 것이므로 모두가 바라는 사주의 모습이지만, 내면으로는 외로운 사람이다.

기세의 대척점에 있는 자신(주체성)을 도외시하고 세속의 가치를 좇아 앞만 보고 달려왔기 때문이다. 그래서 사회적 성취의 이면에 숨겨져 있는 자신의 아이덴티티(Identity)에 대한 잠재욕구가 발동한다. 나이 들어서 학위를 따서 명예욕을 채우거나, 장학사업을 벌이는 등 자신의 인생을 데코레이션 하는 행위들이 그것이다.

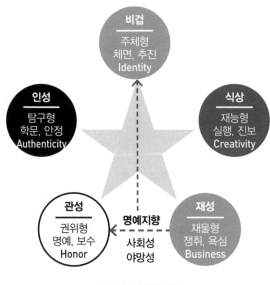

재관기세의 심리/행동특성

〈재관기세 사례〉

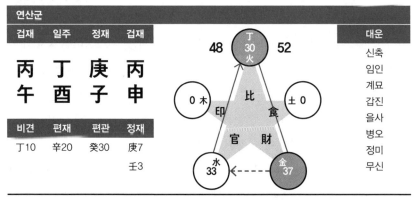

정화 일주가 한겨울에 태어나 실기한 듯하나 연간과 시간에 丙火의 지원이 있고 시지에 뿌리를 내려 힘을 받고 있다. 인성과 식상이 전무하여 자아형성에 대한 에너지보다 사회성 에너지인 재성과 관성이 발달했다. 사회적 제도나 규율을 따르면서 사회적 활동을 통하여 야망을 달성하려는 명예지향형이다. 그러면서도 반대편의 자리하고 있는 비겁, 즉 주체적 자아에 대한 잠재의식이 내면에 도사리고 있는 3기 체상이다. 조선의 10대 왕이었던 연산군의 사주이다.

연산군이라 하면 폐비 윤씨의 사사(賜死)로부터 시작된 무오사화, 갑자사화, 운평과 홍청, 김처선, 중종반정 등의 단어가 줄을 잇는다. 어려서 생모인 성종비 윤씨가 투기가 심하고 왕비로서 체모에 맞지 않는 행위를 한다는 이유로 폐위되고 사사됨으로써 잔혹한 피의 역사는 잉태되었다. 계모의 손에서 자라 인성(印星)이 전무한 배경을 이해할 수 있다. 또한 어려서부터 공부를 즐기지 않았으며 가르침에 엄격했던 스승인 조지서를 즉위 후 갑자사화를 이용하여 죽이고 가산을 적몰하였다. 印星은 仁性과 忍性을 의미한다. 인성(印星)과 식상(食傷)이 뒷받침 되지 않은 재성의 발달은 여러가지 괴기한 성적 행동을 보이고 있다. 조선의 기녀들을 운평(運平)이라 하고 그 중에서 미색이 반반한 여인들을 궁으로 불러들여 이들을 홍청(興淸)이라 했다. 한때 궁녀의 숫자가 1000명에 이르렀다고 하니, 경회루의 기둥이 버티기 힘들었던 만큼, 백성들의 삶도 피폐해져갔다. 홍청망청이라는 말이 유행한 배경이기도 하다. 성균관·원각사 등을 주색장으로 만들고, 알몸인 홍청들에 휩싸여, 황음(荒淫)에 빠졌다. 기생들만으로는 만족하지 못하고 신하들의 아내까지 불러다가 간음하고, 말의 등에서도 하드코어를 연출하는 극치를 달렸다. 최악의 패륜은 월산대군의 처까지 범한 것이었다. 월산대군은 성종의 친형이므로 자신의 큰어머니다. 중종반정을 일으킨 세력들이 좀 부풀린 측면도 있겠지만, 대부분은 실록에 기록된 역사적 사실들이다.

폭정과 색정으로 민심이 이반되어 결국 반정의 세력에 의해 폐위된다. 강화도에 귀양되어 식상으로 일주가 설정(泄精)되는 해에 관성의 기운이 일주를 극하는 날에 절명했다. 폐위된 후 2개월 만에 30의 나이였으니 병인년 기해월 계축일이다. 색귀였던 연산군의 죽기 전 마지막 유언이 자신의 정비였던 신씨가 보고 싶다고 했다니, 좀 어색하다. 그에게도 순정은 있었단 말인가? 귀혼으로 구천을 떠돌던 애첩 장녹수가 들었으면 서운했을 터이다.

관인기세(관성→인성): 과제지향형

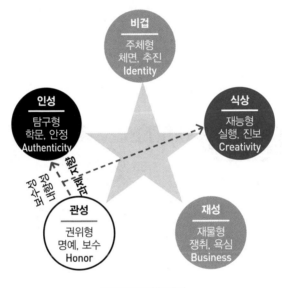

관인기세의 심리/행동특성

오성도에서 관성의 에너지가 인성으로 흐르는 것을 관인기세라 한다. 키워드는 과제지향형(보수형/내향형)이다. 관성의 에너지가 인성으로 흘러 내면을 더욱 깊게 하는 활동이다. 자기절제와 도덕률로 극도의 보수성향을 보인다.

관찰하고 탐구하며 사고하는 것에 익숙하다 현상을 비판적으로 분석하고, 창조적인 생각을 한다. 규칙적이고 반복적인 활동이나 리더십을 발휘해야 하는 활동에는 식상(食傷)하다. 정보를 수집하고 자료를 분석하여 결론을 내리는 문제해결형이다.

세상의 변화에 둔감하고, 기존의 가치와 전통을 지키려는 성향은 재기발랄한 식상의 기질과 대비된다. 그래서 항상 식상의 비판대상(傷官見官)[119]이 된다. 그러나 관성과 인성은 일주(자아)를 실현하는 시작이고, 마지막 단계이다. 관인으로부터 들어온 생명에너지는 식재활동을 거쳐 다시 관인을 통해 일주로 피드백되는 구조이기 때문이다. 즉, 겉으로 화려해 보이는 식재활동도 그 연원은 내공을 다지는 관인의 역량에서 비롯되는 것이다. 가을과 겨울을 거치지 않은 봄과 여름은 없는 것이다. 관인기세의 심연에는 식상의 끼가 움크리고 있다. 점잖으신 고관대작의 주색놀음은 잠재적 욕구로부터 분출된 것이니 배꼽 밑은 탓하지 말자고 한다. 어찌하랴, 인간의 본성인 것을.

〈관인기세 사례〉

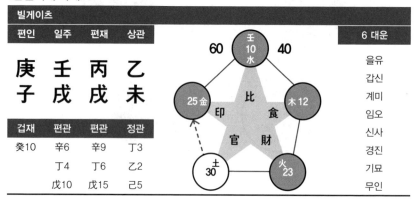

빌게이츠			
편인	일주	편재	상관
庚	壬	丙	乙
子	戌	戌	未
겁재	편관	편관	정관
癸10	辛6	辛9	丁3
	丁4	丁6	乙2
	戊10	戊15	己5

6 대운

을유
갑신
계미
임오
신사
경진
기묘
무인

임수 일주가 술월에 태어나고 시지 子수에 뿌리내리고 있어 신약하지 않다. 관인용식격 사주로 본다. 관성의 에너지는 인성을 지향하고 있기에 관인기세이다. 극도의 보수성과 내향성으로 주어진 과제에 철저한 과제지향형이다. 관인기세의 반대편에 자리하고 있는 흥과 끼, 활동성을 동경하는 내

---

119 상관견관(傷官見官) : 상관이 정관(正官)을 본다는 의미로, 식상이 관성을 극제하는 것을 말한다.

면적 욕구가 강하다. 원국의 기운 분포만으로도 이미 순환상생의 대천복지형 사주이다. 관인기세에서 편관이 양인의 기세를 눌러주면 칠살제인(七殺制刃)[120]이다. 칠살과 양인이 서로 세력이 비슷하여 견제를 이룰 경우 평화가 유지된다. 이것을 살인상정(殺刃相停)[121]이라 한다. 하버드대학 2학년인 19세의 나이로, 학교를 중퇴하고 폴 앨런과 함께 마이크로소프트(MS)사를 설립한 빌게이츠의 사주이다. 사회적인 지위와 인식을 중시하는 관인기세형의 사주인데도 시대의 흐름을 읽고 자신만의 길을 선택한 창의성이 돋보인다.

그의 이러한 창의와 시장예측은 관인기세의 잠재역량이 원동력이 되어 일주의 식상활동으로 꽃피운 결과이다. 신강사주로 식상과 재성을 용신으로 쓰고 있는데 26세 이후 사오미 남방 화국의 대운이 사주의 잠재역량을 견인하고 있어 성장과 발전을 계속할 수 있었다. 그는 개인용 컴퓨터(PC) 성장을 예측하고 컴퓨터 언어 프로그램을 개발하였다. 빌게이츠의 목표는 모든 책상에 개인용 컴퓨터(PC)를 놓는 것이었는데 이를 이루기 위한 문제점은 프로그램의 호환성이었다. 그는 IBM에 MS-DOS라는 OS를 납품함으로써 IBM을 기반으로 보폭을 넓혀나갔고, 결국 보편적인 OS가 윈도로 통일됨으로써 이용자들은 호환 문제를 걱정할 필요 없이 PC를 사용할 수 있게 됐다. 이외에도 Internet Explorer을 무료로 지원하여 보다 많은 사람들이 컴퓨터 세상을 알수 있게 만들었다는 그의 업적은 높이 평가받아야 할 것이다.

인비기세(인성→비겁) : 사람지향형

오성도에서 인성의 에너지가 비겁으로 흐르는 것을 인비기세라 한다. 키워드는 사람지향형(이타성/독립성)이다. 인비기세는 조상의 덕으로 궁핍하

---

120 편관이 양인(羊刃)을 극제하는 현상이다. 편관과 양인을 흉한 것으로 인식하는 해석법이다.
121 편관과 겁재가 서로 합이 되어 살을 제어한다는 의미다.

지는 않지만, 극도의 절약과 금욕주의를 실천한다.

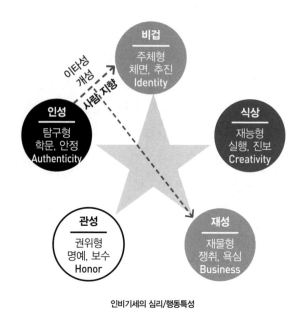

인비기세의 심리/행동특성

　자기 주체의식이 강하고 사람과 교류하고 협력하는 일을 잘한다. 일반적으로 타인에 대한 배려심이 깊은 인물이다. 자신의 철학과 추구하는 가치에 대해서는 타협이 없지만 욕망의 화신인 재성과 대척점에 있어 이타적이다. 재물은 자신의 몸 밖의 물건으로 본래 내것이 아니라는 철학(身外之物)을 가진다. 세상물정에 초연하고, 학문과 덕망을 겸비한 청빈한 선비의 모습이다. 그러면서도 궁핍한 상황으로 내몰리면, 잘못된 재물과 쾌락의 유혹으로 낭패를 당하는 일을 겪는다. 인성은 化의 작용으로 일주(자아)를 완성시키는 원천이다. 인성의 뒷받침 없는 식상과 재성은 흘러가는 영화일 뿐이다. 재능 없는 예술인이고, 밑천 없는 사업가이며, 무능한 지도자이다. 학문하는 선비도 먹고 사는 것은 해결해야 한다. 신성한 노동을 통해서.

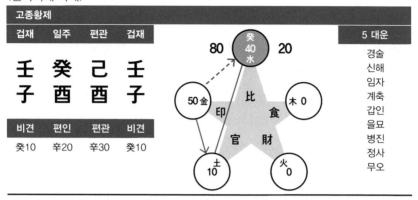

〈인비기세 사례〉

고종황제					5 대운
겁재	일주	편관	겁재		경술
壬	癸	己	壬		신해
子	酉	酉	子		임자
					계축
비견	편인	편관	비견		갑인
癸10	辛20	辛30	癸10		을묘
					병진
					정사
					무오

계수 일주가 유금 생지에 태어나고 연간과 시간의 임수가 지원하고 연지와 시지의 자수에 뿌리를 내려 태왕(太旺)의 종인격 사주이다. 또한 인성의 역량이 50으로 인성과 비겁의 역량이 9할을 넘는다. 반면 활용역량은 보이지 않으니 잠재역량 대비 활용역량이 극도의 불균형을 이루고 있다. 조선반도에 역사상 처음으로 탄생한 황제의 나라, 대한제국의 고종황제 사주이다.

고종은 대원군의 차남이다. 순조·헌종·철종 3대에 걸쳐 세도 정치를 한 안동김씨(安東金氏)는 철종의 후사가 없자 왕손들을 경계하였다. 그 당시는 안동김씨의 세도정치가 극에 달해 있었으므로 그들로부터 화(禍)를 피하기 위해 방탕한 생활을 가장하며 위험을 피했던 대원군은 철종이 죽자 자신의 둘째아들 이명복으로 하여금 국왕에 즉위하게 하였다.

즉위 후 10년은 대원군이 섭정을 하였다. 1873년 흥선대원군이 탄핵을 받아 비로소 고종의 친정이 시작되었으나, 이제는 여흥 민씨의 척신 정치로 흘렀다. 세도정치에 대한 악몽이 사라지기도 전에 다시 외척의 섭정이 가관이었다. 왕으로서의 고종은 존재가 미미했다.

구한말 하엾이 추락히는 조정과 외세에 대항하여 피폐한 농민들이 동학농민운동을 일으켰다. 이를 계기로 청나라와 일본 양국 군대가 조선에 들어오고 마침내 청일전쟁이 일어났다. 청일전쟁이 일본의 승리로 끝난 직후 명성

황후가 1895년 일본 낭인들에게 시해되었다. 왕비를 잃었음에도 응징은 커녕 오히려 옥체의 안전을 걱정해야 하는 상황에서 고종은 국호를 대한제국, 연호를 광무라 정하고 황제로 즉위하였다. 공작새가 맹수들 앞에서 날개를 펼쳐 자신의 위세를 과장하는 모습에 다름아니었다. 고종이 일본의 압력을 척결하기 위하여 1907년 이준, 이상설, 이위종 등 밀사를 네덜란드의 헤이그에 파견한 것이 발단이 되어 일본의 압력으로 고종은 황태자(순종)에게 양위하였다. 아버지 대원군의 섭정과, 민비 외척의 폭정, 외세의 위협, 민심의 이반 등으로 이어진 시대적 상황과 사주상의 내적에너지가 오버랩되는 모습이다. 이것은 가슴아픈 조선왕조 몰락의 이야기이기도 하다. 역사로 접하는 마음도 이토록 애달픈데 황제의 자리에 있던 고종의 마음은 어떠했으랴. 인비기세, 관인비 3기 체상의 고종사주는 그 모양새처럼 가슴의 한켠이 도려내어진 아픈 모습이다. 55세 용신 인성(星)을 극하는 갑인 대운인 1910년에 나라를 빼앗기고, 을묘 대운인 1919년에 절명하였다. 가슴 아픈 역사의 주역이었던 고종황제에 대한 나의 연민이다.

비재기세(비겁→재성): 사물지향형

오성도에서 식상의 에너지가 없고 재성의 에너지가 있는 경우, 비재기세라 한다. 주관과 실용을 겸비한 사물지향형(실용성)으로 본다. 식상이 없다는 것은 내적잠재력의 도움없이 비겁의 특성만으로 克작용을 통하여 재물을 쟁취하는 것이므로 더 많은 에너지를 써야 한다. 남의 도움없이 독자적인 노력으로 성공하는 자수성가형이다. 노력의 대가로 얻어지는 재물이라기보다 인연의 관계성이나, 고집과 뚝심으로 쟁취하는 것이므로 우여곡절과 부침이 심하다. 사물지향형의 경우는 의식적 혹은 무의식적으로 비겁과 재성을 소통시키는 식상을 반긴다. 이렇게 비겁에서 직접 재성으로 향하는 기세

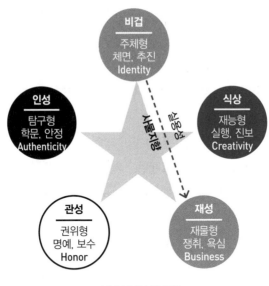

비재기세의 심리/행동특성

는 대부분 간지동(干支同)[122] 사주가 많다. 따라서 재성을 육친으로 볼 경우, 안에서는 아버지와의 불화가 심하고, 부인을 하대하는 안하무인의 태도를 보이나, 밖에서는 매너맨이요 더없는 호인이다.

〈비재기세 사례〉

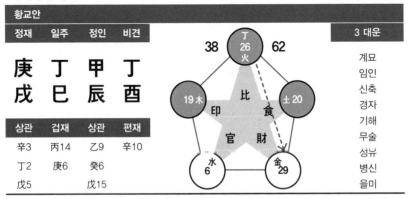

황교안					3 대운
정재	일주	정인	비견		계묘
庚	丁	甲	丁		임인
戌	巳	辰	酉		신축
					경자
상관	겁재	상관	편재		기해
辛3	丙14	乙9	辛10		무술
丁2	庚6	癸6			성뉴
戊5		戊15			병신
					을미

122 천간과 지지의 음양오행이 같은 구조이다. 甲寅, 乙卯, 戊戌, 己丑, 己未, 庚申, 辛酉 등 8개이고, 오행은 같지만 음양이 다른 간지는 丙午, 丁巳, 壬子, 癸亥 등 4개의 간지도 간지동의 범주로 본다.

丁화 일주가 辰월 욕지를 깔고있고, 연간 丁화가 돕고 일지 巳화에 뿌리를 내려 신강하다. 오행이 모두 발현된 순환상생의 5기 체상이다. 격국으로 보면 재성용식격 또는 재성용관격으로 볼 수도 있다. 박근혜 정부 당시 법무장관과 국무총리를 거쳐 대통령 탄핵정국에서 대통령권한대행을 역임한 황교안의 사주다.

2013년에 박근혜 정부의 법무부 장관이 되었다. 법무부장관 재임 시절에 통합진보당 위헌정당해산을 헌법재판소에 직접 청구했다. 2015년 국무총리로 임명되었다. 그리고 2016년 12월 9일 박근혜의 탄핵안이 가결되면서 권한을 대행하게 되었다. 비록 반년이지만 국정 전반을 총괄한 사실상의 대통령 자리에 있으면서 역사에 이름을 남겼고 관심을 받았다. 대통령만 하면 모든 걸 다 해보는 격이다. 2019년 2월 27일 자유한국당 전당대회에서 당대표로 선출되었다. 이제 2020 총선을 거쳐 대권에 도전하는 일만 남았다. 그러나 63세 이후의 서방 금국대운이 인성 木용신을 극제(탐재괴인)하고, 태왕한 재성의 역량에 비해 관성의 역량이 작아서 대권의 도전자로서의 운세는 약해 보인다. 그러나 혹시 재자약살의 운세로 관성이 살아날지 두고볼 일이다. 비겁과 재성이 연결되는 비재기세로서 비겁이 강하고 재성이 약하면 군겁쟁재(群劫爭財)의 기세를 이루고 비겁보다 재성이 강하면 재다약신 득비리재(得比理財)의 기세를 이룬다. 모범생 보수의 아이콘 그의 정치 행보에 관심을 가져본다.

관비기세(관성→비겁) : 권력지향형

오성도에서 인성의 에너지가 없고 비겁과 관성의 에너지가 강한 경우, 관비기세라 한다. 키워드는 권력지향형(명예성)이다. 인성이 없다는 것은 관인상생의 에너지순환을 못하고 관성에서 바로 일주로 피드백되는 구조를 말한다. 강한 자신의 주체성(비겁)과 국가사회의 통제시스템(관성)이 인성의 소통없이 부딪치는 구조이다. 잘 적응해나가면 사회에 이름을 날릴 수도

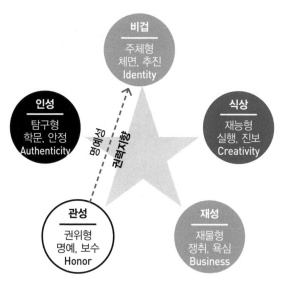

관비기세의 심리/행동특성

있으나 주체성이 너무 강할 경우 사회화 과정에서 갈등을 겪기도 한다. 입신 양명형의 경우는 의식적 혹은 무의식적으로 인성의 역할을 그리워한다. 원수같이 지내는 친구간이라도 중간에 중재를 잘하는 친구가 끼면 셋의 우정을 유지할 수 있는 경우와 같다. 육친으로 보면, 남명의 경우 자식이 아버지에게 강하게 대항하는 모습이며, 여명의 경우 주관이 강한 남편 문제로 갈등을 일으킬 수도 있다.

관비기세 사례

경금 일주가 申월에 득령하였고, 시간에 경금이 병존하고 연지와 월지에 뿌리내려 일주가 매우 강한 사주이다. 관성이 태왕하여 명예를 목숨보다 중하게 여기고 권력을 지향한다. 노동운동을 하였고 無財사주로서 청빈한 정치인으로 살다 간 故 노회찬의 사주이다. 일주의 강한 기운이 식상으로 흘러 진보적이며 식상의 기운이 다시 관성으로 흘러 혁신지향적 활동을 하였다.

1956년 부산에서 태어난 노 의원은 노동운동가 출신으로 진보 진영의 대

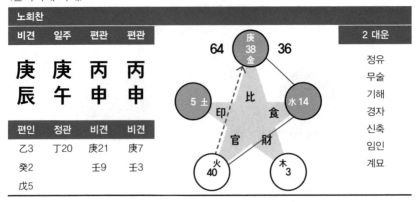

노회찬				2 대운
비견	일주	편관	편관	
庚 辰	庚 午	丙 申	丙 申	
편인	정관	비견	비견	
乙3 癸2 戊5	丁20	庚21 壬9	庚7 壬3	

2 대운: 정유 / 무술 / 기해 / 경자 / 신축 / 임인 / 계묘

표적 정치인이다. 고등학교 1학년 때 박정희 정권 유신체제를 비판하는 유인물을 제작, 살포하였다. 1980년 광주민주화운동에 영향을 받은 이후 노동운동으로 활동 범위를 집중시켰다. '비정규직 노동자의 처우 개선' '삼성 X파일 폭로' 등으로 노동자와 사용자의 실상을 환기시켰다. 드루킹 관련 금품수수 의혹이 일자 식상 水, 木용신을 극제하는 갑진대운에 목숨을 버리고 명예를 택했다.

초년 정유대운에 주체의식이 강화되었고, 20대 해자축 북방 수국의 기운이 식상으로 작용하여 치열한 사회활동으로 이어졌다. 그가 살다간 치열한 삶은 오로지 낮은 곳에 위치한 사람을 향하였고, 강한 자들에 대한 저항이었다. 비식기세의 진보성향이 식관 기세로 연결되는 기운이 사회적 활동으로 발현된 것이다. 노회찬은 갔어도 그를 존경하던 거리의 버스기사는 오늘도 새벽 길을 열며 모진 삶을 이어간다. 서민의 입을 대신한 그의 촌철살인이 그립다.

식관기세(식신→관성) : 개혁지향형

오성도에서 재성의 에너지가 없고 식상의 에너지가 관성으로 직접 강한 기세를 이루는 경우, 식관기세라 한다. 키워드는 개혁지향형(참여성)이다.

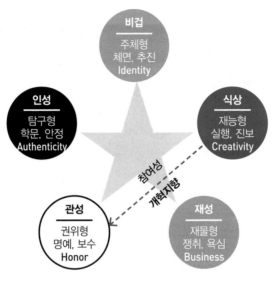

식관기세의 심리/행동특성

식상은 재성을 취하고 그 성과를 관성으로 연결하는 것이 가장 순리적이다. 그러나 재성이 부재하여 부득이 관성과 직접 피드백 작업을 수행해야 한다. 식상은 활동적이고 진보적이다. 반면 관성은 명예와 보수적 가치에 목숨을 건다. 서로의 존재를 필요로 하면서도 양보없이 대립(상관견관)한다. 일주의 역할이 배제되어 있는데다, 중재자 재성마저 없기 때문이다. 따라서 서로 중재자 재성의 역할을 그리워하며, 대운이나 세운에서 재성이 오면 일이 풀리고 발복한다. 보수와 진보의 대립은 소란해도 역사발전의 중요한 과정이기에 일주(자아)의 성장과 발전을 도모한다.

식관기세 사례

을목 일주가 시월 절지에 태어나 실령하였으나 다행히 일지 녹과하여 신강한 사주이다. 식상의 기세가 관성으로 연결된 식관기세로서 용신은 식상과 재성을 취할 수 있다. 식관기세에서 서로 역량이 비슷하면 조화를 이룬다. 그러나 두 세력간에 균형이 무너지면 변화가 생긴다. 상관이 강하여 길

〈식관기세 사례〉

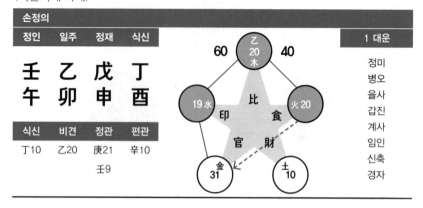

손정의			
정인	일주	정재	식신
壬	乙	戊	丁
午	卯	申	酉
식신	비견	정관	편관
丁10	乙20	庚21	辛10
		壬9	

1 대운
정미
병오
을사
갑진
계사
임인
신축
경자

신인 정관을 해치면 상관견관(傷官見官)이라 하고, 식신이 강하여 편제를 압제하면 식신제살(食神制煞)[123]이라 한다. 소프트뱅크 대표이사 회장을 맡고 있는 일본의 기업인 손 마사요시(孫正義 1957년 8월 11일 ~)의 사주이다.

재일 한국인 3세로서 집안이 어려웠던 그는 16세가 되던 해에 미국 캘리포니아주 살레몬테 고등학교에서 미국 유학을 시작했으며, 고등학교를 졸업한 후 캘리포니아 대학교 버클리에서 경제학과 컴퓨터 과학을 공부하였다. UC 버클리 재학시절 마이크로칩을 이용한 번역기를 개발했으며, 1980년 캘리포니아 오클랜드에 유니손 월드라는 사업체를 설립하였다. 1981년 9월 종합 소프트웨어 유통업체인 소프트뱅크를 설립했다. 2018년 9월『포브스』에 따르면 손정의의 재산은 24조 5천억 원으로 일본 부자 1위를 기록했다.

숨가쁘게 달려 세계적인 기업가로 성장한 그는 열정하나로 시작한 사업가이다. 미국 유학 초기 아버지가 쓰러지자 학비를 스스로 벌기 위해 매일 하루 한 가지씩을 고안한 뒤 그 중 가장 가능성 높은 것에 승부를 걸었다. 그는 발명에 빠져 결혼식날 지각을 하기도 했다. 초년부터 사오미 남방화국의 기

---

123 식신으로 편관의 해로움을 극제한다는 의미다.

운으로 일주의 역량이 식상으로 이어져 창의와 열정이 강하다. 또한 식상의 창의성과 개혁성이 관성으로 이어져 순환상생하는 5기 체상을 형성하고 있다. 대운의 흐름으로도 꺾일 기세가 아니니 자랑스런 일직 손씨의 후예, 어디까지 발전할 것인지 지켜볼 일이다. 한국의 젊은이들에게 더 많은 관심과 투자를 희망해본다.

재인기세(재성→인성): 가치지향형

재인기세의 심리/행동특성

오성도에서 관성의 에너지가 없고 재성의 에너지가 인성으로 직접 강한 기세를 이루는 경우, 재인기세라 한다. 키워드는 가치지향형(정통성)이다. 재성은 관성으로 보호받고 일주로 피드백되는 자아실현을 바라고 있으나, 일주의 도움도 받을 수 없고, 관성도 없으니 부득이 인성으로 기세를 형성한다. 욕망의 화신인 재성이 덕망의 선비인 인성을 겁박하니 충돌이 불가피하다. 어찌할 것인가? 재성은 돌아온 탕아와 같은 존재이지만 가문을 잇고, 역사의 수레바퀴를 돌리기 위해서는 타협하고 수용해야 한다. 따라서 서로 중재자 관성의 역할을 그리워하며, 대운이나 세운에서 관성이 오면 일이 풀리고 발복한다.

〈재인기세 사례〉

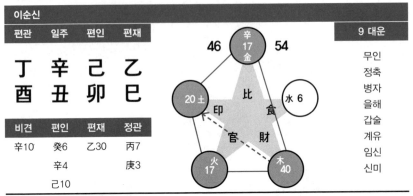

이순신				9 대운
편관	일주	편인	편재	무인
丁	辛	己	乙	정축
酉	丑	卯	巳	병자 을해 갑술 계유 임신 신미
비견	편인	편재	정관	
辛10	癸6	乙30	丙7	
	辛4		庚3	
	己10			

辛금 일주가 시지 酉금 중 辛금에 뿌리내리고 있으나 卯月 절지에 태어나 실령하여 신약사주이다. 최대 역량을 가진 재성이 관성과 인성을 거쳐 일주로 피드백되는 순환상생의 체상을 형성하고 있다. 또한 재성에서 인성으로의 기세를 형성하고 있는데 가치를 중시하는 성향을 드러낸다.

재인기세는 탐재괴인(貪財壞印)과 재인불애(財印不碍)의 두 유형이 있다. 재성이 왕하고 인성이 약한 경우 인성의 피해가 크게 나타난다. 한국 역사상 가장 위대한 인물로 평가받고 있는 구국의 영웅인 충무공 이순신(李舜臣, 1545-1598) 장군의 사주다.

이순신 장군은 어린 시절 총명하고 활달하여 전쟁놀이를 즐겨했다. 31세때인 선조 9년인 1576년 2월 식년시(式年試) 무과(武科)에 병과(丙科)로 급제해 관직에 나선다. 이순신은 여러 관직을 거쳐 선조 24년인 1591년에는 진도군수로 임명되었고, 다시 전라좌도(全羅左道) 수군절도사(水軍節度使), 전라좌수영(全羅左水營) 등으로 부임하여 전함을 건조하고 군비를 확충하며 왜군의 침략에 대비하였다.

이순신 장군은 1592년 일본의 침략으로 임진왜란(王辰倭亂)이 일어나자 경상도 해역으로 출정해 왜군과의 해전에서 잇따라 승리를 거두었다. 사천해전에서 처음으로 거북선을 실전 배치하여 왜선 13척을 격파했다. 이후 명나라와 일본 사이에 화의가 시작되어 전쟁이 소강상태로 접어들자 삼도수군통제사로 부임하여 전쟁의 장기화에 대비하였다. 명나라와 강화교섭을 하던 고니시 유키나가(小西行長)의 계략에 말려든 도원수 권율의 출전 명을 어겨 파직, 투옥되었다가 풀려나 다시 권율의 진영에서 백의종군하였다. 그러나 이순신 장군의 뒤를 이어 삼도수군통제사가 된 원균이 8월에 칠천량(漆川梁) 해전에서 왜군에 대패하여 이순신 장군은 다시 삼도수군통제사로 임명되었다. 명량해전에서 이순신 장군은 남아 있는 전선을 수습하여 붕괴된 조선 수군을 재건했으며, 진도 울돌목에서 13척의 배로 130여 척의 왜군에 맞서 대승을 거두고 그 유명한 명량해전에서 55세의 나이로 최후를 맞았다.

임진왜란 7년 전쟁이 끝나자 선조는 유공자를 가리는 공신선정 논의를 시작했다. 왜란 후의 논공행상은 3년 동안의 긴 논란 끝에 전투에서 뛰어난 공을 세운 의병과 장수들의 공적은 소홀히 하면서 왕과 함께 피난길에 올랐던 귀족들에게는 공신을 책훈했다.

이순신 장군은 수많은 역경과 난관을 딛고 역사상 유례가 없는 23전 23승의 놀랄 만한 전과를 올린 구국의 영웅이다. 아무리 왕조시대라 해도 선조의 몰지각한 처사가 장군께서는 서운했을 터이다. 그러나 지성이면 감천이다. 후세의 만백성이 장군을 구국의 성웅으로 받들고 있다. 우리나라만이 아니다. 이순신 장군은 세계 해군사상 유일하게 '군신(軍神)'으로 평가 받고 있다. 그것도 1905년 러·일전쟁을 승리로 이끈 일본의 전쟁영웅 도고 헤이하치로(東鄕平八郎)의 입을 통해서다 도고는 "영국의 넬슨 제독은 군신(軍神)이 될 수 없다. 해군 역사에서 군신이라고 부를 수 있는 사람은 이순신 장군 한 사람뿐이다. 이순신 장군과 비교하면 나는 일개 부사관도 못 된다"고 했다.

이순신에 대한 이야기는 밤을 새야 할 정도다. 그러나 사주명리의 입장에서는 혹독한 문초를 감수하면서 도원수 권율의 출전명령을 어기고 주관과 실질적인 가치를 추구한 정신에 초점을 맞춘다. 재성의 기세가 인성으로 흐르는 가치와 실질중심의 기세이기 때문이다.

인식기세(인성→식상) : 명분지향형

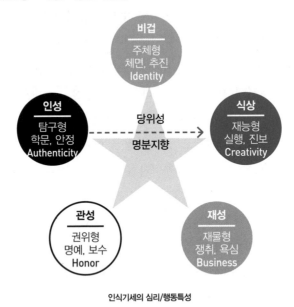

인식기세의 심리/행동특성

　오성도에서 인성의 에너지가 식상으로 강한 기세를 이루는 것을 인식기세라 한다.

　인식기세는 일주를 중심으로 化의 작용과 生의 작용으로 소통되는 구조이기에 기순(氣順)의 기세이다. 키워드는 명분지향형(당위성)이다. 인성과 식상은 도식(倒食)[124]이라는 인극식(印克食)의 구조이기는 하나, 일주가 중재함으로써 명분이 주어지면, 은인자중하던 인성도 식상의 활동성을 띤다. 식

---

124 식신이 용신인 사주에서 편인이 식신을 극하여 밥그릇(용신)을 엎어버린다는 의미이다.

상 또한 명분이 없는 경우는 적극적인 참여를 자제한다.

따라서 인식기세는 사회적 활동을 뒤로하고 극단적으로 명분에 치우쳐 내면의 가치를 따르는 경향이 강하다.

〈인식기세 사례〉

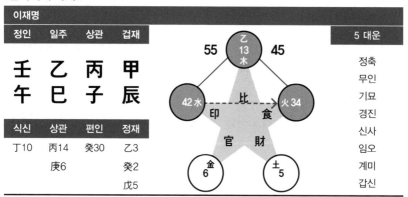

이재명				
정인	일주	상관	겁재	5 대운
壬午	乙巳	丙子	甲辰	정축
식신	상관	편인	정재	무인
丁10	丙14	癸30	乙3	기묘
	庚6		癸2	경진
			戊5	신사
				임오
				계미
				갑신

乙목 일주가 子월 생지에 태어나고 연지 辰토 중 乙목에 겨우 뿌리를 내리고 있다. 하지만 인성의 내적 에네르기가 태왕하여 일주를 방조하니 신강사주다. 인성이 식상을 극제하는 기세는 효신탈식(梟神奪食)[125]이다. 사례 명식의 경우 인비식의 3기 체상으로 자아의 형성과 주체성이 대단히 강하다. 인성이 발달하여 학문의 재능이 있고 이를 외부와 소통하는 식상마저 출중하여 사회적 지도자로서의 자질이 충만하다. 인성의 기세가 식상으로 흘러 무엇보다 명분우선의 행동파이다. 인생이란 자동차로 비유하면 견인세력이 9할이나 된다. 가난한 노동자도 성공할 수 있다는 신화를 보여준 정치인 이재명의 사주다.

---

125 효신탈식은 상관견관과 함께 천간의 상호관계가 좋지 않은 조합을 대표한다. 편인이 식신을 탈취하여 격국을 하는 경우를 말한다.

이재명은 1964년 경북 안동의 시골 마을에서 태어나 집안이 어려워 중고등학교는 다니지 못했다. 경기도 성남시로 이주해 5년 동안 상대원공단에서 노동자로 일하며 산업재해로 장애인이 되기도 했다. 주경야독으로 검정고시를 거쳐 대학에 입학했는데 졸업과 동시에 사법시험에 합격했다. 인권변호사의 길을 걷다가 성남시립의료원 건립운동을 계기로 현실의 벽을 깨닫고 정치에 뛰어들었다.

이재명이 성남시장에 취임한 당시 성남시의 부채는 무려 7000억 원이 넘었다. 이에 이재명은 빚을 나눠 갚기 위해 지불유예를 선언하고, 3년 6개월 동안 예산삭감과 초긴축 재정운영으로 4572억 원을 현금으로 청산했다.

이것이 행정력과 지도자로서의 자질을 인정받은 계기가 된다. 재선에도 성공했다. 경기지사에 당선되었다. 이제 대선의 주자로 거명되고 있다.

사주의 구성으로만 보면 내적 가치관이 충만하나 사회적 관계성이 취약할 수 있는 구조이다. 그러나 타고난 사주의 잠재성에 머무르지 않고 현실적인 어려움을 극복하여 대선주자로까지 거명되는 인물로 성장했다. 명리 측면으로 보면 용심(用心)으로 새로운 인생을 열어가는 대표적인 케이스라 할 수 있다.

초년의 인묘진 동방목국의 대운은 약한 듯한 일주의 역량을 강화시켜, 어려운 환경을 극복하면서 검정고시와 대학입학을 거쳐 사법시험까지 합격하는 저력을 보여주었다. 45세 이후 신사 대운이 용신인 식상성을 부양하여 대중적 인기는 더욱 높아진다. 가난한 노동자출신의 새로운 영웅이 탄생할 것인지 기대해본다.

복합기세 : 복합성향과 행동 특성(종합)

사주는 여덟글자로 구성되므로 오성의 특성이 단일한 구조를 가지기도 하지만 복합적으로 구성되기도 한다. 따라서 오성도에서 분석한 심리적 특성과 행동특성, 그리고 잠재심리 등은 이중, 삼중의 복합적 특성을 나타낸다.

사람의 생각과 행동이 일관성을 보이지 못하고 이삼중 인격성을 보이는 이유이기도 하다. 그러나 사주로 나타나는 생명에너지의 총량은 같은 것이기에 단일 특성으로 발현된 사주는 역량이 한쪽으로 집중된 것이므로 그 특성이 강하게 나타나고, 복합특성으로 나타나는 경우는 에너지가 분산되어 발현되는 것이므로 그 특성이 약하게 나타난다. 따라서 오성의 종류가 많고 적음을 가지고 사주가 좋고 나쁨을 판단할 수 없다. 결국은 제로섬게임인 셈이다.

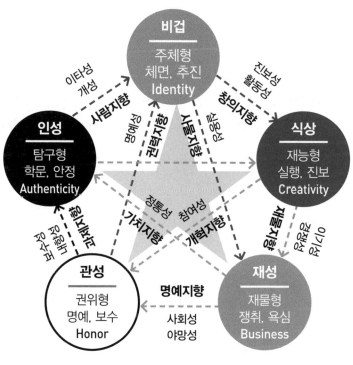

기세의 심리/행동특성

9. 사주의 체상(體相)

 하나의 오성에서 다른 오성으로 에너지가 흐르는 것을 기세라 하고, 그 사람의 행동특성을 이해하는 기준으로 본다. 기세와 기세가 이어지면 체상을 형성한다. 체상은 곧 일주를 중심으로 이루어지는 에너지 흐름의 방향을 종합적으로 도식화한 것이다. 체상이란 본질(本質)인 체(體)와 그 본질이 밖으로 나타난 현상(現象)인 상(相)을 아울러 이르는 말이다. 생명현상에서는 끊임없는 신진대사가 이루어지듯이, 오성도에도 잠재에너지가 생극제화의 작용을 거쳐 활용에너지로 쓰이고 다시 일주로 피드백되는 순환이 이루어진다. 각각의 오성 자체는 잠재능력일 뿐 발현된 것은 아니다. 잠재에너지의 발현은 일주에서 시작되어 일주로 피드백되는 기세를 통하여 발현된다. 체상에는 오성의 기운이 발현된 숫자에 따라 5기체상과 4기체상, 3기체상, 2기체상이 있다.

5기(五氣)체상

 사주원국의 생명에너지인 오성이 모두 발현되어 있고, 일주를 중심으로 비겁→식상→재성→관성→인성으로 에너지가 순환상생(循環相生)하는 체상을 말한다. 순환상생이란 사주중에 오행이 모두 구전(俱全)되어 끊임없이 生을 반복하는 것으로 생의불패(生意不悖)라고도 한다. 고서에서는 이러한 순환상생의 사주를 수복지인(壽福之人)이라 했다. 자아형(비인식 3기체상)과 사회형(비재관 3기체상)이 융합된 대천복지(戴天覆地) 사주로 가장 바람직한 구조를 가지고 있다. '대천복지'란 각자의 사주가 지니고 있는 오성이 적절하게 배열되어 있는 것을 말한다. 즉, 내적 에너지가 치우치지 않고, 잘 조화를

〈5기체상 사례 1〉

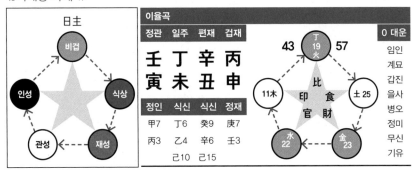

이루어 인성과 식상을 바탕으로 재성과 관성을 획득하는 순리적 기세의 흐름이므로 부침이 적고 안정적이다. 대운과 세운에서 어떠한 기운이 들어오더라도 발재, 발복으로 이어질 수 있는 귀격사주이다.

　정화 일주가 축월 태어나 실령하였으나 다행히 연간의 병화가 돕고 시지의 인목 중에 병화에 착근하여 일주의 역량이 조화를 이룬다. 사주에 5氣가 구전하여 순환상생을 이루는 5기체상이다. 조선의 역사에서 유일하게 구도장원공이라 불리는 조선 시대의 대유학자 율곡(栗谷) 이이(李珥)의 사주다. 구도장원공이란 어려서 어머니인 신사임당으로부터 학문을 배워서 13세의 어린 나이에 진사 초시에 합격한 것을 비롯하여 국가에서 시행하는 9번의 시험에서 모두 장원급제를 했기에 붙여진 칭호다. 시험에 관한한 단군 이래 최고의 귀재(鬼才)이다. 사주의 구성상 공부나 탐구를 뜻하는 인성은 상대적으로 강하지 못하나, 초년부터 인묘진 동방목국의 인성 대운이 들어와 용신인 인성(印星)을 부양시킴으로써 구도장원공이라는 놀라운 결실을 맺은 것이다.

　30세에 들어 사오미 남방 火국의 대운에는 국가의 각종 관직을 거치며 임금의 총애를 받는다. 율곡은 임진왜란이 발발하기 9년전부터 10만 양병설을 주장했던 것으로도 유명하다. 그만큼 시국을 예측하는 혜안도 있었다는 것이다. 사주 체상에는 재성도 만만치 않게 발현되어 있으나, 49세의 나이로 세상을 떠났을 때는 수의도 한 벌 없어서 이웃으로부터 빌려왔다고 한다. 학자로서 평생을 청빈하게 살았다. 그의 학문은 이황과 함께 조선 성리학에 많은 영향을 끼쳤다. 율곡은 어머니의 3년상을 치른 이후 건강이 좋지 못하였는데 건강을 위협할 만큼 효를 다하는 성리학적 이념을 따른 것이다. 그러나 하늘에서 지켜보던 어머니 신사임당(申師任堂)은 과연 그 효성을 편하게 받았을까? 사임당이란 호는 중국 문왕의 어머니 태임(太任)을 자신의 롤모델로 삼겠다는 뜻으로 스스로 지은 것이다. 학문의 자유도 없었던 조선의 여인이 십년양정(十年養精)하여 자식을 낳아 일국의 군왕을 만들겠다는 역모적 의지가 담긴 호이다. 율곡의 생애가 위대한 학자로서, 청빈한 관료로서, 훌륭한 스승으로서 후세에 칭송되고 있지만, 어머니 신사임당의 이러한 포부에는 백분의 일도 미치지 못했다는 생각이다. 국왕을 시험으로 뽑는 제도가 있었다면 율곡은 십도장원대왕이 되지 않았을까?

〈5기체상 사례 2〉

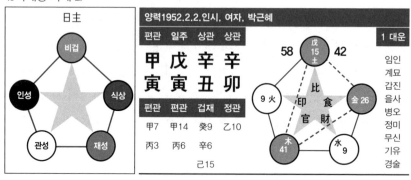

무토 일주가 축월생으로 착근하여 신강하다. 5기가 모두 발현된 5기체상의 구조를 갖추고 있으나 재성과 인성이 통투세력 없이 지장간에 산재하여 허약하다. 따라서 5기 순환상생의 기운이 관성을 중심으로 일주와 식상이 부딪치는 갈등의 기세를 보이고 있다. 식관기세는 상관견관으로 윗 사람을 인정하지 않고, 관비기세는 명예를 목숨처럼 여기고 관인상생의 소통이 원만하지 못하여 왜곡된 권력지향적 기세를 보인다. 대한민국 18대 대통령에 당선되었지만 탄핵당한 박근혜의 사주다.

박정희 전 대통령의 딸이다. 인묘진 관성 대운인 1974년 육영수 여사가 문세광에 의해 피살되는 사건이 터진 직후 영부인 대행을 하였다. 30세 이후 사오미 인성 대운이 관인 소통이 막혀 관인상정(官刃相停)하지 못하고, 1979년 10.26 사태로 박정희가 사망한 이후 은둔하였다가 1997년 이회창의 지지를 통하여 정치에 입문했다. 제16~19대 대한민국 국회의원으로 활동하였고 2004년 노무현 대통령 탄핵 사태 역풍으로 몰락한 상황에서 당 비대위원장으로 취임했다. 61세 이후 신유술 식상대운이 들어 국민들의 지지를 얻어 문재인 후보를 누르고 제18대 대한민국 대통령에 당선되었다. 대한민국 헌정사상 최초의 여성 대통령이다. 그러나 식상 金대운도 재성을 통한 소통이 원활하지 못하여 박근혜-최순실 게이트로 인해 헌정사상 처음으로 대통령 임기 중 탄핵된 대통령이기도 하다.

사주의 분포상 인성과 재성이 허약하여 종관격사주에 가깝다. 따라서 관성의 역량을 설하거나 관성을 극하는 대운의 시기에 불행한 일이 많았다. 61세 이후에도 계속하여 식상 대운이 이어져 세상의 이슈를 만들어내는 주역이 된다. 그러나 정작 상관견관의 극제작용으로 명예가 회복될지는 의문이다.

명리이론의 출발이 음양 오행이다. 음양오행의 교훈은 음양이 적이 아니라 동반자임을 말하는 것이다. 좌우로 분열된 국민은 서로 적이 아니라 이웃이요 형제다. 박정희-박근혜를 추종하는 국민도 있다. 그러나 부분일 뿐이다. 개인적 오기와 계파적 주장을 떠나 이제 국민을 통합시키는 큰 그릇으로 커밍아웃해주길 바란다. 그것이 박근혜가 다시 사는 길이요, 국민께 보답하는 마지막 기회가 아닐까?

4기체상

　사주원국에서 4개의 오성이 발현되어 일주를 중심으로 4기로써 체상을 이룬 것이다. 4기체상은 일주를 제외한 식신, 재성, 관성, 인성이 하나씩 발현되지 않은 4가지가 있다. 즉, (비→재→관→인) 유형과, (비→식→관→인)유형, (비→식→재→인)유형, (비→식→재→관)유형이 그것이다. 비겁의 역량이 발현되지 않은 채 식재관인의 체상을 이루는 것도 있으나 일주 자체는 비겁의 기운이 들어 있는 것이므로 4기 체상에서 제외하기도 한다.

〈비재관인 4기체상 사례〉

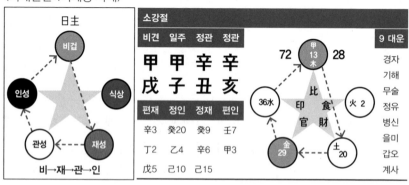

　갑목 일주가 축월 욕지에 태어나 힘을 받지 못하는 듯하나 시간의 갑목이 동반하고 연지 해수 중 지장간 갑목에 겨우 통근하여 외롭지는 않다. 다행히 관인상생의 체상을 우루어 태왕(太旺)사주의 4기체상이다. 선도를 두루 깨우친 북송의 성리학자 소강절(邵康節)[126]의 사주이다.

　소옹은 젊은 시절 한 때 입신양명(立身揚名)에 뜻을 두고 정진했으나, 고

---

126 소옹(邵雍, 1011~1077)은 중국 북송의 성리학자(性理學者), 상수학자(象數學者)이며 시인(詩人)이다. 자는 요부(堯夫), 자호(自號)는 안락(安樂)이며, 강절(康節)은 사후에 내려진 시호(諡號)이다.

금(古今)과 천지만물의 변화가 결국은 인간의 마음에서 비롯된다는 깨달음이 있은 후 그는 도가와 불가의 사상을 탐구하였다. 그는 유교의 역철학(易哲學)을 새롭게 해석하여 특이한 수리철학(數理哲學)인 상수학(象數學)을 창안하였다. 그리고 자신이 만든 수리철학을 바탕으로 우주의 생성(生成)과 소멸(消滅)의 원리를 밝혔다. 일년에 봄, 여름, 가을, 겨울이 있듯이 우주의 일년인 일원(一元)에도 생성, 소멸의 순환이 반복된다고 보았다.

그는 또 복희역과 문왕역에서 복희팔괘와 문왕팔괘를 도안함으로써 선천과 후천의 개념을 주창하였다. 소옹의 이러한 사상은 조선 후기 일부 김항에게도 영향을 미쳤다. 일부 김항은 소옹이 도안한 복희팔괘와 문왕팔괘로부터 정반합의 통합원리를 발견하고 정역팔괘를 완성하였다. 정역의 후천개벽사상은 조선 후기 도탄에 빠진 민중의 염원을 담는 종교적 사상의 배경이 됨으로써 현재까지도 많은 민족종교나 사상에 지대한 영향을 끼치고 있다. 여수명리 또한 그 근원을 거슬러 올라가면 소옹의 그림자를 만난다.

소강절의 사주는 태왕한 인성용신의 사주인데 초년부터 북방 수국의 대운이 들어 주체의식을 강화시켜주었다. 과거를 보지 않고 세속적 입신양명을 거스르는 가치정립이 된 시기이다. 30세 이후 관성운의 대운으로 관인상생을 이루어 학문을 완성하였다.

〈비식관인 4기체상 사례〉

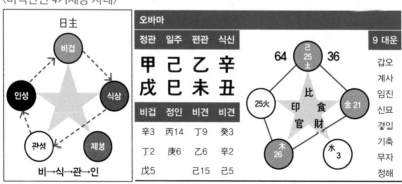

기토 일주가 미월 왕지에 태어나고 득령하여 일주역량이 강한 신강사주이다. 관비용식격 사주로 본다. 무재사주로서 비식관인으로 에너지가 피드백되는 4기 체상이다. 재성을 제외한 나머지 4기가 역량이 비슷하여 균형과 조화를 이루고 있다. 사주 명식은 초년 火대운으로 인성이 발현하여 학문과 사회적 관심이 깊어지고 이타심이 발달하였다. 29세 이후 인묘진 동방 목국대운이 펼쳐지면서 관운이 날개를 달았다. 미국 역사상 최초이자 유일한 유색인종 대통령인 버락 오바마의 사주다. 오바마는 그의 이름에 다양한 배경을 암시하고 있다. 풀네임은 버락 후세인 오바마 주니어다. 버락은 스와힐리어로 "신의 축복을 받은 자"라는 의미이며, 후세인은 무슬림인 그의 조부 이름을 딴 것이다. 그리고 오바마는 케냐 루오족의 남자 이름이다. 미들네임인 후세인 때문에 무슬림으로 오해받아 청교도의 나라인 미국에서 정치적으로 악용되기도 하였다.

가족관계로 보면 더욱 복잡하다. 케냐 출신의 아버지와 백인의 어머니 사이에서 태어났다. 부모는 오바마가 2살 때 이혼했고 어머니의 재혼으로 인도네시아에서 거주했던 경험도 있다. 그의 아버지는 4번이나 결혼해서 이복 형제들이 여럿이며, 어머니 쪽으로도 이부 여동생이 있다. 부모의 이혼과 자신의 인종 정체성에 대한 혼란 등으로 고등학생 시절 마약을 하기도 했다.

그러나 어머니의 영향으로 약자와 소수계층에 대한 관심을 가졌던 오바마는 지역사회 운동가로 활동하다가 하버드 로스쿨에 진학하여 하버드 로스쿨 역사상 최초로 하버드 로리뷰(법률 학술지)의 편집장을 흑인이 맡은 기록을 세우기도 했다.

그는 2008년 대선에 출사표를 던지고 선거운동의 혁명을 일으켰다. 기본 전략을 명확히 하고, 인터넷을 통해 수많은 자원 봉사자들을 모아 미국 정치 역사상 전례 없는 엄청난 선거 자금을 유권자들로부터 끌어들였다. 돈으로 움직인다는 미국의 정치판에서 오바마의 선거 운동은 차원이 달랐다. 연방 정부 지원금을 거절하고 본선에 오른 후보는 오바마가 처음이었다. 결국 오바마는 미국 최초의 非백인 대통령으로 당선되었다. 오바마가 백인이 아니었기 때문에 당선이 어려울 것이란 예상을 깨고 압도적인 지지로 미국의 44대 대통령이 되었다.

　오바마의 생애를 들여다보며 한 켠으로는 우리 사회의 갈등과 반목구조를 떠올려본다. 오바마가 대한민국에서 자랐다면 어떻게 되었을까? 우리 사회도 이제 외국인 체류자가 인구의 4%인 200만 명을 넘었다. 다민족, 다문화 사회가 된 것이다. 이제 더이상 외국인 노동자나 외국인 아내를 학대했다는 뉴스는 없어져야 한다. 우리 사회에도 다문화가정 등에서 미래의 오바마가 건강하게 자랄 수 있기를 희망해본다.

〈비식재인 4기체상 사례〉

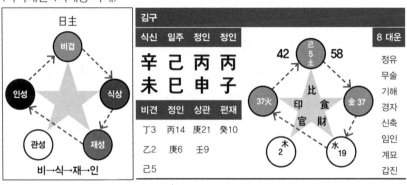

　己土 일주가 신월 쇠지에 태어나 신약이나 다행히 시지의 未土 중 지장간 己土에 착근되어 극신약은 면하였다. 재성이 인성으로 기세를 뻗는 가치지향 기세이고, 인성이 식상으로 최대 역량이 연결되는 명분 중심주의자이다. 저 위대한 백범 김구 선생의 사주다.

　1945년 8월 15일, 발악하던 일본이 항복을 선언하자, 이 소식을 전해들은 김구 선생은 기쁨에 앞서 하늘이 무너지는 듯한 충격을 받았다. 우리 이 광복군이 참전하기 직전에 일본이 항복했기 때문이다. 또한, 일본의 패망에 대하여 우리의 역할이 배제되어 일본을 항복시킨 나라들의 간섭이 걱정하지 않을 수 없었기 때문이다. 과연 백범의 우려는 그대로 현실이 되었다. 김구 선생의 호인 "백범"은 천한 계급의 백정과 무식한 범부까지 모두 애국심을 가지게 하자는 염원을 호로 삼은 것이다. 이러한 백범의 염원은 평생 동안 애국을 실천하는 민족의 사표가 되었다.

백범은 김구는 1876년에 황해도 해주에서 몰락 양반가의 집안에서 태어나 15세에 한학자 고선능에게서 한학을 배웠고, 동학의 접주가 되어 동학혁명군에 가담하여 싸웠다.

3·1운동 후 상해임시정부 조직에 참가하여 경무국장·내무총장을 역임하고 1926년 6월 임시정부의 국무령이 되었다. 항일 결사단체인 "한국애국단"을 조직하고, 1932년 사쿠라다몽 일본 국왕 저격사건, 상해 홍구공원 일본 국왕생일 축하식장 폭탄 투척사건 등의 의거를 지휘하였다.

1945년 8월15일 일제가 패망하여 해방조국에는 미군과 소련군이 '일본군의 무장해제'라는 명분으로 진주하였다. 1948년 남한만의 단독정부를 수립한다는 UN의 결의에 반대하여 통일정부의 수립을 위한 남북협상을 주창하고, 38선을 넘어 정치회담을 벌였으나 결실을 맺지 못하였다.

백범의 일생은 처음과 끝이 민족이요, 애국이다. 말보다는 행동이 앞섰던 민족의 별이다. 백범이 그토록 간절하게 원했던 통일된 나라, 문화적으로 앞선 나라, 자유가 가득한 나라는 아직도 우리의 현실이 아니다. 반면, 백범이 그토록 염려한 한반도의 분단은 고착화되어가고 있으며 민족적 갈등을 넘어 세계의 분쟁진원지가 되고 있다. 위대한 민족의 큰 스승 백범이 더욱 절실한 시대이다.

사주의 초년부터 식상 대운이 들어 민족의식과 정의감이 배양되고 담대하게 실천하는 기상을 보여주었다. 인성 또는 비겁용신의 신약사주인데 초년부터 金대운과 水대운, 그리고 木대운으로 이어지는 고난의 삶을 살았다.

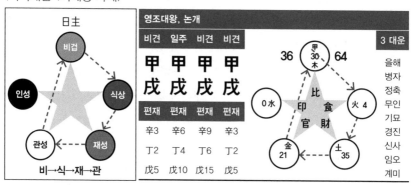

〈비식재관 4기체상 사례〉

	日主		
	비겁		
인성		식상	
관성		재성	
	비→식→재→관		

영조대왕, 논개			3 대운
비견	일주	비견	비견
甲	甲	甲	甲
戌	戌	戌	戌
편재	편재	편재	편재
辛3	辛6	辛9	辛3
丁2	丁4	丁6	丁2
戊5	戊10	戊15	戊5

36 甲30木 64

0水   比印官食財   火 4

金21   土35

을해
병자
정축
무인
기묘
경진
신사
임오
계미

목 일주가 술월에 태어나 실령하여 신약한 사주이다. 사주 전체가 4甲 戌로 이루어져 독특한 구조를 형성하고 있는 이 사주는 조선의 21대왕 영조 대왕과, 임진왜란의 의기 논개의 사주이다. 신약사주이기는 하나 비겁의 역량이 30점이나 되어 자의식과 주체성이 강하고 財官의 기세가 강한 녹마쌍 청의 현실형 사주이다. 영조와 논개가 같은 사주를 타고났으니 같은 삶을 살았을까? 한 사람은 임금이고 또 한 사람은 의기였으니 달라도 너무 다르다. 그 이유는 남녀의 차이로 대운의 흐름이 반대이기 때문이다. 영조는 3대운 수로 을해, 병사, 성축대운으로 흐르고, 논개는 7대운수로 계유, 임신, 신미 대운으로 흐른다. 그리고 환경과 용심(用心)이 다르기 때문이다. 한 사람은 왕족으로 태어났고, 다른 한 사람은 기녀로 태어난 환경이 다르다.

영조는 숙종의 넷째 아들이다. 1724년 정 대운에 갑진년(甲辰年) 31세에 조선 20대 왕으로 즉위하여 52년 재위하였다. 개(戌)를 의미하는 술년, 술월, 술일, 술시에 태어난 군왕이니 술꾼(戌君)이라 이름하면 어울릴 사주다. 영조는 무수리의 자식이라는 한이 있는데다 이복 형인 경종을 독살했다는 음모에 평생 시달려야 했다. 왕세자 이선에게만큼은 허물이 없는 왕이 되어주길 간절히 바랬을 것이다. 그런데 세자 이선은 정신병에 걸려 100여 명의 궁인을 살해하고 부주(父主) 영조까지 죽이려는 발광에 이르자 뒤주에 가두어 굶겨 죽이고 만다. 사도세자의 이야기다.

영조는 가혹한 형벌과 고문을 없앴으며, 균역법을 실시해 조세 제도의 모순을 개혁했고, 서얼 차별 완화 등 많은 치적을 남겼다. 통치 기간 동안 임진왜란과 병자호란으로 인한 전화가 완전히 수습되고 안정을 되찾았으며, 관리들의 부정부패에 죄를 엄히 물었다. 초년의 해자축 북방 수국 대운의 끝자락에서 즉위하여 인묘진 동방 목국 대운에 각 방면의 재흥의 기틀을 마련한 군주이다.

논개는 이름에 대한 해석이 관심을 끈다. 술년 술월 술일 술시에 태어나서 개(戌)를 낳았다는 뜻으로 "논개"라 지었다는 해석이 어울린다. 1592년 임진왜란으로 진주의 성은 함락되고 군사는 패하고 백성은 모두 죽임을 당하였다. 논개는 18세에 무장현감 최경회와 혼인하였으나 2년 뒤에 최경회가 제2차 진주성 싸움에서 전사하자 기생연회에 참석하여 왜장 게야무라 로쿠스케(毛谷村六助)를 끌어안고 남강으로 뛰어들어 생을 마감하였다. 적장을 안고 뛰어내릴 때 손가락이 풀어지지 않도록, 가락지를 열 손가락에 끼운 후에 손을 엇갈려 끼우고 뛰어내렸다. 400년이 지난 지금, 강물은 아무런 일도 없었다는 듯이 유유히 흐르고 있다. 그래도 남강을 가르는 진주교의 교각에 크고 아름다운 가락지를 끼워놓은 것은 의기 논개를 기리기 위함이다. 하늘에서나마 일찍 여읜 부군과 함께 영원히 행복하시길 기도한다.

논개는 여자인데 양간인 甲년에 태어났으므로 갑술 월주로부터 역순으로 계유, 임신, 신미 대운으로 흐른다. 사례 명식의 경우 강약으로 판단하여 관성 金을 용신으로 취할 수 있는데 논개 나이 20세 임신대운이 들어 목숨을 버리고 의로움을 택하였다.

영조가 임금으로 살아서 백성의 꽃이었다면, 논개는 의기(義妓)로 죽어서 민족의 꽃이 되었다. 이것이 같은 사주, 다른 삶의 단면이 아니겠는가?

3기체상

3기체상은 사주원국이 일주를 중심으로 3개의 오성(氣)으로 구성된 체상이다. 일반적으로 사주의 에너지가 편중되어 종격사주를 이룬다. 사주에서 5기가 골고루 발현된 사주에 비하여 4기체상이나 3기체상 등은 오성의 역량이 상대적으로 편중되는 경향을 보인다. 역량이 편중되는 것은 그에 해당하는 오성의 특성이 더욱 강하게 발현된다는 의미이다. 또한 생극제화의 기세도 극제의 기세로 나타나는 경우가 많아 그만큼 삶이 다이나믹하다. 조화와 균형의 사주를 귀격으로 보았던 과거의 가치기준으로 보면 3기체상은 불안정한 체상이다. 그러나 개성을 중요시하는 현대적 가치흐름으로 보면 그 가능성이 오히려 강하게 발현되기도 한다. 3기체상은 (비→식→재)유형과, (비→식→관)유형, (비→식→인)유형, (비→재→관)유형, (비→재→인)유형, (비→관→인)유형이 있다.

일주가 뿌리도 내리지 못하고 비견, 겁재의 도움없이 단독으로 발현되어 있으면서 4기체상을 이루는 경우도 3기체상에 준하여 해석할 수 있다.

〈식관인 3기체상 사례〉

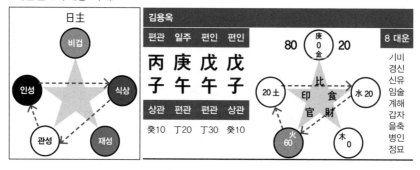

경금 일주가 午월에 욕좌하여 일주의 역량은 미미하나, 인성과 특히 관성의 극왕한 세력이 함께하여 종관격 3기체상 사주를 형성하고 있다. 연지, 월

지, 일지, 시지 모두 왕지의 순수기운으로 그 특성이 매우 강렬하며 투명하다. 경금 일주의 엄격함이 강렬한 눈빛과 카랑카랑한 목소리에 실려 대중을 불태운다. 대한민국의 최고의 지식인 도올 김용옥 선생의 사주이다. 오성의 역량이 인성-식상-관성으로 이루어져 학문으로써 대중과 소통하고 명예를 얻는 체상이다.

특이한 것은 명예욕을 나타내는 관성의 역량이 극왕한 것이다. 주체성과 명예를 쫓는 기세가 전체의 6할을 넘는다. 공부나 소통의 능력보다 명예를 추구하는 욕망이 훨씬 큰 사주이다. 그렇다면 동서고금과 학문적 영역을 넘나드는 도올의 저 방대한 지식은 어떻게 설명해야 할까? 그것은 대중의 시각에서 볼 때 그런 것일 뿐, 도올 자신은 아직도 배움에 목마르다. 하늘을 찌르는 명예욕의 수발을 드느라 인성과 식상이 고생을 하고 있는 것이다. 명예욕의 또다른 모습은 열등의식이다. 일주의 역량이 명예욕과 열등의식의 양면공격으로 평생 공부샘을 파야 하는 사주이다. 그가 이룬 학문적 깊이와 폭은 공부 능력인 인성으로 인한 것도 있으나 아이러니하게도 명예에 대한 강렬한 의지가 인성과 식상의 능력을 끌어올린 결과인 것이다. 도올 선생 스스로도 머리가 좋지 않아서 호를 "돌"이라는 어감의 "도올"이라 했다고 한다. 겸손한 표현 같지만 이 또한 열등의식과 명예욕이 웅어리진 도발적 표현으로 보인다.

18세 이후 신유술 서방 금국 대운이 흘러 주체성과 자존심을 한껏 고양시키고 있다. 다양한 학문을 섭렵하여 관성의 명예욕을 채우는 인고의 시간이 30년이었다. 48세 이후 해자축 북방 수국 대운은 식상의 역량을 뚜렷이 드러내게 한다. 식상은 대중과의 소통이다. 학교 강단이기도 하고, 매체를 통한 대중과의 접촉이기도 하다. 대중에 전달하는 메시지는 학문만이 아니다. 상관견관의 참여형, 혁신형, 투쟁형의 언행으로 시대적 가치를 실어 날린다. 듣는 대중은 진실의 자각과 저항의 대리만족을 얻기에 열광한다. 대중의 인기는 어디까지 솟을지 가늠하기 어렵다. 78세 이후 인묘진 대운에는 무재사주의 아쉬움이 채워질 것으로 기대한다. 공헌한 만큼 보상받는 것은 자연의 섭리이기 때문이다. 우리는 그의 한량없는 명예욕으로 인해 학문적, 철학적 호사를 누릴 수 있으니 감사할 따름이다. 이것이 도올 선생의 사주 구성이다.

〈인비식 3기체상 사례〉

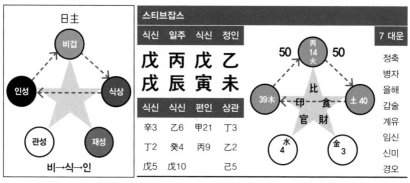

丙화 일주가 寅월 장생지에 태어나 착근하여 잠재세력과 활용세력이 균형을 이루고 있다. 종교적 사유와 탐구력이 강한 인성이 발달하였고, 인성으로 축적된 내적 역량을 사회와 소통하는 식상 또한 매우 발달하였다. 재관의 사회성의 역량은 거의 미미하고 사주 전체의 거의 모든 역량이 인비식의 내면적, 주체적 역량에 집중되어 있다. 애플을 창업한 스티브 잡스의 사주다.

스티브 잡스는 1955년 샌프란시스코에서 태어난 직후 폴 잡스(Paul Jobs)와 클라라 잡스(Clara Jobs) 부부에게 입양된다. 잡스는 자라면서 히피 문화와 선불교 등에 깊이 심취했다. 불교 사상에 심취하여 몇 달씩 인도 북부의 히말라야 산맥 일대를 여행했다. 아이팟 등의 단순한 디자인이 선의 정신에서 비롯됐다고 한다. 애플이란 회사명, 애플 제품의 매우 단순한 디자인, 사과농장, 불교는 매우 큰 관계가 있다.

그는 1976년 애플을 공동 창업하고, 개인용 컴퓨터를 대중화했다. 2007년 아이폰(iPhone)이라는 스마트폰을 개발하여 세계적인 대히트를 기록했다. 스티브 잡스가 이끄는 애플 회사는 시가 총액으로 세계 1위의 기업이 되었다. 그는 기술과 혁신으로 우리 시대의 기적을 열어간 혁혁한 공로로 토머스 에디슨, 헨리 포드, 월트 디즈니와 함께 미국의 위대한 혁신 영웅의 반열에 올라서게 되었다.

그의 이러한 창의와 기술혁신은 인식기세의 역량이 원동력이 되어 일주의 식상활동으로 꽃피운 결과이다. 균형사주로 비겁을 용신으로 쓰고 있는데 초년부터 북방수국의 대운이 사주의 잠재역량을 견인하고 있어 성장과 발전을 계속할 수 있었다. 37세 이후 서방금국의 대운은 비겁 용신을 억제하여 건강이 악화되었다. 2004년 무렵부터 췌장암으로 투병생활을 하다 2011년 10월 5일 췌장암에 의해 사망했다. 그는 세계 1등기업을 남기고 떠났다. 그 일등 기업은 선불교에 심취하여 얻은 영감이 기업경영의 한 방편으로 승화된 결과물이다.

〈인비관 3기체상 사례〉

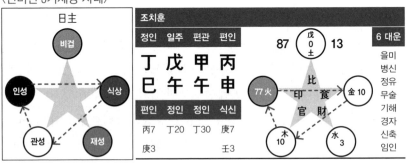

戊토 일주가 오월에 태어나 뿌리없이 고립무원하다. 그러나 인성의 역량이 태왕하여 종인격이다. 극단의 인성은 식상의 도움으로 세상과 소통하여 관성의 명예가 주어지는 사주이다. 폭파전문가, 먹숨걸고 두는 바둑의 영웅 조치훈의 사주이다.

조치훈은 1962년 숙부 조남철 九단의 손을 잡고 일본으로 넘어가 기타니 미노루(木谷 實) 도장에서 공부했다. 집안 전체가 바둑 명문가 출신인데다가 천재성이 뛰어났다.

강력한 인성으로 실력을 갈고닦은 뒤 일본내 기전에 뛰어들어 1976년 20

세의 나이로 왕좌(王座) 타이틀을 따냈다. 당시 기준 역대 최연소 7대 타이틀 보유자라는 진기록도 세웠다.

1983년 기성(棋聖)전에서 후지사와 슈코를 이기며 기성·명인·혼인보 타이틀을 동시에 차지해 일본 바둑계 최초의 대삼관(大三冠)을 달성했다.

1987년 천원전에서 고바야시 고이치를 이기며 7대 타이틀을 최소 1번씩 차지하여 그랜드 슬램을 달성한 일본기원의 첫 기사가 되었다.

조치훈이 바둑의 영웅이 될 수 있었던 것은 태왕한 인성의 역량 때문이다. 인성은 파고들고 연구하는 집념이 처절하고 치열하다. 모든 시간과 노력을 짜내 최선의 수를 찾아 목숨을 걸고 둔다. 0.1초의 차이로 시간패를 당할지언정 시간을 남기며 패하는 일은 없다. 물샐틈 없이 실리를 챙긴 후 상대의 모양 속에 뛰어들어 외나무다리의 결투를 자처한다.

인성(印星)은 또한 인성(忍性)이기도 하다. 1986년 기성전 제1국이 열리기 며칠 전에 교통사고를 당해 목숨만 겨우 건진 수준의 심각한 부상을 입었다. 그는 바둑의 총기를 잃지 않기 위해 무마취 수술을 고집했다. 그리고 열흘 후 기어이 휠체어에 앉아 타이틀 도전기에 임했다. 바로 일본 바둑계를 감탄케 한 "휠체어 대국"의 전설이다.

조치훈의 대국 태도 또한 인성의 괴짜를 연출한다. 대국하다 실수하면 자신에게 용서가 없다. "이 멍청이!" 자신의 머리를 심하게 학대한다. 관전자나 시청자는 그의 안중에 없다. 영웅의 일거수 일투족은 모두 화제가 된다.

16세 이후 신유술 금국의 인성 대운이 오면서 인성으로 응축된 실력이 화려하게 발현되었다. 이 시기에 일본 바둑계에서 전무후무한 대 기록들과 에피소드를 만들어 냈다. 46세 이후의 해자축 수국 대운이 오면 공부하는 인성이 약간의 극제를 받을 수 있으나 다행히 관성이 소통시키는 구조(재인불애)가 되어 칠순의 현역을 볼 수 있다는 희망을 준다. 길게 길게 우리들 옆에서 영웅의 당당함을 보여주길 바란다. 영웅은 영웅의 자리에 머물러 있어야 아름답다. 똥탕 튕기는 정치권에 더이상 존경하는 기사를 잃고 싶지 않다는 애기가들의 염원을 조치훈은 외면하지 않을 것이라 믿는다.

10. 사주의 강약왕쇠(强弱旺衰)

강약의 판단

　사주 분석에 있어서 가장 먼저 판단할 것은 사주의 강약이다. 우주의 중심이며 사주의 주인인 일주와 사주 전체의 상태가 어떠한지를 판단하는 것이다. 사주의 강약을 판단하는 목적은 용신을 판단하기 위함이다. 강약은 신강사주인지 아니면 신약사주인지를 구분하는 용어다. 강약의 잣대로 판단할 수 있는 사주는 사주 전체의 세력으로 보아 잠재세력과 활용세력이 상호 공존할 수 있는 정도의 균형을 유지하는 구조를 띠고 있다. 격국의 개념으로 보면 정격(正格)[127]의 구조를 형성하고 있는 사주다. 따라서 정격의 사주는 강약으로 판단하여 용신을 구하는 사주이고, 뒤집어 말하면 강약으로 용신을 구하는 사주는 정격사주라는 말이 된다.

　특히 여수명리에서는 잠재세력과 활용세력을 수치로 계량하여 명확한 판단 기준을 제시한다. 즉, 사주의 총역량을 100점으로 볼 때 잠재세력 또는 활용세력의 점수가 30점에서 70점 사이에 분포하는 경우를 강약으로 판단하는 사주로 본다.

　기존의 명리이론에서는 인비(인성+비겁)세력과 식재관(식상+재성+관성)세력을 비교하여 인비세력이 크면 신강사주라 하고, 식재관세력이 크면 신약사주라 한다. 비겁은 일주 자신이며, 인성은 일주를 생해주는 에너지이기에 둘을 합쳐 일주의 역량으로 보았고, 식상, 재성, 관성은 일주의 힘을 빼는 역량으로 인식하기 때문이다. 그러나 이러한 이론은 생극제화의 이론에 부

---

127 사주의 특성을 따라 구분하는 사주의 종류를 말한다. 사주의 종류에는 정격과 변격이 있다. 정격은 잠재세력과 활용세력이 어느 정도 균형을 이루고 있는 사주를 말하고, 신강사주와 신약사주로 나누어진다.

합하지 않는다. 에너지의 흐름(流行)으로 보면 관성과 인성은 에너지가 일주로 들어가는 잠재역량이고, 식상과 재성은 에너지가 일주로부터 흘러나오는 활용역량으로 정반대의 기운이다. 따라서 관성을 식재관의 역량에 포함시키는 것은 에너지 흐름의 속성을 뒤죽박죽 섞어서 편가르기 하는 것이니 자연의 법칙에도 어긋난다. 기존의 강약이론에서 관성은 일방적으로 일주를 극하는 기운으로 파악하고 있기에 일주의 힘을 빼는 식재관과 같은 속성의 세력으로 분류하고 있는 것이다. 이것은 오행의 상생상극의 원리로 적용한 결과이다. 그러나 오행이 일주 중심으로 재편되면서 십성이라는 이름을 갖는 순간 상생상극의 원리는 생극제화의 원리로 운영체제(OS)가 바뀌는 것이다. 생극제화의 원리로 보는 관성의 작용은 尅이 아니라 制이다. 制는 尅의 작용으로써 일주를 "生"하는 것이기에 尅이라는 용어 대신 制라는 용어를 쓴다. 즉, 制는 제약이 따르는 잠재역량인 것이다.

좀더 이해를 돕기 위하여 사주의 오성을 기업회계에 비유해본다. 일주(비겁역량 포함)는 자산(Assets)이고, 인성은 자본(Capital)이며, 식상은 마케팅/홍보이고 관성은 부채(Liabilities)이며, 재성은 생산/관리가 된다. 기업회계에서 부채는 자본과 함께 자산으로 본다. 즉, 자산(A) = 자본(C) + 부채(L)의 등식이 성립한다. 다만 부채는 자기자본과 달리 이자와 상환의 의무가 따르는 자산인 것이다. 여기에서 부채에 대한 인식의 차이가 발생한다. 부채를 이자지급과 상환이라는 의무로만 보는 시각과 이자지급이라는 제약은 있지만 엄연히 자산이라는 시각이 존재하는 것이다. 기업의 회계원리로 보면 부채는 제약이 따르는 권리(자산)로 정리한다. 부채도 능력인 것이다. 사주에서 생극제화의 원리로 보는 강약의 판단도 이와 다르지 않다. 관성은 일주를 일방적으로 제약하는 기운이 아니다. 제약하는 형식을 통해서 일주를 더욱 강하게 만드는 기운인 것이다. 국가조직으로 보면 감사원이나 견견 등이 역할이고 기업에서 준법감시의 역할이다. 사회적으로 보면 공공질서를 유지하기 위한 법과 도덕을 말하고, 언론과 시민단체의 역할이며, 학교로 보면 선생님의 회초리가 그것이고, 가정에서는 어머니의 잔소리가 그것이다. 관성의 역할이 제 역할을 못하면 일주는 자기 절제를 잃고 방탕하게 되어 위험한 상황으로 치닫게 된다. 이것이 일주 대비 관성을 剋이라 아니 하고 制라고 한 이유이다. 따라서 생극제화의 원리로 보면 관성과 인성이 같은 속성으로 잠재역량이 되고, 식상과 재성이 같은 속성으로 활용역량이 된다.

여수명리에서는 사주의 강약을 판단하는 기준으로서 상생상극이 아닌 생극제화의 원리에 근거하여 잠재세력과 활용세력으로 구분하고 이 둘을 비교하여 잠재세력이 강하면 신강사주이고, 활용세력이 강하면 신약사주로 구분한다. 이 때 비겁의 역량은 주관자의 입장에서 중립을 견지한다. 사주 원국을 스코어링할 때 일주(원본)는 주관자로서 역량값을 배정하지 않은 이치와 마찬가지이다. 다만, 계량할 때는 100분율의 인식편의를 위해 비겁의 역량을 반분하여 잠재세력과 활용세력 각각에 반분(半分)하는 방식을 취한다. 요약하면, (인성+관성+비겁/2)의 잠재세력과 (식상+재성+비겁/2)의 활용세력을 비교하여 잠재세력이 크면 신강사주이고, 활용세력이 크면 신약사주로 구분한다.

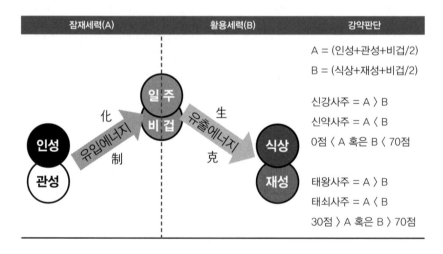

『적천수』에서 소개된 다음의 명식사례로써 그 비교를 해보자.

을목 일주가 인월에 태어나 득령하고 일지에 비견을 깔고 있어 일주 자체의 역량은 매우 강하다. 기존의 이론으로는 강약을 비교할 때 인비세력 (56=9+47) 대비 식재관의 세력(44=29+5+10)을 비교하므로 비겁격 신강사주로서 火가 용신이 된다. 그러나 여수명리의 방식으로 보면, 잠재세력이 (관성+인성+비겁/2)로써 42.5점이고, 활용세력이 (식상+재성+비겁/2)로써 57.5점이기 때문에 비겁격 신약사주로 판단하며 水를 용신으로 본다.

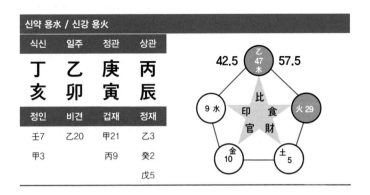

신약 용水 / 신강 용火			
식신	일주	정관	상관
丁	乙	庚	丙
亥	卯	寅	辰
정인	비견	겁재	정재
壬7	乙20	甲21	乙3
甲3		丙9	癸2
			戊5

왕쇠의 판단

모든 사주를 강약의 세력분포만으로 판단할 수는 없다. 조화와 균형의 가치를 무시하고 힘의 논리로 전체를 지배하려는 사주도 있기 때문이다. 잠재세력과 활용세력간에 힘의 균형이 심하게 무너져 있는 경우는 세력의 왕쇠로써 판단한다. 여기서 말하는 왕쇠는 강약보다 그 정도가 심한 개념이다.

여수명리의 스코어링 점수로 보면 잠재세력 또는 활용세력의 점수분포가 30점~70점 사이에 있지 않고 30점 미만이거나 70점 이상의 분포를 보이면 왕쇠로 판단하는 사주로 본다.

격국으로 볼 때 세력의 왕쇠로써 판단하는 것은 이미 정격이 아니다. 전왕

용신법으로 취용하는 변격(變格)[128]의 사주이다. 왕쇠의 관계는 어느 한 쪽의 세력이 왕하면 다른 한 쪽은 쇠하게 되어 있다. 사주 전체의 역량을 100분율로 한정하기에 왕쇠는 제로섬의 논리처럼 상대적인 개념이 되기 때문이다. 이렇게 한 쪽은 왕하고 다른 한 쪽은 쇠한 국면에서는 왕한 것을 설상(泄傷)으로써 덜거나 쇠한 것을 방조(幫助)하여 균형을 맞추려 하지 않는다. 오히려 왕한 것을 더욱 왕하게 하거나 쇠한 것을 더욱 쇠하게 만드는 전략을 쓴다. 왕쇠의 세계는 강약으로 판단하는 세계의 지배논리(취용법)와 완전히 다르다. 강약의 논리는 더불어 잘 살아보자는 조화와 균형이고, 왕쇠의 지배논리는 힘이 곧 정의(Power is justice)라는 논리다.

강약왕쇠의 범위판단

여수명리에서는 강약왕쇠의 판단을 스코어링으로써 그 기준을 정한다. 30점에서부터 70점 사이에 잠재세력이나 활용세력이 분포하면 강약으로 판단하는 사주로 본다. 그리고 세력이 30점 이하 이거나, 70점을 넘을 경우에는 왕쇠의 개념으로 구분한다. 잠재세력 기준으로 보면, 잠재세력이 30~50점이면 신약사주이고, 50~70점이면 신강사주이다. 또 잠재세력이 0~30점이면 태쇠사주이고, 70~100점이면 태왕사주가 된다. 이러한 강약왕쇠의 점수구분은『적천수』등의 고서에 소개된 임상사례들을 여수명리의 방식으로 스코어링하고 그 점수의 분포도에 따라 통계적인 방식을 통하여 정립된 것이다. 이상에서 설명한 강약왕쇠의 개념을 100분율의 수치로 그 범위를 구분하면 다음의 도식과 같다.

---

128 잠재세력과 활용세력이 심하게 균형을 잃고 있는 사주이다. 변격사주는 태왕사주와 태쇠사주로 나누어진다.

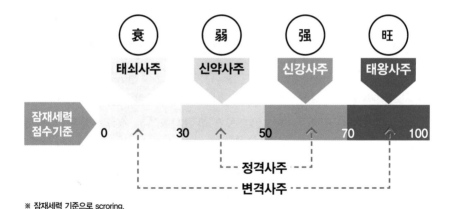

※ 잠재세력 기준으로 scoring.

강약왕쇠의 범위구분에 대한 이해

기존의 명리이론에서 용신을 구하는 기준으로서 사주의 강약과 격국을 판단하였다. 강약으로 판단할 수 있는 사주라면 이미 정격사주의 구성을 하고 있으며, 왕쇠로써 판단해야 하는 사주라면 이미 변격사주의 구성을 하고 있기 때문에 강약과 격국을 판단하는 것은 용신을 정하는 중요한 기준이 된다. 따라서 강약과 격국으로 용신을 판단하는 기존의 방식은 여수명리의 방식과 본질적으로 다르지 않다. 다만, 기존의 방식이 상생상극의 원리에 기반한 것이라면 여수명리는 생극제화의 원리에 기반한 것이고, 기존의 방식이 정성적인 접근법이라면 여수명리는 정량적인 접근이라는 차이가 있다. 정량적 접근은 강약왕쇠에 대한 계량과 비교로부터 출발한다. 그리고 이를 위해서는 정성적 요소를 정량적 역량으로 변환하는 기준이 필요하다. 다만 조심스러운 것은 사주명리의 이론에서 그 절대적인 기준이 있을 수 없기에 옛 기록이나 현장에서의 임상경험으로 그 적정성을 추론하였다. 철학이나 심리 등과 같이 명리 또한 강약왕쇠의 정도를 수치로 변환하여 해석하기 어려운 분야이다. 그러하기에 여기에서 제시하는 기준은 어디까지나 해석의 편의를 위한 기준일 뿐 수치로서의 절대성을 주장하지 않는다. 그러나 옛 기록에 있는 임상사례를 여수명리의 스코어링 방법으로 계량하여 비교해보면, 강/약이나 왕/쇠를 판단함에 있어 매우 유의미한 결과를 보이고 있다. 특히『적천수』의 500여 임상사례를 여수명리의 방식으로 비교함으로써 그 적적성을 확인하였다. 정성적인 언어로 표현하였던 것을 수치로 계량하여 현장에서 활용할 수 있다는 가능성을 확인시켜주는 것이기에 의미가 적지 않다. 그러나 사주를 정량화 하는 것이 언제나 좋은 것은 아니다. 사주의 특성을 이해하고 분석하는 과정에서는 정량적인 수치가 매우 유용하게 작용한다. 그러나 해석의 단계에 들어서면 정량적 수치가 오히려 걸림돌이 될 수도 있다. 수치로 계량되는 미세한 차이까지 언어로써 분별한다는 것은 쉬운 일이 아니기 때문이다. 따라서 사주의 특성을 분석하고 이해하는 과정에서는 정량적 접근을 하되, 분석한 결과로써 해석을 하는 단계에서는 정량적 데이터와 함께 정성적인 해석이 보태지면 더욱 완성도가 높아질 것이다. 정성적 언어와 정량적 언어는 아날로그와 디지털의 관계처럼 각각은 표현이 다를 뿐 진실을 왜곡하지 않는다. 명리에 있어서 분석과 해석의 과정도 이와 다르지 않다.

11. 종격의 판단

사주의 세력을 강약과 왕쇠로 판단함에 있어서 약간의 예외성이 존재한다. 종격(從格)의 문제가 그것이다. 종격이란 사주에서 특정한 오성의 역량이 극왕하여 사주 전체를 지배하는 구조를 가진 사주를 말한다. 사주에서 어느 한 오성의 역량이 60점을 넘으면 일단 종격사주로 본다. 60점의 역량이면 나머지 요소들이 모두 연대하여 반대 세력을 형성한다고 하여도 힘의 균형을 맞추지 못하기 때문이다. 그리고 고서에서 종격이라고 소개한 명식을 여수명리의 방식으로 계량해본 결과 약간의 편차는 있으나 특정 오성의 역량이 60을 넘으면 종격으로 판단하는 데 큰 무리가 없었다. 종격과 함께 또 다른 예외성이 화격(化格)이다. 화격도 종격에 준하여 변화된 오행을 따라 격국과 용신을 정한다. 특히 화격은 일주의 정체성이 변화는 것이므로 대단히 엄격한 조건이 요구된다. 따라서 합화는 거의 일어나지 않는 것으로 본다. 설령 화격이 성립된다 하더라도 여수명리의 방식으로 분석해보면 합화오행의 세력이 60점 이상으로 사주 전체를 지배할 만큼 크게 나타나지 않는 경우가 대부분이다. 화격을 종격처럼 대접하는 것에 회의가 드는 대목이다. 합화오행을 따라 격국과 용신을 정한다면 다른 오성이나 오행의 존재와 역할을 경시하는 오류를 범할 수 있다. 더 근본적으로는 합화의 논리 이전에 일주의 생극제화 논리가 우선이기에 화격의 논리에 너무 매몰되지 않아야 한다.

12. 강약왕쇠의 구분에 다른 취용법

지금까지 수많은 이론을 거쳐 사주의 강약, 왕쇠까지 다루었다. 대체 무엇에 쓰고자 함인가? 용신을 찾기 위해서다. 용신은 일주의 생존전략이요 삶을 여는 마스터키이다. 용신을 찾아가는 것은 격국이라는 루트로 찾아 들어가는 법이 있고, 강약왕쇠라는 루트로 찾아들어가는 방법이 있다. 두 가지 방법은 다른 길 같지만 같은 결론으로 만난다.

〈취용 프로세스〉

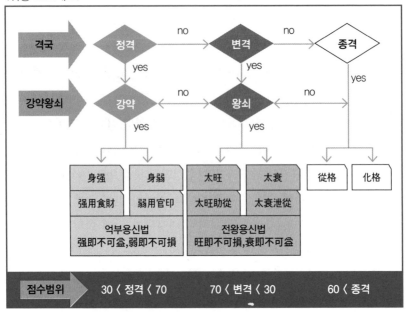

격국의 관점에서 정격의 사주라면 강약으로 판단하는 루틴을 탄다. 강약으로 판단하는 것은 신강사주와 신약사주가 있으며, 기세의 분포도에서 30점에서 70점 사이의 범위에 있다. 이들은 억부용신법으로 취용한다. 억부용신법의 취용원칙은 강즉불가익(强即不可益),[129] 약즉불가손(弱即不可損)[130]이다. 넘치면 덜고 모자라면 보태면서 더불어 함께 잘 살아보자는 공생주의다. 신강인 경우 일주의 힘을 설기(泄氣)시키거나 상기(傷氣)시키는 오행으로 용신을 삼고, 신약의 경우는 일주 자체의 힘을 강화(幫)하거나 도움(助)을 주는 오행으로 용신을 취하여 사주 전체의 화평을 도모한다. 이것이 억부

---

129 신강사주의 경우 일주의 힘을 더욱 강하게 하는 것을 꺼린다.

130 신약사주의 경우 일주의 힘을 설기하여 약하게 하는 것을 꺼린다.

용신법이고, 사주 전체의 조화와 균형을 중시한 『자평진전』[131]의 관점이다.

〈정격사주의 취용법〉

잠재세력 분포	사주구분	취용법
50점~70점	신강사주	강즉불가익(强卽不可益), 신강희설(身强喜泄) 일주의 힘을 泄氣시키는 오행으로 용신을 정함 식상 또는 재성으로 취용
30점~50점	신약사주	약즉불가손(弱卽不可損), 신약의조(身弱宜助) 일주의 힘을 방조하는 오행으로 용신을 정함 관성 또는 인성으로 취용

강즉불가익, 약즉불가손의 원칙에 의하면, 신강사주의 경우 식상이나 재성으로 용신을 취하고(强用食財), 신약사주의 경우는 관성이나 인성으로 용신을 취한다(弱用官印). 두 요소 중에 어느 것을 취할 것인지는 일주 자체의 상태와 오성의 역량, 통투상태 등을 보고 판단한다. 일주의 상태에 따라 방조(幇助)와 설상(泄傷)의 선택을 해야 하기 때문이다.

사주에서 용신을 징할 때 정격이 아니라면 변격의 루틴을 탄다. 〈취용 프로세스〉 도표에서 변격의 단계에서 다시 종격의 루틴을 탈 것인지 아니면 왕쇠의 루틴을 탈 것인지 분기된다. 종격이라면 다시 종격과 화격을 분별하여 취용한다. 화격은 곧이 고려하지 않아도 된다. 화격이 되려면 그 성립조건이 매우 까다롭기도 하지만 그 성립조건을 맞추어서 화격이 되었다 하더라도 결국은 종격의 취용법을 따르게 되기 때문이다. 특히 기세의 강약왕쇠의 기준으로 용신을 구하는 것은 각각의 역량을 스코어링하여 강약왕쇠가 수치로써 이미 격국을 분별하는 메커니즘이 모두 반영된 것이다. 왕쇠로 판단

---

131 『자평진전(子平眞詮)』은 궁통보감(窮通寶鑑), 적천수(滴天髓)와 더불어 역학의 3대 고전이다. 『자평진전』은 심효첨의 글이고 『자평진전평주』는 후대의 서락오가 자신의 의견을 덧붙여 펴낸 것으로 혼동하기 쉽다.

해야 하는 것이라면 기세의 분포도에서 30점 미만이거나 70점 이상의 범위에 있다. 이 때는 전왕용신법으로 취용한다. 전왕용신법의 취용법은 왕즉불가손(旺卽不可損),[132] 쇠즉불가익(衰卽不可益)[133]의 원칙이다. 한 놈한테 몰아주고 센 놈의 뒤를 따르겠다는 처세이다. 이것이 기세와 연대를 중시하는 『적천수』[134]의 관점이다.

왕즉불가손, 쇠즉불가익의 원칙에 의하면, 태왕의 경우 인수로서 방조하거나 강한 세력을 따라 용신을 정하고(太旺助從), 태쇠의 경우 식상으로써 설기하거나 강한 세력을 따라 용신을 정한다(太衰泄從).

〈변격사주 취용법〉

잠재세력 분포	사주구분	취용법
잠재세력≥70점	태왕사주	왕즉불가손(旺卽不可損) 태왕조종(太旺助從), 태왕희조(太旺喜助) 태왕세력을 따르거나 돕는 오행
잠재세력≤30점	태쇠사주	쇠즉불가익(衰卽不可益) 태쇠설종(太衰泄從), 태쇠의설(太衰宜泄) 태쇠세력을 따르거나 설기하는 오행
특정오성 역량≥60점	종격사주	격국이 곧 용신이 됨
합화오행 역량≤60점	화격사주	화격이 곧 용신이 됨

격국용신이 오랜 기간에 걸쳐 성립되고 전해져온 이론이기에 배척할 이유는 없다. 그러나 여수명리의 강약왕쇠의 분별로써 용신을 정하는 방법이 단순 명확하다면 그 복잡한 기존의 이론을 굳이 되뇌일 필요가 없다고 본다.

---

132 태왕사주의 경우 일주의 힘을 설기하는 것으로 용신을 정하지 않는다.

133 태쇠사주의 경우 일주의 힘이 더욱 강하게 하는 것으로 용신을 정하지 않는다.

134 『적천수(滴天髓)』 유백온 선생이 지은 명리서이다. 신살론과 형충파해를 완전히 배척하고 생극제화의 원리로만 설명하였다. 후대 임철초가 적천수천미라는 해설서를 냈다.

마지막으로 세력과 왕쇠로 구분하기 어려운 균형잡힌 사주의 취용법에 대하여 정리한다. 사주원국을 천간기준으로 계량하여 100점을 기준으로 하고, 잠재세력(인성+관성)과 활용세력(식상+재성)을 비교하면 잠재역량과 활용역량의 크기가 같은 경우가 생긴다. 이것을 균형사주라 한다. 일주를 중심으로 잠재세력과 활용세력이 같은 것이다. 이런 경우 어떻게 용신을 취할 것인가 하는 문제이다. 현장에서 적용한 경험으로 보아 대부분 비겁을 용신으로 추하는 것이 합당하였다. 그러나 일주의 강약과 오성의 분포를 보아 균형을 맞추어야 하는 사주도 많다.

13. 임상사례 비교

지금까지 세력의 강약과 왕쇠로 판단하는 취용법을 자세히 언급하였으나 이것은 어디까지나 여수명리가 제시하는 원칙일 뿐 절대적인 것은 아니다. 그러나 고전에서 언급하는 핵심적 원리를 생극제화의 원리로 재해석하여 최대한 본질에 접근하려 최선을 다했다. 명리 고전 중에서 명식의 임상사례가 많은 것은 『적천수』이다. 『적천수』는 400여 개의 임상사례를 소개하고 있다. 그러나 모든 사례에 대하여 일일이 격국과 용신을 논하지는 않았다. 명확히 용신을 규정한 사례보다 애매한 설명으로 대신한 사례가 많고 심지어는 용신에 대한 언급이 없는 것도 많다. 또한 후세의 임철초의 『적천수 천미』나 서락오의 『적천수 징의』 등에서 적천수를 증주하면서 유백온과 다른 견해를 피력한 것도 상당히 많다. 누구도 감히 불변의 정답을 논하기 어려운 것이다. 다만 논리로써 주장할 뿐이다.

사주명식을 유형별로 구분하고 길신과 흉신을 뽑아 이를 대운의 흐름에 견주에 간명을 시도한 서락오의『적천수 천미』에 소개된 512개의 명식사례 중 일부를 여수명리 취용법과 비교해본다.

신강사주 사례 1

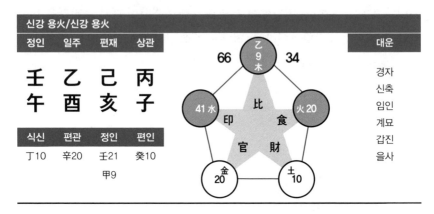

을목이 해월 양지에서 태어나 착근하고 있다. 격국으로는 인성격이고 인식기세로 명분지향의 행동특성이 보인다. 5기가 구전된 체상이며 잠재세력과 활용세력의 구성이 66대 34로써 강약으로 용신을 구하는 신강사주이다. 사례명식의 경우 잠재세력이 65.5이고 활용세력이 34.5이다. 비겁의 역량이 홀수인 경우 2로 나누면 떨어지지 않기 때문이다. 이런 경우 편의상 잠재세력 쪽으로 반올림 처리한다. 따라서 잠재세력이 66, 활용세력이 34로 표기하였다. 강즉불가익(强卽不可益)의 원칙에 따라 식상이나 재성으로 용신을 취한다. 사례명식의 경우 식상의 역량이 강하고 착근하고 있기에 火용신으로 적합하다. 목이 희신(喜神)이고 수가 기신(忌神)이며, 금이 구신(仇神)이 된다. 고서에서도 임인, 계묘, 갑진, 을사로 이어지는 목화대운에 이르러 벼슬을 하고 이름을 떨쳤다 하였다. 또한 을목이 해월에 태어나서 일지에 착근하고 수가 왕한데 토가 없으니 대신 火용신은 당연하다고 했다. 임철초도 한목(寒木)이 火를 용함은 필수이다고 하여 火를 용신으로 보았다.

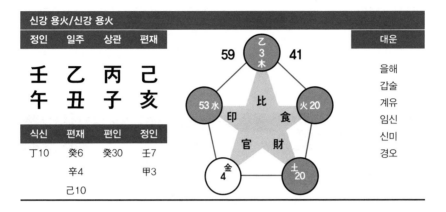

신강 용火/신강 용火					대운
정인	일주	상관	편재		
壬 午	乙 丑	丙 子	己 亥		을해 갑술 계유 임신 신미 경오
식신	편재	편인	정인		
丁10	癸6 辛4 己10	癸30	壬7 甲3		

을목 일주가 자월 생지에 태어나 강한 역량은 아니다. 그러나 강한 인수의 지원으로 전체적으로는 잠재세력이 59이고 활용세력이 41인 신강사주이다. 강약으로 판단하는 경우 강즉불가익의 원칙에 따라 용신은 식상과 재성 중에서 취할 수 있는데, 강한 인수를 설기하는 측면에서 식상 火를 용신으로 본다. 적천수에서는 주로 조후적 관점으로 일주의 역량을 논하였다. 병화가 월간에 있어 임수와 서로 가까이 있으므로 기토의 도움이 적고, 자수는 오화와 충하며, 대운에서 음한지가 이어져 을목이 약하다고 보았다. 이를 허습한 땅에서는 말을 타도 근심이다(虛溼之地 騎馬亦憂)라는 싯구로 일주를 설명함으로써 인수의 역량은 매우 강하나 학문의 뜻을 펴지 못하고 가세가 기울어 처자식도 없이 임신 대운에 이르러 용신 火를 극진(克盡)한 까닭에 사망하였다고 하였다. 본서(적천수 천미)에서도 임철초는 대운이 서북의 음한한 지지로 운행하는데 병화가 도와주지 못하니 을목이 허약하여 처자식을 잃고 임신대운에 사망하였다고 하였다(運走西北陰寒之地, 丙火一無生扶, 乙木何能發生, 克妻無子, 至壬申運, 丙火克盡而亡). 적천수의 유백온과 적천수 천미의 임철초 모두 일주의 역량을 조후적 관점에서 바라보았고 일주의 허약을 보강할 식상 火를 용신으로 판단하여 용신 火를 극진(克盡)하는 대운에 사망하였다고 하였다.

조후적 판단의 근거는 오행의 속성과 지장간의 속성으로 판단하는 것인데, 여수명리의 스코어링으로 그 강약왕쇠를 계량한 결과는 정성적으로 표현한 유백온, 임철초의 결과와 크게 다르지 않다.

신강사주 사례 3

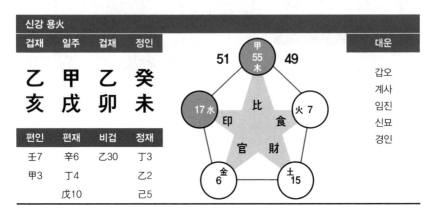

신강 용火					대운
겁재	일주	겁재	정인		갑오
乙	甲	乙	癸		계사
亥	戌	卯	未		임진
편인	편재	비겁	정재		신묘
壬7	辛6	乙30	丁3		경인
甲3	丁4		乙2		
	戊10		己5		

갑목 일주가 묘월 건왕지절에 태어나 득령하였고, 연간 계수와 시지 해수의 인수역량이 동참하니 전체적으로는 잠재역량이 51이고 활용역량이 49로써 균형이 잡힌 신강사주이다. 그러나 일주의 역량이 매우 강하여 일주를 방조하는 것보다 설기하는 것이 조화와 균형의 취용원칙에 맞는다. 따라서 강즉불가익의 취용원칙에 따라 식상 火를 용신으로 본다.

본서에서는 겁인이 창광하여 세운을 보니 운 또한 이루어짐이 없으니 조업과 처자식을 잃었다[135]고 하여 애둘러 식상 火가 용신임을 나타내었다. 고서의 통변용어 중 극처무자(克妻無子)라는 표현이 자주 등장하는데, 이것은 비겁이 태왕한 사주의 경우 극제(克制)의 관계에 있는 재성과 관성이 비겁의 기세에 눌려 운에서 기운이 받쳐주지 않으면 흉하게 보는 관점이 반영

---

135 刧刃猖狂, 査其歲運, 又無成之, 以致祖業消磨, 克妻無子

된 것이다.

신강사주 사례 4

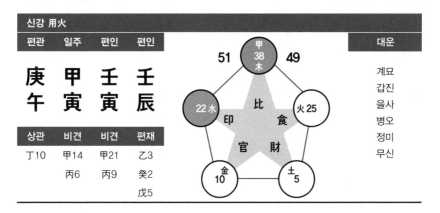

신강 用火				대운
편관	일주	편인	편인	
庚午	甲寅	壬寅	壬辰	계묘 갑진 을사 병오 정미 무신
상관	비견	비견	편재	
丁10	甲14 丙6	甲21 丙9	乙3 癸2 戊5	

이 사주는 오행의 요소가 구전되고 각각의 역량이 심하게 편중되지 않은 5기 체상을 이루고 있다. 갑목 일주가 인월 건록지에 태어나 득령하였고, 월지와 일지의 인목 세력이 원군하여 일주의 역량이 강하다. 인수의 역량 또한 착근하고 약하지 않아 전체적으로 균형을 이룬 신강의 사주이다. 강용식재 또는 신강희설(身强喜洩)의 취용원칙에 따라 식상 火를 용신으로 봄이 상당하다.

본서에서는 지지에 양인(兩寅)이 있어 일주 갑목을 생조하고 연간과 월간의 임수가 태왕한 듯하나 연지 辰土가 水의 고지(庫地)로서 수기를 조절하고 있으며, 시지의 경금은 오화로써 충되어 갑목을 해하지 못하므로 일주의 역량이 강하다고 보았다.

또한 오화를 용신으로 하니 장래 火 지지운이 오면 부귀하다[136]고 하여 火용신을 명확히 하였다.

---

136 午火爲用, 將來運至火地, 雖不貴于名, 定當富于利

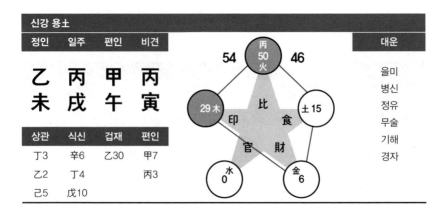

신강 용土					대운
정인	일주	편인	비견		
乙	丙	甲	丙		을미
未	戌	午	寅		병신
					정유
상관	식신	겁재	편인		무술
丁3	辛6	乙30	甲7		기해
乙2	丁4		丙3		경자
己5	戊10				

병화 일주가 오월 제왕지절에 태어나 득령하였고, 지지에서 인오술 화국을 이루고, 연간의 병화 또한 원군이 되어 일주의 역량이 매우 강하다. 또한 화기를 제어할 수기가 발현되어 있지 않은 염상격(炎上格)이며, 식상의 역량이 든든한 후원이 되어 전체적으로도 신강한 사주이다. 신강한 경우 설기로써 취용하는 것이므로 식상 土를 용신으로 취함이 옳다.

본서에서는 인수의 木기운이 식상을 극하여 文으로 뜻을 펴지 못하고 무과에 합격하여 부장(副將)의 벼슬을 하였다고 했다. 용신의 기운이 흐르는 신유(申酉)대운에 별다른 일이 없었고, 기해(己亥)대운에 인해(寅亥)합목하여 용신 土를 극하니 좌천당하고, 경자(庚子)대운에 子수가 午화(희신)을 충하여 전사하였다고 했다. 즉, 수목운을 흉신으로 보고 식상 土를 용신으로 판단하고 있음을 알 수 있다.

신강사주 사례 6

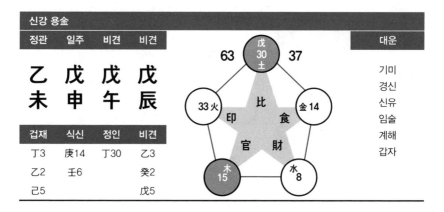

신강 용金				대운
정관	일주	비견	비견	
乙	戊	戊	戊	기미
未	申	午	辰	경신
				신유
겁재	식신	정인	비견	임술
丁3	庚14	丁30	乙3	계해
乙2	壬6		癸2	갑자
己5			戊5	

무토 일주가 오월 제왕지절에 태어나고, 연간과 월간에서 동기를 얻고, 연지와 시지에 착근을 함으로써 매우 신강한 일주이다. 전체적인 강약왕쇠의 세력분포도 잠재세력이 63점이고 활용세력이 37점으로써 전형적인 신강사주의 모습이다. 따라서 강용식재의 취용법에 따라 식상인 金을 용신으로 본다.

본서에서는 土가 많아 金으로 취용한다. 경신대운에 일찍이 영예로웠으며, 신유, 신축 세운에 숲에서 녹명(鹿鳴)[137]하는 것처럼 좋았으나, 병오년에 사망했다[138]고 했다. 金대운이나 세운에는 발복하였으나, 金을 극하는 병오년에 사망했다고 함으로써 金용신에 내한 대세운의 작용 이나 영향을 분명하게 설명하고 있다.

---

137 녹명이란 사슴의 울음소리라는 말로, 시경 소아편(小雅偏)에 나오는 말이다. 사슴은 먹이를 보면 큰 소리를 내어 울면서 동료들을 불러 함께 먹는다고 한다. 그래서 빈객(賓客)을 초대하여 연회하는 것을 녹명이라 한다.

138 此造重重厚土, 其用在金, 庚申運, 早采芹香, 辛酉運, 辛丑年, 飮鹿鳴, 宴瓊林, 丙午年亡

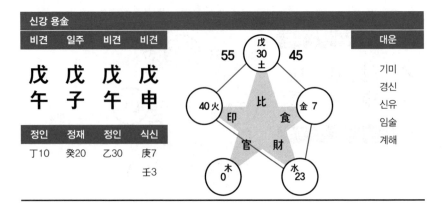

신강 용金					대운
비견	일주	비견	비견		기미
戊	戊	戊	戊		경신
午	子	午	申		신유
정인	정재	정인	식신		임술
丁10	癸20	乙30	庚7		계해
			壬3		

무토 일주가 오월에 태어나 득령하지 못하였으나, 4干(연간, 월간, 일간, 시간)戊土 의 사주로서 동기의 지원이 막강하다. 또한 인수의 火기운이 월지와 일지에 자리하여 강력한 세력을 유지하고 있다. 스코어링하여 전체의 강약 왕쇠의 균형을 보면 잠재세력이 강한 신강사주이다. 따라서 강즉불가익의 취용원칙에 따라 식상 金을 용신으로 본다. 강약으로 판단하여 용신을 취하는 사주에서 최대 역량을 가진 오성을 병신(病身)이라 하고, 병신을 극제하는 요소로써 약신(藥神)으로 용신을 취하는 원칙도 있다.

본서에서는 무토가 만국(滿局)하고 조열하여 金으로 용신한다고 했다. 오화의 세력이 강한 40으로 병신에 해당하고, 병을 제거하는 자수는 희신이 되어 申 대운 戊辰년 9월에 등과하였다[139]고 하여 金으로 취용함을 분명히 하였다.

---

139 有子水爲去病之喜神, 交申運戊辰年, 九月登科

신강사주 사례 8

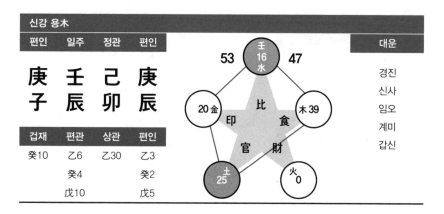

신강 용木					대운
편인	일주	정관	편인		
庚	壬	己	庚		경진
子	辰	卯	辰		신사
겁재	편관	상관	편인		임오
癸10	乙6	乙30	乙3		계미
	癸4		癸2		갑신
	戊10		戊5		

임수 일주가 묘월 사지에 태어나 실령하였으나, 연지 및 시지 진토의 지장간에 동기를 얻고, 시지의 자수가 응원하여 일주의 역량이 약하지 않다. 火기운이 발현되지 않은 4기체상의 사주로써 전체적인 강약왕쇠의 균형은 신강사주에 해당한다. 신강한 경우 설기하는 기운으로 용신을 정하니 식상 木이 용신이다.

본서에서는 경진, 신사 초년 金 대운에 기신(忌神)이 들어 뜻을 이루지 못하였으나, 임오 대운에 제금(制金)하여서 벼슬길에 올랐다. 계미 대운에 해묘미 목국으로 용신을 만나고 갑신 대운에 신자진 수국을 이루어 용신을 생하게 되어서 관찰사가 되었다. 그러나 을유 대운에 묘유 충을 하여 용신 묘목을 상하게 되니 파직하고 귀향하였다고 했다. 木을 용신으로 하였음이 명확하다.

신약사주 사례 1

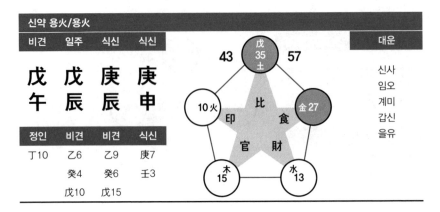

신약 용火/용火			
비견	일주	식신	식신
戊	戊	庚	庚
午	辰	辰	申
정인	비견	비견	식신
丁10	乙6	乙9	庚7
	癸4	癸6	壬3
	戊10	戊15	

대운

신사
임오
계미
갑신
을유

무토 일주가 진월 관대에 태어났다. 또한 시간에 무토 동기(同氣)가 응원하고, 월지와 일지의 진토가 대동하여 일주 자체의 역량은 강하다. 그러나 스코어링하여 전체 사주의 강약왕쇠의 균형을 살펴보면 잠재세력(43점)보다 활용세력(57점)이 강한 신약사주의 구조를 하고 있다. 신약사주의 약즉불가손(弱卽不可損)의 취용원칙에 따라 경우 관성이나 인성으로써 용신을 취하여 힘의 균형을 맞추는 것이 용신을 정하는 기준이다. 따라서 인수 火를 용신으로 본다.

본서에서는 천간에 庚금이 두 개나 투출하였고, 지지에서 신금과 진토가 일주를 지나치게 설하므로 일주를 생조하는 오화가 반드시 용신이 된다[140]고 하였다. 용신이 午火임을 설명한 것이다.

---

140 干透兩庚, 支會申辰, 日主過泄, 用神必在午火

신약사주 사례 2

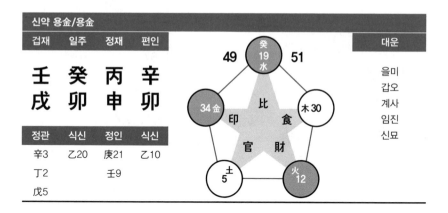

신약 용金/용金			
겁재	일주	정재	편인
壬	癸	丙	辛
戌	卯	申	卯
정관	식신	정인	식신
辛3	乙20	庚21	乙10
丁2		壬9	
戊5			

대운

을미
갑오
계사
임진
신묘

계수가 신월 양지에서 태어나고 착근하고 있어 일주의 역량은 약하지 않다. 그러나 강약왕쇠의 균형을 보면 거의 균형을 이루고 있는 신약사주이다. 신약사주의 경우 약즉불가손(弱卽不可損)의 취용원칙에 따라 일주를 방조(幇助)하는 요소로써 용신을 취하므로 인수 金이 용신이 된다.

본서에서는 금수가 만나서 용신을 생조함으로써 계속 등과하였으며 신묘, 경인의 개두(蓋頭)가 금을 만나 火로써 인수를 억제하지 못하게 하여 명리(부귀)가 좋았다[141]고 하였다. 즉, 金이 용신임을 설명한 것이다.

---

141 金水逢生得助, 科甲聯登, 辛卯庚寅蓋頭, 逢金不能生火壞印, 名利兩全也

신약사주 사례 3

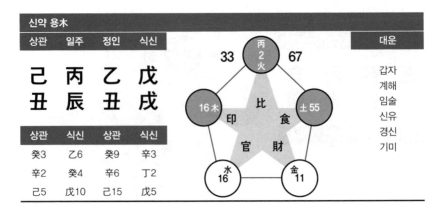

신약 용木					대운
상관	일주	정인	식신		갑자
己	丙	乙	戊		계해
丑	辰	丑	戌		임술
					신유
상관	식신	상관	식신		경신
癸3	乙6	癸9	辛3		기미
辛2	癸4	辛6	丁2		
己5	戊10	己15	戊5		

고서에서 보기 드문 곤명(坤命, 여자사주)사주이다. 병화 일주가 한 겨울인 축월 태지에서 태어났다. 연지 戌土 중 지장간 丁화가 유정하나 그 역량이 미약하다. 강약왕쇠의 세력분포를 보면 활용세력이 67점으로써 잠재세력 33점을 압도한다. 신약사주의 전형이다. 강약으로써 용신을 판단하는 경우에는 약즉불가손(弱卽不可損) 또는 신약의조(身弱宜助)의 취용원칙에 따라 인수 木을 용신으로 본다. 본서에서도 이 사주를 신약사주로 판단하고 일주를 보강하는 인수 木을 용신으로 하였다. 임술 대운을 만나서 일주가 극제를 당하고 있는데 또 신미년에 金 세운이 乙木을 극함으로써 그 해 9월에 사망하였다[142]고 하였다.

---

142 運逢壬戌, 本主受傷, 年逢辛未, 緊克乙木, 卒於九月

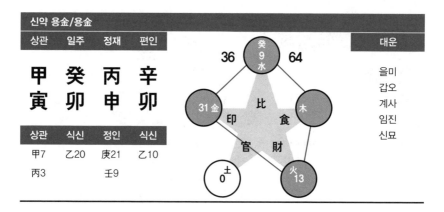

신약 용金/용金					대운
상관	일주	정재	편인		을미
甲	癸	丙	辛		갑오
寅	卯	申	卯		계사
상관	식신	정인	식신		임진
甲7	乙20	庚21	乙10		신묘
丙3		壬9			

계수 일주가 신월 양지에서 태어나 착근하고 있다. 활용세력(64점)이 잠재
세력(30점)보다 강한 무관(無官)의 4기 체상으로 신약사주이다. 신약의 경우
일주를 방조(幇助)하는 요소로써 용신을 정하므로 인수 金을 용신으로 본다.
그래서 용신 金을 극하는 丙화를 병신(病神)으로 보았다.

본서에서도 식상이 태과하여 신약하다고 판단하여 인수 金으로 용신을 정
하여, 병화가 병신이 된다고 하였다.

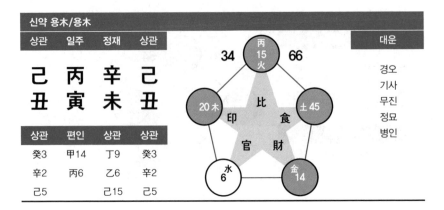

신약 용木/용木				대운
상관	일주	정재	상관	경오
己	丙	辛	己	기사
丑	寅	未	丑	무진
상관	편인	상관	상관	정묘
癸3	甲14	丁9	癸3	병인
辛2	丙6	乙6	辛2	
己5		己15	己5	

병화 일주가 미월 쇠지에 태어나고 착근하고 있으나 전체의 강약으로 보아 활용세력이 강한 신약사주가 된다. 약즉불가손(弱卽不可損)의 취용법에 따라 일주를 방조하는 인수 木이 용신이 된다.

본서에서는 일주가 장생에 있으니 寅중에 들어 있는 甲목을 용신으로 한다(日坐長生, 寅中甲木爲用)고 하였다. 여수명리 방식으로 계산한 용신법과 결과는 같으나 그 근거로 설명하는 것이 일주가 자좌에 장생을 놓았기 때문이라 한 것은 설득력이 떨어진다. 갑자기 십이운성의 관점을 용신의 근거로 설명하고 있기 때문이다. 스코어링에 의한 강약왕쇠의 판단이 매우 효과적임을 알 수 있는 대목이다.

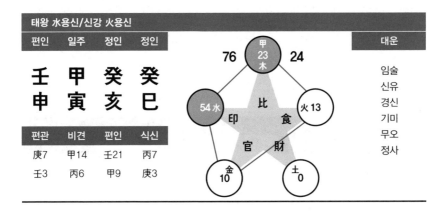

태왕 水용신/신강 火용신					대운
편인	일주	정인	정인		
壬 申	甲 寅	癸 亥	癸 巳		임술 신유 경신 기미 무오 정사
편관	비견	편인	식신		
庚7 壬3	甲14 丙6	壬21 甲9	丙7 庚3		

갑목 일주가 해월 장생지에 태어나고 자좌 인목을 놓아 일주의 역량이 강하다. 또한 연간과 월간의 계수와 시간의 임수가 동기상응하고, 지지에서도 월지에 해수가 자리하고 있어 인수 水기운이 태왕(54)하다. 스코어링의 결과 갑목 일주가 23점이며 뿌리를 내리고 있고, 인수는 54점의 세력을 가지고 있다. 잠재세력이 76점으로 거의 종격에 가까운 태왕사주이다. 왕즉불가손(旺卽不可損)의 취용원칙에 따라 일주의 역량을 약화시키는 것을 용신으로 삼을 수 없기 때문에 일주를 방조하는 인수 水를 용신으로 하여 왕자의 지배논리에 따라야 한다. 강약왕쇠의 기준으로 보아도 잠재세력이 76점으로 왕쇠의 기준인 70점을 훨씬 상회하여 태왕한 사주로서 왕즉불가손(旺卽不可損) 또는 태왕희조(太旺喜助)의 취용원칙이 적용되면 인수 水가 용신이 된다.

그러나 본서에서는 겨울에 태어난 한목이 화를 용신으로 함은 필수적이다. 인해합하여 묘목에 있고, 巳화가 절처봉생하였으니 이는 곧 흥발의 기회가 되었다[143]고 하였다. 이것은 추운 겨울에 물이 왕하므로 火를 용신으로 해야 한다는 조후적 관점으로 보아 신상사주도 판단히였기 때문이다. 그러

---

143 寒木必須用火, 卯在寅亥臨合, 巳火絶處逢生, 此卽興發之機

나 명식을 스코어링하면 잠재세력이 태왕한 상태임을 수치로써 확인할 수 있다. 신강사주가 아니라 태왕사주인 것이다. 정성적인 접근과 정량적인 접근의 차이를 확실히 보여주는 사례의 명식이다.

태왕사주 사례 2

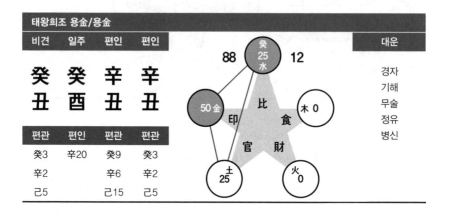

태왕희조 용숲/용숲					대운
비견	일주	편인	편인		
癸	癸	辛	辛		경자
丑	酉	丑	丑		기해
					무술
편관	편인	편관	편관		정유
癸3	辛20	癸9	癸3		병신
辛2		辛6	辛2		
己5		己15	己5		

계수 일주가 축월 제왕지에 태어나 착근하고 있다. 스코어링을 하면 인수의 역량이 50으로서 태왕하게 나온다. 전체적으로도 잠재세력이 88로 태왕한 사주이다. 따라서 왕즉불가손(旺卽不可損)의 원칙과 태왕희조(太旺喜助)의 취용법에 따라 인수 金을 용신으로 본다.

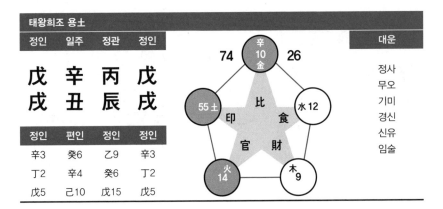

태왕희조 용土					대운
정인	일주	정관	정인		정사
戊	辛	丙	戊		무오
戌	丑	辰	戌		기미
					경신
정인	편인	정인	정인		신유
辛3	癸6	乙9	辛3		임술
丁2	辛4	癸6	丁2		
戊5	己10	戊15	戊5		

신금 일주가 진월 태지에 태어나 미약하나 다행히 착근하고 있다. 스코어링을 하면 인수의 역량이 55로서 태왕하게 나온다. 전체적으로도 잠재세력이 74로 태왕한 사주이다. 따라서 왕즉불가손(旺即不可損)의 원칙과 태왕희조(太旺喜助)의 취용법에 따라 인수 金을 용신으로 본다.

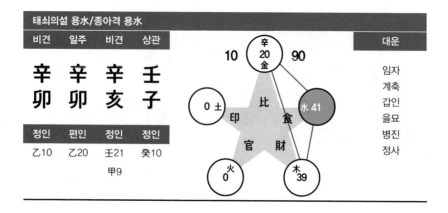

본서에서 종아격사주로 예시한 사례이다. 강약왕쇠의 세력분포로 보면 식상이 41점으로 가장 강한 역량을 가지고 있다. 그러나 종격이나 화격의 기준인 60점에는 미치지 못한다. 전체적인 왕쇠로 보면 활용역량이 90점인 태쇠사주이다. 쇠즉불가익(衰卽不可益) 또는 태쇠의설(太衰宜泄)의 취용원칙에 따라 식상 水를 용신으로 취한다. 본서에서 종아격으로 본 것이나 스코어링의 결과로 판단한 것이나 취용결과는 같다.

태쇠사주 사례 2

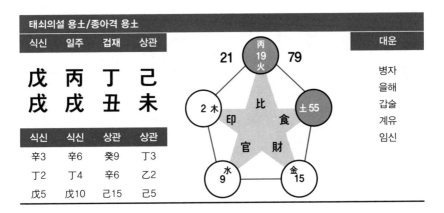

태쇠의설 용土/종아격 용土				대운
식신	일주	겁재	상관	
戊 戊	丙 戊	丁 丑	己 未	병자 을해 갑술 계유 임신
식신	식신	상관	상관	
辛3	辛6	癸9	丁3	
丁2	丁4	辛6	乙2	
戊5	戊10	己15	乙5	

태쇠사주와 종아격의 사례명식이다.

앞의 사례명식과 유사한 구성을 하고 있는 사주로서 본서에서는 종아격사주로 예시한 사례이다. 강약왕쇠의 세력분포로 보면 식상이 55점으로 가장 강한 역량을 가지고 있다. 그러나 종격이나 화격의 기준인 60점에는 미치지 못한다. 전체적인 왕쇠로 보면 활용역량이 79점인 태쇠사주이다. 쇠즉불가익 또는 태쇠의설(太衰宜洩)의 취용원칙에 따라 식상 土를 용신으로 취한다. 본서에서 종아격으로 본 것이나 스코어링의 결과로 판단한 것이나 취용결과는 같다. 그러나 관점과 방식은 다른 것이므로 그 차이를 이해해야 한다.

종왕격사주 사례 1

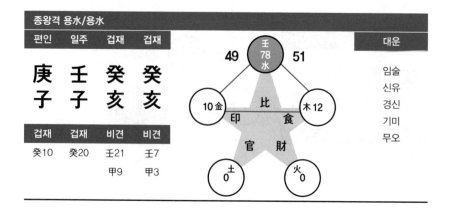

종왕격 용水/용水						대운
편인	일주	겁재	겁재			
庚	壬	癸	癸			임술
子	子	亥	亥			신유
						경신
겁재	겁재	비견	비견			기미
癸10	癸20	壬21	壬7			무오
		甲9	甲3			

임수 일주가 해월 건록지에 태어나 득령하여 태왕한 역량을 가지고 있다. 시간(時干) 경금이 生水處임을 감안하면 천지가 온통 水기운으로 가득차 있다. 일주 자체의 역량을 보면 78점으로 극왕한 상태이다. 이것은 여타의 조건을 돌아볼 이유없이 비겁의 세력에 따라야 하는 종격사주이다. 굳이 이름을 덧붙이자면 윤하격이라 할 수 있다. 본서에서는 기미 土대운의 교운시기에 처자식이 모두 상해를 당하고 가업마저, 파진되었으며 무오 火대운에는 궁핍을 감당하기 어려웠다[144]고 하였다. 용신인 비겁 水를 극제하는 대운에 불운하였음을 설명한 것이다.

---

144 交己未, 妻子皆傷, 家業破盡, 戊午運, 貧乏不堪

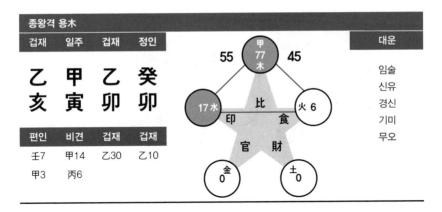

종왕격 용木				대운
겁재	일주	겁재	정인	
乙	甲	乙	癸	임술
亥	寅	卯	卯	신유
				경신
				기미
편인	비견	겁재	겁재	무오
壬7	甲14	乙30	乙10	
甲3	丙6			

갑목 일주가 묘월 제왕지에 태어나고 월간과 시간에서 을목의 응원을 받고 있다. 지지에서도 木기운의 만국을 이루고 있다. 일주 자체의 역량은 77점으로서 극왕한 상태이고 강약왕쇠의 세력분포를 보더라도 잠재역량이 강한 태왕사주이다. 따라서 사주의 최대 세력인 비겁의 세력을 따라서 생존전략을 취하는 것이 현명하다. 비겁을 이루는 木이 격국이며 용신이다.

본서에서는 경술 대운에 토와 금이 왕하여 파재되고 죽었다[145]고 하였다. 용신 木을 극제하는 대운에서 운세가 좋지 않았음을 설명한 것이다.

---

145 一交庚戌, 土金並旺, 破財而亡

종왕격사주 사례 3

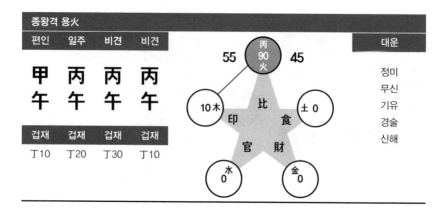

종왕격 용火					대운
편인	일주	비견	비견		정미
甲	丙	丙	丙		무신
午	午	午	午		기유
겁재	겁재	겁재	겁재		경술
丁10	丁20	丁30	丁10		신해

　병화 일주가 오월 제왕지에 태어나 극왕하고, 시간 갑목을 제외한 전국(全局)이 火국을 이루고 있다. 일지의 역량이 90점으로 극왕한 종격사주이다. 비겁으로 역량이 쏠림으로써 인수와 함께 2기 체상의 사주를 형성하고 있다. 용신은 비겁의 강력한 세력에 복종해야 한다. 火가 격국이며 용신이 된다.

종강격사주 사례 1

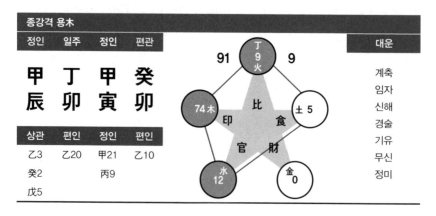

종강격 용木					대운
정인	일주	정인	편관		계축
甲	丁	甲	癸		임자
辰	卯	寅	卯		신해
상관	편인	정인	편인		경술
乙3	乙20	甲21	乙10		기유
癸2		丙9			무신
戊5					정미

　정화 일주가 인월 양지에 태어나 착근하고 있다. 그런데 연간 계수와 일주를 제외한 천지 전국이 木기운의 세력으로 포진하고 있다. 인수 목의 역량이

74점으로 극왕한 상태이다. 특정 오행의 역량이 60점을 넘으면 종격으로 판단함이 상당하므로 당연히 종강격사주가 된다. 인수의 역량이 태왕하여 인수를 종격용신으로 삼는 사주를 종강격사주라 한다.

본서에서는 말년 정미 대운에 일주를 도와서 병오 대운20년에 걸쳐 많은 돈을 벌었다[146]고 하였다. 인수 木이 용신인데 초년부터 북방 수국으로 30년을 돌고, 이어서 서방 금국 30년을 거쳐 7순이 지나 남방 화국 대운에 이르러 비로소 발재한 경우이다.

종강격사주 사례 2

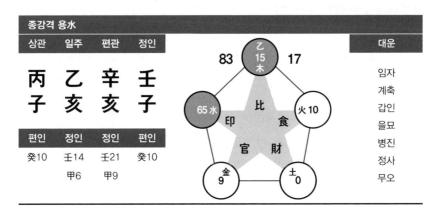

을목 일주가 해월 양지에서 태어나 착근하고 있다. 연간의 임수를 비롯하여 지지 전체가 수국을 이룸으로써 인수의 역량이 65점으로 태왕하다. 종격의 사주이다. 강약왕쇠의 세력분포로 보아도 잠재역량이 태왕한 사주로 태왕희조의 취용원칙으로 보아도 인수 水가 용신이 된다.

본서에서는 을묘, 갑인운에 기류에 순종하여서 뜻을 이루었으나 병운에 수화가 교전하면서 처자식을 잃었다. 진운에는 수가 저장되어 있으므로 살

---

146 丁未運助起日元, 及丙午二十年, 發財數萬

못됨이 없었다[147]고 하였다. 水를 용신으로 보아 火대운에 흉운이었다는 것이다.

종아격사주 사례 1

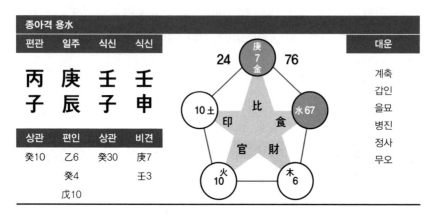

종아격 용水						대운
편관	일주	식신	식신			계축
丙	庚	壬	壬			갑인
子	辰	子	申			을묘
상관	편인	상관	비견			병진
癸10	乙6	癸30	庚7			정사
	癸4		壬3			무오
	戊10					

경금 일주가 자월 사지에 태어나 역량이 미약하나 다행히 연지 신금의 지장간 경금에 착근하고 있다. 강약왕쇠의 세력분포로 보아 활용역량이 76점으로 태쇠사주의 구성을 하고 있으나, 식상의 자체 역량이 67점으로 태왕하여 종격사주에 속한다. 태쇠사주로 보아 태쇠의설(太意宜洩)의 취용원칙을 적용해도 식상 水가 용신이 된다. 따라서 水를 용신으로 쓴다.

본서에서는 병진년 이후 화토 대운을 만나서 용신 임수를 극제하여 패가망신당하였다고 하였다. 종아격으로 판단한 것이다.

---

147 乙卯甲寅, 順氣流, 納其氣, 入學補廩, 一交丙運, 水火交戰, 刑妻克子, 辰運蓄水無垢

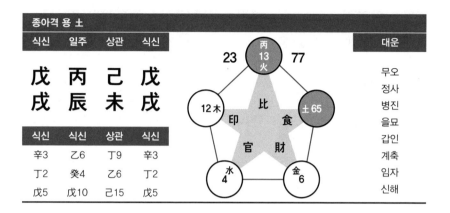

종아격 용 土				대운
식신	일주	상관	식신	
戊	丙	己	戊	무오
戌	辰	未	戌	정사
				병진
				을묘
				갑인
식신	식신	상관	식신	계축
辛3	乙6	丁9	辛3	임자
丁2	癸4	乙6	丁2	신해
戊5	戊10	己15	戊5	

丙13火 23 77
12木 印 比 土65 食
水4 官 財 金6

곤명의 여자 사주이다. 병화 일주가 미월 쇠지에 태어나 기세가 꺾이는 듯하나 다행히 착근하고 있다. 강약왕쇠의 세력분포로 보아 활용세력이 77점으로 태쇠사주이나 식상 자체의 단일 역량이 65점으로 이미 종격의 사주이다. 따라서 식상 土를 용신으로 본다.

본서에서는 명주의 남편이 흉사하여 새로운 남자를 따라갔으나 오래지 못하여 또 죽고, 용신 土를 극하는 을묘 내운에 이르러 지 실하였다고 하였다. 종아격으로 판단한 것이다.

종아격사주 사례 3

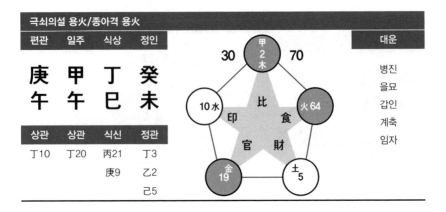

				대운
극쇠의설 용火/종아격 용火				
편관	일주	식상	정인	
庚	甲	丁	癸	병진
午	午	巳	未	을묘
				갑인
상관	상관	식신	정관	계축
丁10	丁20	丙21	丁3	임자
		庚9	乙2	
			己5	

갑목 일주가 사월 병지에 태어나고, 연지 미토 중 을목에 약한 뿌리를 내리고 있어 힘이 약하다. 반면 식상의 세력은 64점으로 매우 강하며 강약왕쇠의 세력분포를 보더라도 활용역량이 70점으로 태쇠한 사주이다. 특정 오행의 역량이 60점을 넘으면 종격의 사주로 판단하는 데 무리가 없다. 또한 왕쇠로써 판단하는 태쇠사주로 보아도 태쇠의설의 취용원칙에 따라 일주를 설기하는 식상 火를 용신으로 보기 때문에 결과는 같다.

종재격사주 사례 1

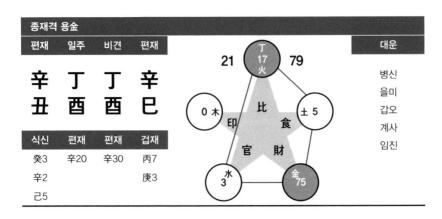

				대운
종재격 용金				
편재	일주	비견	편재	
辛	丁	丁	辛	병신
丑	酉	酉	巳	을미
				갑오
식신	편재	편재	겁재	계사
癸3	辛20	辛30	丙7	임진
辛2			庚3	
己5				

정화 일주가 유월 병지에 태어나 실령하였으나 월간에서 정화가 응원하고, 연지 사화의 지장간 병화에 착근하여 일주 자체의 역량은 약하지 않다. 그러나 강약왕쇠의 세력분포를 보면 활용세력이 태왕하여 태쇠사주로 보이지만 재성 자체의 역량이 75점으로 이미 태왕하다. 명백한 종재격이다.

본서에서는 을미, 갑오 초운에 용신을 극제하는 화목운이 왕성하여 부운처럼 떠돌다가 인생 중반의계사 대운에 水가 간투하고 巳화가 사유축 금국을 이루어 용신에 부응하니 사업에서 이득을 얻고 임진운에 많은 돈을 벌었다고 하였다. 종재격으로 金을 용신으로 판단한 것이다.

종재격사주 사례 2

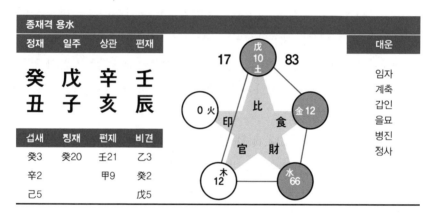

종재격 용水					대운
정재	일주	상관	편재		
癸	戊	辛	壬		임자
丑	子	亥	辰		계축
					갑인
섭새	칭재	편제	비견		을묘
癸3	癸20	壬21	乙3		병진
辛2		甲9	癸2		정사
己5			戊5		

무토 일주가 해월 절지에 태어나 세력이 미미하나 다행히 연지와 시지의 지장간에 겨우 착근하고 있다. 강약왕쇠의 세력분포를 보면 활용역량이 월등이 강하여 태쇠사주이나 재성의 단일 역량만으로 이미 태왕하여 종재격 사주를 형성하고 있다.

본서에서는 갑인, 을묘 대운에 명리를 이루었는데 丙 대운에는 저자식을 잃고 고난을 당했다. 정축년 화토 세운에 용신 水를 극제하여 풍병으로 사망하였다고 하였다. 용신 재성 水를 전후하여 상생으로 이어지는 금수목 대운이 길운이고 용신을 극제하는 화토 대운이 흉운이다.

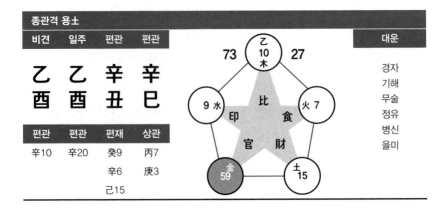

종관격 용土					대운
비견	일주	편관	편관		경자
乙	乙	辛	辛		기해
酉	酉	丑	巳		무술
편관	편관	편재	상관		정유
辛10	辛20	癸9	丙7		병신
		辛6	庚3		을미
		己15			

　을목 일주가 축월 욕지에 태어나 뿌리 없이 미약한데 일주를 극하는 金의 세력은 너무나 강하다. 강약왕쇠의 세력분포로 보면 잠재역량이 73점으로 써 태왕한 사주이다. 여수명리의 취용공식에 따르자면 왕즉불가손의 원칙에 따라 인수 水를 용신으로 하여야 마땅하나 본서에서는 종관격으로 판단하여 金을 용신으로 보았다.

　무술 대운에 급제하였으나, 정유, 병신의 절각대운에 이르러 火는 절각되고 金은 득지하게 되니 그때부터 벼슬에 올랐다. 즉, 종관격 사주로 판단하여, 금토운을 길운으로 보았다.

　여수명리에서 60점 이상의 경우에 종격으로 간주하는 공식에 의하면 사례의 관성은 59점이므로 종격에 해당하지 않는다. 그러나 본서에서 판단한 대로 종관격으로 보아도 큰 무리는 없다고 본다. 1점 차이의 경계로 전혀 다른 용신을 취하게 되는 경우가 발생할 수 있는 대표적인 사례이다. 계량화의 편리함 이면에 경계수치의 범위에 있는 사주의 해석이 약간의 유연성을 가져야 함을 일깨우는 사례이다.

종관격사주 사례 2

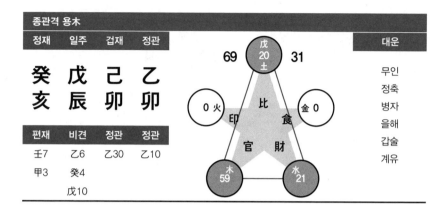

종관격 용木					대운
정재	일주	겁재	정관		
癸	戊	己	乙		무인
亥	辰	卯	卯		정축
					병자
편재	비견	정관	정관		을해
壬7	乙6	乙30	乙10		갑술
甲3	癸4				계유
	戊10				

이 사주의 경우도 종격과 신강사주의 경계선에 있는 형상을 하고 있다. 강약왕쇠의 세력분포로 보면 잠재역량이 69점으로 신강한 사주에 속한다. 그러나 관성의 점수가 59점으로 종격사주의 턱밑에 있다. 본서에서는 종관격으로 판단하였다. 계량화된 수치의 해석에 있어 약간의 유연성이 필요한 대목이다.

화격(化格)사주 사례 1

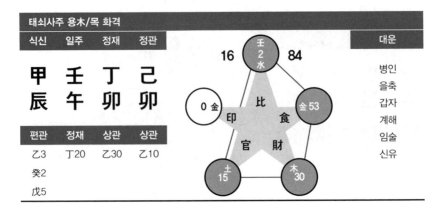

태쇠사주 용木/목 화격				대운
식신	일주	정재	정관	
甲辰	壬午	丁卯	己卯	병인 을축 갑자 계해 임술 신유
편관	정재	상관	상관	
乙3 癸2 戊5	丁20	乙30	乙10	

본서에서는 임수 일주가 첩신한 정화와 간합하여 합화 木오행이 되고, 지지에서 연지와 월지의 묘목과 시지의 진토중 을목의 세력이 응원하여 木의 세력이 태왕하여 木 화격사주로 보았다. 따라서 용신은 식상 木이다.

여수명리에서 합화는 그 성립조건이 까다로워서 거의 이루어지지 않는다고 했다. 상기 사례명식의 경우 일주 임수가 첩신하고 있는 정화와 합하여 木오행으로 변하고 합화 木오행이 월지 묘목에 착근함으로써 합화의 조건은 성립하고 있다. 그러나 스코어링 결과를 보면 식상 木의 역량이 53점으로 강하긴 하지만 종격 또는 합화의 기준인 60점에는 미달하고 있다. 또한 활용세력이 78점으로 태쇠의 사주이므로 태쇠의설(太衰宜泄)의 취용원칙에 따라 木을 용신으로 보는 것이 타당하다. 본서에서 설명하고 있는 방법이나 여수취용법의 결과는 모두 木을 용신으로 한다.

화격사주 사례 2

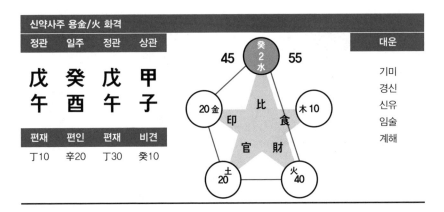

신약사주 용金/火 화격				대운
정관	일주	정관	상관	
戊	癸	戊	甲	기미
午	酉	午	子	경신 신유 임술
편재	편인	편재	비견	계해
丁10	辛20	丁30	癸10	

본서에서는 계수 일주가 월간 무토와 첩신하여 무계합화하고, 월지 오화에 착근하고 있으므로 합화의 사주라고 하여 火용신으로 보았다. 그러나 일주 계수는 합화 이전에 연지 자수에 통근하고 있으며, 합화오행이 뿌리내리는 월지가 이미 자오충으로 합화오행에 착근지로서의 결함이 생겼다. 스코어링의 결과를 보면 재성 火의 역량이 40점으로 종격이나 화격의 기준인 60점에 못미친다. 따라서 합화의 성립조건에 미달하여 합화는 이루어지지 않는 것으로 본다. 여수명리방식의 강약왕쇠의 세력분포를 볼 때 전형적인 신약사주이기에 약용관인의 취용원칙에 따라 인수 金을 용신으로 본다.

화격사주 사례 3

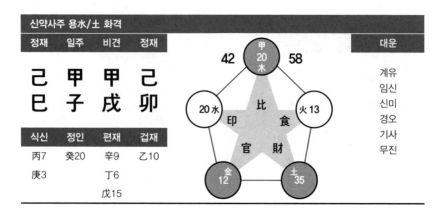

신약사주 용水/土 화격					대운
정재	일주	비견	정재		계유
己	甲	甲	己		임신
巳	子	戌	卯		신미
					경오
식신	정인	편재	겁재		기사
丙7	癸20	辛9	乙10		무진
庚3		丁6			
		戊15			

　본서에서는 갑목 일주가 시간 기토와 첩신하여 갑기합화하고, 합화오행인 土가 월지 술토에 착근하고 있으므로 합화의 사주라고 하여 土용신으로 보았다. 그러나 일주 계수는 합화 이전에 연지 묘목에 통근하고 있으며, 합화 오행의 뿌리가 되는 월지 술토가 묘목의 극으로 방해를 받고 있으므로 합화 성립 조건이 충족되지 않았다. 또한 스코어링의 결과 재성의 역량이 35점으로 종격이나 화격의 기준인 60점이 미치지 못한다. 따라서 단순한 신약사주로 보아 약용관인의 취용원칙에 따라 인수 水를 용신으로 본다. 이 또한 본서와 여수명리의 관점과 방식에서 차이를 보는 대표적인 사례이다.

14. 운세의 판단

　사주를 정립할 때 대운 및 세운의 진행방향을 표기하여 시기별로 오성에 미치는 시절인연을 판단하는 것을 운세의 판단이라 한다. 운세는 세 가지 관점에서 그 영향력을 살펴야 한다.

　일주와 용신에 대한 대세운의 영향력을 살펴야 한다.

　대세운을 손님으로 맞이하는 주인은 일주이지만 일주는 비서실장인 용신(用神)에게 대운맞이 행사를 위임한다. 따라서 대세운의 기운이 용신에 어떠한 영향을 미치는지를 보고 운세를 판단하게 되는 것이다. 일반적으로는 대세운이 용신을 방조(幇助)하면 발복하고 용신을 극제(克制)하면 인연이 적다고 판단한다.

　대세운의 천간과 지지의 영향력을 판별하는 것이다.

　대세운의 기운에도 두 가지가 있다. 대운과 세운을 나타내는 천간과 지지가 그것이다. 대세운의 천간과 지지는 그 영향력에 차이가 있다. 대운과 세운은 자연의 계절변화와 같이 생장염장의 이치로 순환하므로 지지(地支)의 영향력이 크게 나타난다. 낙록자도 대운은 지지가 중요한 것으로 운의 지지를 심도있게 살펴보아야 한다고 하였다. 대운의 작용력은 원국의 월지 정도의 큰 세력으로 인정한다. 『적천수』에서도 월령에 뿌리내리는 역량과 대세

운의 기운이 대등함을 말하고 있다.[148]

대세운의 천간과 지지의 영향력에 대한 이론도 여러 가지가 있다. 대표적인 것이 개두(蓋頭)와 절각(截脚)의 적용이다. 대세운의 천간과 지지는 상호 간 생극의 작용을 통하여 그 영향력에 변화를 일으키기 때문에 그것을 간명에 반영해야 한다는 이론이다. 가령 지지가 대운인 경우 천간이 지지를 생하여 주면 좋지만 반대로 지지가 천간을 생하면 지지의 역량이 설기되어 나쁘다는 것이다. 지지와 천간이 상호 극의 작용으로 역량이 변하는 것도 마찬가지로 해석한다.

먼저 개두는 지지가 용신인 경우에 천간에 흉신을 모자처럼 쓰고 있는 것을 말한다. 즉, 천간이 용신인 지지를 극하는 구조를 보이는 간지로서 경인, 신묘, 임오, 계사, 갑술, 갑진, 을축, 을미, 병신, 정유, 무자, 기해 등의 대운이 해당된다.

반면 절각은 천간이 용신인 경우 지지가 장애자처럼 다리가 잘렸다는 것을 말한다. 즉, 용신인 천간이 지지에 뿌리를 내리지 못하는 극(克)의 구조를 보이는 간지로서 갑신, 을유, 을축, 을사, 병자, 정축, 병신, 정유, 정해, 무인, 기묘, 무자, 기유, 경오, 신해, 경인, 임인, 임오, 계미, 임술 등의 대운이 해당된다. 개두나 절각이 되면 운에서 길흉이 반감된다고 해석을 한다. 그러나 개두나 절각이라는 용어는 용신이 되는 천간이나 지지의 입장에서 말하는 것이다. 따라서 용신과 관계 없을 때는 개두나 절각의 용어는 사용하지 않는다. 또한 여수명리에서는 대세운의 천간과 지지 모두 계량하여 수치로써 반영하기에 굳이 개두 절각의 개념을 적용하지 않는다. 여수명리의 오성도에서는 월지의 세력을 30점으로 평가하기에 대운의 작용력을 평가함에 있어서도 이와 같은 비중으로 분석하면 상당하다고 본다. 이것은 필자의 많은 임상에서 실증한 바 있다. 세운의 경우는 일주가 생활하고 있는 장소로서 월

---

148 제강불여진신조 암처심진야유진(提綱不如眞神照 暗處尋眞也有眞

지 다음으로 비중이 있다. 여수명리에서는 2배의 가중치를 두어 일지와 같은 수준의 20점을 배정한다. 대세운에서 천간대비 지지의 작용력에 대한 주장도 분분하다. 천간과 지지의 작용기간을 별도로 구분하여 소운의 개념을 주장하기도 하는데, 여수명리에서는 천간과 지지의 작용력을 1대 2의 비율료 간주한다. 즉, 대운의 경우 전체 역량을 30으로 볼 때, 운간(運干,대운의 천간)의 작용력을 10점으로 보고, 운지(運支,대운의 지지)의 작용력을 20점으로 하는 것이다. 같은 방식으로 세운의 작용력을 계산하면, 세운의 역량을 20점으로 볼 때, 세간(歲干,세운의 천간)의 작용력은 6점이고 세지(歲支,세운의 지지)의 작용력은 14점으로 본다.

대세운의 간지는 운세작용뿐만 아니라 사주원국에서 통근이나 투출되지 못한 간지를 통투시킴으로써 활성화시키는 작용도 한다. 대운과 세운은 일간을 중심으로 하는 오성의 관계를 다이나믹하게 변화시킨다. 대운과 세운의 생명에너지는 사주원국의 체상을 변화시키고, 사주원국에 없는 오성이 대세운에서 통관용신으로 역할함으로써 발복하고 크게 성취할 수 있다. 반면 대운과 세운이 기존 사주원국의 오성과 중복되어 특정 기운이 태과하여 조화가 무너짐으로써 선강과 사회적 상실의 기운으로 발현되는 경우도 있다. 이렇게 대세운의 작용으로 사람의 운명이 크게 교차될 수 있기에 타고난 각자의 사주원국만을 가지고 단순하게 선악과 미추를 평가할 수 없다.

합충형파해의 변화는 생극제화의 원리에 우선하지 못한다.

여수명리는 일주의 생명활동인 생극제화를 모든 이론의 상위에 두고 있다. 일주의 생명활동이란 우주의 중심은 바로 "나"라는 주체사상과, 생극제화의 모든 작용은 나의 삶에 지향성을 가진다는 생명사상을 함축하고 있기 때문이다.

생극제화는 오행의 상생과 상극이 정반합의 원리로 통합된 개념이다. 따라서 생극제화는 오행의 범주에서 이론을 형성한다. 오행이 다시 음양으로 분화되면 10천간과 12지지를 형성하여 간지의 범주에서 이론을 형성한다. 곧, 생극제화의 이론과 간지의 이론은 그 범주와 위상이 다른 것이다. 10천 간과 12지지가 부딪히면서 만들어내는 합충형파해 등의 이론은 생극제화의 위상에 비하여 하위의 이론이기에 생극제화의 이론과 합충형파해 등의 이론이 충돌할 경우 당연히 생극제화의 원리를 우선한다. 소위 명리이론의 위계를 분별한 접근법이다.

15. 방법과 시기의 판단

사주풀이는 숙명적 영역과 운명적 영역으로 구별할 수 있다. 사주풀이를 흔히 통변이라고도 하는데, 개념을 좀더 명확히 하자면, 사주풀이는 분석과 전략으로 구별할 수 있다. 분석이란 숙명적 영역의 잠재역량을 객관화하는 것이고, 전략은 타고난 잠재역량을 언제, 어떻게 활용할 것이가 하는 운명적 영역의 실행전략이다. 숙명론적인 영역인 사주분석은 타고난 잠재역량을 있는 그대로 분석하는 것이다. 그러나 운명론적 영역은 목적과 시기와 방법이 전제되어야 한다. 인생의 목적과 실행시점을 계획함에 있어 각자가 타고난 사주의 잠재역량(질료)이 어느 정도 부합하는지를 살피고, 그에 따른 실행전략을 세우는 것이 통변이기 때문이다.

통변은 인생사의 모든 영역이 대상이 되지만, 보통의 사람들이 살아가면서 필요로 하는 육친운, 직업운, 건강운, 재물운, 결혼운, 이성운, 관운 등이 주된 대상이 된다. 여기에서 어떤 운(運)이라 함은 정해진 상태(Status)가 아니라 성취를 위한 전략(Stratagy)을 말하는 것이다. 결국 인생의 제반 문제를 헤쳐나가는 데 있어 "언제"와 "어떻게"를 논하는 것으로 귀결된다. 언제는 용신에 대한 대세운의 작용력이 순세(順勢) 또는 역세(逆勢)를 타는 싯점을 말한다. 시기와 성패의 상태는 12운성의 흐름으로 판단할 수도 있다. 그리고 어떻게는 생극제화의 실행전략으로 판단한다. 用心의 영역인 것이다.

무엇을	언제	어떻게
부부운	천간합의 지지운이 들 때, 12운성의 생조시기(장생~제왕)	化로써 내적 역량을 강화 재성, 관성의 역량태과를 중화
재물운	일주역량이 왕성하고 식재기세의 상승기	化로써 일주 역량을 강화 克으로써 재성을 취하고 制로써 관성으로 보한다.
관운	일주역량이 왕하고 재관기세의 상승기	化로써 일주 역량을 강화 克으로써 재성을 취하고 制로써 관성으로 보한다.
이성운 (결혼운)	일주역량이 왕하고 비식재기세의 상승기 천간합이나 목욕의 지지운이 들 때	化로써 내적 역량을 강화 生으로써 시상을 조하고, 克으로써 재성을 취한다. 이성운 시기가 도래시 적극적인 생극활동
직업운	일주의 역량이 왕하고 재관기세(사기업) 관인기세(공기업) 대세운에서 비재관 삼각체상을 이룰 때	化로써 일주 역량을 강화 克으로써 재성을 취하고, 制로써 관성을 취한다. 관인상생 시기가 도래시 적극적인 화극활동
건강운	일주의 역량이 왕하고 식상(생병성)의 역량이 왕할 때 오행이 두루 포진(대세운 기운포함)	化·生으로써 일주 역량을 강화 인비역량의 조화
기타	목표의 오성에 해당하는 기운의 도래시 12운성의 상태로 판단	오성의 관계성으로 생극제화의 방법 설정

16. 용신(用神)에 대하여

　지금까지 수많은 학설과 이론을 거쳐서 용신을 정하는 과정까지 왔다. 이렇게 힘든 과정을 거쳐 얻은 용신은 과연 무엇에 쓰기 위함인가? 허탈할 수도 있다. 용신이라는 마스터 키만 찾으면 사람의 운명이 훤히 내다보일 줄 알았는데 막상 써먹을 데가 그렇게 탐탁치 못하다. 용신을 찾는 법과 용신이 대운에서 어떻게 작용했는지에 대한 연구는 『적천수』가 단연 돋보인다. 후학들이 격국과 용신을 공부하는 길라잡이가 되어준 고전이다. 그러나 자세히 살펴보면, 강약과 왕쇠, 그리고 격국의 판단으로 용신을 구한다는 대원칙이 무색하게 계절의 변화원리인 조후적인 판단으로 용신을 추단하는 사례가 무수히 많다. 그것도 시적인 레토릭(rhetoric)으로 애둘러 표현하였다. 강약왕쇠를 판단하는 정량적 기준이 없었기 때문이다. 그러나 결론은 어느 대운에 어렵게 살았다든지, 어느 대운에 발복하여 영달했다든지, 어느 대운에 사망했다는 고정된 패턴으로 용신과 운세의 관계를 설명하고 있다.

　이쯤에서 용신의 용도가 확연히 드러난다. 용신은 대운과 세운으로 다가오는 시절인연에 따라 길흉화복이 정해지는 수동적이고 숙명적인 것이라는 인식이다. 그러니 용신을 잘못 찾으면 다가오는 운세를 오판하게 되는 것이고 그것은 길흉은 물론 생사까지 오판하게 되는 것이다. 이러한 용신의 논리에는 인간의 의지라는 운명적 개념이 없다. 어떤 사람이 잠재능력이 부족한 사주로 태어났지만 성실과 노력으로써 성공을 했다거나, 어떤 사람은 대단히 출중한 사주로 태어났음에도 불구하고 나태하고 생각을 잘못하여 패가망신을 했다는 이야기는 없다. 고서에서의 용신은 대운과 세운으로 다가오는 시절인연에 대응하여 길흉을 판단하는 지렛대 역할을 하고 있을 뿐이다. 그러나 일주의 주체성과 생명성을 지향하는 생극제화의 원리로 보면 용신이 단순히 시절인연을 기다리는 해바라기가 아니라 사주의 보틀넥을 뚫어 생명에너지를 소통시키는 해결사 역할을 해야 한다.

　사주는 다섯 가지의 생명 에너지가 일주로부터 나와서 인생에 필요한 식상, 재성, 관성, 인성의 임무를 수행하고 다시 일주로 피드백되는 순환상생의 구조를 띠고 있기 때문이다. 사주에 따라서는 특정 오행이 없거나 있어도 그 역량이 미약하여 순환상생의 흐름이 원활하지 못한 것도 있다. 보틀넥 사주이다. 이러한 사주는 용신이라는 특공대를 투입해서 현안을 해결해야 한다. 이것이 용신의 소통론이다. 천하장사도 미세한 혈관 하나 막히면 고목처럼 쓰러지고 마는 법이다. 용신을 지렛대로 하여 운세의 길흉을 예측하는 것은 매우 중요한 것임에 틀림없으나 용신 대운이 오기만을 기다리는 수동적인 태도는 잔칫날 기다리며 굶겠다는 것과 다르다.

　한 사람의 사주를 하나의 가옥에 비유해보면, 용신은 다분히 숙명적 관점에서 뚫어놓은 창문이다. 가옥의 동쪽면에 창을 내면 동창(東窓)이고 서쪽면에 창을 내면 서창(西窓)이다. 창의 용도는 공기와 햇빛을 받아들이는 통로다. 햇빛은 대운과 세운으로 다가오는 시절인연이다. 아침에 해가 뜨면 동창은 밝은 빛이 들어오고, 저녁녘이면 서쪽의 창으로 빛이 들어온다. 창문과 햇빛의 관계는 용신과 대운의 관계로 고성하여 햇빛으로 비치는 대운은 길하고 반대편으로 비치는 대운은 흉한 것으로 판단하였다. 오로지 용신이라는 창을 하나 뚫어놓고 해가 언제 뜨는지만을 찾고 기다리는 관념이다. 그런데 근사한 동창(東窓)이 있는 가옥에서 주인공(명주)이 흑막으로 커튼을 치고 늦잠만 잔다면 아침에 동쪽으로 떠오른 태양의 햇빛이 무슨 소용인가. 창문과 햇빛이 어떤 관계를 형성하고 있든 그것은 환경에 불과하고 결국은 사람의 마음작용이 결과를 낸다. 용신은 사주의 특성이 반영된 중요한 참고사항일 뿐 실행능력이 있는 것은 용심(用心)이기 때문이다. 운명은 과거에 있지 않고 미래에 있다. 운명은 용신에 있지 않고 용심에 있다. 이것이 우리가 용심(用心)을 이야기해야 하는 이유이다.

17. 용심(用心)과 용신(用神)

 사주의 간명 영역은 크게 원명(元命)과 운세(運勢) 그리고 용심(用心, 마음 먹기)이다. 원명과 운세는 타고나거나 주어지는 숙명적인 영역인 반면, 용심 은 타고난 원명의 특성과 대세운의 기운을 감안하여 어떻게 인생전략을 세 우고 실행할 것인가 하는 운명적 영역이다.

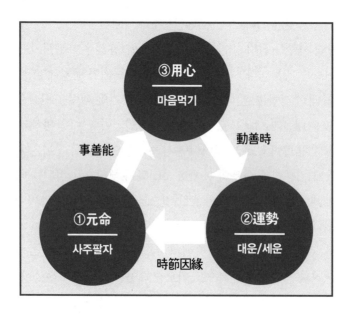

 용심은 마음작용이라는 뜻으로 인생에서 금자탑을 쌓을 수 있는 곱하기 셈법과 같다. 모수(母數)인 사주팔자에 승수(乘數)인 용심의 작용으로 세상 은 이루어지기 때문이다. 모수가 아무리 크다 할지라도 승수가 제로값이면 결과값 또한 제로가 된다. 승수가 플러스일 때 금자탑도 쌓지만 마이너스 값 일 때는 공든 탑이 무너질 수도 있다. 그저 요행으로 오는 성취란 없다. 요행도 노력과 준비가 있어야 성취로 이어진다는 이치이다. 마음이란 세상만사를 담을 수 있는 그릇이기도 하다. 그릇이 엎어지거나 깨져 있으면 세상을 온전히 담을 수 없다. 양자물리학 이론에 의하면 물질은 견고한 모양으로 존재하는 것처럼 보이지만 실제로는 파동과 입자로 존재한다고 한다. 물질이란 그것이 그 자리에 있을 확률일 뿐 고정된 것이 아니다. 그것이 어떤 모습으로 어디에 존재할지 결정하는 것은 관찰자의 마음이라고 한다. 즉, 세상은 우리가 인식하는 대로 존재하고 마음먹은 대로 바뀐다는 것이다. 사주명리에 있어서도 의지작용으로 삶을 만들어가는 用心의 중요성은 아무리 강조해도 오히려 부족하다.

원명(사주팔자)이 자동차요, 운세(대운/세운)가 도로(道路)라 비유하면, 용심(마음먹기)은 운전자의 운행전략이다. 자동차와 도로가 아무리 좋다한들 운전자의 의지적 행위없이 우연하게 목적지에 도착할 수는 없다. 결국 운전자의 마음과 실행이 중요한 것이다. 운전자의 마음을 움직이고 실행케 하는 이것이 용심(用心)이다. 사주에서 용심은 일주의 생극제화 전략으로 구체화된다. 흔히들 사주를 인생방정식이라고 표현하기도 한다. 방정식(方程式, Equation)은 미지수가 포함된 식에서, 그 미지수에 특정한 값을 주었을 때만 성립하는 등식이다. 다분히 숙명론적 관점이다. 기존의 명리이론에서 용신(用神)을 만능키(Master key)로 고정하는 관점과 같다. 그러나 인생에는 방정식처럼 특정한 값으로 해결되지 않는 영역 또한 무수히 많다. 특히 미래의 꿈을 계획하고 실행에 옮기는 운명적 영역에는 미스터 키가 존재하지 않는다. 목표와 수단에 따라 새롭게 키(key)를 만들어서 써야 한다. 이것이 용심(用心)이다. 따라서 인생에는 주어진 키(用神)와 만들어 쓰는 키(用心), 두 개의 키가 필요한 것이다. 만들어 써야 하는 키는 상대적인 값을 추구하는 힘수(函數, Function)의 구조와 닮아 있다. 계산하는 방식은 같지만 값을 고정한 것은 방정식이요, 변화에 대응하는 값을 찾는 것은 함수이다. 용신(用神)이라는 고정값은 신의 은총이다. 또한 용심(用心)이라는 다채로운 가치는 인간의 덕목이다. 눈과 날개가 한 쪽씩밖에 없어서 짝을 만나야만 날 수 있다는 전설의 새(比翼鳥)처럼 용신과 용심은 둘이 아니라 하나이면서 인간을 완성한다.

　이것이 21세기 명리학이어야 한다.

명리학은 심리학이다

명리학은 타고난 **사주팔자**를 분석하여 '인간은 무엇인가' 라는 명제에 접근하려는 학문이다. 여기서 말하는 인간이란 전체로서의 인간이나 보편성으로서의 인간이 아니라 개별 인간에 관한 것이다. 명리학이 제시하는 한 인간에 대한 통찰력은 우리 사회의 많은 문제를 해결하고 개개인의 삶의 질을 높이는데 기여한다. 무엇보다 명리학은 인문학에서부터 예술, 공학, 의학 및 자연과학 분야와 긴밀한 학문적 교류를 통하여 역할할 수 있다.

명리학을 설명하는 여기까지의 내용에서 "사주팔자를 분석"한다는 내용을 빼면 심리학을 설명하는 내용과 다르지 않다. 명리학은 곧 심리학인 것이다. 인간의 통성이 아니라 개별인간의 특성을 대상으로 하기에 더욱 닮아 있다. 명리학은 사주팔자로 나타나는 인간질료로서 심리학의 연구대상인 인간의 잠재의식이나 행동특성 등을 알 수 있다. 여수명리의 오성도는 성(星)→세(勢)→상(相)의 구조로서 한 사람의 타고난 성격과 적성 그리고 행동양식을 나타낸다. 나아가 성→세→상의 도식 반대편에 자리하고 있는 심리적 특성은 그 사람의 깊은 내면에 내재하고 있는 잠재욕구까지 알 수 있게 한다. 이러한 심리적인 특성은 한 인간이 살아가면서 부딪히는 여러 가지의 문제들을 슬기롭게 해결할 수 있는 인사이트를 준다. 무한경쟁으로 왜곡된 욕망의 늪에서 허덕이는 현대인들에게 명리학적 진단과 치유가 대안일 수 있음을 시사하는 것이다. 수천 억의 재산을 가지고도 병든 영혼을 가진 사람이나 고통의 낭떠러지에서 신음하는 민초들에게도 원형이정의 이치와 희망의 빛이 있음을 말해야 한다.

나의 존재는 왜 존엄(尊嚴)해야만 하는가?

나는 왜 괴로울까? 왜곡된 욕망이란 무엇인가?

인연이라는 것이 인생을 변화시킬 수 있을까?

나의 무의식적 행동은 어떤 이유에서 일까?

부부갈등의 이유와 처방을 알 수 있을까?

청소년의 진로 탐색, 어떻게 도울까?

사업의 시기와 성패를 알 수 있을까?

망가진 인생에도 희망의 빛은 비칠 수 있을까?

우리는 행복해질 수 있을까?

명리가 대답해야 하는 사람에 대한 삶의 이야기, 이것이 여수명리가 지향하는 21세기 대안 심리학으로서의 비전이다.

명리학은 자기사랑학이다

요즘 각 지자체에서 시민들의 평생교육 프로그램이 매우 인기를 끌고 있다. 한국경제를 견인해온 베이비부머 세대가 대거 퇴임하고 지역의 인구분포에서 무시 못 할 비중이 되었다. 지자체에서 많은 예산을 들여 그들을 재교육시키거나 기능을 향상시킬 목적으로 유익한 프로그램을 운영하고 있는 것이다. 어느 지자체의 모집요강을 보니 "미디어 리터러시"라는 것이 눈에 띈다. 인터넷과 모바일세상에서 그 수단들과 익숙하지 못하면 사회와 소통이 어려운 시대이다.

글을 읽지 못하면 문맹이고, 컴퓨터나 미디어를 못하면 컴맹이다.

그러나 우리 사회에는 또 다른 문맹의 분야가 존재한다. 사주팔자를 읽는 명리 분야이다. 매년 연말연초가 되면 우리나라 성인남녀의 약 80%가 사주나 토정비결 등 신년운세를 본다고 한다. 이러한 추세는 10년 전에도 그랬고, 지금도 변함이 없다. 2018년 영국의 시사주간지『이코노미스트』는 한국의 운세시장 규모가 연간 37만 달러라는 특집기사를 실었다. 그 시장규모가 자그만치 연 4조 원 정도이다. 같은 해 한국의 영화산업이 2조3천억 원 정도였으니, 영화산업을 훨씬 능가하는 규모다. 관련 산업에 종사는 인원도 약 50만 명이나 된다고 한다. 50만 명이나 되는 점장이나 술사들이 우리의 팔자를 대신 읽어주는 일에 종사하고 있는 것이다. 신문마다 '오늘의 운세'는 기본이고, 스마트 비즈니스를 내세우는 은행들과 보험회사 등도 고객을 상대로 운세 서비스를 시행한다. 상아탑이라고 가만히 있을 리가 없다. 전국의 약 10여개 대학들이 사주명리 관련 학과를 정식으로 개설하고 있다. 최첨단의 IT기술을 자랑하고, 세계에서 가장 낮은 문맹율을 가진 우리나라에서 벌어지고 있는 현상이다. 조선시대에 양반들이 낮에는 성리학을 공부하고 밤에는 명리학을 공부했다는 이중성이 오늘날에는 앞에서는 최첨단을 찾으면서 뒤로는 운명을 찾아다니는 것과 닮아 있다. 8만대장경도 아니고 8글자의 운명코드에 불과한데 고학력자일수록, 부유할수록 더욱 약한 모습을 보인다. 왜일까?

타고난 여덟글자의 운명코드를 스스로 읽지 못하기 때문이다. 혹 읽는다 해도 색안경을 끼고 해석한다. 명리이론이 쉽지도 않지만 결코 어렵지도 않다. 타고난 본분을 알고 원형이정의 해법을 따르면 된다. 그러면 행복한 삶을 살아갈 수 있다는 것이 명리다. 그러므로 명리는 궁극적으로 자신을 사랑하는 법을 가르치는 것이다. 자신을 사랑하기 위해서는 먼저 자신을 알아야 하고 자신을 알아야 자신에게 필요한 처방을 찾을 수 있으며 그러므로써 분에 맞는 삶을 살아갈 수 있는 것이다. 그런데 사람들은 명리가 가르치는 사랑법을 거꾸로 접근한다. 먼저 왜곡된 부귀영화를 목표로 설정하고 그것이 언제 이루어질지 운세를 따진다. 자신의 본질인 정체성에는 관심이 적다. 더더욱 정체성에 맞는 생극제화의 실행은 안중에도 없다. 용신을 찾고, 시절인연이 도래하여 저절로 부귀영화가 이루어지는 것만이 관심이다. 명리의 가르침인 자기사랑이 실현될 리가 없다. 다행(?)인 것은 안 되더라도 실망하지 않고 팔자소관으로 돌린다는 점이다. 그리고 매년 연초가 되면 또다시 운명을 대신 읽어줄 사람을 찾는다.

　나 또한 이러한 비판의 대상에서 예외가 아니다. 명리 이론을 음률로 만들어 그림으로 그려 눈으로 익히면서 달인 행세를 해왔지만, 이론 이면의 진리를 보지 못했다. 빚보증과 탐욕의 투기로 온 가족이 길거리로 내몰리고, 찬서리를 맞은 뒤에야 그 진리가 눈에 들어왔다. 옆구리로 스며드는 찬서리의 경험이 명리에 대한 귀중한 깨달음을 주었던 것이다. 작은 것이 큰 것이고, 잔 걸음이 빠르며, 바닥부터 쌓아야 함을 알았다. 이것이 명리의 가르침인 원형이정이요, 자기사랑법이었던 것이다. 이제 명리를 다시 보니 작은 이론부터 큰 줄기까지 한 눈에 보였다. 명리는 머리로 공부하는 게 아니라 깨달음으로 해야 하는 것이었다. 허황된 부귀영화는 더 큰 아픔의 뒷모습이고, 봄에 씨뿌려 가을걷이를 기다리는 소박한 농부의 가슴이 행복이라는 것을 알았다.

　오늘도 우리의 어르신들과 베이비부머 세대들은 문맹을 벗으려, 컴맹을 벗으려 투박한 돋보기를 콧등에 걸치고 익숙치 못한 문명의 이기(利器)들에게 애교를 떤다. 그리고 그들의 반응에 새 세상을 얻은 듯 즐거워한다. 박수갈채를 보낸다. 더욱 정진하시길 응원한다. 그리고 틈이 나면 명리가 가르치는 자기사랑법도 꼭 한번 도전해보길 권한다. 진정한 문맹은 자기사랑법을 모르는 섯이 아니겠는가?

참고문헌

이충호 역, 『우주의 비밀』 SF의 거장 아이작 아시모프에게 다시 듣는 인문학적 과학이야기, 갈매나무, 2011.

Edward W said 저, 박홍규 역, 『오리엔탈리즘』, 교보문고, 1991.

김형기 저, 『후천개벽사상연구』, 한울아카데미, 2004.

김용옥 저, 『독기학설』, 통나무, 1990.

이재운, 『(소설) 정역』 상,하, 미래사, 1999.

한장경, 『주역 · 정역』, 삶과 꿈, 2001.

안진경, 『개벽 실제상황』, 대원출판.

이문규 저, 『고대 중국인이 바라 본 하늘의 세계』, 문학과지성사, 2000.

장시앙핑 저, 박정철 역, 『역과 인류사유』, 이학사, 2007.

송효섭 지음, 『인문학, 기호학을 말하다』, 이숲, 2013.

한자경 저, 『자아의 연구』, 서광사, 1997.

김현옥 저, 『도대체 왜 나는 이럴까』, 자아이해를 위한 심리학 이야기, 그물, 2012.

이죽내 저, 『융심리학과 동양사상』, Jungian psychology and eastern thought, 하나의학사, 2005.

와다 히데끼 저, 이민연 역, 『아들러와 프로이트의 대결』, 에쎄, 2016.

許慎 저, 염정삼 편역, 『說文解字 註』, 서울대학교출판부, 2008.

심재훈, 『갑골문』, 민음사, 1990.

이창일 저, 『소강절의 철학—선천역학과 상관적 사유』, 심신, 2007.

김일곤, 김정남 지음, 『주역의 이해』, 한국학술정보, 2009.

신원봉 저, 『인문학으로 읽는 주역』, 부키, 2009.

문용직 저, 『주역의 발견』, 부키, 2012.

김석진, 『대산 주역정해』, 대유학당, 2009

성백호, 『周易傳義』, 전통문화연구회, 2010.

정병석 역주, 『주역』, 을유문화사, 2011

료명춘 외, 심경호 옮김, 김석진, 『주역 철학사』, 예문서원, 2004.

고회민, 신하령, 김태완 공역, 『상수역학』, 신지서원, 1994.

朱熹, 곽신환, 외 공역, 『太極解義』, 소명출판, 2009.

한국주역학회편, 『주역의 근본원리』, 철학과 현실사, 2004.

한동석, 『우주변화의 원리』, 대원출판, 2001.

蕭吉, 『오행대의』, 세계출판집단, 상해서점출판사, 2001.

유소홍 저, 공인창, 안유경 역, 『오행, 그 신비를 벗긴다』, 국학자료원, 2013.

전창선 · 어윤영, 『음양으로 가는 길』, 세기, 1998.

은남근 저, 이동철 역, 『오행의 새로운 이해』, 법인문화사, 2000.

김홍경 편역, 『음양오행설의 연구』, 신지서원, 1993.

소재학, 『음양오행의 원리이해』, 도서출판하원정, 2009.

최형주 역, 『黃帝內經 素問』, 자유문고, 2004.

『淵海子評』, 진원문화사업유한공사, 2015.

『연해자평』, 武陵出版有限公司, 2004.

萬民英, 『三命通會』, 진원문화사업유한공사, 2014.

엄윤운, 『격국용신론전서 상,중,하』, 동양서적, 1987.

이을로, 『궁통보감 강해』, 동학사, 2007.

이선종, 『적천수천미 용신분석』, 장서원, 2002.

임정환 역, 『(제대로 보는) 궁통보감』, 원제역학연구원, 2007.

박현주 저, 『적천수강의 1-3권』, 동학사, 2002.

과학역학연구회, 『논리적 사주풀이』, 계백, 2002.

정도명, 『만세력(역리종합)』, 가림출판사, 1993.

박제완, 『도계실관』, 너른터, 1993.

엄윤운, 『격국용신론전서 상,중,하』, 동양서적, 1986.

성공도 외 편, 『추명가해설집 상,중,하』, 동양서적, 1999.

소재학, 『논리로 푸는 사주명리학 1-4권』, 도서출판 가람, 2015.

徐升, 『연해자평 평주』, 대북, 무릉출판유한공사, 1999.

沈孝瞻 저, 徐樂吾 평주, 박영창 번역 『연해자평 평주』, 청학, 2006.

萬民英, 『삼명통회』, 대북, 무릉출판유한공사, 1998.

袁樹珊 찬집, 任鐵樵 증주, 『適天髓闡微』, 무릉출판유한공사, 1999.

韋千里, 『編著精選 命理約言』, 서성서국, 2004.

이석영, 『四柱捷徑』, 관인한국역학교육학원, 1994.

張楠 저, 심재열 편저, 『命理正宗 精解』, 명분낭, 1999.

陳之遠 저, 이용준 편역, 『정선 명리약언』, 청학출판사, 2007.

何建忠 지, 정대균 옮김, 『최신팔자명리학비결』, 오산팔자심리학연구소, 2003.

조철현 저, 철현학회 편, 『사통오달 사주학 극비전』, 유한문화사, 2003.

신창용, 『자평학 강의』, 들녘, 2013.

박주현, 『사주용어사전』, 동학, 2016.

온라인 백과사전,

한국어 위키백과 (http://ko.wikipedia.org/)

네이버 백과사전 (http://100.naver.com/)

야후 백과사전 (http://kr.dic.yahoo..com/search/enc/)

Daum 백과사전 (http://enc.daum.net/dic100/)

여수명리

— 생극제화, 천년의 비밀을 풀다

지은이 | 여수 남다른(을우)

펴낸곳 | 마인드큐브
펴낸이 | 이상용
편집부 | 김인수, 현윤식
디자인 | 남선미, 서보성

출판등록 | 제2018-000063호
이메일 | mind@mindcube.kr
전화 | 편집 070-4086-2665
　　　마케팅 031-945-8046 (팩스 031-945-8047)

초판 1쇄 발행 | 2020년 6월 22일
ISBN | 979-11-88434-30-5 (03180)